学校教育における SDGs・ESDの 理論と実践

奈良教育大学ESD書籍編集委員会 編著

協同出版

まえがき

　2002年に開催された持続可能な開発に関する世界首脳会議（ヨハネスブル
グ・サミット）において，わが国は「持続可能な開発のための教育の10年」を
提案し，それを受けて国際連合は2005年から2014年を「国連持続可能な開発の
ための教育の10年（DESD）」と定め，世界各地でESDが始まりました。文部
科学省とユネスコ国内委員会は，ユネスコスクール（ASPnet）をわが国の学
校教育におけるESDの推進拠点とすることを定め，以来，日本のESDは幼
稚園，小学校，中学校，高等学校等のユネスコスクールを中心にその教育実践
が展開されてきました。その間，ESDは，教育振興基本計画（2008年），学習
指導要領（2008年公示），第2期教育振興計画（2013年）に，わが国の教育の
重要な理念の1つとして位置づけられました。2014年のDESDの最終年には，
岡山市，愛知県・名古屋市にて「ESDに関するユネスコ世界会議」が開催さ
れ，「ユネスコスクール岡山宣言」「あいち・なごや宣言」が採択され，10年の
成果がまとめられました。引き続き，国連は2014年にGAP（ESDに関するグ
ローバル・アクション・プログラム），2015年にSDGs（持続可能な開発目標）
を採択し，「ESDはSDGs達成に貢献する教育である」という，大きな位置づ
けを明確にしました。

　奈良教育大学は2007年に，日本の大学として初めて，ユネスコスクールに認
定されました。当時，ユネスコスクールは全国に24校でした。現在，1つずつ
ある附属幼稚園，附属小学校，附属中学校もユネスコスクールであります。
2011年に持続発展・文化遺産教育研究センター（現在は次世代教員養成セン
ターESD・課題探究教育部門）を設置し，ESDを実践するとともに研究して
きました。また，2008年には，「ユネスコスクール支援大学間ネットワーク
（ASPUnivNet）」を8大学で創設し，ユネスコスクールの加盟や地域や全国の
学校のESDの教育実践を支援してきました。

　そこで得た我々の学びは，ESDの実践において教師は「与えて，させる」
ではなく「たずねて，助けて，見守る」という学習者主体の学びのファシリ

テーターであること，「つながり（ある課題について共に考える）」を大切にすること，「答えは見つかっていないから。先生と一緒に考えよう」「答えは1つではないかもしれない」といった自己肯定感や多様性を大切にする学びであること，「学ぶ喜び」「学び続けること」「行動の変容」を大切にする教育であること，そして，自らも変わらなければならないところは変わらなければならないという「我がこと化」の学びであること，当たり前に思っていることを問い直すこと，命の大切さやその基盤となる地球環境を保全することの大切さや利他的精神を自分の基準にすえる学びであること，など多くのことを学びました。これらのことは，現在1,100校を越えるユネスコスクールでのESDの実践が明らかにしてきたことでもあります。

　2017年3月に公示されました新しい学習指導要領の前文には，「持続可能な社会の創り手」の育成が次のように掲げられました。

　　　　これからの学校には，こうした教育の目的及び目標の達成を目指しつつ，一人一人の児童が，自分のよさや可能性を認識するとともに，あらゆる他者を価値のある存在として尊重し，多様な人々と協働しながら様々な社会的変化を乗り越え，豊かな人生を切り拓き，持続可能な社会の創り手となることができるようにすることが求められる。

　また，「何ができるようになるか」「何を学ぶか」「どのように学ぶか」などの点についてもESDの学びと新しい学習指導要領の学びは，非常に親しい関係にあります。本書は，本学や地域の学校の先生方に明日の実践につながる視点からご執筆いただきました。ユネスコスクールのみならず，全国の学校現場や地域の活動で，また，教師を目指す学生諸君に，楽しく学ぶ喜びをもって活用される書になっています。

　コロナ禍の中で，私たちはあらためて「教育の力」「教育の恵み」を思い，この書を編みました。この本を手に取られた皆さんは，この本でESDやSDGsをわかったつもりになるのではなく，持続可能な社会の創り手を育てる，自らが持続可能な社会の創り手となるためのスタートとしてお役立てください。

奈良教育大学学長　加藤久雄

学校教育における SDGs・ESD の理論と実践

目　　次

序章　本書の構想

第1節　問題の所在

(1) ESD-SDGs とは何か

　SDGs とは持続可能な開発目標（Sustainable Development Goals）の頭文字を並べ略したものである。2015年9月にニューヨークにおいて，国連持続可能な開発サミットが開催され，その成果文書として，「我々の世界を変革する：持続可能な開発のための2030アジェンダ（以下，2030アジェンダ）」が採択された（国連総会，2015）。この2030アジェンダの中心が SDGs である。しかし，本当にこの SDGs のすべての目標が達成されれば，持続可能な社会になるのだろうか。

　一方 ESD は Education for Sustainable Development の略で，日本では持続可能な開発のための教育と呼んでいる。ESD は日本の提案によって，ユネスコが推進機関となり，推進されており，文部科学省及び日本ユネスコ国内委員会は ESD を SDGs のすべての目標の達成に貢献するものとして位置づけているが，ESD は2030年までという期限付きの教育ではなく，SDGs を越えた内容を持つ教育活動である。

　本項では，2030アジェンダの前文及び宣言を検討することで，2030アジェンダの理解を深めることと，持続可能な社会の実現に不足している内容を指摘することを通して，ESD の目的やその必要性について解説する。

(2) 世界の現状

　前述した2030アジェンダの宣言，「今日の世界」のパラグラフに，経済的社会的課題として，数十億人が貧困状態にあること，国内・国際的な不平等，機

会，富及び権力の不均衡，ジェンダー不平等，特に若年層の失業問題が述べられている。また，新型コロナウイルスの感染拡大を予知するかのように地球規模の健康の脅威が挙げられ，頻繁する甚大な自然災害の発生，悪化する紛争とテロリズムによる人道危機と難民の増加といった社会的課題に言及し，さらに環境的課題として，天然資源の減少並びに砂漠化，干ばつ，土壌悪化，淡水の欠乏及び生物多様性の喪失等を列挙し，気候変動による世界的な気温の上昇，海面上昇，海洋の酸性化に言及している。そしてこれらの経済的課題，社会的課題，環境的課題により，「多くの国の存続と地球の生物維持システムが存続の危機に瀕している」と締めくくっている。日本で生活していると実感が伴わないかもしれないが，現在，持続可能な開発に対する大きな課題に直面しているということを，世界全体が共有したという事実には大きなものがある。

⑶　ミレニアム宣言から2030アジェンダへ

　2030アジェンダは突然表れたのではない。2000年9月に国連ミレニアム・サミットで採択された国連ミレニアム宣言（国連総会，2000）を引き継いだものとされているが，問題意識にはかなりの隔たりがあるように思われる。ミレニアム宣言には，「今日我々が直面する主たる課題は，グローバリゼーションが世界の全ての人々にとり前向きの力となることを確保することである」と述べられ，現時点でのグローバリゼーションが恩恵やコスト面で不均等に配分されていることが問題であり，グローバリゼーションを包括的かつ衡平なものとするために，自由，平等，団結，寛容，自然の尊重，責任の共有の6つが21世紀における国際関係にとり不可欠な基本的価値として挙げられていた。

　2030アジェンダとミレニアム宣言を比較すると，ミレニアム宣言がグローバリゼーション及び21世紀の国際関係を改善することを目的としているのに対して，持続可能な開発のための2030アジェンダは，まず世界の課題を具体的に列挙し，それを解決する方策として2030アジェンダを位置付けている。この違いは2030アジェンダの名称が「我々の世界を変革する：持続可能な開発のための2030アジェンダ」（圏点筆者）である点に着目する必要がある。ミレニアム宣言では，修正や「改善」で世界の問題を解決できるとしていたが，2030アジェ

ンダでは，世界を今とはまったく違った社会システムへ「変革」しないと問題解決できないとしているのである。

　この違いについて経済学者である古沢広祐は，2000年から2030アジェンダが作成された2015年までの間に発生した２つの大きな事件の影響を指摘している。１つは2001年のアメリカ同時多発テロである。これによって，冷戦構造終結以来の国際協調路線が破壊されたと述べている。もう１つが2011年の東日本大震災津波と福島第一原子力発電所の事故である。これによって，防災・減災，そしてエネルギーへの関心が高まるとともに，放射能汚染をはじめとした環境問題が表面化したと述べている（古沢，2018）。さらに2009年に発表されたプラネタリー・バウンダリーによって環境問題の深刻さが明白になったことが，「変革」へと舵を切らせる要因になったことを付け加えたい。

⑷　SDGs に足りないもの

　環境問題は人類の生存に関わる重大問題であることから，2030アジェンダが環境問題の解決を課題として挙げたことは首肯できる。一方，核兵器に関する記述がなくなっていることには同意できない。ミレニアム宣言には，「大量破壊兵器とりわけ核兵器の廃絶に向けて努力し，核兵器の危険根絶のための方策を検討する国際会議を開催する可能性を含め，この目標の達成に向け全ての選択肢を残したままにしておくことを決意する」と明記されているが，2030アジェンダには，「持続可能な開発は，平和と安全なくしては実現できない」とあるだけで，核兵器に関する記述は見当たらない。

　2030アジェンダに記されていなくとも，国連では新たに核兵器廃絶への動きが始まっている。核兵器廃絶だけでなく，持続可能な社会づくりに何が必要かを，一人ひとりが考え，行動化していくことが重要である。

⑸　なぜ今，ESD-SDGs なのか

　2015年３月に学習指導要領が告示され，前文に「持続可能な社会の創り手となるようにすることがもとめられる」と明記された。これによって，これまでは一部のユネスコスクールにおいて先進的に取り組まれていた ESD が，全国

の学校で展開されることになる。しかし，学習指導要領に掲載されたから
ESD に取り組むというのは間違いであろう。地球の現状とそこでの人間活動
の影響を捉え，ESD に取り組んでいくというのが本筋である。

　持続可能な社会の必須条件について，開発教育を研究する田中治彦は，国際
協力と参加型市民社会が持続可能な社会の実現に不可欠であると述べている
（田中，2003）。1つ目の国際協力は，国連による2030アジェンダの採択といっ
たトップダウンによる持続可能な社会づくりへの方向付けとして重要である。
2つ目の参加型市民社会とは，持続可能な社会づくりを行政任せにするのでは
なく，例えばSDGsの目標達成を自分事として捉え，自分にできることに主
体的に取り組む市民によって構成される社会である。これに加えて，すでに排
出された CO_2 の削減や原子力発電で生じた高レベル放射性廃棄物の無害化と
いった技術革新も必須であろう。仮に2030年までに SDGs のすべての目標が
達成されたとしても，それを維持・継続し続けるために，持続可能な社会の創
り手の育成は，人類社会の存在と共に続けていくことが求められる。

　ESD は社会のあり方や自分と社会の関係についての価値観と行動の変革を
促す教育であり，変革を促すためには自分との関わりへの気づきがポイントと
なる。対象は子どもだけでなくすべての人である。まずは自分の生活を批判的
に問い直し，地球環境や途上国の労働環境への影響を考え，消費行動を変えて
いったり，身近な地域社会において，自分だけでなく他者や地球環境にとって
の豊かさ・幸福のために，自分に何ができるかを考え，仲間を巻き込みながら
活動を始めたりする人が増えていくように進めていくべきであろう。

引用文献
国連総会（外務省仮訳）（2015）「我々の世界を変革する：持続可能な開発のための2030アジェ
　ンダ」。
国連ミレニアム・サミットで採択（外務省仮訳）（2000）「国連ミレニアム宣言」。
田中治彦「『持続可能な開発のための教育』とは何か」（2003）『持続可能な開発のための学び』
　開発教育協会。
古沢広祐（2018）『みんな幸せってどんな世界』ほんの木。

（中澤静男）

第2節　なぜ今，ESD-SDGs なのか

(1)　成長の限界と破綻しつつある世界

　地球環境問題が「人類の危機」として国際的に認知されたのは，1972年にストックホルムで開催された「国連人間環境会議」に際して出版された「成長の限界」がきっかけであり，現在のような成長が続けば今後100年の間に限界に達し，人口や工業力の突然の制御不可能な減退が訪れる予測された（メドウズほか，1972）。

　人類の負荷が行き過ぎているにもかかわらず，地球環境に関するさまざまな指標で見た地球の状況は悪化の一途をたどっている。たとえば，世界の脊椎動物の個体数に関する指標である生きている地球指数（Living Planet Index: LPI）では，1970年から2016年にかけて平均で68%減少した（WWF，2020）。人間活動が環境に与える負荷を，私たちが消費するすべての再生可能な資源を生産し，人間活動から発生する二酸化炭素を吸収するのに必要な生態系サービスの総量を指標にしたエコロジカル・フットプリント（Ecological Footprint）では，1961年に地球0.73個分だった負荷が，1970年に地球1個を超え，2017年には地球1.73個分に増大した（Global Footprint Network，https://data.footprintnetwork.org/，2020年12月18日確認）。生物学的・物理学的な9つの領域で生命維持システムの限界値を定量化して指標にした安全な地球限界値（Safe Planetary Boundaries）は1980年には8だったものが，2015年には4.5にまで減少した（Randers et al.，2018）。このように，現在の世代による大量生産・大量消費・大量廃棄による経済成長と人口増加に伴って，生物多様性の喪失，環境負荷の増大，地球に備わる生命維持システムの安定性と安全性へのリスクが増大しつつある。また，経済成長しても人々の生活の豊かさや幸福度が向上するとは限らない。他にも，自然資源の枯渇や気候変動，貧困の拡大や格差社会など，将来世代に多くの問題を残している。

(2) 「持続可能な開発」概念の浮上

こうした中，1980年に国際自然保護連合（IUCN），国連環境計画（UNEP），世界自然保護基金（WWF）による「世界保全戦略」が発表され，環境保全は人類の生存と持続可能な開発（sustainable development）に寄与することが初めて主張された（IUCN et al., 1980）。学校内外での環境教育は環境保全にとって重要であることも示された。さらに1987年に開催された「環境と開発に関する世界委員会」では政治的に持続可能性が議論され，「持続可能な開発」とは，将来世代の要求を満たしつつ，現在世代の要求も満足させるような開発と定義されて（WCED, 1987），広く用いられるようになった。

1992年にリオデジャネイロで開催された国連環境開発会議（地球サミット）では，生物の多様性に関する条約，気候変動枠組条約，国際的行動指針の「アジェンダ21」が採択されたほか，持続可能な開発の実現に向けた話し合いももたれ，アジェンダ21にも教育の重要性が盛り込まれた。

ところで日本では，目指すべき持続可能な社会の姿を「健全で恵み豊かな環境が地球規模から身近な地域にわたって保全されるとともに，それらを通じて国民一人ひとりが幸せを実感できる生活を享受でき，将来世代にも継承することができる社会」（環境基本計画，平成18年4月7日閣議決定）と定義しており，「低炭素社会」，「循環型社会」，「自然共生社会」を構築することが，持続可能な社会を実現するために必要である（第4次環境基本計画，2012年4月閣議決定）。このような持続可能な社会を築くためには，国際条約や国内法を用いてトップダウン的に社会・経済システムを変革してゆくだけでなく，人類の生存が持続不可能な状態である事実を地球に生きる一人ひとりが理解し，これまでの価値観と行動を変革するボトムアップ的な方法も必須である。そのカギを握っているのが「持続可能な開発のための教育（Education for Sustainable Development: ESD）」である。

(3) ESD と SDGs のシナジー

持続可能な社会をつくるための政治的な枠組みとしては，1990年代に採択されてきた国際開発目標などを統合して2000年にまとめられた「ミレニアム開発

目標（Millennium Development Goals: MDGs）」が挙げられる。MDGs は一定の成果が見られたものの不十分であったため，MDGs を引き継いで2030年までに達成すべき課題を掲げた行動計画として新たに「持続可能な開発目標」（Sustainable Development Goals: SDGs）が2014年の国連総会で提案された。2015年の国連サミットにおいて「我々の世界を変革する：持続可能な開発のための2030アジェンダ」が採択され，2016年 1 月 1 日に発効した。

　一方，2002年に開催された「持続可能な開発に関する世界首脳会議（環境開発サミット）」では，日本政府および NGO が主となって「持続可能な開発のための教育」が提唱された。同年の国連総会では，2005年から2014年までの10年間を「国連持続可能な開発のための教育の10年（Decade of Education for Sustainable Development: DESD）」とすることが満場一致で決議された。さらに2012年の「国連持続可能な開発会議（リオ＋20）」においては，2014年以降も ESD が推進されることが盛り込まれた。2013年にはユネスコ総会において，DESD の後継プログラムとして「ESD に関するグローバル・アクション・プログラム（GAP）」が採択された。SDGs は目標として，ESD は手段として，両者は持続可能な社会をつくる過程で欠くことが出来ない関係にある。

(4) なぜ今か

　国連持続可能な開発のための教育の10年が採択されたことをうけて，日本では2006年 3 月には「我が国における『国連持続可能な開発のための教育の10年』実施計画」を策定した。この計画では，ESD の目標を「すべての人が質の高い教育の恩恵を享受し，また，持続可能な開発のために求められる原則，価値観及び行動が，あらゆる教育や学びの場に取り込まれ，環境，経済，社会の面において持続可能な将来が実現できるような行動の変革をもたらすことであり，その結果として持続可能な社会への変革を実現すること」と定義し，学校教育や社会教育，地域活動などにおいて ESD を進めてきた。

　一方，第 1 期教育振興基本計画（2008年 7 月）には，「持続可能な社会の実現に向けて取り組むための教育（ESD）の重要性について，広く啓発活動を行うとともに，関係府省の連携を強化し，このような教育を担う人材の育成や

教育プログラムの作成・普及に取り組む」とあり，第2期教育振興基本計画（2013年6月）には「持続可能な社会づくりの担い手となるよう一人ひとりを育成する教育（持続可能な開発のための教育：ESD）を推進する」とある。さらに，第3期教育振興基本計画（2018年6月）では，「我が国がESDの推進拠点として位置付けているユネスコスクールの活動の充実を図り，好事例を全国的に広く発信・共有する」，「地域の多様な関係者（学校，教育委員会，大学，企業，NPO，社会教育施設など）の協働によるESDの実践を促進するとともに，学際的な取組などを通じてSDGsの達成に資するようなESDの深化を図る。これらの取組を通して，地球規模課題を自らの問題として捉え，身近なところから取り組む態度を身に付けた持続可能な社会づくりの担い手を育む」とある。すなわち，日本におけるESDの取り組みは，2008年から2018年にかけてESDの啓発・普及活動と急速に全国に展開したユネスコスクールでの実践授業を経て，SDGs達成に資するようなESDを全国の学校園に実装する方向へと舵取りしたことがわかる。実際，2017年と2018年3月に告示された幼稚園教育要領，小学校・中学校・高等学校学習指導要領でも「持続可能な社会の創り手」となることが重視されており，正に今，学校園においてSDGs達成に資するようなESDの実践は最重要課題なのである。

引用文献

IUCN, UNEP, WWF（1980）World Conservation Strategy: Living Resource Conservation for Sustainable Development.

Randers, J., et al.（2018）Transformation is feasible: How to achieve the Sustainable Development Goals with in Planetary Boundaries. A report to the Club of Rome from Stockholm Resilience Centre and BI Norwegian Business School.

WWF（2020）Living Planet Report 2020, Bending the curve of biodiversity loss. Almond R.E.A., et al.（Eds.）. WWF, Gland, Switzerland.

メドウズ，D.H. ほか（大来佐武郎監訳）（1972）『成長の限界』ダイヤモンド社。

WCED（1987）Our Common Future.

（辻野 亮）

第3節　SDGs が目指す幸福度の向上

⑴　GNP と GNH

　幸福に関して，いくつかの有力な倫理学説がある（パーフィット，1998）。たとえば「欲求実現説（Desire Fulfillment Theory）」によれば，本人の望んでいる事態が実現すること自体が幸福であるとされる。あるいは「客観的リスト説（Objective List Theory）」においては，個人の欲求とは独立に，幸福を構成する複数の要素が前もって存在するといわれる。

　翻って，社会の開発指標として長らく国民総生産（Gross National Product: GNP）が用いられてきた。GNP とは，一国の国民による経済生産から経済的水準の動向を評価した値である。このような開発指標は，個人や社会の「幸福度」を正確に反映する指標となっているだろうか。

　仮に幸福のリストが経済に関わる事柄によって数え尽されるならば，GNP は幸福度の信頼できる指標となるであろう。また，先進地域から後進地域へと経済成長が伝播し，結果，全ての人々が効用（満足）を得られるとする，トリクルダウン仮説が正しいとすれば，経済成長は個人の幸福に直結するかもしれない。だが，現実は以上の仮説を反証する事例に事欠かない。経済活動が引き起こす気候変動は，幸せな暮らしの土台を脅かしつつある。また，グローバル経済は世界で最も豊かな 8 人が世界の貧しい36億人に匹敵する資産を所有するという，史上類を見ない格差を生み出すに至っている（Oxfam International, https://www-cdn.oxfam.org/s 3 fs-public/file_attachments/bp-economy-for-99-percent-160117-en.pdf, 2020年 8 月11日確認）。

　こうした状況を受け，人々の幸福度を正しく反映する新しい開発指標が模索されるようになった。一例を挙げれば，ヒマラヤ山中の小国ブータンが四半世紀にわたって用いてきた国民総幸福（Gross National Happiness: GNH）は，その名称からわかるように GNP のオルタナティヴという役割を担っている。2000年に発表された「ブータン2020年国家開発計画」では，公共政策においてGNP 成長とは異なる「感情的精神的な成長」を重視することが宣言された

(Planning Commission, http://hdr.undp.org/sites/default/files/bhutan_2000_en.pdf, 2020年8月14日確認）。こうした考えに関連して，近年「幸福の経済学」と呼ばれる幸福度研究において，アンケート調査にもとづく国民幸福度指標（National Happiness Indicator: NHI）が提案されている。

　GNHは次の2つのことを主張する点で，GNPのオルタナティヴになっていると言える。第一に，経済的な富が幸福の要素の全てではないということ，第二に，幸福の鍵は精神的な必要の充足にこそあるということである。

⑵　幸福のための自由

　GNHやNHIなど主観的アプローチからの指標は，幸福度を十分に反映するだろうか。機会に恵まれない人生を送ってきた人は，幸運で豊かな環境の中で育ってきた人よりも簡単に自分の損失を諦めてしまう傾向がある（セン，2016）。この点を考慮せず満足を一様に扱うとき，心理学的な測定法は「独特の偏った仕方で損失の程度を歪めてしまう」恐れがある（セン，2016）。つまり是正されるべき歪んだ満足感を容認し，格差の程度を実際より軽く見積もる危険がある。

　個人には「自身の渇望をその実現可能性に応じて調整する傾向」があり，エルスター（Jon Elster）はこうした心理現象を「適応的選好形成（adaptive preference formation）」と呼ぶ（エルスター，2018）。個人の欲求そのものが，手の届く範囲内のもので満足するよう選択に先立つプロセスによって制限されている場合がある。このような場合の「自由なき欲求」の充足は，正義や社会選択の基準となりえないであろう。自由こそが幸福の鍵を握る。

　自由に関しても，先に見た2つの倫理学説が考える手がかりとなる。1つ目の「自由」概念は，欲求実現説の幸福に関わるもので，「欲求がどこから来ているかに関係なく，したいと欲することをなすこと」を意味する（エルスター，2018）。この意味での自由は，制限された欲求や半ば強要された自己決定をも内包するために，QOLの向上に不可欠な自律と結びつかない。2つ目は客観的リスト説に沿った「自由」概念であり，「当人の選好とは無関係に，開かれた現実のドアが数多く存在すること」を意味する（エルスター，2018）。この

種の自由はエリート主義と容易に結びつき，「開かれたドア」にアクセスできない弱い立場の人々を締め出してしまう危険がある。

　エルスターは2つの自由概念を止揚し，自由についての総合的な視点を与える。彼によれば，客観的に善いものの選択肢が社会の側で豊富に準備されており，かつ，その中から望ましいものを自律的に選び取ることができるとき，人は真に自由である（エルスター，2018）。この自由を尊重する社会は，全ての市民がQOLの向上に向けて自律的に生きられるよう格差の解消に取り組む。以下で見るように，SDGsが目指す「幸福」概念は上記の自由に根差すものであり，「誰一人取り残さない」という政策理念の中に明確に反映されている。

(3)　HDI と SDGs

　GNHに並んで有力な開発指標として，セン（Amartya Sen）の「潜在的アプローチ」をもとに1990年に開発された，人間開発指標（Human Development Index: HDI）がある。ちなみに，人間の生活状態を主な対象とするHDIに対して環境・経済・社会のトリプルボトムラインの考えを適用したものがMDGsであり，周知のようにこれがSDGsの前進となった。

　潜在的アプローチの要となる「機能（functioning）」は，上述の「自由」と深く結びついた概念である。社会において広く是認される生活様式や諸活動のうち「人がなし得たり，なり得たりする」ものが「機能」と呼ばれる（セン，2016）。それら「様々な重要な事柄」のいくつかを望ましいQOLとして自己の生において実現していく自由が，豊かな生の鍵を握ると言う（セン，2016）。

　センによれば，人間の幸福度は様々な財を活用して実現できる機能，すなわち「潜在能力（capability）」の集合によって評価される。財の所有それ自体は，必ずしも望ましいQOLの実現を保障しない。たとえば自転車という財は，それを使えない身体障害者のニーズを満たしてくれないだろう。全ての人が望ましい状態（beings）や活動（doings）に参与できるには，各人の置かれている状況の多様性を考慮して，その人に最もふさわしい手段で潜在能力（実際に発揮できる能力）の拡充を助ける必要がある。

　潜在能力は個人と社会との応答関係の中で培われる。個人は，自分の状況や

価値観に応じて固有のニーズを追求することができる。他方，社会は多様なニーズに応えられるよう，数多くの実現可能な選択肢（栄養，健康状態，社会参加など）を準備しなければならない。いくつかの選択肢は，それを欲求しない人の目には重要なものと映らないかもしれない。だが，マイノリティや遠い他者のことを配慮し，隠れた選択肢を社会全体で目指すべき善のリストに加えていく寛容性こそが，自由を育む社会の基本前提だと言える。

　センの考えをもとに1990年に開発されたHDIは，経済，教育，保健衛生の三領域を総合的に評価するもので，現在，途上国開発指標の中で最も利用されている。HDIを源流の1つに持つSDGsの次の基本理念は，以上の議論を手がかりに読み解かれるであろう。「私たちは，最も遠くに残されている人々に第一に手を伸ばすよう，最大限の努力を行う」（2030アジェンダ）。ここで示されているのは，国家による援助の形である。ただし，ここでの援助とは，与えられる豊かさとしてのWelfareを人にもたらすことではなく，自律的に選択し参加する主体としてのWell-beingへと人をもたらすことである。そのために，実現可能な具体的リストを作ること，そして，個人が能力を発揮できる経済環境を創出すること，この2つが民主的政治の任務となる。

　SDGsが目指す幸福度は，重要な社会活動に参加し，それによって生活の善さ（Wellness）を作り出す，市民の権利と結びついている。同時に，国家の責務，すなわち市民が自律的に選択し実行できるよう援助する努力から切り離して，この幸福度について語ることはできない。

引用文献
アマルティア・セン（徳永澄憲他訳）（2016）『経済学と倫理学』筑摩書房。
デレク・パーフィット（森村進訳）（1998）『理由と人格―非人格性の倫理へ』勁草書房。
ヤン・エルスター（玉手慎太郎訳）（2018）『酸っぱい葡萄―合理性の転覆について』勁草書房。

（梶尾悠史）

第1章

SDGs・ESD 概論 (ESD と SDGs との関係)

第1節　SDGs のこれまで

第1項　MDGs について

(1)　はじめに

　ミレニアム開発目標（Millennium Development Goals: MDGs）は，2000年9月にニューヨークで開かれた国連ミレニアム・サミットで採択された国連ミレニアム宣言に基づき，1990年代に開催された主要な国際会議やサミットで採択された国際開発目標を統合した，2015年に向けた世界の開発目標である。8つの目標（ゴール）と21のターゲット（当初は18）により構成される。8つのゴールと21のターゲットは以下のとおりである（**表1-1**）。

　8つのゴールは，貧困，教育，ジェンダー，幼児死亡率，妊産婦の健康，疫病の蔓延防止，環境の持続可能性，グローバル・パートナーシップに関するものであり，人類が直面している様々な課題に対応している。後に議論される持続可能な開発目標（SDGs）と比べて，環境に特化しないバランスの取れた目標と言えよう。特に8つの目標の内の3つが健康関係であり，環境については1つの目標にまとめられている点が注目される。

　MDGs は，例えば「ターゲット2.A：2015年までに，すべての子どもたちが，男女の区別なく，初等教育の全課程を修了できるようにする。」に示されるように，主として途上国を対象とするターゲットが多いが，「ターゲット7.A：持続可能な開発の原則を各国の政策やプログラムに反映させ，環境資源

表1-1 ミレニアム開発目標のゴールとターゲット

ゴール1．極度の貧困と飢餓の撲滅
ターゲット1.A：1990年から2015年までに，1日1ドル未満で生活する人々の割合を半減させる。
ターゲット1.B：女性や若者を含め，完全かつ生産的な雇用とすべての人々の働きがいのある人間らしい仕事を達成する。
ターゲット1.C：1990年から2015年までに，飢餓に苦しむ人々の割合を半減させる。
ゴール2．普遍的な初等教育の達成
ターゲット2.A：2015年までに，すべての子どもたちが，男女の区別なく，初等教育の全課程を修了できるようにする。
ゴール3．ジェンダーの平等の推進と女性の地位向上
ターゲット3.A：できれば2005年までに初等・中等教育において，2015年までにすべての教育レベルで，男女格差を解消する。
ゴール4．幼児死亡率の引き下げ
ターゲット4.A：1990年から2015年までに，5歳未満の幼児の死亡率を3分の2引き下げる。
ゴール5．妊産婦の健康状態の改善
ターゲット5.A：1990年から2015年までに，妊産婦の死亡率を4分の3引き下げる。
ターゲット5.B：2015年までに，リプロダクティブ・ヘルス（性と生殖に関する健康）の完全普及を達成する。
ゴール6．HIV/エイズ，マラリア，その他の疾病の蔓延防止
ターゲット6.A：2015年までに，HIV／エイズの蔓延を阻止し，その後，減少させる。
ターゲット6.B：2010年までに，必要とするすべての人々は誰もがHIV／エイズの治療を受けられるようにする。
ターゲット6.C：2015年までに，マラリアその他の主要な疾病の発生を阻止し，その後，発生率を下げる。
ゴール7．環境の持続可能性の確保
ターゲット7.A：持続可能な開発の原則を各国の政策やプログラムに反映させ，環境資源の喪失を阻止し，回復を図る。
ターゲット7.B：生物多様性の損失を抑え，2010年までに，損失率の大幅な引き下げを達成する。
ターゲット7.C：2015年までに，安全な飲料水と基礎的な衛生施設を持続可能な形で利用できない人々の割合を半減させる。
ターゲット7.D：2020年までに，最低1億人のスラム居住者の生活を大幅に改善する。
ゴール8．開発のためのグローバル・パートナーシップの構築
ターゲット8.A：開放的で，ルールに基づいた，予測可能でかつ差別のない貿易および金融システムのさらなる構築を推進する。
ターゲット8.B：後発開発途上国の特別なニーズに取り組む。
ターゲット8.C：内陸開発途上国および小島嶼開発途上国の特別なニーズに取り組む。
ターゲット8.D：開発途上国の債務に包括的に取り組む。
ターゲット8.E：製薬会社との協力により，開発途上国で必須医薬品を安価に提供する。
ターゲット8.F：民間セクターとの協力により，情報通信技術をはじめとする先端技術の恩恵を広める。

（出典：国際連合広報センター）

の喪失を阻止し，回復を図る」や「ターゲット7.B：生物多様性の損失を抑え，2010年までに，損失率の大幅な引き下げを達成する」のように，先進国を含む世界全体が取り組むべき課題も含まれている。しかしながら，国際的には途上国において達成すべき目標と位置付けられ，我が国をはじめとする先進国は，途上国に対する支援を期待され，自国内での持続不可能な社会の是正を求められなかった点は大きな問題であった。

⑵　MDGsの成果

　国連は，MDGsの目標年である2015年の7月にMDGsレポートを公表し，MDGsの達成に対する最終評価を行った。MDGsレポートの概要は，国際連合広報センターにより日本語で紹介されているので参照されたい。
　具体的な成果を少し紹介しよう。「ゴール1．極度の貧困と飢餓の撲滅」に関しては，MDGsの基準年である1990年には途上国の半数に近い47％の人口が1日1.25ドル以下で生活していたが，2015年にはその割合が14％まで減少した。これは，10億人以上の人々が極度の貧困から脱却したことを意味する（**図1-1**）。途上地域における栄養不良の人々の割合は，1990年からほぼ半分に減少した。「ゴール4．幼児死亡率の引き下げ」に関しては，世界における5歳未満の幼児死亡率については，1990年から2015年の間に生まれた1,000人あたりの死亡率が90人から43人へと，半分以下に減少した（**図1-2**）。予防可能な疾病による幼児死亡数の著しい低下は，人類史上で最も偉大な成果とみなされた。
　このようにMDGsは著しい成果を挙げたが，残された課題も明確になっ

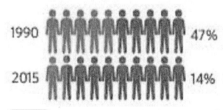
図1-1　途上国における極度の貧困比率

図1-2　5歳未満の子どもの世界的死亡数
（出典：MDGsレポート2015の概要）

た。具体的には，以下のような課題が浮き彫りになった。

- 数百万人の貧しい人達が，未だに基本的サービスへのアクセスがない。
- 約8億人が未だに極度の貧困の中で生活し，飢餓に苦しんでいる。
- 世界の約半数の労働者が未だに望まれない劣悪な環境の中で働いている。
- 毎日約16,000人の子どもたちが，5歳の誕生日を迎える前に命を落としている。これらの死因の多くは予防可能なものである。
- 世界の人口の3人に1人（24億人）が未だに改善されていない衛生施設を使用している。9億4,600万人が未だに屋外排泄を行っている。
- 8億8,000万人がスラムの様な環境下で生活していると推定されている。

　このような課題を解決するため，2016年から2030年までの新たな世界の開発目標として，持続可能な開発のための2030アジェンダ及びその付属文書である持続可能な開発目標（SDGs）が2015年に採択されることとなった。

参考文献

United Nations (2000), United Nations Millennium Declaration
https://www.un.org/en/development/desa/population/migration/generalassembly/docs/
　globalcompact/A_RES_55_2.pdf
国際連合広報センター「ミレニアム開発目標（MDGs）報告2015の概要」。
https://www.unic.or.jp/files/e530aa2b8e54dca3f48fd84004cf8297.pdf
United Nations (2015), Millennium Development Goals Report 2015.
https://www.un.org/millenniumgoals/2015_MDG_Report/pdf/MDG%202015%20rev%20
　(July%201).pdf.

（鈴木克徳）

◉ 第2項　SDGs について

(1) SDGs の交渉プロセス

　ミレニアム開発目標（MDGs）の後継となる世界の開発目標（Sustainable Development Goals: SDGs）についての検討が始まったのは，2011年初めの「地球の持続可能性に関するハイレベル・パネル（GSP）」の会合からと言われている。その後，2012年 1 月に国連事務総長の委任で「ポスト2015開発アジェンダに関する国連システム・タスクチーム」が発足し，同年 7 月には，キャメロン英首相，ユドヨノ・インドネシア大統領，ジョンソン＝サーリーフ・リベリア大統領を共同議長とする「ポスト2015開発アジェンダに関する事務総長有識者ハイレベル・パネル」が設置され，2013年 5 月に国連事務総長に報告書が提出された。一方，2012年 6 月にブラジルのリオで開かれた「国連持続可能な開発会議（リオ＋20）」で政府間交渉プロセスを立ち上げることが合意された。この合意を受け，2013年 1 月に国連の下に SDGs に関するオープン・ワーキング・グループ（OWG）が設置された。OWG は，国連ハンガリー政府代表部常駐代表チャバ・コロシ氏と国連ケニア共和国政府代表部常駐代表マチャリア・カマウ氏の 2 人が共同議長を務め，2013年 3 月から2014年 7 月にかけて13回開催された。OWG は，全てのステークホルダーへ開かれた包括的で透明な政府間交渉プロセスとして， 5 つの地域グループを通じて加盟諸国から指名される30名の専門家で構成され，2014年 7 月には，経済的，社会的，環境的側面に取り組む一連の目標案を国連総会に提出した。この案は貧困と飢餓の終焉，健康と教育の改善，都市の持続可能性向上，気候変動対策，海洋と森林の保護など，幅広い持続可能な開発に係る課題や先進国を含む地球全体で取り組むべき課題をカバーしており，17のゴールと169のターゲットがこの時点で作成された。潘基文（パン・ギムン）国連事務総長は，2014年12月に第69回国連総会に統合報告書を提出し，正式な政府間交渉プロセスが開始された。2015年 7 月には，「第 3 回開発資金国際会議」が開催され，新たな目標を前に協力して開発資金を調達することに合意する「アディスアベバ行動目標」も採択された。これらの交渉プロセスを経て，最終的に2015年 9 月の国連サミット

で「ポスト2015年開発アジェンダに関する宣言」が採択され，「持続可能な開発のための2030アジェンダ」及びその一部である「持続可能な開発目標（SDGs）」が合意された。

⑵　持続可能な開発のための2030アジェンダと持続可能な開発目標（SDGs）

　2015年9月の国連総会で採択された「持続可能な開発のための2030アジェンダ（正式名称は「我々の世界を変革する：持続可能な開発のための2030アジェンダ」，以下「2030アジェンダ」と略す）」は，2016年から2030年までの国際社会共通の目標（行動計画）であり，前文，政治宣言，持続可能な開発目標（SDGs），実施手段，フォローアップ・レビューで構成されている。

　2030アジェンダは，その前文において，すべての国，すべてのステークホルダーが協同的パートナーシップの下でこの行動計画を実行することを求め，また，世界を持続的かつ強靱（レジリエント）な道筋に移行させるために緊急に必要な，大胆かつ変革的な手段をとることを求めている。また，基本理念として，誰一人取り残さないこと，最も遅れているところに最初に手を差し伸べること，SDGsの17のゴールと169のターゲットは統合され不可分のものであり，ばらばらに達成を目指すのではなく，持続可能な開発の3の側面，すなわち経済，社会及び環境を調和させるものであることを強調している。

　SDGsの17のゴールは，①貧困や飢餓，教育など未だに解決を見ない社会面の開発アジェンダ，②エネルギーや資源の有効活用，働き方の改善，不平等の解消など持続可能な形で経済成長を目指す経済アジェンダ，③地球環境や気候変動など地球規模で取り組むべき環境アジェンダという形で，世界が直面する課題を大きく3つに大別して示していると言われる。SDGsは，これら社会，経済，環境の3つの視点を踏まえ，17のゴールを統合的に扱うことにより，持続可能なよりよい未来を築くことを目指している。SDGsの17のゴールは以下の通りである（外務省資料，**図1-3**）。

　SDGsの17のゴールと169のターゲットは，MDGsの8のゴール，21のターゲットと比べて著しく増えているが，その理由はSDGsの策定プロセスと密

目標 1 【貧困】
あらゆる場所あらゆる形態の貧困を終わらせる

 目標 2 【飢餓】
飢餓を終わらせ、食料安全保障及び栄養の改善を実現し、持続可能な農業を促進する

 目標 3 【保健】
あらゆる年齢のすべての人々の健康的な生活を確保し、福祉を促進する

 目標 4 【教育】
すべての人に包摂的かつ公正な質の高い教育を確保し、生涯学習の機会を促進する

 目標 5 【ジェンダー】
ジェンダー平等を達成し、すべての女性及び女児のエンパワーメントを行う

 目標 6 【水・衛生】
すべての人々の水と衛生の利用可能性と遺族可能な管理を確保する

 目標 7 【エネルギー】
すべての人々との、安価かつ信頼できる持続可能な近代的なエネルギーへのアクセスを確保する

 目標 8 【経済成長と雇用】
包摂的かつ持続可能な経済成長及びすべての人々の完全かつ生産的な雇用と働き甲斐のある人間らしい雇用(ディーセント・ワーク)を促進する

 目標 9 【インフラ、産業化、イノベーション】
強靭(レジリエント)なインフラ構築、包摂的かつ持続可能な産業化の促進及びイノベーションの推進を図る

 目標 1 0 【不平等】
国内および各国家間の不平等を是正する

 目標 1 1 【持続可能な都市】
包摂的で安全かつ強靭(レジリエント)で持続可能な都市及び人間居住を実現する

 目標 1 2 【持続可能な消費と生産】
持続可能な消費生産形態を確保する

 目標 1 3 【気候変動】
気候変動及びその影響を軽減するための緊急対策を講じる

 目標 1 4 【海洋資源】
持続可能な開発のために、海洋・海洋資源を保全し、持続可能な形で利用する

 目標 1 5 【陸上資源】
陸域生態系の保護、回復、持続可能な利用の推進、持続可能な森林の経営、砂漠化への対処ならびに土地の劣化の阻止・回復及び生物多様性の損失を阻止する

 目標 1 6 【平和】
持続可能な開発のための平和で包摂的な社会を促進し、すべての人々に司法へのアクセスを提供し、あらゆるレベルにおいて効果的で説明責任のある包摂的な制度を構築する

 目標 1 7 【実施手段】
持続可能な開発のための実施手段を強化し、グローバル・パートナーシップを活性化する

 SDGs の17のゴール

（出典：外務省資料）

接に関係している。SDGs のゴール，ターゲットは，多くのステークホルダーが参加して策定されたことにより，それぞれのステークホルダーが必要と考えた世界中の様々な課題が盛り込まれている。

　このため，SDGs への取組に際しては，169の課題全てに取り組もうとするよりは，まず自らに関係する課題を特定し，それらに的を絞って取り組むことが重要である。例えば，MDGs，SDGs を通じて最も優先順位が高いゴールは貧困の撲滅であり，ターゲット1.1において，「2030年までに，現在 1 日1.25ドル未満で生活する人々と定義されている極度の貧困をあらゆる場所で終わらせる」とある。これは年間所得が約 5 万円以下の貧困層を無くすことを目指すものであり，概ね途上国で達成すべき目標と考えて良い。我が国の文脈でゴール 1 について考えた場合には，相対的貧困層を如何に減らすかが課題であると言えよう。我が国に求められるのは，途上国における極度の貧困をなくすための支援とともに，国内における相対的貧困を減らす努力を行うことであり，自らが置かれた文脈において何をなすべきかを明確化することが重要である。

　また，わが国では，17のゴールを個別の目標ととらえ，例えばゴール16に関しては，平和教育を行えばよいと安易に考える風潮があるが，平和と戦争の問題は，人権や公正，ジェンダー，健康，教育など様々な問題に関連し，環境，社会，経済のすべての側面に関わっている。2030アジェンダに示される基本的な理念，原則を踏まえ，様々な課題が密接に関連しているとの認識に立った取組を行うことが重要である。

参考文献

United Nations (2015), Transforming Our World: the 2030 Agenda for Sustainable Development. https://www.mofa.go.jp/mofaj/gaiko/oda/sdgs/pdf/000101401.pdf
外務省（2016）「我々の世界を変革する：持続可能な開発のための2030アジェンダ」（仮訳）。https://www.mofa.go.jp/mofaj/gaiko/oda/sdgs/pdf/000101402.pdf
外務省（2020）「持続可能な開発目標と日本の取組」（パンフレット）https://www.mofa.go.jp/mofaj/gaiko/oda/sdgs/pdf/SDGs_pamphlet.pdf

（鈴木克徳）

◉ 第3項　MDGs と SDGs の共通点と相違点

⑴　はじめに

　本節第1項において MDGs について，第2項において SDGs について解説してきた。以下，両者の主な共通点と相違点について整理してみる。

　MDGs と SDGs には，概ね以下のような共通点がある。

- 国連において合意された，世界が共通して取り組むべき目標であること
- 貧困の撲滅を最優先課題としていること
- 目標期間を15年と中期に設定していること

　MDGs と SDGs を比較すると概ね以下のような関係になる（**表1-2**）。

　MDGs のゴール7は，7A（持続可能な開発原則の政策への反映），7B（生物多様性），7C（水と衛生），7D（スラムの改善）という4つのターゲットからなる。7A は SDGs の多くのゴールと関わっており，直接の対応関係を明確に示すことは難しいが，SDGs のゴール7，9，11〜15に関わりがあると考えることができる。MDGs のターゲット7B は主として SDGs のゴール14，15に対応する。MDGs のターゲット7C，7D は，それぞれ SDGs のゴール6，ゴール11に対応している。以上から，SDGs ではゴール9（産業と技術革新），ゴール10（国内及び国際的な不平等）等のような新たな課題が追加さ

表1-2　MDGs と SDGs のゴールの比較

MDGs	SDGs
ゴール1貧困と飢餓	ゴール1貧困 ゴール2飢餓と食糧 ゴール8産業と雇用
ゴール2普遍的初等教育	ゴール4教育
ゴール3ジェンダー	ゴール5ジェンダー
ゴール4乳幼児死亡率 ゴール5妊産婦死亡率 ゴール6疾病の蔓延防止	ゴール3健康
ゴール7環境の持続可能性	ゴール6水と衛生ほか
ゴール8パートナーシップ	ゴール8パートナーシップ

れたことがわかる。また，MDGsのゴール1（貧困と飢餓）がSDGsではゴール1，ゴール2と分割されたのに対し，ゴール4〜6（健康関係）がゴール3としてひとまとめにされた点も，課題の喫緊性に関する認識の変化として，注目に値する。全体として，169のターゲットを有するSDGsの方が，よりきめ細かく，新たな課題への対応を含めた目標設定をしていると考えられる。

MDGとSDGsとの違いを表にまとめると概ね以下のようになる（**表1-3**）。

SDGsがMDGsと大きく異なる点が，その策定プロセスである。SDGsでは4年以上をかけた丁寧なマルチステークホルダーへのコンサルテーションプロセスが行われている。その結果，ゴール，ターゲットはMDGsと比べて著しく増加し，新たな多くの課題が取り込まれることになった。

もう1つの大きな違いは，対象の違いである。MDGsが途上国の生活の改善を目指したのに対し，SDGsは先進国を含むすべての国が対象となっている。

なお，MDGsは世界全体の目標値を設定したが，その実施プロセスにおいて地域ごとの違いが鮮明になったことから，SDGsでは，国，地域ごとの目標値の設定を推奨している。

⑵　我が国におけるSDGsへの取組

我が国は，国連におけるSDGsの策定を踏まえ，政府が中心になり，官民

表1-3 MDGとSDGsとの違い

	MDGs	SDGs
策定プロセス	一部の専門家が案を作成	多くのステークホルダーのコンサルテーションプロセスを経て案を作成
ゴールとターゲット	8ゴール，21ターゲット	17ゴール，169ターゲット
指標	60	232
対象	途上国	先進国を含むすべての国
目標値	世界全体として設定	国，地域レベルでのターゲット設定を推奨

を挙げて積極的に SDGs の推進に取り組んでいる。政府は2016年5月に「SDGs 推進本部」を設置し，国内実施と国際協力の両面で率先して取り組む体制を整えた。この本部の下に，幅広いステークホルダーによって構成される「SDGs 推進円卓会議」を設置し，そこでの議論を踏まえて2016年12月に「SDGs 実施指針」を決定した。

　我が国の SDGs への取組は，国際的取組と国内での取組に大別される。

　国際的な取組としては，①国際保健，②難民及び難民受入れ国支援，③女性の活躍推進を3本柱としている。国際保健については，感染症対策，保健システムの強化，予防接種の推進，日本企業による創薬を推進するための支援等を行うこととしている。難民及び難民受入れ国支援については，短期的な視点からの人道支援のみならず，中長期的な視点から「人づくり」を行うなど，社会の安定化と包摂的成長のための開発支援を行うこととしている。女性の活躍については，女性の権利の尊重，能力の発揮，リーダーシップの向上を重点分野とする「女性の活躍推進のための開発戦略」を策定し，女性行政官等の人材育成，女子の学習環境の改善などを図ることとしている。

　国内的な取組としては，2017年12月から SDGs アクションプランを定期的に策定している。また，人間の安全保障の考え方に基づき，① Society5.0の推進，②地方創生，③次世代・女性を柱とする日本の「SDGs モデル」を推進している。さらに，官民による対策を進めることを目的とした「ジャパン SDGs アワード」による表彰，2018年6月から「SDGs 未来都市」を認定して自治体レベルでの取組の促進を図っている。

　多くの自治体は，SDGs 未来都市などを通じて SDGs に取り組み始めている。また企業レベルでは，経団連が2017年11月に企業行動憲章を改定し，Society5.0の実現を通じた SDGs の達成を図る方針を明示したほか，グローバル・コンパクト・ジャパン等を通じて様々な企業が SDGs に取り組んでいる。

　2016年12月に策定された SDGs 実施指針では，「持続可能で強靱，そして誰一人取り残さない，経済，社会，環境の統合的向上が実現された未来への先駆者を目指す」とのビジョンを掲げ，①普遍性，②包摂性，③参画型，④統合性，⑤透明性と説明責任，を実施原則として，以下に示す8つの優先課題と具

表1-4 SDGs の優先課題

①あらゆる人々の活躍の推進	②健康・長寿の達成
■一億総活躍社会の実現　■女性活躍の推進　■子供の貧困対策　■障害者の自立と社会参加支援　■教育の充実	■薬剤耐性対策　■途上国の感染症対策や保健システム強化、公衆衛生危機への対応　■アジアの高齢化への対応
③成長市場の創出、地域活性化、科学技術イノベーション	④持続可能で強靱な国土と質の高いインフラの整備
■有望市場の創出　■農山漁村の振興　■生産性向上　■科学技術イノベーション　■持続可能な都市	■国土強靱化の推進・防災　■水資源開発・水循環の取組　■質の高いインフラ投資の推進
⑤省・再生可能エネルギー、気候変動対策、循環型社会	⑥生物多様性、森林、海洋等の環境の保全
■省・再生可能エネルギーの導入・国際展開の推進　■気候変動対策　■循環型社会の構築	■環境汚染への対応　■生物多様性の保全　■持続可能な森林・海洋・陸上資源
⑦平和と安全・安心社会の実現	⑧SDGs実施推進の体制と手段
■組織犯罪・人身取引・児童虐待等の対策推進　■平和構築・復興支援　■法の支配の促進	■マルチステークホルダーパートナーシップ　■国際協力におけるSDGsの主流化　■途上国のSDGs実施体制支援

（出典：SDGs 実施指針概要）

体的施策を示した（**表1-4**）。

　これらは，2019年12月の実施指針の改定に際しても踏襲されている。

　ここで重要なポイントは，SDGs の17のゴール，169のターゲットを踏まえつつ，我が国の直面する課題を考慮して優先課題を大きく８つに再構成している点である。自治体，企業等の各ステークホルダーには，これと同様に，自らの地域や特性を踏まえた独自の SDGs 行動計画を定めることが求められる。

　一方，2019年９月の SDG サミットが SDGs の達成について危機感を表明したこと，日本は目標４（教育）及び目標９（イノベーション）の達成度が評価される一方で，目標５（ジェンダー）等について課題があるとの評価が行われたことから，旧実施指針を踏襲しつつ，SDGs の各目標の進捗状況を把握，評価し，政策に反映する仕組みづくりに取り組んでいくこととした。

参考文献

外務省（2019）「SDGs 実施指針改定版」，
https://www.mofa.go.jp/mofaj/gaiko/oda/sdgs/pdf/kaitei_2019.pdf.
外務省（2020）「持続可能な開発目標達成に向けて日本が果たす役割」
https://www.mofa.go.jp/mofaj/gaiko/oda/sdgs/pdf/2001sdgs_gaiyou.pdf.

（鈴木克徳）

第2節　ESDのこれまで

◉ 第1項　ストックホルム会議から2014年まで

⑴　「持続可能な開発」概念の確立過程
　―ストックホルム会議（1972）から地球サミット（1992）まで―

　ここでは，「持続可能な開発」の概念が確立する過程を主として環境の面から歴史的に概観する（矢口克也，2010）。

　1950年代後半から1970年代にかけての日本列島は，「四大公害（水俣病，新潟水俣病，四日市ぜんそく，イタイイタイ病）」に代表される環境汚染と自然破壊が各地で問題となった「高度成長」の時代である。筆者が知る当時の北九州の空は製鉄所の煙突から排出される七色の煙で太陽が霞み，煤煙で黒ずんだ雀が飛んでいた。この時期は先進工業国において公害，自然破壊が甚だしく，国際的にも大きな問題であった。

　1972年に開催された「国連人間環境会議（ストックホルム会議）」は開発と環境の問題を国際的に議論した最初の会議であると言われている。この会議で採択された「人間環境宣言」は，「人間環境」を「自然環境」と生活環境，労働環境などの「ひとによって作られた環境」の2つの面から捉え，「人間の力は賢明に用いるならば，開発の恩恵と生活の質を向上させるが，誤って用いるならば，人間と人間環境に対し計り知れない害をもたらす事になる」，「現在および将来の世代のために人間環境を擁護し向上させることは，人類にとって至上の目標，すなわち平和と，世界的な経済社会発展の基本的かつ確立した目標と相並びかつ調和を保って追求されるべき目標となった」と述べている（人間環境宣言（環境省）https://www.env.go.jp/council/21kankyo-k/y210-02/ref_03.pdf，2020年7月27日確認）。

　ストックホルム会議から10年後に開催されたナイロビ会議（1982）では，「資源保全が持続的成長の前提である」と認識された。この会議で日本が特別委員会の設置を提案し，1984年に，「環境と開発に関する世界委員会（ブルン

トラント委員会）」が国連に設置された。ブルントラント委員会は1987年に報告書「我ら共有の未来（Our Common Future)」を公表した。報告では，「『環境・経済・社会』の動的過程のなかで『発展』が可能であることを示唆し，「持続可能な開発」を「将来の世代が自らのニーズを充足する能力を損なうことなく，今日の世代のニーズを満たすこと」と定義した。「持続可能な開発」の概念の基本型がここに見られる（Report of the World Commission on Environment and Development, Our Common Future (United Nations, https://www.are.admin.ch/are/en/home/sustainable-development /international-co-operation/2030agenda/un-_-milestones-in-sustainable-development/1987--brundtland-report.html, 2020年 7 月27日確認)。

　1992年にリオ・デ・ジャネイロに約180国が参加して。「環境と開発に関する国連会議（地球サミット，リオ・サミット）が開催された。地球サミットでは，２つの国際条約（「気候変動枠組み条約」，「生物多様性条約」）と，「環境と開発に関するリオ・デ・ジャネイロ宣言（リオ宣言）」，「森林原則声明」，「アジェンダ21」が発出された。「アジェンダ21」は，21世紀に向けて持続可能な開発を実現するために各国が実行すべき行動計画であり，４部，40章から成る。条約のような拘束力はないが，初めてのグローバルな行動計画であり，後述するヨハネスブルグ宣言（2002）の８において，「リオ会議は，持続可能な開発のための新しいアジェンダを決定した重要な画期的出来事であった。」と評価している（外務省，https://www.mofa.go.jp/mofaj /gaiko/kankyo /wssd/sengen.html, 2020年 7 月31日確認)。「アジェンダ21」は，第36章を教育，意識啓蒙，研修の推進に当てており，環境を対象とした限定的なものではあるが，「持続可能な開発」に向けて教育の重要性を示した歴史的な行動計画である。

⑵ ESD の提起と国連 ESD の10年（国連 DESD）
—ヨハネスブルグ・サミット（2002）からリオ＋20（2012）まで—

　地球サミットで合意された２つの条約とアジェンダ21に基づいて，国際的な合意（条約，議定書）が急速に進展した。主要な合意として，「砂漠化対処条

約」（1994），気候変動枠組み条約に関する「京都議定書」（1997），「有害化学物質等の貿易上の手続きに関するロッテルダム条約」（1998），生物多様性条約に関する「カタヘルナ議定書」（2000），「残留性有機汚染物質に関するストックホルム条約」（2001）が挙げられる。

　この間，「世界社会開発サミット（コペンハーゲン・サミット）」（1995）では，「我々は，経済発展，社会開発及び環境保護が相互に依存し，それらは，すべての人々がより高い質の生活に到達することに向けての我々の努力の枠組みである持続可能な開発のために相互に強化し合う要素であることを強く確信する」と述べており，社会開発（国民生活に必要な住宅，雇用，教育，社会保障等の社会的サービス）の面からも経済，社会，環境が相互に依存していることが表明されている（国連広報センター，https://www.unic.or.jp/files/ summit.pdf，2020年7月31日確認）。

　また，1997年の「環境と社会に関する国際会議（テサロキニ会議）」は，環境教育を広義に捉えることを明確に示した点で重要である。すなわち，狭義の環境教育だけでなく，「環境と持続可能性のための教育」とし，貧困，人口，健康，食糧の確保，民主主義，人権，平和をも包含するものであると規定した（阿部　治，市川智史他，1999）（田中治彦，2014）。

　2000年の国連ミレニアム・サミットでは，後のSDGsの基礎となるミレニアム開発目標（MDGs）を採決した。MDGsは，国際社会の支援を必要とする課題に対して2015年までに達成すべき8つの目標（貧困，初等教育，ジェンダー，乳幼児死亡率，妊産婦の健康，疾病，環境，パートナーシップ）と21のターゲット，60の指標を掲げている（国連開発計画駐日代表事務所　https://www.jp.undp.org/content/tokyo/ja/home/sdg/mdgoverview/mdgs.html，2020年8月1日確認）。

　地球サミットから10年後の2002年に，「持続可能な開発に関する世界首脳会議（ヨハネスブルグ・サミット）が開催された。「持続可能な開発は」は環境，経済，社会と深く関連することが指摘されてきたが，ヨハネスブルグ宣言の8では，「持続可能な開発」と「環境，経済，社会」の関係を「相互に依存し相互に補完的な支柱，即ち，経済開発，社会開発及び環境保全が持続可能な

開発の基本である」とした。また，同11で，「貧困削減，生産・消費形態の変更，及び経済・社会開発のための天然資源の基盤の保護・管理が持続可能な開発の全般的な目的であり，かつ，不可欠な要件である」とした。このサミットで，日本が「持続可能な開発のための教育の10年」を提案し，国連総会で2005年から2014年までを国連 DESD とし，その推進機関としてユネスコが指定された（外務省，https://www.mofa.go.jp/mofaj/gaiko/kankyo/wssd/ sengen. html，2020年 7 月31日確認）。

　国連 DESD の期間中の2012年に，リオ・デ・ジャネイロで「国連持続可能な開発会議（リオ＋20）」が開催された。リオ＋20には約190の各国政府代表の他に市民を含む約 3 万人が参加し，成果文書「我々が望む未来（The Future We Want）」を採択した。成果文書のパラグラフ245〜251で，2015年までに MDGs の後継としての「持続可能な開発目標（SDGs）」を策定するために政府間交渉を開始することが合意された。また，パラグラフ229〜235を教育に当て，DESD 以降も ESD を持続可能な開発に結びつけることを明記した（リオ＋20成果文書ゼロドラフト2012，国際連合，http://earthsummit2012.jp/zero-draft_jp.pdf，2020年 8 月 1 日確認）。

参考・引用文献

この項は，矢口克也（2010）「『持続可能な発展』理念の実践過程と到達点，持続可能な社会の構築総合調査報告書」国立国会図書館調査及び立法考査局，を参照した。
阿部治・市川智史他（1999）「環境と社会に関する国際会議：持続可能性のための教育とパブチック・アウェアネス」におけるテサロニキ宣言」『環境教育』VOL.8- 2，pp.71-74。
田中治彦（2014）『多文化共生社会における ESD・市民教育』pp.88-103，上智大学出版。

（長友恒人）

第2項　国連持続可能な開発のための教育の10年（UNDESD）

⑴　国連持続可能な開発ための教育の10年（UNDESD）の経緯と枠組み

　2002年に南アフリカのヨハネスブルグで開催された「持続可能な開発に関する世界サミット」の実施計画を交渉する過程で，日本は，日本の NGO の提案に応えて「国連持続可能な開発のための教育の10年」（UN Decade of Education for Sustainable Development：UNDESD）を提案し，国連総会に勧告することが計画に盛り込まれた。これにより，日本は2002年の第57回国連総会において，2005年からの10年間を「国連持続可能な開発のための教育の10年（UNDESD）」に指定する決議を共同提唱国とともに提出した。この提案は全会一致で採択され，2005年１月から UNDESD がスタートしたのである。

　ユネスコがこの UNDESD の主導機関に指名され，2005年に国際実施計画を策定した。UNDESD の主な目的は，ESD をそれぞれ国の教育システムと開発計画において，次の４つの主要な目的で実施する施策を含めることを検討するよう各国政府に促すことである。ⅰ）ESD におけるステークホルダー間のネットワーキングとコラボレーションの促進，ⅱ）指導の質の向上と環境トピックの学習の促進，ⅲ）ESD の取り組みを通じた各国の MDGs 達成の支援，ⅳ）教育を改革するための新しい機会とツールの提供である（UNESCO, 2005）。

　UNDESD の中間年の2009年には，ドイツのボンで「持続可能な開発のための教育に関するユネスコ世界会議」が開催され，UNDESD のより一層の進展と拡充を図るための声明と行動を呼びかける「ボン宣言」を発表した。UNDESD の提唱国である日本も「多様な主体の参画と連携による豊かな学びの創出」と題する「UNDESD Japan Report」を提出し，世界の ESD を牽引する優良事例として世界に発信した。一方，ユネスコは2010年，UNDESD 後半期に ESD を通じて世界の持続可能な開発の課題に取り組む際に，ⅰ）気候変動，ⅱ）生物多様性，ⅲ）災害リスクの低減の３つに重点を置いて進めるという優先事項を提言し，これらは後半期の主要な行動テーマとなった。

　さらに，2012年にリオデジャネイロで開催された「国連持続可能な開発会議（Rio＋20）」の成果として，「私たちが望む未来」（The future we want）が決

議された。その中で，「持続可能な開発のための教育を促進し，持続可能な開発のための教育の10年を越えた教育により持続可能な開発をより積極的に統合することを決意する」とESDの重要性を再確認している。

このようにUNDESDは，以下に示される様々な国際的アジェンダや施策により展開され，ESDの国際的な枠組みが構築されていったのである（**表1-5**）。

表1-5 国連ESDの10年（UNDESD）の国際的な取り組みの経緯

開催年	開催会議名等	アジェンダ・ESD関連施策	開催地
1992年	国連環境開発会議	アジェンダ21第36章でESDの重要性を指摘	リオデジャネイロ
2002年	持続可能な開発に関する世界首脳会議	我が国の提案により国連ESDの10年が実施計画に盛り込まれる	ヨハネスブルク
2002年	国連 第57回総会	国連ESDの10年を採択・ユネスコを主導機関に指名	ニューヨーク
2005年	国連 第60回総会	ユネスコが策定した国連ESDの10年国際実施計画を承認	ニューヨーク
2009年	ESD世界会議	国連ESDの10年の中間年に開催・ボン宣言を採択	ボン
2012年	国連持続可能な開発会議（リオ＋20）	「私が望む未来」で2014年以降もESDを推進することを宣言	リオデジャネイロ
2014年	ESDに関するユネスコ世界会議	国連ESDの10年に最終年に開催・あいち・なごや宣言を採択	名古屋市 岡山市
2014年	国連 第69回総会	ESDグローバル・アクション・プログラム（GAP）を採択	ニューヨーク

（筆者作成）

⑵　国連持続可能な開発のための教育の10年（UNDESD）の取り組み

① 地域の多様な主体の参画によるESD：国連大学のESD地域拠点（RCE）

2002年の国連総会の「国連持続可能な開発のための教育の10年（UNDESD）」に関する決議を受けて，日本に本部のある国連大学（UNU）は，2005年からのUNDESDに貢献するために日本政府からの資金援助を受けて，「ESDに関する地域拠点」（Regional Centres of Expertise on ESD：RCE）を開始した

（UNU-IAS ,2005）。RCE は，持続可能な未来を構築するためのツールとして教育を利用している個人，組織，専門家のネットワークである。このネットワークには，学校や大学などの公的な教育機関だけでなく，博物館，民間企業，地方政府機関，NGO/NPO，メディアなどの非公式の教育施設も含まれ，地域および国際レベルでの多分野かつ学際的な情報共有や協働のための革新的なプラットフォームを構築することで ESD の目標の達成を目指している。

② 学校教育を核とした ESD：ユネスコスクール（ASPnet）

　ユネスコには，1953年に創設された UNESCO Associated Schools Project Network（ASPnet）と呼ばれるユネスコ憲章に示された理念を学校で実現するための世界規模の学校間ネットワークがある。日本では，近年これを「ユネスコスクール」と呼んでいる。ユネスコスクールは，ⅰ）世界の懸念と国連システムの役割，ⅱ）持続可能な開発のための教育，ⅲ）平和と人権，ⅳ）異文化学習という4つの研究テーマを掲げ，その実践を通じて，正義，自由，平和，人間開発を追求するすべての人々に質の高い教育の促進をめざしている。

　2008年に文部科学省は，UNDESD の推進に当たり，ユネスコスクールの理念と ESD に親和性があることから，ユネスコスクールを「ESD の推進拠点」と位置づけ，その普及と活用に努めた。また，ユネスコ本部に対しても日本ユネスコ国内委員会を通じて，「ESD の普及促進のためのユネスコスクール活用について提言」を行い，ユネスコスクールを通じた ESD の推進を世界レベルで提唱した。このような国内外に向けての ESD 推進というユネスコスクールの新たなミッションの価値付けと普及施策により，日本の加盟校は急激に拡大して世界最多となり学校教育の ESD を牽引する役割を担うこととなった。

⑶　**日本の「国連持続可能な開発のための教育の10年」の成果**

① 政府による2014年までの UNDESD の目標と計画の策定

　2006年に国内実施計画を策定し，政府全体において計画的に進めてきた。また，UNDESD の中間年の評価と東日本大震災を踏まえ，2011年に国内実施計画を改訂し，後半の重点的な取り組みとして，普及啓発，教育機関における取り組み，地域における実践の3つを掲げ，集中的に取り組みを進めた。

② 学校教育における ESD の取り組み

　教育振興基本計画及び学習指導要領に持続可能な社会の構築の視点が明記され，それをもとに教科や総合的な学習の時間で教科横断的・総合的な ESD が計画的に推進されるようになった。また，ユネスコスクールを「ESD の推進拠点」と位置付け拡充を図ったことで，ESD の実践の広がりと質の向上が見られた。

③ 社会教育における取り組み／地域の多様な主体が参画・協働する取り組み

　国内の国連大学 RCE や，地域の行政，学校，NGO，事業者等からなる協議会等を通じた地域ぐるみの先駆的な取り組みにより，学校教育の内外で多様な主体が参画して ESD を推進する機会が広がってきた。また，公害を教訓とした取り組みや企業の環境負荷低減への CSR の活動等が推進されてきた。

④ トップダウンとボトムアップの取り組みの有機的結合

　2007年に「『国連持続可能な開発のための教育の10年』円卓会議」を設置し，国内実施計画の策定や改訂をする過程で実践での成果や提言を盛り込むことにより，政府による目標・計画の策定や現場への支援（トップダウン）と多様な主体から施策への提言（ボトムアップ）を有機的に結合させてきた。

⑤ 東日本大震災が日本の ESD に与えた教訓と影響

　東日本大震災の際には，日頃から ESD に取り組んできたことが，避難行動や避難生活などの危機対応に役立った。また，ESD を学んできた児童・生徒が防災や復興について主体的に提案し行動する姿が，地域の復興の気運を高めたとの報告もなされている。災害からの復興には持続可能な社会の観点が重要であり，その担い手を育てるためにも ESD の一層の推進が求められている。

参考・引用文献

国連持続可能な開発のための教育の10年関係省庁連絡会議（2014）「国連持続可能な開発のための教育の10年（2005-2014年）ジャパンレポート」。

文部科学省・日本ユネスコ国内委員会（2006年発行，2017年改訂）「ユネスコスクールと持続可能な開発ための教育」文部科学省国際統括官付。

Oikawa Y. (2014) Education for Sustainable Development: Trends and Practice. In: Shaw R. and Oikawa Y. (eds) Education for Sustainable Development and Disaster Risk Reduction. Springer Japan 2014, pp.15-35.

（及川幸彦）

◉ 第3項　ESD グローバル・アクション・プログラム（GAP）と ESD for 2030

(1)　UNDESD を越えるグローバル・アクション・プログラム（GAP）

① ESD に関するグローバル・アクション・プログラム（GAP）の枠組み

　2014年に国連持続可能な開発のための教育の10年（UNDESD）が閉幕する際に，その成果を積み上げ，新たな推進力を生み出すために，UNDESD の主導機関であるユネスコは，「持続可能な開発のための教育に関するグローバル・アクション・プログラム」（Global Action Programme on Education for Sustainable Development：GAP）を開発した。それは，国際社会が，行動志向でグローバルかつ普遍的に適用可能であるような新しい枠組みを提案する責任を負っている時期に提案された。GAP は，2014年の国連総会において「持続可能な開発のための教育の10年（2005-2014）のフォローアップ：持続可能な開発のための教育に関するグローバル・アクション・プログラム」の決議として採択され，ESD を推進するための将来の方向性を示すこととなった。GAP の全体的な目標は，持続可能な開発に向けた進展を加速するために教育と学習のすべてのレベルと領域で，ESD アクションの生成と拡大（Scale-up）を目指し，SDGs に実質的な貢献をすることを意図するものである。

　GAP は，戦略的なフォーカスとステークホルダーのコミットメントを可能にするために，ⅰ）政策的支援（Policy Support），ⅱ）機関包括型アプローチ（Whole-institution Approach），ⅲ）教育者（Educators），ⅳ）ユース（Youth），ⅴ）ローカルコミュニティ（Local Community）の5つの優先行動分野に焦点を当てており，これらの行動分野は，ESD を前進させるための重要な力点と見なされている。2014に開催された「ESD に関するユネスコ世界会議」において，ユネスコは GAP を実施するための新たなロードマップを提案した。このロードマップでは，ESD のアジェンダを進めるための GAP の5つの優先行動分野を次のように特定し ESD のさらなる発展をめざした。

ⅰ）**前進する政策**（Advancing Policy）－ ESD を教育と持続可能な開発政策の両方に主流化し，ESD を可能にする環境を作り，体系的な変化をもたらす

ⅱ）**学習およびトレーニング環境の変革**（Transforming learning and training environment）－持続可能性の原則を教育および指導の環境に統合する

ⅲ）**教育者と指導者の能力を開発する**（Building capacities of educators and trainers）－教育者と指導者の能力を高め，より効果的に ESD を提供する

ⅳ）**ユースに力を与え動員する**（Empowering and mobilizing youth）－ユースの間で ESD アクションを増やす

ⅴ）**地域レベルでの持続可能な課題解決を加速する**（Accelerating sustainable solution at local level）－コミュニティレベルでの ESD プログラムとマルチステークホルダーのネットワークを拡大する

② 日本のグローバル・アクション・プログラムの取り組み

　日本においても，国連の GAP 採択を受けて，マルチステークホルダーが参画する ESD 円卓会議の議論を踏まえて，2016年3月に ESD 関係省庁連絡会議により「我が国における『持続可能な開発のための教育（ESD）に関するグローバル・アクション・プログラム』実施計画」（ESD 国内実施計画）が策定された。これは，GAP が定める5つの優先行動分野に沿って，関係省庁（国）が取り組んでいく施策を掲げたものである。優先行動分野ごとの主な施策は以下のとおりである。

ⅰ）**政策的支援（ESD への政策的支援）**
　「ESD 活動支援センター」（全国・地方）による ESD 支援ネットワーク機能の体制整備，教育振興指導計画や学習指導要領への ESD の位置づけ等

ⅱ）**機関包括型アプローチ（ESD への包括的取り組み）**
　ESD を包括的に推進するモデル校の育成やユネスコスクールの拡充等

ⅲ）**教育者（ESD を実践する教育者の育成）**
　「ESD の推進の手引き」の作成とそれを活用した教員研修や教材作成等

ⅳ）**ユース（ESD を通じて変革をする若者の参加支援）**
　ユースフォーラムの開催や全国ユース環境ネットワーク促進事業の実施等

ⅴ）**地域コミュニティ（ESD を通じた持続可能な地域づくりの促進）**
　多様なステークホルダーのネットワークや ESD コンソーシアムの拡充等

この中でも，ⅰ）の政策的支援で，2016年改訂の学習指導要領の前文及び総則に「持続可能な社会の創り手の育成」が掲げられ，ESD の重要性が指摘されたことの意義は大きい。また，環境省が文部科学省と共同で設立した ESD 活動支援センター（全国センターと 8 地方センター）は，地域 ESD 推進拠点の登録を拡大しながら，全国及び地方レベルでの ESD 推進ネットワークを形成するハブ機能を果たしている。さらに，文科省が主導した ESD コンソーシアム事業は，大学や教育委員会が核となり，地域レベルで多様な主体による参画と協働の ESD 推進プラットフォームを構築しながら地域課題に即した取り組みを展開することで全国各地に ESD を普及・深化させるなど，ⅴ）の地域コミュニティでの課題解決や地域づくりに大きく貢献している。（関係省庁連絡会議，2016）。

(2)　ESD for 2030：SDGs の達成に貢献する ESD

　2015年の国連サミットで採択された「持続可能な開発のための2030アジェンダ」の中で「持続可能な開発目標（Sustainable Development Goals: SDGs）」が掲げられた。これは2030年までに持続可能でよりよい世界を目指す人類の共通目標として17のゴールと169のターゲットから構成されており，地球上の「誰一人取り残さない（leave no one behind）」社会の実現を目指している。

　SDGs の達成年である2030年が迫る中，ESD についても更なる取組を促すため，新たな国際的枠組み「持続可能な開発のための教育：SDGs 達成に向けて　」（Education for Sustainable Development: Towards achieving the SDGs: ESD for 2030）の決議が，2019年12月の国連総会において採択された。GAP の後継枠組みである ESD for 2030は，GAP の 5 つの優先行動分野を継承しつつも，「ESD は全ての持続可能な開発目標（SDGs）の実現の鍵である」（第72回国連総会決議，2017）との世界の共通認識を踏まえ，ESD は，教育分野の目標である SDG 4 に不可欠な要素であることはもとより，他の全ての SDGs の目標を実現可能にする役割を担うもの（enabler）としての重要性を改めて強調している。そして，2030年までの ESD の全体的な目的として，全ての SDGs への ESD の貢献を強化することを提案し，その達成を通じてより公正

で持続可能な世界の構築をめざしている。特に重視すべきポイントとして，ⅰ）行動の変革（Transformative action），ⅱ）構造的変更（Structural change），科学技術の進歩した未来（Technological future）を挙げている。これはコロナ禍においても持続可能な社会の再生に向けて一層重視すべき視点でもある。

　2020年には，ESD for 2030のロードマップが公表され，その中で実現へのメカニズムとして，ⅰ）国レベルでのESD for 2030の実施，ⅱ）パートナーシップとコラボレーション，ⅲ）行動を促すための普及活動，ⅳ）新たな課題や傾向の追跡，ⅴ）資源の活用，ⅵ）進捗モニタリングの6つの重点実施領域が示されている。

　このようにSDGsを見据えた「ESDはSDGsを達成するための人材育成（教育）」というESD for 2030の枠組みが定まったことにより，ESDとSDGsの関係性が明確になるとともに，ESDで取り組むべきSDの内容やアプローチがSDGsで国際的に整理され，ESDの方向性がより明確となったと言える。

引用・参考文献

及川幸彦（2019）「ESDと今後の学校教育の在り方」『中等教育資料』学事出版，1月号
持続可能な開発のための教育に関する関係省庁連絡会議（関係省庁連絡会議）（2016）「我が国における『持続可能な開発のための教育（ESD）に関するグローバル・アクション・プログラム』実施計画（ESD国内実施計画）」。
文部科学省・日本ユネスコ国内委員会（2018）「ユネスコスクールで目指すSDGs：持続可能な開発ための教育」文部科学省国際統括官付。
Oikawa Y. (2014) Education for Sustainable Development: Trends and Practice. In: Shaw R. and Oikawa Y. (eds) Education for Sustainable Development and Disaster Risk Reduction. Springer Japan 2014, pp.15-35.

（及川幸彦）

第2章

ESD の概要

第1節　ESD のねらいと特徴

⑴　持続可能な開発とは

　ESD は Education for Sustainable Development の略であり，日本語訳では「持続可能な開発のための教育」である。その名称から明らかなように，ESD がどのような教育であるのかを理解するためには，「持続可能な開発」について言及する必要がある。

　「持続可能な開発」は，1987年の環境と開発に関する世界委員会（ブルントラント委員会）が出版した「私たちの共通の未来」の中で，「持続可能な開発とは，将来の世代がそのニーズを満たす能力を損なうことなく，現世代のニーズを満たす開発」であると定義された。そしてそこには「世界の貧しい人々にとって不可欠な『必要物』の概念」と「現在及び将来の世代の欲求を満たせるだけの環境の能力の限界についての概念」という，2つの鍵となる概念が含まれていると述べている。つまり，開発とはそもそも人間の欲求と願望を満たすことが目標であるが，ここで述べられている欲求は，無限の欲といったものではなく，世界のすべての人々の基本的欲求であり，すべての人々に対する均等な機会を確保するものであるという点に留意する必要がある。

　一方，国際自然保護連合，国連環境計画及び世界自然保護基金は，持続可能な開発を「人間を支える生態系が有する能力の範囲内で営みながら，人間の生活の質を向上させること」と定義している。

　この2つの定義について，「国連持続可能な開発のための教育の10年」国際

実施計画案の中でユネスコは「ブルントラント委員会の定義は，将来世代に対する責任を尊重する方法により人間のニーズを満足させることを強調し，国際自然保護連合の定義は，地球の再生能力を保護しながら人間の生活を向上させることを強調している」と述べ，持続可能な開発を人々と生態系をともに益するものと意味づけている。

この持続可能な開発の定義の「地球の再生能力を保護しながら」「人々と生態系をともに益する」ことに関して考察を加えたい。

⑵ SDGs と持続可能な開発の定義

序章第1節でふれた2030アジェンダの前文の「地球」と題したパラグラフ「我々は，地球が現在及び将来の世代の需要を支えることができるように（中略），地球を破壊から守ることを決意する」に着目した経済学者である高井亨は，2030アジェンダで提示される地球生態系への関心は人間中心であり，世界がSDGsを達成するために今以上に家畜が屠殺されなければならなくなるという事実から，SDGsは人間以外の生命を道具として捉えており，人間中心主義であると指摘する。SDGsが人間中心主義であることは，前文の最後の方のパラグラフに「人々を中心に据えたアジェンダ」として，「人々の，人々による，人々のためのアジェンダ」と明文化されていることからも明らかなのであるが，問題は，人と人以外の生き物との関係についての考え方である。

高井の意見と，先ほどの持続可能な開発の定義に見られた「地球の再生能力を保護しながら」「人々と生態系をともに益する」ことを重ねると，家畜は地球の再生能力とは無関係な生態系外の生物になりはしないか。「地球」の次のパラグラフである「繁栄」に記された「経済的，社会的及び技術的な進歩が自然との調和のうちに生じることを確保することを決意する」の「自然との調和」についても，誰から見た調和を意味しているのか，よく考える必要があるだろう。持続可能な社会は，社会，環境，経済のバランスのとれた社会であると言われるが，社会や環境，経済は変化するものであることを考えるならば，その定義も時代の進展に即して変更可能なもの，発展途上のものであると捉える必要がある。しかしそれはなんでもありという相対主義に陥ることを避ける

ためには，何か核になるものがあるはずであり，それが「人間」であるのか「地球」であるのか，それとも「命」なのか，議論していくこと自体に意味があるのかもしれない。

(3)　ESD のねらい

　1992年にリオデジャネイロで開催された国連環境開発会議の成果文書である「アジェンダ21の第36章」に持続可能な開発の推進において教育が重要であることが強調されている。前掲のユネスコの国際実施計画には，持続可能な開発は基本的には人と人との関係，人と環境との関係に関することであり，人という要素が持続可能な開発における中心的な変数であると広く認識されている，と述べられている。ESD は持続可能な開発のための学びであり，持続可能な社会づくりの担い手を育てる教育であるが，その持続可能な開発の定義もまだまだ検討の余地のある，発展途上のものと考えることができる。文部科学省は ESD は SDGs の達成に貢献する教育という説明もしているが，SDGs が持続可能な社会づくりに必要な目標をすべて網羅しているのではないこと，達成したあとはそれを維持する必要もあることを考えると，ESD は SDGs を超えるものであると言える。

(4)　ESD の特徴

　ESD の特徴を次の 3 つの視点から捉えてみたい。第 1 に多様性，第 2 に地域性，第 3 に時間×空間に関しての 3 点である。

　第 1 の多様性についてである。ユネスコスクールは学校現場での ESD の推進役と位置付けられているが，自校で ESD に取り組むことだけでなく，ユネスコスクールネットワークを活用し，他地域や海外の学校との連携が重視されている。また，筆者は滋賀県の琵琶湖畔，近江八幡市円山地区のヨシ原を中心とする自然環境や歴史文化を守る運動に参加しているのだが，そこでは物理的な工事を施してヨシ原を守ろうというのではなく，多くの人にヨシ原のよさを体感してもらうためのイベントを開催したり，ヨシ原が地域の自然環境に与えている価値やそこでの生き物どうしのつながり，人々の生活との関係性などに

ついて，自分たちで勉強会を開催したりしている。これはすでに ESD である。ESD では多様な人を巻き込んだプラットフォームの形成が重視されている。つまり，学校教育でも生涯教育においてでも，ESD は多様な他者の参加を推奨しているところに特徴がある。

　第2の地域性については，ESD は他の教科教育とは異なり，理解するだけでなく，行動化を促すところに特徴がある。問題を自分ごと化し，行動化を促す上で，地域を教材にすることが効果的である。教科書やインターネットだけの学習でなく，地域に足を運んで人と出会ったり，体験したりして，五感を通した学びを展開するところに ESD の2つ目の特徴がある。

　第3の時間×空間に関しては，ESD では現状を捉えるだけでなく，データをもとに長期的思考力を働かせて，将来の社会の姿を想定し，バックキャスティングの手法で，現在取り組むべきことを考えて，行動化する。このときに重要なのは，過去へのまなざしである。地域の歴史，先人の思いや行動，成功や失敗を知らずに未来のための行動化を計画することはできない。

　地域社会という空間に過去・現在・未来という時間を重ね，そこから得た学びを，他地域での学びと比較したり，SDGs の目標との関連を見出したりすることで，普遍的な学びへと磨き上げるところに，ESD の特徴があると考えられる。

引用文献
環境と開発に関する世界委員会（大来佐武郎監修）(1987)『地球の未来を守るために』福武書店。
国際自然保護連合・国連環境計画・世界自然保護基金（世界自然保護基金日本委員会訳）(1991)『かけがえのない地球を大切に—新・世界環境保全戦略』小学館。
高井亨 (2020)「風変わりな序章」高井亨・甲田柴乃編『SDGs を考える』ナカニシヤ出版。
ユネスコ (2005)「国連持続可能な開発のための教育の10年　2005−2014　国際実施計画案」。

（中澤静男）

第2節　ESD で育てる

● 第1項　ESD で育てたい価値観

(1)　ESD と行動の変革

　ESD は社会づくりに関する人々の価値観と行動の変革を促すことで，結果として持続可能な社会の実現を図る教育である。従来の教育との大きな違いは，理解だけでなく行動の変革までを求めている点である。

　人びとの行動の変革に関しては，意識せずに行動の変革を促す方法と意識的な行動の変革を促す方法がある。

　人びとが意識しないまま行動の変革を促す方法は行動経済学を用いたナッジ理論と呼ばれるものである。ナッジとは，特定の決断や行動をするようにそっと説得・奨励することである。禁止することも報酬や金銭などの経済的インセンティブを変えることなく，人々がよりよい選択ができるよう環境をデザインすることで，人々の行動の変革を促す方策で，環境省では SDGs に貢献する行動を促すためにナッジを活用している。

　最近，コンビニエンスストアのレジの前の床に矢印が描かれるようになったことで，誰もが矢印に沿って並ぶようになっている。また，新型コロナウイルスの感染拡大防止には，ソーシャルディスタンスが有効であるが，人が並ぶところに1メートル間隔でラインを引くことで，誰もがソーシャルディスタンスを守って並んでいる。この床の矢印やラインが，人々の行動をより良い方向にそっと後押ししているのである。

　このナッジによる行動の変革の広がりは，社会心理学からも説明できる。社会心理学者の我妻洋は，「一般に人間には集団と同じ行動をとりたいと望む傾向がある。」と述べている。つまり，行動変容のきっかけはナッジによるちょっとした後押しでも，それによって多くの人が矢印に従い，ライン上に立ち止まってソーシャルディスタンスを確保するようになると，それがデフォルトとなって，行動規範にまで発展するのである。アメリカのイェール大学の心理学

者であったカール・ホヴラントは態度を変更させるのに有効な誘因として，①態度が変わった場合に獲得される金銭・健康・安全など，②特定の人物や集団の態度を採用すれば獲得できる社会的承認・威信・受容，③正しいことをやっている，尊敬されているといった自己是認の3つがあると主張したが，ナッジによる行動の変革は，②と③に関連する誘因を作り出していると言える。

　一方，人々の意識的な行動の変革を促す方法とは，ESDに他ならない。ESDでは人々の行動や選択の基準となる価値観の変革を促すことで，一人ひとりが自覚的に持続可能な社会づくりに参加・参画するようになることで，持続可能な社会の実現を目指している。

⑵　ESDで育てたい価値観

　ユネスコのESD国際実施計画案には，ESDが求めなくてはならない価値観の基礎として次の4つを挙げている。

● 世界中のすべての人々の尊厳と人としての権利を尊重し，すべての人々のための社会的・経済的な公平さにコミットすること（世代内の公正）
● 将来の世代の人々の権利を尊重し，世代間の責任にコミットすること（世代間の公正）
● 地球のエコシステムの保護と回復を含む多様性に富んだより大きな生命の共同体に対する尊重と思いやり（自然環境や生態系の保全の尊重）
● 文化的な多様性を尊重し，寛大で非暴力，平和な文化を地方においても地球レベルにおいても作ることにコミットすること（人権・文化の尊重）

　　　　　　　　　　　　　　　　　　　　　＊丸括弧内は中澤による加筆

①　世代内の公正

　最近は驚くほど安価な服が売られている。いわゆるファストファッションである。服を安く買うことができることは消費者としては歓迎すべきことであるが，それを生産している途上国では，生産コストを抑えるために長時間にわたる過重労働や危険な労働環境が常態化している。同じ時間を生きる先進国の我々の豊かさが，途上国の人々の苦しみを踏み台にすることは許されない。国内においても，高齢者や妊婦，特別な支援を要する人々のことを考えて行動で

きているだろうか。

② 世代間の公正

　ESDの文脈では，エネルギー資源などを現代世代が浪費することで，将来世代の人たちが困るようなことがあってはならないという，将来世代のニーズを満たす能力の確保について語られることが多い。しかし，そこには過去へのまなざしが欠如している。我々が暮らす現代社会は，当たり前のものではない。過去に生きた人々が暮らしをよくしたいと願い，苦労と努力を重ねた賜物である。現代に生きる我々は，過去の人たちの思いを無駄にすることなく，苦労や努力に感謝するとともに，これからの担い手は自分たちだという当事者意識を持って，将来世代のことも考えて行動することが重要である。

③ 自然環境・生態系の保全の尊重

　我々人間は，生態系がもたらす生態系サービスがないと生きていくことができない。生態系サービスには4つある。1つは飲み物や食べ物，衣服の素材や木材などを提供する資源供給サービスである。2つ目はCO_2をO_2にしたり，降雨を保水したり，気温や湿度を調節したりといった調節的サービスである。3つ目に森林浴やキャンプによる気分転換，また恵みをもたらす神々への感謝を表す伝統行事などの文化的サービス，4つ目にすべての生き物の関わり合いを形成する基盤的サービスである。これらの生態系サービスを確保するためにも，自然環境や生態系の保全は重要である。

④ 人権・文化の尊重

　かけがえのない命を大切にするということは当然である。人種や性別，出身地や学歴などに由来するあらゆる差別を許さない。また，生活習慣など異なる文化的背景の人たちの行動を理解しようとする空間的異文化理解と，異なる時代の人たちの行動を理解しようとする時間的異文化理解を含む。

　これらのユネスコのESD国際実施計画が示す価値観は，人間が自然環境と調和し，争いを避けながら生きていく上で必要となる価値観である。しかし，我々はただ生きていくだけでなく，すべての人は幸せになりたいと思って生きている。そこでこの4つに加えて，5つ目に幸福感に敏感になり，それを大切にすることを加えたい。

⑤ 幸福感に敏感になり，それを大切にする

　世界一貧乏な大統領として有名な元ウルグアイ大統領のホセ・ムヒカ氏が，2012年にリオデジャネイロで開催された国連持続可能な開発会議（リオ＋20）において行ったスピーチに耳を傾けたい。「私たちは発展するために生まれてきているわけではありません。幸せになるためにこの地球へやってきたのです。」「愛，人間関係，子供へのケア，友達を持つこと，そして必要最低限のものを持つこと。幸福が私たちにとってもっとも大切な『もの』」。私たちはお金持ちになりたいとか，楽をしたいとか思いがちだが，本当の豊かさや幸福について考え，自分も周りの人も，そして地球環境にとっても幸福をもたらすようでありたい。

＊　　　＊　　　＊

　以上が ESD で育てたい価値観である。そしてこのような価値観を育てるには次の3つの活動が基本になる。1つはボランティア活動に代表される利他的活動である。他者の喜びを自らの喜びとする利他的行動は，価値観の①・②・⑤を育てる。2つ目に自然の中で過ごすことが気持ちがいい，ゆったりできるといった自然との交歓である。これによって，価値観の③・⑤を育てることができる。そして3つ目が人と活動すると楽しい，会話するとおもしろいといった人との交歓である。人との交歓は，価値観の④・⑤を育てると考えている。

引用文献
大竹文雄（2019）『行動経済学の使い方』，岩波書店。
ホセ・ムヒカ氏のリオ＋20でのスピーチ（logmiBiz ウェブサイト）
　https://logmi.jp/business/articles/9911（2020年8月30日閲覧）。
ユネスコ（2005）「国連持続可能な開発のための教育の10年　2005－2014　国際実施計画案」。
我妻洋（1987）『社会心理学入門（上）』講談社。
鷲谷いづみ（2010）『生物多様性入門』岩波書店。

（中澤静男）

● 第2項　ESD のソマティック・マーカー

(1)　意識的に行動の変革を促す教育：ESD

　ESD は社会のあり方や自分と社会の関わり方についての，人々の価値観と行動の変革を促す教育である。そこで，前項においては行動の変革を促す方策として，行動経済学のナッジ理論を紹介した。ナッジ理論は環境を整え，方向付けすることで，無意識にこちらがのぞむ行動を促す方法である。それに対して，ESD は自分で判断して行動の変革を促す教育活動といえるだろう。

(2)　行動化を促すもの：情動

　行動化に関して，情動のはたらきに着目して最新の脳科学から考えてみたい。**図2-1**は脳と身体の相互作用を簡単に表したものである。脳は，目や口，耳，鼻，皮膚といった感覚器官や内臓などから，さまざまな刺激を受け続けているが，そのほとんどについては，受け流している。ところが，ある刺激に対しては情動が生まれる。情動は，自律神経系および内分泌系を介して，全身の機能に大きな影響を与える。例えば，大きな会場で何かの研究や練習の成果を発表する場面を想定してみよう。舞台の上に立っていると，緞帳の向こうから観客のざわめきが聞こえてくる。開演のブザーが鳴り響き，緞帳がするすると上がっていくと，視野いっぱいに人々の顔が見え，全ての視線が自分に向けられていると感じたとき，心拍数，呼吸数が増え，血圧が上昇したり発汗したりといった生理的反応が生じるだろう。さらに身体の生理的反応を脳がモニター

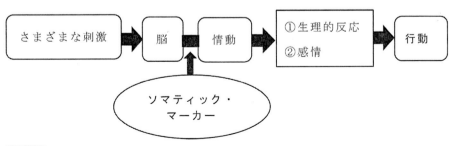

図2-1　脳と身体の相互作用とソマティック・マーカー

することで感情が生じ，生理的反応が増幅される。心の中では「落ち着け，落ち着け」と思っているのだが，なかなかコントロールできないといった状況に陥るかもしれない。これは情動が理性を越えて行動を支配する一例だが，自分でコントロールが難しい情動は何のために存在するのだろうか。脳科学者の櫻井武は，強い情動はそれにつながる「記憶」を強くする。そのことによって，次に似たような状況に対面したときに同様の情動を惹起することで，生存確率を高めていると述べている。

　では，情動を生じる刺激と生じない刺激があるが，それを決定しているのは何だろうか？

(3) ソマティック・マーカー仮説

　心は身体から切り離された脳からではなく，脳と身体からなる1つの有機体から生じていることを主張する脳科学者であるアントニオ・R.ダマシオは，刺激を選択する仕組みをソマティック・マーカー装置と名付けている。ソマティック・マーカー装置によってある刺激に対してだけソマティック・マーカー（脳内信号）が発せられ，情動が喚起されるのである。では，ソマティック・マーカーは何のためにあるのだろうか？

　ダマシオは，ソマティック・マーカーのおかげで，危険を回避したり好ましいものに注意を向けさせたりといった判断を早くできると指摘する。ネガティブなソマティック・マーカーは警報として機能し，ポジティブなソマティック・マーカーは動因として機能すると述べている。つまり，ソマティック・マーカー装置は，自動化された予測選抜システムである。

(4) ESDでソマティック・マーカー装置を育てる

　ダマシオは，適応的なソマティック・マーカーは，内的な好みのシステムの制御下と外的な環境の下で，経験によって後天的に獲得されると述べている。内的な好みのシステムとは，苦しみを避け，潜在的快楽を求め，生存を確かなものとするという目標に達成するように前もって調節されているものである。一方，外的な環境とは，属している文化の社会的習慣や倫理を具現化している

親や先輩者によって授けられたりするものである。ダマシオは1930年代から1940年代のドイツ，ポル・ポト政権時のカンボジアを例として，病的な文化が正常な理性の機構に影響を与え，悲惨な結果をもたらしたと述べているが，戦前の日本も同様であったのではないだろうか。教育もメディアも軍国主義だったことによるソマティック・マーカー装置への影響があったのではないだろうか。筆者はESDの研修会でよく2つのソマティック・マーカーテストをする。

　　町内会の旅行の行き先を決めています。ユニバーサル・スタジオ・ジャパン（USJ）と食べ物のテーマパークが半数ずつになったので，多数決で決めることになりました。次の①～④で行きたいところに○をつけてください。
　　① 焼き肉のテーマパーク　　② ラーメンのテーマパーク
　　③ カレーのテーマパーク　　④ USJ

　このテストのときは，決め方がおかしいという声がすぐにあがる。では，次はいかがだろうか。

　　以下は，12月25日（クリスマス）に奈良県在住のAさんの家に届いたスーパーのチラシの品目の1部です。①～⑤の中で買わない方がいいものは，どれでしょうか？
　　① 熊本産キュウリ1本58円　　② 熊本産トマト1個78円
　　③ 宮崎産ピーマン1袋98円　　④ 鹿児島産サツマイモ1本98円
　　⑤ 冷凍の讃岐うどん（5食入り）228円

　多くの大人は値段にばかり注目する傾向が強く，ピンと来る人が少ない。

「全部買わない方がいい」が正解である。①〜③は夏野菜である。夏野菜をクリスマスの時期に出荷するためには、ビニールハウスで温度管理や照明管理などする必要があり、生育時の環境負荷が大きい。④のサツマイモも鹿児島県でなくとも近隣で栽培しているはずである。重たいものを遠くから運ぶとエネルギーを消費し、CO_2の排出量も多くなる。⑤は冷凍状態を続けるために、エネルギーを消費し続けている。食料品を購入する際には、値段や味、新鮮さといった消費者目線だけで考えるのではなく、生産者の利益ややりがい、地球環境への思いやりといった視点も重要である。

　ダマシオは、ソマティック・マーカー装置は、教育によりその文化の合理性の標準に適応するものとなっていくと述べている。戦前の日本の多くの子どもが軍国主義を当然のものと受け止めていたように、経済重視の社会に生まれ、国の経済成長や科学技術の発展に寄与することを目的とする教育を受けている子ども達は、経済重視のソマティック・マーカーだけを身に付けて行くだろう。

　持続可能な社会の創り手を育てるためには、大人に対しても子どもに対しても、世代内の公正、世代間の公正、自然環境や生態系の保全の重視、人権・文化の尊重、幸福感に敏感でそれを尊重する価値観を育てるESDを意図的に実施していく必要がある。企業やメディアがSDGsに注目し始めた今が、ESDの価値観を社会の標準的価値観にするチャンスなのかもしれない。教育においても、ESDの理念を反映した実践を行うことで、学習者に持続可能な社会の担い手に必要なソマティック・マーカー装置が育成され、毎日の消費行動や交通手段の選択、余暇の過ごし方、ボランティア活動への参加といったライフスタイルの変革が促され、社会全体が変わっていくことを期待したい。

引用文献

アントニオ・R. ダマシオ（田中三彦訳）（2000）『生存する脳―心と脳と身体の神秘』講談社。
アントニオ・ダマシオ（田中三彦訳）（2018）『意識と自己』講談社。
櫻井武（2018）『「こころ」はいかにして生まれるのか―最新脳科学で解き明かす「情動」』講談社。
久保隆司（2011）『ソマティック心理学』春秋社。

（中澤静男）

◉ 第3項　ESD の視点（見方・考え方）

(1)　見方・考え方を育てる

　平成29年に告示された学習指導要領において，「見方・考え方」は１つの
キーワードとなっている。文部科学省視学官であった澤井陽介は，平成２
（2016）年８月26日に中央教育審議会初等中等教育分科会教育課程部会におい
て策定された「次期学習指導要領等に向けたこれまでの審議のまとめ」におけ
る各教科等の「見方・考え方」の説明と学習指導要領の各教科等の解説に記述
されている「見方・考え方」の記述を比較し，次の３点を共通点として挙げて
いる。

① 各教科が求めている「思考・判断・表現」の方向が示されていること。

② 着目する視点には各教科等の内容的な特質が表され，考え方には，「比較」，
　「関連（関係）付け」など各教科等に共通する方法的な文言が多いこと。

③「〜を，〜の視点に着目して捉え，〜考え方を駆使（比較，関連付け，つく
　りだす，再構成するなど）する」など，子どもの学びのプロセスを描いてい
　ること。

　つまり「思考・判断・表現」を行うにあたって，各教科特有の視点に着目し
た，「比較」「関連（関係）付け」などの学びのプロセスが重視されているので
ある。さらに「見方・考え方」に関しては，各教科の特質に応じた物事を捉え
る視点や考え方であり，それらを働かせて学習の対象となる物事を捉え，思考
するプロセスにおいて，視点・考え方も相互作用的に豊かになっていくとして
いる。

(2)　問いと獲得できる知識について

　社会科教育や総合的な学習を研究する加藤寿朗は，問いの違いから，獲得で
きる知識を事実的知識，概念的知識，価値的・判断的な知識の３つに整理して
いる（澤井陽介・加藤寿朗，2017年）。これらをわかりやすく解説すると次の
ようになる。

① 事実的知識

What, When, Who, Which, Why のように1つの回答を求める問いによって獲得できる知識。

② 概念的知識

Why, How のように答えが複数ある問いかけに対しては，「なぜならば〜」という理由を述べる必要が生じる。理由を考える際には，事実や知識の関連付け（構造化）が行われており，その子の考え方を形成する概念的な知識を獲得できる。

③ 価値的・判断的な知識

「どうしたらよいか」「あなたならどうしますか」といった問いに答えることで，その子の社会への関わり方や行動の基準となる価値的・判断的な知識が獲得できる。

ESD は社会のあり方や自分と社会の関わり方に関する人々の価値観と行動の変革を促す教育である。そのため ESD においては，加藤の分類における，②概念的知識や③価値的・判断的な知識の獲得を目指した「問い」が大切であると言える。そして，②概念的知識や③価値的・判断的知識が獲得される学習の場面は，対話的な学習場面である。多様な他者との対話的な学びの場面では，多くの人に何度でも自分の意見を説明する必要が生じる。また多様な他者との交流によって視野が広がり，応答の繰り返しが学びを深くする。そしてそのたびに説明も磨かれていく。他者との比較を通して自己の見方・考え方の特色も自覚できるようになっていく。このような応答的ディスカッションを基本とした学びが見方・考え方を鍛えていく。

(3) ESD で育てたい視点（見方・考え方）

ESD で育てたい視点については，国立教育政策研究所が，2012年に「持続可能な社会づくりの構成概念（例）」として提示した6つの概念を，文部科学省・日本ユネスコ国内委員会が「持続可能な社会づくりを構成する6つの視点」として追認している。(**表2-1.** 文部科学省・日本ユネスコ国内委員会, 2018)

表2-1 「持続可能な社会づくり」の構成概念（例）

人を取り巻く環境に関する概念	多様性	自然・文化・社会・経済は、起源・性質・状態などが異なる多種多様な事物（ものごと）から成り立ち、それらの中では多種多様な現象（出来事）が起きていること。
	相互性	自然・文化・社会・経済は、互いに働き掛け合い、それらの中では物質やエネルギーが移動・循環したり、情報が伝達・流通したりしていること。
	有限性	自然・文化・社会・経済は、有限の環境要因や資源（物質やエネルギー）に支えられながら、不可逆的に変化していること。
人の意思や行動に関する概念	公平性	持続可能な社会は、基本的な権利の保障や自然などからの恩恵の享受などが、地域や世代を渡って公平・公正・平等であることを基盤にしていること。
	連携性	持続可能な社会は、多様な主体が状況や相互関係などに応じて順応・調和し、互いに連携・協力することにより構築されること。
	責任性	持続可能な社会は、多様な主体が将来像に対する責任あるビジョンを持ち、それに向かって変容・変革することにより構築されること。

（出典　「ESDの学習指導過程を構想し展開するために必要な枠組み」）

　この持続可能な社会づくりの構成概念を用いて地域社会を観察することで、持続可能な社会づくりに関する地域の課題や、地域の強みを見出すことができる。ただ、このままでは理解が難しいため、学校教育での活用を想定し、平易に書き改めた。

主に社会環境や自然環境を見るときの視点（実態概念）

●多様性

　多様であるのがよい。画一的であったり、多様性が乏しくなっていたりするのは課題である。

●相互性・循環性

　その事物は孤立してあるのではなく、色々な事物と関わり合っているはずである。関わりが多かったり、循環したりしているのはよい。孤立はよくない。

●有限性

　すべての物は有限である。物を長く大切に使う文化があるのがよい。使い捨

てや大量生産・大量消費・大量廃棄が当たり前になっていてはいけない。

主に人の意思や行動を評価する時の視点（規範概念）

● 公平性

世代内と世代間の公平が考えられているのはよい。不公平は問題である。

● 連携性

多様な他者を受け入れようとしているのはよい。分断したり，排除したりする姿勢は問題である。

● 責任性

リーダーシップを発揮したり，協調性を発揮したりして最後まで取り組む。無責任な言いっぱなし，やりっぱなしは問題である。

　　　　　　＊　　　　＊　　　　＊

これらの視点をつかって地域の課題や強みを見出す学習を繰り返すことで，持続可能な社会づくりに関する概念的知識や価値的・判断的な知識が獲得されると同時に，ESD の視点も磨かれていくものと考える。

引用文献

岡本弥彦・五島政一（2012）「ESD の学習指導過程を構想し展開するために必要な枠組み」『学校における持続可能な発展のための教育（ESD）に関する研究最終報告書』国立教育政策研究所教育課程研究センター。

澤井陽介・加藤寿朗編著（2017）『見方・考え方［社会科編］』東洋館出版社。

奈須正裕（2017）『資質・能力と学びのメカニズム』東洋館出版社。

文部科学省・日本ユネスコ国内委員会（2018）『ユネスコスクールで目指す SDGs 持続可能な開発のための教育』。

（中澤静男）

◉ 第4項　ESDで育てる資質・能力

(1)　ESDで育てる資質・能力

　ESDで育てる資質・能力について様々な機関より提案されているが，主立ったものとして，次の資料より考察する。1つ目が国立教育政策研究所・日本ユネスコ国内委員会・文部科学省による「ESDの視点に立った学習指導で重視する能力・態度（例）」（国立教育政策研究所ほか，2012），2つ目がOECDのキー・コンピテンシー（ドミニクほか，2006），3つ目がドイツのトランスファー21（トランスファー21, 2012）における「ESDで育てたい能力」である。

① 国立教育政策研究所・日本ユネスコ国内委員会・文部科学省「ESDの視点
　に立った学習指導で重視する能力・態度（例）」

　国立教育政策研究所はESDの視点に立った学習指導で重視する能力・態度（**表2-2**）として，次の7つを例示しているが，能力と態度が混在していること

表2-2 ESDの視点に立った学習指導で重視する能力・態度（例）

① 批判的に考える力《批判》	合理的，客観的な情報や公平な判断に基づいて本質を見抜き，ものごとを思慮深く，建設的，協調的，代替的に思考・判断する力。
② 未来像を予測して計画を立てる力《未来》	過去や現在に基づき，あるべき未来像（ビジョン）を予想・予測・期待し，それを他者と共有しながら，ものごとを計画する力。
③ 多面的，総合的に考える力《多面》	人・もの・こと・社会・自然などのつながり・かかわり・ひろがり（システム）を理解し，それらを多面的,総合的に考える力。
④ コミュニケーションを行う力《伝達》	自分の気持ちや考えを伝えるとともに他者の気持ちや考えを尊重し，積極的にコミュニケーションを行う力。
⑤ 他者と協力する態度《協力》	他者の立場に立ち，他者の考えや行動に共感するとともに，他者と協力・協同してものごとを進めようとする態度。
⑥ つながりを尊重する態度《関連》	人・もの・こと・社会・自然などと自分とのつながり・かかわりに関心をもち，それらを尊重し大切にしようとする態度。
⑦ 進んで参加する態度《参加》	集団や社会における自分の発言や行動に責任をもち，自分の役割を踏まえた上で，ものごとに自主的・主体的に参加しようとする態度。

（出典　国立教育政策研究所，2012）

が，学校現場での理解を困難にしてしまっている。

　日本ユネスコ国内委員会及び文部科学省は，2017年11月改訂の「ユネスコスクールと持続可能な開発のための教育（ESD）」では，育みたい力として，「持続可能な開発に関する価値観（人間の尊重，多様性の尊重，非排他性，機会均等，環境の尊重等）」，「体系的な思考力（問題や現象の背景の理解，多面的かつ総合的なものの見方）」，「代替案の思考力（批判力）」，「データや情報の分析能力」，「コミュニケーション能力」，「リーダーシップの向上」の6つを明示していた。一方で，2016年3月発行の「ESD（持続可能な開発のための教育）推進の手引（初版）」には，ESD で育む能力・態度として，国立教育政策研究所が例示する能力・態度を掲載するなど一貫していなかったが，2018年の11月に改訂された「ユネスコスクールで目指す SDGs，持続可能な開発のための教育」からは，国立教育政策研究所の例示を掲載するようになった。

② OECD のキー・コンピテンシーとドイツのトランスファー21「ESD で育てたい能力」

　キー・コンピテンシーは OECD の DeSeCo プロジェクトにおいて明らかにされた，国際標準の学力である。このプロジェクトの立脚点として人権の尊重と持続可能な開発を重視していることから，ESD で育てたい能力とキー・コンピテンシーは同じであると考えることができる。また，ESD 先進国のドイツのトランスファー21では，ESD で育てたい能力を12の「形成能力」として設定し，OECD のキー・コンピテンシーに対応する形で示している（**表2–3**）。

⑵　ESD で育てる資質・能力の整理

　さらに，ESD の視点に立った学習指導で重視する態度・能力に対応する形で OECD のキー・コンピテンシー及びトランスファー21の形成能力を整理したものが**表2–4**である。

⑶　まとめ

　ESD の視点に立った学習指導で重視する態度・能力を主軸に，関係するキー・コンピテンシーや形成能力を加味することで，ESD で育てる資質・能

表2-3 OECD のキー・コンピテンシーとトランスファー21の形成能力の関係

	OECD のキー・コンピテンシー	トランスファー21の形成能力
社会的に異質な集団での交流	・他者とうまくかかわる力 ・協力する力 ・紛争を処理し，解決する力	・協調性 ・個人の決定のジレンマを処理する能力 ・参加能力 ・動機づけ能力
自律的に活動すること	・「大きな展望」の中で活動する力 ・人生計画と個人的なプロジェクトを設計し実行する力 ・自らの権利，利益，限界，ニーズを守り，主張する力	・理念を省察する能力 ・道徳的行動をとる能力 ・自主的に行動する能力 ・他者を支援する能力
道具を相互作用的に用いること	・言語，シンボル，テクストを相互作用的に活用する力 ・知識や情報を相互作用的に活用する力 ・技術を相互作用的に活用する力	・視点を取り入れる能力 ・予測能力 ・専門分野を超えた認識を獲得する能力 ・不完全で極めて複雑な情報を扱う能力

（ドミニクほか〔2006〕とトランスファー21〔2012〕から筆者作成）

表2-4 OECD のキー・コンピテンシー，トランスファー21の形成能力，ESD の視点に立った学習指導で重視する態度・能力の整理

ESD の視点に立った学習指導で重視する能力・態度	OECD のキー・コンピテンシー	トランスファー21の形成能力
批判的に考える力	言語，シンボル，テクストを相互作用的に活用する力	視点を取り入れる能力
多面的，総合的に考える力	大きな展望の中で活動する力，紛争を処理し，解決する力	理念を省察する能力，ジレンマを処理する能力
未来像を予測して計画を立てる力	知識や情報を相互作用的に活用する力，術を相互作用的に活用する力	予測能力，専門分野を超えた認識を獲得する能力，不完全で複雑な情報を扱う能力
コミュニケーション力，つながりを尊重する態度	他者とかかわる力，権利，利益，限界，ニーズを守り，主張する力	参加能力・動機づけ能力 道徳的行動をとる能力 他者を支援する能力
他者と協力する態度 進んで参加する態度	協力する力，プロジェクトを設計し，実行する力	協調性，自主的に行動する能力

（筆者作成）

力を次の5つに整理することができた。1つ目が言語等を相互作用的に活用したクリティカル・シンキング（批判的思考力・代替案の思考力）である。2つ目に広い視野で多面的・総合的に考える力（システムズ・シンキング），3つ目に知識や情報を相互作用的に活用し，未来像を予測する長期的思考力（データを分析し予測する力），4つ目がコミュニケーション力（他者とかかわる力），5つ目が他者と協力しプロジェクトを実行する協働的問題解決力である。

　ESDの学習過程は探求型となることが多いが，課題発見時にはクリティカル・シンキングの育成，調査結果をまとめるときにはシステムズ・シンキングの育成，行動化の段階では協働的問題解決力の育成など，意図的・計画的な学習指導が求められるのである。

引用文献

ドミニク・S・ライチェン，ローラ・H. サルガニク編著（立田慶裕監訳）(2006)『キー・コンピテンシー－国際標準の学力をめざして』明石書店。

岡本弥彦・五島政一（2012)「ESDの学習指導過程を構想し展開するために必要な枠組み」『学校における持続可能な発展のための教育（ESD）に関する研究最終報告書』国立教育政策研究所教育課程研究センター。

トランスファー21編著（由井義通・卜部匡司監訳，高橋綾子・岩村拓哉・川田力・小西美紀訳）(2012)『ESDコンピテンシー　－学校の質的向上と形成能力の育成のための指導指針』明石書店。

（中澤静男）

第3節　ESD を指導する教員に求められる資質・能力と研修

⑴　ESD を指導する教員に求められる資質・能力と研修に関する調査研究

① 調査研究の概要

　平成27（2015）年度日本／ユネスコパートナーシップ事業(5)教員研修プログラムのあり方に関する調査研究を受託し，全国の ESD 研究者11名，ESD 実践者 9 名，本学教員・大学院生12名による調査研究組織を立ち上げ，ESD を指導する教員に求められる資質・能力および研修プログラムについての研究・開発を行った。

② ESD を指導する教員に求められる資質・能力について，ESD 学習指導案より抽出した必要なスキル

　平成24年（2012年）より，本学を会場に，奈良のユネスコスクールの現職教員の ESD 研修の一環として作成した45本の ESD 学習指導案に使用されている単語を手掛かりに ESD を指導する上で必要なスキルとして，次の 7 つを抽出した。

---

① 変化に気づくための資料の提示ができる

② ゆさぶりをかける発問ができる

③ 根拠を示すことができる（身近な事実やグラフ・表などを準備して）

④ 様々な発想法を知っており，適切に使用できる

⑤ 因果関係に気づくことができるデータを提示できる

⑥ 発想力を掻き立てる事例を提示できる

⑦ 他教科・単元との関係を把握しており，提示できる（適切に融合できる）

---

③ ESD 実践者へのインタビュー調査で抽出した，資質・能力に関するキーワード

　本研究では，全国の ESD 研究者の協力のもと，ESD への関心の高い教育委員会から ESD 実践者として紹介された現職教員及び ESD 研究者が推薦する

現職教員31名にインタビュー調査も行った。その際に印象に残った資質・能力，ESD 研究上で重要だと考えている資質・能力等をブレーン・ストーミングで出し合い，調査研究組織内でグループディスカッションによってキーワードを抽出した。

教材開発をする力，つながり連携グローバル（他の教科とのつながり，教員との連携，国際的な視野），子どものコミュニケーション能力を高める学級経営，異質なものを大事にする態度，地域を見る力，つなげる力（人と人，教材と教材，子どもの考え），多面的なものの見方，ESD を楽しんで進めていくことができる，子どもの意見を聴く力，地域を立脚点とする，考えていくプロセスを重視する，クリティカルシンキング，社会が持続するために必要なものを考える力，教師としての基盤的力量（カリキュラムデザイン力，ファシリテート力，管理職のガバナンス力），地域との連携（翻訳力），他者の違いを認められる優しさ，アリの目（注視，ミクロ）・鳥の目（俯瞰，マクロ），フットワークの軽さ，周囲を巻き込んでいく力，コーディネート力，多様性を肯定的にとらえる力，今やっている活動を捉え直して，そこに新しい価値観を見出していく力

④ ESD を指導する教員に求められる資質・能力の整理

　上記の②と③の関連を検討し，ESD を指導する教員に求められる資質・能力について次の6つの資質・能力として整理した。

●防災・減災教育や環境教育，世界遺産・地域遺産教育，国際理解教育等に関心をもち研究する態度（この項目は，2016年に SDGs への関心に変更）●子どもの気づきを大切に育て，教科横断的な発想で教材を開発し，「つながり」や児童生徒の変容などプロセスを大切にする態度●地域に立脚して学習を構築する能力●子ども・地域人材・専門家・教員の間にコミュニケーションを創出する能力●生き物や文化の多様性を尊重する態度●教材開発や教材研究の楽しさを知り，探求的に学び続けようとする態度

⑵ ESD を指導する教員に求められる資質・能力を育成することを目的とした研修のあり方に関する調査研究

① 研修のあり方に関する調査研究の概要

　資質・能力を育成する研修のあり方については，全国の教育委員会を対象にアンケート調査を実施し，ESD に関する教員研修を行っていた10教育委員会と先述した31名の ESD 実践者の双方にインタビュー調査を行った。

② 教育委員会へのインタビュー調査の結果

　教育委員会が行っていた ESD に関する教員研修には，①講演会，②ワークショップ，③研究員制度等の継続研修の３つのタイプがあった。また，研修で重視する資質・能力について，上述した「ESD を指導する教員に求められる資質・能力」で整理した。

環境教育や国際理解教育などへの関心	金沢市，大田市，彦根市
気づき・つながり・プロセスへの配慮	気仙沼市，多摩市，北九州市，新居浜市，大牟田市
地域に立脚して学習を構築する能力	大田市，多摩市，北九州市，羅臼町，岡山市
コミュニケーションを創出する能力	気仙沼市，岡山市
生き物や文化の多様性を尊重する態度	羅臼町
教材開発や教材研究の楽しさを知り，探求的に学び続けようとする態度	金沢市，大牟田市，彦根市

（執筆者作成）

③ ESD 実践者（教員）へのインタビュー調査の結果

　先述した ESD 実践者31名にインタビュー調査を行い，項目ごとに整理した。（執筆者註：抜粋，丸括弧内は人数・複数回答）

資質・能力形成のきっかけ	自校での研修等(16)，教育委員会研修(8)　研究大会参加(3)，その他(11)
資質・能力はどのようにして身についたか。	自校での取組(9)，自主サークル(6)，教育委員会研修(1)，研究大会参加(1)，その他(3)

指導力向上に役立った研修	研究員研修(5)，研究大会参加(4)，コンソーシアム研修(5)，自主サークル(3)，教育委員会研修(2)，その他(6)
ESD の実践力を高めるために希望する研修	継続的に学ぶ機会(8)，豊かな教養(5)，つながり・プロセスの重要性(4)，その他(1)

（執筆者作成）

⑶ ESD ティーチャープログラム

　以上の調査研究により，ESD を指導する教員に求められる資質・能力を育成する研修について，①校内研修や自主サークルなど継続的な研修の必要性，②相互検討などの磨き合いの重要性，③ワークショップなど能動的な研修，④SDGs など豊かな教養に関する研修が重要であることが明白となった。

　この調査研究をもとに本学が ESD を指導する教員に求められる資質・能力を育成する研修として開発したのが，ESD ティーチャープログラムである。本プログラムは以下の5つの内容による5回以上の継続研修となっている。

　●SDGs の理解促進●ESD の学習理論の理解促進●ESD 優良実践事例の分析と ESD 単元構想案の作成●ESD 単元構想案の相互検討会と ESD 学習指導案の作成●ESD 学習指導案の相互検討会と ESD 学習指導案の完成

　提出された ESD 学習指導案を近畿 ESD コンソーシアム運営委員会で検討した後，本学学長より，ESD ティーチャーの認定証が授与される。ぜひチャレンジし，ESD の質的向上と実践研究ネットワークの形成を通じて，持続可能な社会の創り手の育成に尽力していただきたい。

　　　＊プログラムの実際については，近畿 ESD コンソーシアムの HP 参照

引用文献
中澤静男（2018）「ESD のための教員研修プログラムの現状と課題に関する一考察―「教員研修プログラムのあり方に関する調査研究」報告書をふりかえって」『ESD 研究創刊号』日本 ESD 学会。

（中澤静男）

第3章

新教育課程と ESD

第1節 新教育課程における ESD の扱い

(1) 教育課程における領域概念と機能概念

　現代の教育課程の編成や実施について考える際に，領域概念と機能概念という2つの教育課程規準を理解していることが重要である。教育課程におけるESD の扱いについて整理するにあたって，まずは，この2つの概念について概説をしておきたい。

　領域概念とは，教育課程の目的を果たすために，様々な文化遺産の中から必要な内容を選択し，特定のまとまりに編成し，一定の順序に配列することを言う。日本の教育課程における国語科や算数科，あるいは特別活動や総合的な学習（探究）の時間は，領域概念を規準に編成されたものである。

　機能概念とは，同じく教育課程の目的を果たすために，幼児児童生徒に育成・涵養する能力や態度等を，社会的要求や幼児児童生徒の発達段階にもとづいて選択し，一定の順序に配列することを言う。学習指導要領において，道徳教育が「特別の教科　道徳」を要としながらも教育活動全体を通じて道徳性を養うこととされているのは，機能概念を規準に教育課程を編成することの具体例であると言える。

　現実の教育課程は，領域概念と機能概念とが併存・混在した形で編成されている。「教育課程において ESD がどのように扱われているか」という問いは，両概念を視点にして，複眼的に考えていかなければならない。

(2)　学習指導要領と ESD

　1947年に我が国で学習指導要領が初めて示されてから，大きく8回の改訂が行われている。周知の通り，その中で直接的に ESD のまるごとが領域として（ESD 科や ESD の時間などのように）編成されたことはない。しかし，1998年改訂の学習指導要領において新たに設けられた「総合的な学習の時間」は，各学校がその目標・内容を比較的柔軟に設定できることもあって，ESD に積極的に取り組むユネスコスクールなどでは，その取組の具体的な舞台として位置づけられてきた。

　のみならず，ESD によって示される「構成概念」「概念図」「能力・態度」などが人間性に関する幅広い視点や現代社会における様々な地球規模的問題を志向していることから，社会科（地理歴史科，公民科）や理科をはじめ，各教科等に示されている様々な目標や内容等を関連づけるような試みが全国で活発に取り組まれてきた。とりわけ小・中学校における「ESD カレンダー」の編成は，教科等を横断して教育課程の目標や内容を編成する，機能概念としての ESD のクロスカリキュラム的なアプローチをわかりやすく可視化するものであると言える。

　なお，文部科学省は，2008・09年改訂の学習指導要領について，「この新しい学習指導要領等には，持続可能な社会の構築の観点が盛り込まれています。教育基本法とこの新しい学習指導要領等に基づいた教育を実施することにより ESD の考え方に沿った教育を行うことができます」との立場を取っており，「総則」に述べられた「人間尊重の精神」や「国際社会の平和と発展や環境の保全に貢献し未来を開く主体性」などの教育目的や，関連する各教科の目標や内容を具体的に示している。

(3)　2017・18年改訂学習指導要領における ESD の位置づけ

　以上のように，我が国の近年の学習指導要領においては，文部科学省においても ESD との関連性を認めてきたところであるが，必ずしも明示的にそうであったわけではなかった。このことに関わって，2016年12月に公表された中央教育審議会答申で「持続可能な開発のための教育（ESD）は次期学習指導要

領改訂の全体において基盤となる理念である」と述べられたことは，ESD と学習指導要領との関連をめぐる決定的な画期になったと言える。実際に，2017・18年改訂学習指導要領は，初めて設けられた「前文」で次のように述べている。

　これからの学校には，こうした（引用者注：教育基本法に示された）教育の目的及び目標の達成を目指しつつ，一人一人の児童が，自分のよさや可能性を認識するとともに，あらゆる他者を価値のある存在として尊重し，多様な人々と協働しながら様々な社会的変化を乗り越え，豊かな人生を切り拓き，持続可能な社会の創り手となることができるようにすることが求められる。このために必要な教育の在り方を具体化するのが，各学校において教育の内容等を組織的かつ計画的に組み立てた教育課程である。

　　　　　出典　文部科学省「小学校学習指導要領（平成29年公示）」15ページ。

　すなわち，「持続可能な社会の創り手」を育むことが，各学校の教育課程編成の「目的（aim）」のひとつとして位置づけられたわけである。2017・18年改訂学習指導要領といえば，「主体的・対話的で深い学び」「社会に開かれた教育課程」「育むべき資質・能力」「カリキュラム・マネジメント」などのキーワードが想起されるが，これらはあくまでも「持続可能な社会の創り手」の育成という現代日本の教育課程の「目的」を実現するための「手段（means）」にすぎない。学校現場ではそれ自身が目的として捉えられがちなこうしたキーワードが，最終的には「持続可能な社会の創り手」の育成にどう貢献したのか（あるいはしなかったのか）に直接的に関わってくるという意味の重さを，私たちは実践的に噛み締めなければならない。

　なお，日本ユネスコ国内委員会教育小委員会は，「今回の（引用者注：学習指導要領の）改訂で，持続可能な社会の担い手を創る教育である ESD が，新学習指導要領全体において基盤となる理念として組み込まれたものと理解しています」と評価している。これまでは，どちらかと言えばユネスコスクールを中心に取り組まれてきた ESD の考え方に基づく教育課程の編成が，今後は，

新学習指導要領の完全実施にともない，全ての学校に拡大していくことになるわけである。

　一方で，新学習指導要領に対応して各学校が教育課程を編成することについては，さまざまな実践的課題が山積している。教科・科目の構成にはじまり，全体計画の策定，授業日数・時数の確保といった教育課程の実務にとどまらず，育むべき資質・能力の具体化，主体的・対話的で深い学びの視点からの授業改善，校内体制・組織の整備，地域・保護者との連携・協働，さらには学校評価と，多層的な取組を進めなければならない。さらには，児童生徒の課題や社会の諸問題に対応した内容も実施していくことが求められている。

　カリキュラム・オーバーロードが叫ばれる現在の教育課程編成の状況を踏まえると，「さらに ESD の視点も付け加えて教育課程を編成する」という単純な加算的発想では，それこそ持続的な教育課程にならない。領域概念としての総合的な学習（探究）の時間を軸にしながら，ESD の考え方を機能概念として教育課程に位置づけていく具体的な方法を各学校が模索するとともに，教育委員会等はその支援を行っていくことが重要になるだろう。

引用文献

中央教育審議会答申（2016）「幼稚園，小学校，中学校，高等学校及び特別支援学校の学習指導要領等の改善及び必要な方策等について（答申）」。

日本ユネスコ国内委員会教育小委員会「持続可能な開発のための教育（ESD）の更なる推進に向けて〜学校等で ESD を実践されている皆様へ〜」http://www.esd-jpnatcom.mext.go.jp/（2020.8.31閲覧）。

文部科学省（2018年11月改訂）「ユネスコスクールで目指す SDGs 持続可能な開発のための教育（パンフレット）」。

文部科学省「持続可能な開発のための教育（ESD：Education for Sustainable Development）」https://www.mext.go.jp/unesco/004/1339957.htm（2020.8.31閲覧）。

（赤沢早人）

第2節　総合的な学習の時間における ESD

　国連 ESD の10年（UNDESD）の開始以降，日本の学校教育の ESD の取り組みは，特に小中学校においては「総合的な学習の時間」を中心に実践されることが多い。高校においても，2018年改訂の新学習指導要領で「総合的な探究の時間」が創設された。2021年からの実施に向けて SDGs の達成を目指した ESD（ESD for 2030）が総合的な探究の時間を基軸に展開されることが期待される。その実践において学習指導要領が重視する総合的・教科横断的な学びを保証する場としての総合的な学習の時間のよさと強みを十分に生かしながら，ESD の理念と育成すべき能力・態度を踏まえた問題解決型のカリキュラム・マネジメントや学習者主体の探究的な学び方を実践することが重要である。

⑴　ESD のカリキュラムづくりの基本的な考え方

　まず，各学校において ESD を推進する際の基本的な考え方として，ESD をこれまでの教育を変革し，「持続可能な社会の創り手」を育成する学びととらえ，以下の観点から ESD のカリキュラムを開発・実践していく必要がある。

ⅰ）地域の文脈に適合し，持続可能性（SDGs）を見据えていること

　ESD は，何より地域に根ざした学びであることが大切である。地域のよさ（光）や課題（影）に向き合い，地域の文脈で持続可能性を常に視野に入れつつ，地域起点の SDGs の実現に貢献する教育活動を展開する必要がある。

ⅱ）学び手の行動の変革を促すこと

　ESD は習得・伝達型が主流であった従来の学校教育の現状を変革し，知識が生きて働くように体験と探究を重視し，持続可能な社会の創り手に資する能力・態度を養うことによって意識と行動の変革をもたらすことを目的とする。

ⅲ）人間の営みを中核に据えた学際的・総合的な学びであること

　ESD は，従来の各教科や領域の縦割り的な学びではなく，地域や社会の持続可能性を志向し，環境，経済，社会，文化を融合・連関させながらその中核に持続可能な人間の営みを据えた学際的・総合的な学びでなければならない。

iv）多様な学習の内容と方法が保障されていること

ESD は SDGs を踏まえた学習内容やアプローチのみならず，体験的，探究的，問題解決的な学習活動や参加型の学習を意図的・計画的に設定し，持続可能な社会の実現に向けて学習者主体の学びを創造していくことが重要である。

ｖ）教科や総合的な学習の時間を含めた教育活動全体に統合されていること

ESD は，教科・領域の枠を越えた総合的な学習の時間等を活用し，より体験的で探究的な学習を推進することで，それを基軸に学校経営や地域との連携など学校全体で取り組むことが可能となり，より教育活動に統合された ESD の推進が可能となる。

vi）価値を志向し，教育の質を高めること

ESD は内容ではなく「価値」を重視する教育と言われる。何（内容）をではなく何のために（目的）学ぶか。知識だけ（量）ではなく持続可能な価値観に基づいた行動や生き方（質）を求める学びとしてとらえなければならない。

vii）地球的な視野と連帯を育み SDGs の達成に貢献すること

ESD は，SDGs が掲げる世界全体で解決すべき諸課題（Global Issues）に対して地球的な視野で持続可能な社会の創り手を育成し，人類の共通目標である SDGs の達成に向けた知恵と方策，連帯を育成していかなければならない。

⑵　総合的な学習の時間における ESD のカリキュラム・マネジメント

① 総合的な学習の時間における統合的・学際的な ESD

総合的な学習の時間における ESD の実践では，各教科の枠を超えた探究的な学びのストーリーと問題解決的なプロセスを保証してカリキュラムを統合的に構築するアプローチが可能である。教科の枠内では保証し切れなかった ESD の学習内容や活動を，統合的かつ学際的に組み入れ，カリキュラム化していくことで，ESD の理念の下，問題解決やつながりを重視したカリキュラムが構築できる。例えば，総合的な学習の時間を基軸に，既存の教科・領域の学習では扱われていないが ESD として重要である価値や内容を新たに開発したり補足したりしてカリキュラム化することで，子どもの問題解決能力や環境，経済，社会を融合させた持続可能な開発の理念とのつながりの意識が強化

される。

　この総合的な学習の時間における ESD の統合的なアプローチでのカリキュラムを開発するには，教師には地域の諸課題や良さを踏まえ，子どもの興味・関心や発達段階，学年間の系統性を考慮しながら，ESD に関する学際的で探究的なカリキュラムをデザインする創造的な能力が必要となる。その際には，地域や専門家との連携による外部リソースの活用や教員研修が有効であるが，カリキュラムのデザインやマネジメントを支援するツールもまた必要となる。

② 総合的な学習の時間を基軸にした探究的 ESD カリキュラムの開発の視点

ⅰ）ESD で「育成すべき資質・能力・態度」を明確化する

　まず，ESD のカリキュラム開発に当たって大切なことは，その学びを通じて「めざす児童像」や「育成する資質・能力・態度」を自校化し，整理・精選して取り組むことである。そのためには，発達段階や学習内容に応じた ESD で育む資質・能力の具体化・明確化が必要であるとともに，ESD としての「持続可能な社会」を実現するための態度や行動面も考慮に入れる必要がある。

　その設定に当たっては，学習指導要領が掲げるⅰ）知識・技能の習得，ⅱ）思考力・判断力・表現力の育成，ⅲ）学びに向かう力・人間性の涵養の「資質・能力の3つの柱」と関連を図ることが重要である。また，国立教育政策研究所が示す「ESD の視点に立った学習指導で重視する能力・態度」（例）も参考となる。

ⅱ）「探究的な学習ストーリー」を子どもや地域と共に紡ぐ

　ESD でめざす資質・能力・態度を育成するために，体験を重視しながら問題解決的で協働的な探究をデザインし，それが単元や学年間で系統的・発展的につながるように学びを紡いでいくことが重要である。その実施に当たっては，子どもの疑問やニーズ，思考に寄り添った学習ストーリーを展開していくことが大事である。そこに「主体的・対話的で深い学び」が実現される。

ⅲ）地域や関係機関等との連携による「社会に開かれた教育課程」を編成する

　ESD にとって，「社会に開かれた教育課程」の実現は必要不可欠である。学習テーマや活動場面で社会と連携し協働してこそ，ESD が生きた学びとなる。そのためには，多様な主体と連携して教育活動に必要な外部の人的・物的資源

を活用しながら効果的に組み合わせるカリキュラム・マネジメントが重要であり，その実現によって充実した ESD の取り組みが可能となる。その際には，学習の目的や段階に応じて効果的に連携を位置付けることが大切である。

iv）総合的な学習の時間と他の教科領域等との横断的な関連（リンク）を図る

　総合的な学習の時間を基軸とした ESD カリキュラム・マネジメントでは，特に他の教科・領域等との相互の関連付けや横断を図る手立てを整える必要がある。その際に重要なのは，どのような視点で関連を図るかということを明確に意識することであり，次のような視点でつながり（関連）を整理し，横断的に実践することでより深まりと発展性のある ESD が展開できると考えられる。

A）知識の深化を促す「学習内容・認知面」での関連（Cognitive link）
　例）国語：説明文・物語文，社会科：環境・産業，理科：生物や環境など
B）技能の活用を促す「技能・リテラシー面」での関連（Literate link）
　例）国語：作文・壁新聞，算数：グラフ・表，図画工作：ポスターなど
C）価値観を醸成する「情緒・価値観」での関連（Socio-emotional link）
　例）国語・図画工作：物語・絵本，音楽：曲作り，道徳：自然保護など
D）行動の変容を促す「態度・行動面」での関連（Behavioral link）
　例）特別活動：ボランティア，行事：環境整美，課外：行政への提言など

以上のポイント踏まえてカリキュラムを構想し，探究的な学びを構造化・可視化していく。その際には ESD ストーリーマップ等の手法は有効である。

参考文献

文部科学省国際統括官付・日本ユネスコ国内委員会（2016）「ESD（持続可能な開発のための教育）推進の手引き（2018改訂）」文部科学省国際統括官付。

公益財団法人ユネスコ・アジア文化センター（ACCU）（2015）「ユネスコスクールの今：ひろがりつながる ESD 推進拠点」。

東京大学大学院教育学研究科附属海洋教育センター（2019）『令和元年海洋教育指導資料：学校における海の学びガイドブック（小・中学校編）』大日本図書。

（及川幸彦）

第3節　教科教育における ESD

● 第1項　国語科と ESD

⑴　国語科と ESD との関わり

　国語科と ESD との接点は次の 2 点に求めることができる。

①「話す・聞く」「書く」「読む」という言語活動の「話題」「題材」（教材内容）が,「持続可能な開発目標（SDGs）」の17の目標に関する場合。

②「話す・聞く」「書く」「読む」という言語活動を通して育成する「言語能力」が国立教育政策研究所（2012）「ESD の視点に立った学習指導で重視する能力・態度（例）」（p.9）を支える場合。

　①に関しては, 例えば環境問題に関する意見文や論説文を書いたり読んだりするような実践は, 従来から行われてきた。このような場合, 国語科の指導目標のうちの「内容価値目標」において, ESD と関わりをもつこととなる。しかし, このような「話題」「題材」（教材内容）は, 他教科でも扱うことでもあり（むしろ, 他教科のほうが得意とすることでもあり）, 国語科としては, 国語科固有の目標である②「言語能力の育成」に重きをおいて授業構想を立てることがよいであろう。

⑵　国語科の目標と ESD で育てる資質・能力

　平成29年（2017）改訂学習指導要領（小学校・中学校）において,「三つの柱」で整理された国語科の目標（**表3-1**）の記述と, ESD で育みたい力とがどのように関連しているのかについて述べる。

　教科の目標⑴は,「知識・技能」に関する目標を示したものである。「国語の特質」を理解し,「必要に応じて活用できる」ようにしておくことが重要である。「必要に応じて活用できる」とは, その「国語の特質」が言語活動に効果的に働いているということである。

　また, 教科の目標⑴で述べている〔知識及び技能〕のうち,「我が国の言語

表3-1 小学校・中学校学習指導要領（国語科）の目標（小 p.28，中 p.29）

小学校国語科	言葉による見方・考え方を働かせ，言語活動を通して，国語で正確に理解し適切に表現する資質・能力を次のとおり育成することを目指す。 (1) 日常生活に必要な国語について，その特質を理解し適切に使うことができるようにする。 (2) 日常生活における人との関わりの中で伝え合う力を高め，思考力や想像力を養う。 (3) 言葉がもつよさを認識するとともに，言語感覚を養い，国語の大切さを自覚し，国語を尊重してその能力の向上を図る態度を養う。
中学校国語科	言葉による見方・考え方を働かせ，言語活動を通して，国語で正確に理解し適切に表現する資質・能力を次のとおり育成することを目指す。 (1) 社会生活に必要な国語について，その特質を理解し適切に使うことができるようにする。 (2) 社会生活における人との関わりの中で伝え合う力を高め，思考力や想像力を養う。 (3) 言葉がもつ価値を認識するとともに，言語感覚を豊かにし，我が国の言語文化に関わり，国語を尊重してその能力の向上を図る態度を養う。

（出典　文部科学省『小学校学習指導要領』及び『中学校学習指導要領』）

文化に関する事項」にも留意したい。「我が国の言語文化」の特質を学ぶことは，地球上の多様な言語文化をはじめとする文化を尊重する態度につながり，翻って我が国の文化を大切にすることにもつながるものである。次に，教科の目標(2)は，「思考力，判断力，表現力等」に関する目標を示したものである。具体的には内容の〔思考力，判断力，表現力等〕に示されている「A 話すこと・聞くこと」「B 書くこと」「C 読むこと」に示された指導事項を，それぞれの「言語活動」を通して指導することで，「伝え合う力を高める」「思考力や想像力を養う」ことを目的とする。

　「伝え合う力を高める」には，その基本的立場として，相手の立場や考えを尊重する姿勢がなければならない。それには，「人間として内面的に」向き合うことが必要であり，表面や形式が向き合うことだけでは達成しえないのである。そのために「相手の立場や考えを尊重する姿勢」は不可欠である。

　「ESD の視点に立った学習指導で重視する能力・態度（例）」では，⑥の「つながりを尊重する態度」の基盤になるものであり，「持続可能な社会づくりの構成概念（例）」にある「連携性」「責任性」を伴うものである。

　また，「思考力や想像力を養う」とは，言葉を手がかりに「論理的思考力」「感性的思考力」「豊かな想像力」を養うことである。ここで，思考力に「感性的思考力」を加えたのは，「論理的思考力」の扱えない「直観的側面や価値判断」も思考力として重要であるからである。思考力の育成は，「ESDの視点に立った学習指導で重視する能力・態度（例）」の①「批判的に考える力」③「多面的，総合的に考える力」の基盤となるものである。「想像力」は，「思考力」とも補完しながら新たな発想や未知の状況への対応など，②の「未来像を予測して計画を立てる力」の基盤となる。

　上述した「思考力，判断力，表現力等」の育成に資する授業には，「自立的で相互尊重の学習環境」「交流による他者の視点の獲得」とそこから得られる「多様性」を，教室に実現することが必要である。

　教科の目標(3)は，「学びに向かう力，人間性等」に関する目標である。特に，「言語感覚の育成」は，言語表現・言語理解における正誤・適否・美醜と関わり，自分の思考について「③多面的，総合的に考える力」，他者との「④コミュニケーションを行う力」とも密接な関係にある。

(3)　国語科における学習場面とESD
①「よりよい話し合い」を考える学習場面

　「他者とのコミュニケーションを行う力」は，国語科で育成すべき力である。他の場面では，それを活用して課題解決を図るのであり，国語科はその基盤を担う。また，「多面的，総合的に考える力」もよい話し合いが育てるものである。

　学習指導要領では，内容の〔思考力，判断力，表現力等〕の「A話すこと，聞くこと」において，「話し合うこと」の指導事項が示されている。例えば，小学校第5・6学年の「互いの立場や意図を明確にしながら」や，中学校第2学年の「互いの立場や考えを尊重しながら」，第3学年の「合意形成に向けて」など，相互理解と合意形成を基盤とする話し合いの学習はESDの基底を支える。

② 「批判的に」書いたり読んだりする学習場面

　平成29年改訂版中学校学習指導要領「国語」の内容の〔思考力，判断力，表現力等〕「Ｂ書くこと」の言語活動例アに「関心のある事柄について批評するなど」や，「Ｃ読むこと」の指導事項イに「文章を批判的に読みながら」という文言が見られる。ここで言う「批判的」とは，「よいところは認め，課題は改善する」という是々非々の姿勢であり，また，問題点を指摘するだけではなく，それを改善するための方策を考えることである。

　「批判的に考える力」は，「ESD の視点に立った学習指導で重視する能力・態度（例）」にも示されているが，その基盤となる資質・能力を国語科で育成するのである。国語科では，近年「評価読み」「批判的な読み」などが注目されているが，そのためには，授業者の「教材観」「授業観」の改革が急務となる。書いていることを書いているとおり読み取ることを前提としながらも，書き手の工夫点はどこか，改善すべき点はないかなどを追究したいものである。

⑷　持続可能な社会をつくる国語科教育

　国語科は「言語の教育」であるから，取り扱う表現物の話題・題材が ESDと関係するというよりは，ESD 推進のための基盤となる言語力を育成することが固有の役割である。そして，言語は思考力と直接的な結びつきを有するものであるから，ESD で育成を目指すすべての能力・態度の基盤となるものである。

　そして，従来から大事にされてきた「正しく表現する・理解する」こととともに，「批判的に表現する・理解する」ことも今後は重視していく必要がある。それは，児童生徒を「主体性をもつ学習者」に育てることにつながる。

引用文献

国立教育政策研究所（2012）『学校における持続可能な発展のための教育（ESD）に関する研究〔最終報告書〕』。
文部科学省（2017）『中等教育資料』No.970　東洋館出版社。
文部科学省（2018）『中学校学習指導要領解説 国語編』東洋館出版社。

（米田　猛）

◉ 第2項　社会科と ESD

⑴　社会科と ESD との関わり

　社会科は,「グローバル化する国際社会に主体的に生きる平和で民主的な国家及び社会の形成者に必要な公民としての資質・能力の基礎」を育成するための教科である（学習指導要領第 2 章第 2 節社会）。「国家・社会の形成者」を「持続可能な社会の創り手・担い手」と捉えれば,社会科は ESD を進める重要な教科である。中学校社会科の最後,社会科の総まとめとして位置づけられているのは,「⑵よりよい社会を目指して」である。この学習内容は,「持続可能な社会を形成するという観点から,課題を設けて探究し,自分の考えを説明,論述し,これから社会参画をしていくための手掛かりを得ることを主なねらい」としている。そして,「持続可能な社会を形成する観点」については,「世代間の公平,地域間の公平,男女間の平等,社会的寛容,貧困削減,環境の保全,経済の開発,社会の発展を調和の下に進めていくことが必要であることを理解できるようにすること」とされている（中学校学習指導要領解説　社会編）。まさに ESD の学習である。本項では,改訂された学習指導要領の目標等を踏まえ,具体的学習場面を取り上げながら,持続可能な社会をつくる社会科教育について述べたい。

⑵　社会科の目標と ESD で育てる資質・能力

　平成29年に改訂された学習指導要領において,「 3 つの柱」で整理された社会科の目標（**表3-2**）を参照し,その記述と ESD で育みたい力とがどのように関連しているのかについて述べる。

　「知識及び技能」について示された教科の目標⑴においては,「社会生活について理解」（小学校）,「我が国の国土と歴史,現代の政治,経済,国際関係等に関して理解」（中学校）とある。これらは,ESD で育みたい力の基盤になるものである。また,「情報を適切に調べまとめる技能」（小・中学校）は,ESD で育みたい力の 1 つである「データや情報の分析能力」に関連する。

　次に,「思考力,判断力,表現力等」について示された教科の目標⑵では,

表3-2 小学校・中学校学習指導要領に示された目標（社会科）

小学校・社会科	社会的な見方・考え方を働かせ，課題を追究したり解決したりする活動を通して，グローバル化する国際社会に主体的に生きる平和で民主的な国家及び社会の形成者に必要な公民としての資質・能力の基礎を次のとおり育成することを目指す。 (1) 地域や我が国の国土の地理的環境，現代社会の仕組みや働き，地域や我が国の歴史や伝統と文化を通して社会生活について理解するとともに，様々な資料や調査活動を通して情報を適切に調べまとめる技能を身に付けるようにする。 (2) 社会的事象の特色や相互の関連，意味を多角的に考えたり，社会に見られる課題を把握して，その解決に向けて社会への関わり方を選択・判断したりする力，考えたことや選択・判断したことを適切に表現する力を養う。 (3) 社会的事象について，よりよい社会を考え主体的に問題解決しようとする態度を養うとともに，多角的な思考や理解を通して，地域社会に対する誇りと愛情，地域社会の一員としての自覚，我が国の国土と歴史に対する愛情，我が国の将来を担う国民としての自覚，世界の国々の人々と共に生きていくことの大切さについての自覚などを養う。
中学校・社会科	社会的な見方・考え方を働かせ，課題を追究したり解決したりする活動を通して，広い視野に立ち，グローバル化する国際社会に主体的に生きる平和で民主的な国家及び社会の形成者に必要な公民としての資質・能力の基礎を次のとおり育成することを目指す。 (1) 我が国の国土と歴史，現代の政治，経済，国際関係等に関して理解するとともに，調査や諸資料から様々な情報を効果的に調べまとめる技能を身に付けるようにする。 (2) 社会的事象の意味や意義，特色や相互の関連を多面的・多角的に考察したり，社会に見られる課題の解決に向けて選択・判断したりする力，思考・判断したことを説明したり，それらを基に議論したりする力を養う。 (3) 社会的事象について，よりよい社会の実現を視野に課題を主体的に解決しようとする態度を養うとともに，多面的・多角的な考察や深い理解を通して涵養される我が国の国土や歴史に対する愛情，国民主権を担う公民として，自国を愛し，その平和と繁栄を図ることや，他国や他国の文化を尊重することの大切さについての自覚などを深める。

（出典：文部科学省『小学校学習指導要領』46頁及び『中学校学習指導要領』41頁）

「社会的事象の特色や相互の関連，意味を多角的に考え」「社会への関わり方を選択・判断したりする力」「考えたことや選択・判断したことを適切に表現する力」（小学校）とある。また，「社会的事象の意味や意義，特色や相互の関連を多面的・多角的に考察」「社会に見られる課題の解決に向けて選択・判断したりする力」「思考・判断したことを説明したり，それらを基に議論したりする力」（中学校）とある。これらは，ESD で育みたい力の「体系的な思考力」

や「代替案の思考力」，「コミュニケーション能力」に関わるものである。

　そして，「学びに向かう力，人間性等」について示された教科の目標(3)においては，「世界の国々の人々と共に生きていくことの大切さについての自覚」（小学校）などが示され，ESDで育みたい力の「持続可能な開発に関する価値観」に関わる。

(3) 社会科における学習場面とESD
① 価値観を問う学習場面
　中尾敏朗（2011）による，環境問題にかかわる歴史授業の事例を紹介する。明治時代に起きた足尾銅山鉱毒事件は教科書にもよく登場する。田中正造は，足尾銅山の出す粉塵や汚水が地域に深刻な影響を与えていることを訴え続けたことで有名である。田中の正義感や政府の不誠実さを取り上げることに終始する実践が多い中，中尾は，「なぜ政府が適切な手を打とうとしなかったのか」という問いが重要だと述べる。なぜなら，当時は近代産業の分野で，欧米に追い付け追い越せの真っ只中である。国の発展を支える銅の生産か，それとも地域の環境保全か，どちらを優先すべきかという切実な次元での社会的判断が求められてこそ，ESD実践としての価値がある。中尾は，子どもが価値観の葛藤をくぐらないESD実践が少なくないと指摘する。「自らの利益を大きく縮減してでも，環境や資源の保全，富の平等などを尊重して，持続可能な社会の実現のために行動する覚悟があるのかどうか，学習に際してこの点を自覚的に認識させようとしなければ」ならないだろうと述べている。
② 行動化を吟味する学習場面
　河野晋也（2020）による，小学校5年「これからの食料生産」の実践事例を紹介する。同実践では，日本の食料自給率が低いことを理解した上で，「地産地消」の意義について考え，全面的に賛成して終えるという実践が少なくない。しかし，河野実践では8時間目に，「地産地消を実現するために，どんなことができるだろう」という問いを設定して，行動化について考える。その結果，次の5種類の振り返りに辿り着く。①地産地消を進めるべきだ（難しさへの言及はない），②地産地消の難しさを踏まえて，現時点でできることを考え

る，③地産地消の難しさを踏まえて，家族や社会の協力が必要だと考える，④地産地消は現時点では実践不可能と考える，⑤その他，である。着目したいのは，地産地消は必要と分かっているが，現時点では実践不可能と判断した児童である。河野は「より良い結論が常に持続可能な社会の創り手としての行動に結びつくとは限らない」と述べつつ，子どもたちが得た「結論が自分たちの行動にどう関わり，どのように実践していくのかを省察することがなければ，持続可能な社会の創り手としての行動化は生まれない」と述べている。

⑷　持続可能な社会をつくる社会科教育

　持続可能な社会をつくるために，ESD では，価値観の変革や行動化が目指される。しかし，先の学習場面の例を示したように，葛藤場面を経ない価値観の形成や省察の欠けた行動化は，持続可能な社会のための信念や行動にはつながらない。また，安易な行動化ではなく，自分にできる行動を見極めることも重要である。社会科の授業で期待されるのは，教師の願いを子どもに押しつける「価値注入」や「動員」ではない。授業を通して，社会には多様な価値観があることを知り，自分の価値観に気付き，その妥当性を吟味しつつ，実現可能な行動について考えていくことが求められる。そのような社会科こそ，持続可能な社会をつくる社会科教育ではないだろうか。

引用文献

河野晋也（2020）「持続可能な社会の創り手に求められる批判的思考力の育成―小学校社会科第5学年『これからの食料生産』の実践をとおして―」『社会科教育研究』139号，pp.24-35。

中尾敏朗（2011）「持続可能な社会とこれからの歴史学習―現代の社会が『わかる』歴史学習に向けて―」『社会科教育研究』113号，pp.21-28。

文部科学省（2018）『小学校学習指導要領解説 社会編』日本文教出版。

文部科学省（2018）『中学校学習指導要領解説 社会編』東洋館出版社。

（太田　満）

◉ 第3項　算数科・数学科と ESD

(1)　算数科・数学科と ESD との関わり

　算数・数学科は，持続可能な社会の担い手として必要な知識やものの見方，考え方の基礎を育む点で，ESD との関わりがある。例えば，デカルトは，著書『方法序説』の中で，「理性（良識）はこの世で最も公平に配分されたもの」であるとし，「理性をよく導く方法」を数学から学んだとして次をあげている（赤，1980）。

① 自分が真であると認めるものでなければ，決して受け入れないこと。

② 問題をできるだけ小さな部分に分けること。

③ 考えを，易しいものから難しいものへと順序よく進めていくこと。

④ 見落としがないかどうかをしっかりと確かめること。

　SDGs の達成は，人類がいかに良識を働かせるかに依っている。算数・数学を通して①〜④の見方・考え方の基礎を育むことは，SDGs の達成に貢献する。

　また，SDGs の達成には，世界における人々との対話が不可欠である。しかし，しばしば「言語の壁」がその前に立ちはだかる。そのとき，数学の表現が力を発揮する。数，式，図，表，グラフといった「世界共通言語」を用いることで，たとえ英語やフランス語を知らなくても伝えられることが多くある。さらに，ガリレオ・ガリレイが，「自然という書物は数学の言語で書かれている」といったように，その言語は，国や地球といった範囲を超えた対象についてまでをも記述する特長をもつ。

(2)　算数科・数学科の目標と ESD で育てる資質・能力

　小・中学校の算数・数学科の目標は，**表3-3**の通りである。「ESD で育みたい力」（「国連持続可能な開発のための教育の10年」関係省庁連絡会議）のうち，**表3-3**の(1)の目標は，「問題や現象の背景の理解」のために必要な基礎的な知識および技能を育成することに関連している。算数・数学科では，「数量，図形」を対象に，抽象的な「数学の世界」と具体的な「現実の世界」とを行き来しながら，社会の様々な数量，図形に関する課題を自らの問題として捉える

表3-3 小学校・中学校学習指導要領（算数科・数学科）の目標

小学校算数科	数学的な見方・考え方を働かせ，数学的活動を通して，数学的に考える資質・能力を次のとおり育成することを目指す。 (1) 数量や図形などについての基礎的・基本的な概念や性質などを理解するとともに，日常の事象を数理的に処理する技能を身に付けるようにする。 (2) 日常の事象を数理的に捉え見通しをもち筋道を立てて考察する力，基礎的・基本的な数量や図形の性質などを見いだし統合的・発展的に考察する力，数学的な表現を用いて事象を簡潔・明瞭・的確に表したり目的に応じて柔軟に表したりする力を養う。 (3) 数学的活動の楽しさや数学のよさに気付き，学習を振り返ってよりよく問題解決しようとする態度，算数で学んだことを生活や学習に活用しようとする態度を養う。
中学校数学科	数学的な見方・考え方を働かせ，数学的活動を通して，数学的に考える資質・能力を次のとおり育成することを目指す。 (1) 数量や図形などについての基礎的な概念や原理・法則などを理解するとともに，事象を数学化したり，数学的に解釈したり，数学的に表現・処理したりする技能を身に付けるようにする。 (2) 数学を活用して事象を論理的に考察する力，数量や図形などの性質を見いだし統合的・発展的に考察する力，数学的な表現を用いて事象を簡潔・明瞭・的確に表現する力を養う。 (3) 数学的活動の楽しさや数学のよさを実感して粘り強く考え，数学を生活や学習に生かそうとする態度，問題解決の過程を振り返って評価・改善しようとする態度を養う。

（出典：文部科学省『小学校学習指導要領』p.64. 及び『中学校学習指導要領』p.65., 2017年）

ために必要で基本的な概念や原理・法則などの知識等を身につける。

(2)の目標は，「多面的かつ総合的なものの見方，体系的思考，批判的思考等の能力」を育成することに関連している。算数・数学科では，帰納的，類推的，演繹的な考え方といった「論理的な考え方」を身につける。また，それぞれ異なるものとして捉えていたものを，見方を工夫して同じものと見る見方（統合的な見方）や，ある問題の解決をもとにして，そこから，新たな問題を見つけだしたり，その解決方法が適用できる範囲を拡げたりするような考え方（発展的な考え方）を身につける。

(3)の目標は，「多様性の尊重」や「問題解決や新たなアイディアの創造に参加する態度」を育成することに関連している。算数・数学科では，子ども自らが数学的活動に取り組み，仲間と協働して問題解決したり，新たな考えを生み

だしたりする。また，工夫・改善しようとする態度や粘り強さを身につける。

⑶　算数科・数学科における学習場面と ESD

① 「筆算」の学習場面（小学校）　安価な電卓が誰でも持て
　　る時代になっても，算数科における「筆算」の学習指導は，
　　変わらずに重要な位置を占める。

　例えば，「52枚の色紙を４人で同じ数ずつわける」という
場面をもとに，**図3-1**のような除法の筆算形式を扱う。ここ
では，52÷４の計算を，10枚で一束になった色紙５束と２枚
を４人で等分する場面とみて，九九の範囲内の簡単なかけ算

図3-1　筆算

で暗算できるように，桁を分けて細分化して考えるなどの「数学的な見方・考
え方」を身につける。また，一つひとつの計算の過程を筆算の形で書き残して
いくことで，自分の判断や行動が常に確かなものであり，進め方に飛躍がない
かどうかを確かめながら答えを求めていく。冒頭に述べたデカルトの①～④の
思考方法の本質を，ここに見ることができる。このように，筆算形式の学習を
通して，計算技能と共に，思考の工夫や進め方を身につける点に，ESD との
関連がある。

② 「証明」の学習場面（中学校）　「三角形の内角の
　　和は180°である」ことを，小学校では，具体的
　　な三角形の角を分度器で測定したり，紙を切っ
　　たり並べたりして実験的に説明する。そして，
　　中学校では，補助線（**図3-2**）をひき，平行線
　　と角の性質を根拠として，それを「証明（論証）」
　　することを学ぶ。

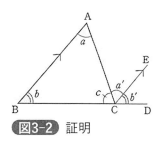

図3-2　証明

　誰もが無条件で承認する前提から，正しい推論によって次々と命題を導いて
いくという体系的な数学の最初のモデルは，「ユークリッド幾何学」である。
その発達は，ギリシャの都市国家における民主的政治形態のもとでの「対話の
相手にあることを認めさせ，それを前提として結論を導く」という弁証論の発
達と共にあった（中村ほか，1971）。以降，「論証性」は，今日までを貫く数学

の本性であり，また，多様な価値観が渦巻く社会における対話の基礎として機能している。この「論証性」を身につける点に，ESDとの関連がある。

⑷　持続可能な社会をつくる算数科・数学科教育

　私たち教育者は，算数・数学を，持続可能な社会づくりに貢献するように，子ども達に教育しなければならない。それは，どのような教育であるか。

　数学は，有史以来，どの時代のどの文化にも存在している（ビショップ，2011）。そして，多様な文化の多様な価値観に渦巻く世界の中には，多様な数学があり，社会の一部として，数学はその全体の目標に貢献すると考えられるようになってきている（アーネスト，2015）。もし，数学を，子どもの外の世界に絶対的に存在するものと捉え，それを権威的に教師から子どもの頭に注入するような教育であるならば，その数学教育を通して育つ多様性や創造性への期待は乏しく，持続可能な社会の実現という目標には貢献しないであろう。持続可能な社会は，対話を通じて形成され，臨機応変に形を変えるものであろう。ならば，数学を，教師と子ども，子ども同士の対話を通して形づくられていくものとして捉え，必要に応じて改善，発展させていくような算数・数学教育（例えば，竹村ほか，2013）が，持続可能な社会づくりに貢献すると考えられるのではないだろうか。

引用文献

赤摂也編（1980）『教育学講座算数・数学教育の理論と構造』学習研究社。
「国連持続可能な開発のための教育の10年」関係省庁連絡会議（2006）『我が国における「国連持続可能な開発のための教育の10年」実施計画』。
竹村景生ほか（2013）「ESDの観点からの中学校数学の再構築についての研究」『奈良教育大学教育実践開発研究センター研究紀要』22：187-192。
中村幸四郎ほか（訳・解説）（1971）『ユークリッド原論』共立出版。
文部科学省（2017）『小学校学習指導要領解説 算数編』日本文教出版。
文部科学省（2017）『中学校学習指導要領解説 数学編』日本文教出版。
ビショップA.J.（湊三郎訳）（2011）『数学的文化化』教育出版。
デカルトR.（山田弘明訳）（2010）『方法序説』ちくま学芸文庫。
アーネストP.（長崎栄三ほか監訳）（2015）『数学教育の哲学』東洋館出版社。

（近藤　裕）

◉ 第4項　理科と ESD

⑴　理科と ESD との関わり

　理科と ESD との関わりを考えるとき「ESD の概念図」が参考になる（文部科学省国際統括官付日本ユネスコ国内委員会，2018）。この概念図には ESD と関わる15分野が示されており，理科では，生物多様性，海洋，減災・防災，気候変動，エネルギー，環境の 6 分野を扱っている（文部科学省，2018a；文部科学省，2018b）。生物多様性，環境では，陸上や水中で多様な動植物がどのように生息し，相互に関わっているのか，またその生態系を壊さず維持していくことの必要性についても扱う。海洋，減災・防災，気候変動では，海洋で発生する台風が地球温暖化の影響で大型化し，甚大な風水害をもたらすことや様々な自然災害ついて扱う。エネルギーでは，光，熱，電気，音，化学，核，力学的エネルギー等，身の回りに存在するエネルギーを個々に扱うとともに，それらは姿を変えながらも総量は変わらないことについて扱う。

⑵　理科の目標と ESD で育てる資質・能力

　小・中学校学習指導要領（平成29年度告示）解説では，目標が「知識及び技能」「思考力，判断力，表現力等」「学びに向かう力，人間性等」の「三つの柱」に整理され，表3-4にそれぞれについて述べられている（文部科学省，2018a；文部科学省，2018b）。これらと ESD で育てる資質・能力の関係を考えるとき，国連持続可能な開発のための教育の10年関係省庁連絡会議（2011）に記載されている「ESD で育みたい力」が参考になる。以下に両者の関連について述べる。

　理科では自然の事物・現象の中に問題を見いだし，見通しをもって観察，実験などを行い，得られた結果を分析して解釈するなどの活動を行う（文部科学省，2018a）。このため，「データや情報を分析する能力」が培われる。また，問題や現象の背景を理解しながら，得られた複数のデータから何が言えるのかを総合的な視野で分析・解釈していく活動も行われる。このため，「問題や現象の背景の理解，多面的かつ総合的なものの見方を重視した体系的な思考力」

表3-4 小学校・中学校学習指導要領（理科）の目標

小学校理科	自然に親しみ，理科の見方・考え方を働かせ，見通しをもって観察，実験を行うことなどを通して，自然の事物・現象についての問題を科学的に解決するために必要な資質・能力を次のとおり育成することを目指す。 (1) 自然の事物・現象についての理解を図り，観察，実験などに関する基本的な技能を身に付けるようにする。 (2) 観察，実験などを行い，問題解決の力を養う。 (3) 自然を愛する心情や主体的に問題解決しようとする態度を養う。
中学校理科	自然の事物・現象に関わり，理科の見方・考え方を働かせ，見通しをもって観察，実験を行うことなどを通して，自然の事物・現象を科学的に探究するために必要な資質・能力を次のとおり育成することを目指す。 (1) 自然の事物・現象についての理解を深め，科学的に探究するために必要な観察，実験などに関する基本的な技能を身に付けるようにする。 (2) 観察，実験などを行い，科学的に探究する力を養う。 (3) 自然の事物・現象に進んで関わり，科学的に探究しようとする態度を養う。

（出典　文部科学省『小学校学習指導要領』『中学校学習指導要領』）

も培われる。また，条件を変えて必要なデータを得るために，観察・実験の方法を再検討する場面も出てくる。このため「批判力を重視した代替案の思考力」も培われる。さらに，「対話的な学び」（文部科学省，2018a）として位置づけられる班活動における話し合いでは，互いの考えを尊重しつつ，意見を述べ合う活動も行われる。このため，「コミュニケーション能力」をはじめ，「人間の尊重，多様性の尊重，非排他性，機会均等，環境の尊重といった持続可能な開発に関する価値観」も培われる。このように，理科の学習活動の多くが「ESDで育みたい力」の育成に直結した取り組みとなっている。

(3) 理科における学習場面とESD
① 放射線の有効な活用についての知識を習得させる学習場面
　中学校理科の「(7)科学技術と人間」の「エネルギーと物質」には，「東日本大震災以降，社会において，放射線に対する不安が生じたり，関心が高まったりする中，理科においては，放射線について科学的に理解することが重要であり，放射線に関する学習を通して，生徒たちが自ら思考し，判断する力を育成することにもつながると考えられる。」と記されている（文部科学省，

2018a)。このことに関して，森本・松本（2012）は，中学生に対して霧箱による放射線（α線）の観察をさせた後，放射線を用いた非破壊検査として空港での手荷物検査，工業面ではラジアルタイヤの製造，医療器具のγ線滅菌，農業面では射線照射によるジャガイモの発芽防止，射線照射した不妊虫を用いた害虫ウリミバエの駆除等，放射線が多岐にわたって有効に活用されている事実について紹介している。その結果，放射線に対し最初141人中115人の生徒が，有害である，危険だ，怖いといった負のイメージをもっていたにもかかわらず，授業後には141人中131人の生徒が，利用価値があるもの，量によって影響がある，使い方で効果が変わる，身近にある，現代において大切なもの，とその利用について認める見方に変わったことを明らかにしている。

② 科学的な根拠に基づいて意思決定させる学習場面

　東日本大震災の津波では30万トンの瓦礫（がれき）が生じ，この処理が社会問題となった。この処理に関し，「もし，あなたがある友好都市の市長なら，被災地A市の瓦礫を受け入れるか。」という題目で中学3年生に話し合わせ，瓦礫の状態（放射性物質の有無）や市民の声を聞いて総合的に判断させていく授業実践が行われている（辻本・中島，2015）。ここでは，瓦礫にどれほどの被爆線量があり，人体にどのくらいの影響をもたらすのかといった科学的根拠に基づいた判断が必要となる。大人でも判断が難しい課題に敢えて挑戦させることで，対立する価値観を調整させていく過程を通して，理科を学ぶ意味を生徒に自覚させることが期待できる。

⑷ 持続可能な社会をつくる理科教育

　持続可能な社会の実現を考えるとき，科学技術の発展がなければ，現代社会での豊かで便利な生活を送ることは不可能であり，特に防災，医療，農林水産業，工業，交通，通信，ナノテクノロジー，宇宙開発など，科学技術の進展なくしては成り立たない（文部科学省，2018a）。一方，環境問題を例に挙げるならば，大量のエネルギーを消費する製造業の出荷量を増やすとCO_2の排出量を増やすことにもつながり，負の側面も同時に起こってくる。このように持続可能な社会を築くためには，矛盾や葛藤を乗り越えていかなければならず，そ

れらを解消するためには理科（自然科学）の知識や概念が不可欠である。理科の授業では，従来は自然科学の知識や概念を理解させることに重点を置き，中学3年生の最後に行う「(7)自然と人間」の部分を軽く扱ってきたきらいがある。しかし，科学的根拠に基づく意思決定や判断をさせる授業は，理科を学ぶ意味を子ども達に自覚させる可能性を持っている（辻本・中島，2015）。何に価値を置き，どのような適正解を見出すかは各個人によってまちまちであるが，対立する価値観での議論等を子ども達に経験させることで，多面的な視点で物事が捉えられ，次第に意思決定ができるようになっていくものと考える。

　ESD は，子ども達に科学技術の発展と人間社会とのかかわり方，自然と人間のかかわり方について多面的，総合的に捉えさせ，自然環境の保全と科学技術の利用の在り方について科学的に考察させるためにある（文部科学省，2018a）。理科教育では子ども達が科学的に考察して意思決定ができるよう，教員はその礎となる知識・技能を子ども達に身につけさせていかなければならない。

引用文献

国連持続可能な開発のための教育の10年関係省庁連絡会議（2011）『我が国における「国連持続可能な開発のための教育の10年」実施計画』。

文部科学省国際統括官付日本ユネスコ国内委員会（2018）『ESD（持続可能な開発のための教育）推進の手引』。

文部科学省（2018a）『中学校学習指導要領解説 理科編』学校図書出版。

文部科学省（2018b）『小学校学習指導要領解説 理科編』学校図書出版。

森本弘一・松本郁弥（2012）「中学校における放射線教材を用いた授業実践とその評価」『日本理科教育学会理科教育学研究』53：147-153。

辻本昭彦・中島雅子（2015）「価値観が関わる理科授業の試み：震災ガレキの処理の問題を中心に」『日本理科教育学会 第54回関東支部大会研究発表要旨集』25。

（石井俊行）

◉ 第5項　生活科と ESD

⑴　生活科と ESD との関わり

　生活科の学習内容は，学校や家庭，地域の生活に関する内容，身近な人々や社会，自然と関わる活動に関する内容，自分自身の生活や成長に関する内容で構成され，そのどれもが ESD の求めている視点に沿ったものである（栗原，2018）。たとえば，季節の変化を感じる学習や，動植物の飼育栽培を行う学習では，生物多様性の概念を獲得する基礎学習となる。加えて，海の豊かさを守り（SDG14），陸の豊かさを守る（SDG15）ことにもつながる。地域の様子を調べて生活に関連づける学習では，地域の文化財に親しみ，次世代に無傷で継承しなければならないという責任感を醸成する。さらに，生活や出来事の交流の内容では，観光で日本を訪れたり，日本で仕事をしている外国人との交流を行うことにより，子どもたちの国際理解が進むことも期待できる。交流により様々な文化を知ることは，パートナーシップの醸成（SDG17）となるであろう。

⑵　生活科の目標と ESD で育てる資質・能力

　平成29年に告示された学習指導要領において，各教科の目標は，教科の見方・考え方と「三つの柱」からなる資質・能力で整理されている（**表3-5**）。生活科固有の見方・考え方は，「身近な生活に関わる見方・考え方であり，それ

表3-5 小学校学習指導要領に示された目標（生活科）

小学校・生活科	具体的な活動や体験を通して，身近な生活に関わる見方・考え方を生かし，自立し生活を豊かにしていくための資質・能力を次のとおり育成することを目指す。 ⑴　活動や体験の過程において，自分自身，身近な人々，社会及び自然の特徴やよさ，それらの関わり等に気付くとともに，生活上必要な習慣や技能を身に付けるようにする。 ⑵　身近な人々，社会及び自然を自分との関わりで捉え，自分自身や自分の生活について考え，表現することができるようにする。 ⑶　身近な人々，社会及び自然に自ら働きかけ，意欲や自信をもって学んだり生活を豊かにしたりしようとする態度を養う。

（出典：文部科学省『小学校学習指導要領』）

は身近な人々，社会及び自然を自分との関わりで捉え，よりよい生活に向けて思いや願いを実現しようとすること」である。特に見方は，「身近な生活における人々，社会及び自然などの対象と自分がどのように関わっているのかという視点」であり，考え方は，「自分の生活において思いや願いを実現していくという学習過程にあり，自分自身や自分の生活について考えていくこと」である。持続可能な社会づくりには，人を取り巻く環境（自然・文化・社会・経済など）に関する概念と人（集団・地域・社会・国など）の意思や行動に関する概念が必須であり（角屋，2012），生活科の見方・考え方はこれらを含むことから，まさに ESD と深く関係している。

　「知識及び技能の基礎」について示された教科の目標(1)の記述は，具体的な活動や体験，伝え合いや振り返りの中で，自分自身，身近な人々，社会及び自然がもっている固有な特徴や本質的な価値，それぞれの関係や関連に気付くことを意味する。これは ESD が目指す「関わり」と関連する。

　「思考力，判断力，表現力等の基礎」について示された教科の目標(2)の記述は，身近な人々，社会及び自然などの対象を，自分と切り離すのではなく，自分とどのような関係があるのかを意識しながら，対象のもつ特徴や価値を見いだし，身近な人々，社会及び自然を自分との関わりで捉えることによって，自分自身や自分の生活について考え，それを何らかの方法で表現することをできるようにすることを意味する。「生活の中で，気付いたこと，できるようになったことを使って，どう考えたり，試したり，工夫したり，表現したりするか」が求められており，これは ESD が目指す「他人との関係性」や「社会との関係性」を具体化したものと考えられる。

　「学びに向かう力，人間性等」について示された教科の目標(3)の記述は，児童が思いや願いに基づいて，身近な人々，社会及び自然に，自分から接近し何らかの行為を行い，学校や家庭，地域において意欲や自信をもって学んだり生活を豊かにしたりすることが繰り返されることによって，それが安定的な態度として養われるようにすることを意味する。これは，ESD が示している人格の発達に関連するものである。

⑶　生活科における学習場面と ESD

①　自然を体験する学習場面

　小単元「自然や物を使った遊び」では，植物を使った遊びがよく実施されている。生活科教科書では，笹舟，カラスノエンドウの笛，ヒイラギの風車，クズの鉄砲，エノコログサの毛虫，オオバコの相撲，シロツメクサの冠，カエデのプロペラ，マツぼっくりのけん玉など多くの植物を使った遊びを子どもたちは楽しむことができる。このような体験を通じて，子どもたちは，植物の多様性，季節性に気づくようになる。これは，生物多様性を学ぶ ESD である。

②　校区を探検する学習場面

　「地域と生活」に関する単元では，校区を探検する活動などが実施される。この活動では，地域で働く様々な人々と出会い，多くの仕事が私達を支えていることを気づかせる。また，いろいろな公共施設があり，私達の生活を豊かにしてくれていることにも気づかせる。さらに，地域の文化財も発見するであろう。奈良県の場合，多くの文化財や世界遺産があるので，地域の文化財が世界遺産ということもあるだろう。世界遺産は先人の知恵の結晶である。これらは，人々が協力して関わりあって生きているという相互性や連携性を学ぶ ESD であり，地域の文化財を次世代に無傷で継承しなければならないという責任性を学ぶ ESD といえる。

③　外国の人と交流する学習場面

　「生活や出来事の交流」では，「せかいのなかま」というタイトルで世界の人々と交流する際のきっかけとして，挨拶を紹介する活動がある。韓国「アンニョンハセヨ」，アメリカ「Hello」，中国「你好」，ドイツ「Guten tag」，イタリア「Buon giorno」，フランス「Bonjour」，カンボジア「スオスダーイ」などである。人と人が出会ったとき，まず挨拶を交わす。挨拶こそが国際交流の第一歩であり，ESD の理念である国際理解の第一歩である。

⑷　持続可能な社会をつくる生活科教育

　生活科は，体験を重視する。学習を積み重ねていき，次第に概念が形成されていくが，その土台となるのが，具体的な体験である。体験には，視覚，聴覚

だけでなく触覚，味覚，嗅覚が含まれている。このような五感全てを使う豊かな体験があってこそ，抽象的な概念が身に付きやすくなり，他の概念にも応用ができる（小林ほか，1992）。

　ESD の観点から見ると，生活科の役割は，自律心，人格の発達の基礎，他人との関わりの育成の基礎を形成することであることが見えてくる。生活科は，教育の基礎として極めて重要であり，幼稚園や保育園，認定こども園と小学校とをつなぐスタートカリキュラムと位置づけられている（八釼，2019）。さらに生活科は ESD と親和性が高いことから，小学校，中学校，高等学校，大学へと続いていく ESD の基礎となるのである。しかしながら，小学校新学習指導要領が打ち出したカリキュラム・マネジメントを行うには，生活科の中だけでの ESD では無理があるため，「ESD カレンダー」をはじめとする先行研究に習い，生活科の学習が教育課程の全体とどのように関連しているのかといった見通しをもって，生活科のよさや可能性を再認識し授業改善に努めるべきであろう（栗原，2018）。

引用文献

栗原清（2018）「生活科における ESD：新学習指導要領を見据えて」『環境教育』28：34-39。

角屋重樹（2012）「学校における持続可能な発展のための教育（ESD）に関する研究〔最終報告書〕」国立教育政策研究所教育課程研究センター。

小林辰至・雨森良子・山田卓三（1992）「理科学習の基盤としての原体験の教育的意義」『日本理科教育学会研究紀要』33：53-60。

八釼明美（2019）「生活科を中心としたスタートカリキュラムのカリキュラム・マネジメント」『せいかつか＆そうごう』(26)：4 -15。

文部科学省（2018）『小学校学習指導要領（平成29年告示）解説 生活編』東洋館出版社。

（森本弘一）

◉ 第6項　音楽科と ESD

⑴　音楽科と ESD との関わり

　音楽科と ESD との関わりを考えることは，今後の社会を見据えて次のような問いを考えることに等しい。歌うこと，楽器を演奏すること，創作すること，鑑賞すること，そして音楽を愛好する心情，音楽に対する感性など，音楽科で培う資質・能力は，持続可能な社会創りにどう寄与するのか。また，過去の遺産としての音楽や音楽文化，そして新たに生み出されるそれらを継承・発展させることのみを ESD としての音楽科の責務として捉えてよいのかどうか。

　一方，SDGs の達成に音楽活動はどう貢献するのかを考えるとき，貧困をなくすためのチャリティーコンサートを行う，平和を希求する歌を歌う，などが思いつく。しかし，それらは SDGs の達成のために音楽を用いた行為であり，音楽科としては，その行為をもたらす人間の精神性に迫らなくてはならない。芸術教育としての音楽科でこそ培うことのできる精神性とは，感性，創造性，美的価値観といったものである。そう考えると，「飢餓をゼロに」（目標2），「安全な水とトイレを世界中に」（目標6）といった，一見音楽とは関係がない目標の達成に，その精神性が深く関与していることが見えてくる。

⑵　音楽科の目標と ESD で育てる資質・能力

　世界における今後の芸術教育の在り方として，ユネスコが2010年に示した「ソウル・アジェンダ」の意義は大きい。そのゴール1では「芸術教育を，質の高い教育改善を実現させるための基礎として，また持続可能性をもたせるものとして保障すること」，ゴール3では「芸術教育の原理と実践を，今日の世界が直面している社会的・文化的な課題解決に貢献するために適用する」，及びそれらの下位にある「学校やあらゆるコミュニティでの芸術教育によって，個人の中にある創造的でこれまでにない新しいことを生み出そうとする潜在能力を育成し，また，創造的な市民としての新世代を育成する」などの目標に ESD の趣旨が認められる（http://www.unesco.org/new/en/culture/themes/creativity/arts-education/official-texts/development-goals/，2020年11月8日

確認）。

　日本においては，平成29年告示の学習指導要領の前文や総則に「持続可能な社会の創り手となることができるようにする」ことが掲げられ，音楽科の目標として「生活や社会の中の音や音楽，音楽文化と豊かに関わる資質・能力」の育成が示された（**表3-6**）。これにより，音楽科の指導内容と育成する資質・能力が，子供のこれからの人生にどう関わり，持続可能な社会の創り手としてどのように生かされていくのかを明確化し，実践しなければならないこととなった。

⑶　音楽科における学習場面と ESD

　では，ESD としてどのような学習活動を展開させればよいか。国立教育政策研究所教育課程研究センター（2012）が示した「持続可能な社会づくり」の構成概念に即すと，**表3-7**のような例が考えられる（宮下，2019）。

表3-6　小学校・中学校学習指導要領に示された目標（音楽科）

小学校・音楽科	表現及び鑑賞の活動を通して，音楽的な見方・考え方を働かせ，生活や社会の中の音や音楽と豊かに関わる資質・能力を次のとおり育成することを目指す。 ⑴　曲想と音楽の構造などとの関わりについて理解するとともに，表したい音楽表現をするために必要な技能を身に付けるようにする。 ⑵　音楽表現を工夫することや，音楽を味わって聴くことができるようにする。 ⑶　音楽活動の楽しさを体験することを通して，音楽を愛好する心情と音楽に対する感性を育むとともに，音楽に親しむ態度を養い，豊かな情操を培う。
中学校・音楽科	表現及び鑑賞の幅広い活動を通して，音楽的な見方・考え方を働かせ，生活や社会の中の音や音楽，音楽文化と豊かに関わる資質・能力を次のとおり育成することを目指す。 ⑴　曲想と音楽の構造や背景などとの関わり及び音楽の多様性について理解するとともに，創意工夫を生かした音楽表現をするために必要な技能を身に付けるようにする。 ⑵　音楽表現を創意工夫することや，音楽のよさや美しさを味わって聴くことができるようにする。 ⑶　音楽活動の楽しさを体験することを通して，音楽を愛好する心情を育むとともに，音楽に対する感性を豊かにし，音楽に親しんでいく態度を養い，豊かな情操を培う。

（出典　文部科学省『小学校学習指導要領』及び『中学校学習指導要領』）

表3-7 ESD として音楽科で扱うことのできる概念と理解させたいことの例

概念	理解させたいこと（例）
「多様性」	いろいろな音楽があること，いろいろな感じ方があること，等
「相互性」	音楽はいろいろな要素が関わり合ってできていること，音楽を通していろいろな人々が楽しい気分になれること，等
「有限性」	伝統音楽は人々が大切にしていかないと存続できないこと，音楽によって平和な社会を存続していくことができること，等
「公平性」	芸術や音楽は全ての人々にとって等しく価値があるものであること，等
「連続性」	音楽によって様々な人々とつながることができること，等
「責任性」	豊かな社会をつくっていくために，一人一人が音楽を尊重したり楽しんだり音楽文化を継承・発展していくこと，等

（筆者作成）

① 歌唱の学習場面－多様性・相互性・連続性に関わる題材例－

　『たがいのこえをきき合いながらうたおう」（小学校 2 年）』[*1] では，児童それぞれがもつイメージの違いを共有した上で，輪唱による旋律の重なりやハーモニーの美しさや面白さを実感させ，「自分を含む社会の異なる人々が一つの音楽を創り出し，共に楽しい気分になれる」ということを理解させている。

② 創作の学習場面－有限性・責任性に関わる題材例－

　『校区の風景を音で綴り，音環境を考えよう」（中学校 1 年）』[*2] は，自分たちが住む町への愛着を，校区で採録した環境音や人々の声に楽器の音を重ね，一連の楽曲＜音風景－音で綴る校区散歩－＞として表現する学習である。題材は環境教育が主たる目的ではなく，音楽科として，表現したいイメージと創りあげられていく音楽とを常に往復させながら，音色，リズム，反復，変化，といった諸要素の働きと楽曲全体のまとまりを工夫して創作する力を育成する。生徒は学習の過程で，風景は音によっても人々が受ける印象や感情に変化をもたらすことや，視覚によって得るイメージと聴覚によって得るイメージとの共通性や相違性などに気付き，その結果として環境保全への意識が芽生える。

1　宮下俊也（2019）に掲載された鈴木かおり教諭の実践事例（pp.40-42）。
2　宮下俊也（2019）に掲載された佐久間敦子教諭の実践事例（pp.111-116）。

③ 鑑賞の学習場面－連続性・責任性に関わる題材例－

『作曲家とともに新しい音楽文化を創造しよう」（中学校3年）』*3では，生徒と同じ今を生きる日本の作曲家による現代作品を鑑賞し，批評文をその作曲家に手紙で伝え，生徒とのやりとりを行う。それにより，音楽の創造・発展は作曲家のみならず鑑賞者の価値判断（評価）とともに為され，中学生であっても音楽文化の創造者であり，継承者であることを学ぶ。

⑷　持続可能な社会をつくる音楽科教育

音楽の在り方に革新をもたらした作曲家はベートーベンが象徴的である。また，伝統文化の継承が一時危うくなりながらも復活した例として国立文楽劇場の存続がある。ベートーベンの作品を教材とするとき，＜運命＞の動機や＜田園＞の風景描写のみを学んで終わるのではなく，それを表現したベートーベンの精神性と楽曲の構造や曲想とを関わらせ，考え，理解させ，音楽が人々や社会に与える影響についての学びに踏み込むべきである。また，文楽を十分に味わった後，その感動を基に「文楽の継承・発展のために自分は何ができるか」を考えさせることで，音楽文化の持続発展の自覚を促すことができる。

音楽科教育をESDとして機能させるには，まずもって音楽を楽しみ，感動する経験を与えることである。その上で，音と音楽に対する感性，創造性，美的価値観が，子供自身の豊かな人生と，持続可能な社会創りのために必要であることを，1つひとつの音楽学習において具体を示し実感させていくことだ。

引用文献

国立教育政策研究所教育課程研究センター（2012）『学校における持続可能な発展のための教育（ESD）に関する研究〔最終報告書〕』はしがきより。

宮下俊也（2013）『音楽鑑賞教育における批評能力育成プログラムの開発』https://www.nara-edu.ac.jp/ADMIN/SOUMU/miyashit/miyashit-0.pdf.

宮下俊也（2019）『ESDとしての音楽授業実践ガイドブック』p.30（一部改編）https://www.nara-edu.ac.jp/ADMIN/SOUMU/miyashit/miyashit-0.pdf.

（宮下俊也）

3　宮下俊也（2013）に掲載された筆者作成の実践事例（pp.248-252）。

◉ 第7項　図画工作科・美術科と ESD

(1)　図画工作科・美術科と ESD との関わり

　ESD と図画工作科・美術科との連携とはどのようなものなのかについて問われると，はじめに想起されるのは諸外国の美術作品にふれることを通して文化の多様性を扱った題材，世界文化遺産に指定された建築物や文化財等を鑑賞する活動，あるいは環境保全を主題としたポスター制作等ではないだろうか。このような，学習内容に軸足を置いた両者の連携という方向性がある一方で，芳賀正之（2015）による研究においては，「ESD で育みたい力」と「美術教育で身に付く力や培う力」との接点について言及されている。また，縣拓充ら（2016）の研究では「ESD における感性等のコンピテンシーに関わる議論と，アートの教育に関わる議論との間には，様々な共通点を見出すことができよう」と述べられている。これらの指摘は，ESD を通して育てる力が新しく登場したものではなく，図画工作科・美術科等が大切にしてきた「感性」や「創造性」等に近い概念を含んでいることを示唆するものであると考える。図画工作科・美術科と ESD との連携を推進していく際には，学習内容に軸足を置く方向性とともに，育成を目指す資質・能力の共通性を視点とした授業構築やカリキュラム開発が重要であるといえよう。本項では，このような共通性に着目して学習指導要領に示された目標について論じるとともに，図画工作科・美術科が何を目指す教科なのかについて，持続可能な社会の実現という観点から解説する。

(2)　図画工作科・美術科と ESD で育てる資質・能力

　学習指導要領における図画工作科及び美術科の目標（**表3-8**）と ESD で育てる資質・能力とが，どのように関係しているのかについて確認してみよう。
　「知識及び技能」について示された目標(1)においては，「対象や事象を捉える造形的な視点」（図画工作科・美術科）を理解することについて述べられていることがわかる。ここでの「造形的な視点」とは，図画工作科・美術科の学習活動において形や色，材質の感じなどに着目して作品や材料，物事等を捉える

表3-8 小学校・中学校学習指導要領（図画工作科・美術科）の目標

小学校図画工作科	表現及び鑑賞の活動を通して，造形的な見方・考え方を働かせ，生活や社会の中の形や色などと豊かに関わる資質・能力を次のとおり育成することを目指す。 (1) 対象や事象を捉える造形的な視点について自分の感覚や行為を通して理解するとともに，材料や用具を使い，表し方などを工夫して，創造的につくったり表したりすることができるようにする。 (2) 造形的なよさや美しさ，表したいこと，表し方などについて考え，創造的に発想や構想をしたり，作品などに対する自分の見方や感じ方を深めたりすることができるようにする。 (3) つくりだす喜びを味わうとともに，感性を育み，楽しく豊かな生活を創造しようとする態度を養い，豊かな情操を培う。
中学校美術科	表現及び鑑賞の幅広い活動を通して，造形的な見方・考え方を働かせ，生活や社会の中の美術や美術文化と豊かに関わる資質・能力を次のとおり育成することを目指す。 (1) 対象や事象を捉える造形的な視点について理解するとともに，表現方法を創意工夫し，創造的に表すことができるようにする。 (2) 造形的なよさや美しさ，表現の意図と工夫，美術の働きなどについて考え，主題を生み出し豊かに発想し構想を練ったり，美術や美術文化に対する見方や感じ方を深めたりすることができるようにする。 (3) 美術の創造活動の喜びを味わい，美術を愛好する心情を育み，感性を豊かにし，心豊かな生活を創造していく態度を養い，豊かな情操を培う。

（出典　文部科学省『小学校学習指導要領解説 図画工作編』p.9及び『中学校学習指導要領解説 美術編』p.9）

ための視点である。児童・生徒が造形のイメージなどを豊かに捉えるという経験は，学校教育終了後の社会生活の中で複雑化した事象の本質等を見抜いたり，多様な視点によって対象を捉えたりする際に発揮される力の育成にも波及するものと考えられる。

　また，「思考力，判断力，表現力等」に関して示された目標(2)では，「創造的に発想や構想」（図画工作科），「主題を生み出し」（美術科）等が記述されている。いずれも造形の表現活動を進める際に自身が表したいことを追求し，創造的かつ主体的に思考する力を育成することと関係している。描くことやつくること等を通して児童・生徒が形や色，材料等についての発想や構想を練るという学習活動によって培われた力は，将来において直面すると考えられる様々な問題等と向き合い，見通しをもって自分なりに解決するための資質・能力に深

く関連していると解釈される。

　そして，「学びに向かう力，人間性等」について示された目標(3)において
は，「感性を育み」（図画工作科），「心豊かな生活を創造していく態度を養い，
豊かな情操を培う」（美術科）等が述べられている。美しいものにふれること
や自身が表したいことを追求する学習活動を通して感性を育むことは，将来に
わたって，自身の生き方や社会をよりよいものにしようとする態度を育成する
上で極めて重要であると考えられる。合わせて9年間の図画工作科・美術科で
の学びを通して培われた「豊かな情操」（図画工作科・美術科）は，持続可能
な社会を創造していくための力や態度と密接に関係しているといえよう。

(3)　図画工作科・美術科における学習場面と ESD
①　社会における美術の働きについて考える学習場面

　例えば，実際に使用することを前提としてスプーンをデザインして制作した
り，学校行事を広報するためのポスターを描いたりする場合には，様々な立場
の人々にとって使いやすい，または理解しやすいという点を意識して形や色，
材質等についてクリティカルに構想することが必要となる。このように受け手
となる立場を意識しながら造形活動を行う学習を通して児童・生徒は，社会の
中での美術やデザインの働きを理解するとともに，多様な立場を尊重すること
の意味について思考を深めることにつながる。換言すれば，図画工作科・美術
科の学習を図工室や美術室の中だけの表現活動として終始させるのではなく，
児童・生徒が他者や社会とのつながりについて意識できる学びの場となるよう
に工夫することが指導者に求められる。

②　表現を共同で行う学習場面

　グループやクラス単位で1つの作品を描く・つくるという共同の表現活動に
は，小学校および中学校において従前から普遍的に取り組まれている。このよ
うな表現を共同で行う学習場面においては，「話し合いを通した学習目標の確
認」，「各自が表したい主題についての交流」，「表現活動における課題の共有」，
そして「互いの表現についての語り合い」等，必然的に学習者間のコミュニ
ケーションが生まれる。共同の表現活動に際しては，作品を完成させることだ

けが重要ではなく，児童・生徒たちが1つのゴールに向かって他者と協力すること，試行錯誤を経験しながら主体的・対話的な学びをつくりあげていくことも重要な学習過程である。造形表現を進める中で全員が協力し，互いの価値観を尊重し合える場を創造していく活動は，社会を構成する一員としての資質・能力を育成していく上で極めて意義深い学習である。

⑷ 持続可能な社会をつくる図画工作科・美術科教育

　実際に図画工作科・美術科の授業を構想する際には，描いたりつくったりする造形活動や美術史上の作品等に出会う鑑賞活動等が教科の具体的なイメージとして想像されやすい。もちろん，それらは図画工作・美術科ならではの不可欠な活動であるが，ESDを視点としてこの教科が育成を目指すものを問い直したとき，「自分なりの見方をもつ」，「創造的に考えをつくる」，そして「他者や社会と豊かにつながる」等に関する力や態度を育むということが，教科の大切な役割であることが見えてくる。

　児童・生徒が将来の生活の中で日常や仕事上の課題，地球規模の問題等と出会ったときに，形や色に関わる学習場面において培ったクリエイティブな発想によって困難に立ち向かうことができる。図画工作科・美術科とは，そのような問題解決の力とともに，人生を自分らしく切り拓いていくための力を育む教科であるといえよう。

引用文献
縣拓充・伊藤葉子・岩田美保・神野真吾（2016）「アートや体験型の活動を通じて育まれうる『持続可能な社会のための想像・表現コンピテンシー』を捉える尺度の検討」『美術教育学』第37号 pp.1-11. 美術科教育学会。
芳賀正之（2015）「ESDで考える美術教育の未来」『教育美術』通巻876号 pp.30-35. 教育美術振興会。
文部科学省（2018）『小学校学習指導要領解説 図画工作編』p.9. 日本文教出版。
文部科学省（2018）『中学校学習指導要領解説 美術編』p.9. 日本文教出版。

（竹内晋平）

◉ 第8項　技術科と ESD

⑴　技術科と ESD との関わり

　国連サミットにて SDGs が採択されて以降，その達成に向けた科学技術を用いる取り組みが活発化している。科学技術に馴染みのない読者の方々は，まず本稿を読み進める前に「SDGs 工業」と Web 検索し，SDGs に関わる工業系企業の取り組みを調べていただきたい。いくつかの実例を知るだけで，科学技術の進展なしには多岐にわたる SDGs の達成が困難であることに気付くであろう。一方で，科学技術は便益を提供するだけでなく，地球環境や生態系，我々の安全などに負の副次的効果を及ぼすこともあり，後世への影響が懸念される。科学技術の進展を車の走行に例えるならば，企業やエンジニアによる技術開発等の取り組みは，加速するためのアクセルやエンジンであり，社会全体で科学技術の在り方を協働して検討することは，適切な走行に向けたブレーキやハンドリングと言えよう。換言すると，いかに革新的な科学技術であったとしても，社会からの賛同なしにはその進展は見込めず，甚大な被害をもたらすことがある。つまり，科学技術の進展には企業やエンジニアからの供給だけではなく，社会からの需要が必要不可欠であり，そのためには市民参画が重要となる。

　それでは，科学技術の光と影が多様化する現代において，持続可能な社会の構築に向けて，どのような技術教育が求められるだろうか。工業社会以降，技能習得に重きを置くパラダイムが根深く続いているが，上記を勘案すると，科学技術の進展を「牽引するイノベーター」と「支えるサポーター」の素地を培うことに重きを置くことが必要であろう。本稿では，改訂された学習指導要領に示された目標などに触れながら，普通教育における技術教育として技術・家庭科技術分野（以下，技術科）と ESD との連携について概説する。

⑵　技術科の目標と ESD で育てる資質・能力

　平成29年に改訂された学習指導要領において，技術科の学習内容は現行の学習指導要領から継続して，「A 材料と加工の技術」，「B エネルギー変換の技

表3-9 中学校学習指導要領（技術科）の目標

中学校・技術科	技術の見方・考え方を働かせ，ものづくりなどの技術に関する実践的・体験的な活動を通して，技術によってよりよい生活や持続可能な社会を構築する資質・能力を次のとおり育成することを目指す。 (1) 生活や社会で利用されている材料，加工，生物育成，エネルギー変換及び情報の技術についての基礎的な理解を図るとともに，それらに係る技能を身に付け，技術と生活や社会，環境との関わりについて理解を深める。 (2) 生活や社会の中から技術に関わる問題を見いだして課題を設定し，解決策を構想し，製作図等に表現し，試作等を通じて具体化し，実践を評価・改善するなど，課題を解決する力を養う。 (3) よりよい生活の実現や持続可能な社会の構築に向けて，適切かつ誠実に技術を工夫し創造しようとする実践的な態度を養う。

(出典　文部科学省『中学校学習指導要領』p.132)

術」，「C 生物育成の技術」，「D 情報の技術」の 4 分野に整理されており，教科目標や学習過程などで随所に改訂が行われている。特に，技術科の目標（**表3-9**）において，「持続可能な社会を構築する資質・能力」の育成が新たに掲げられたことは，他教科にはない技術科特有の注目すべき点であり，ESD の視点を強く打ち出していると言えよう。

　教科目標(1)では，各 4 分野に関わる基礎的な知識及び技能を身に付けることに加え，「技術と生活や社会，環境との関わりについて理解を深める」ことが示されている。このことから，鋸引きやプログラミングなどの「技能」に限定することなく，私たちの生活や社会を支えている「技術」の果たす役割を学習に取り入れることが重要と考えられる。

　教科目標(2)では，(1)で理解したことを踏まえ，問題解決を行うことが示されている。その際，瞬間的な個人のニーズだけではなく，過去や未来といった時系列，環境，経済など多面的な観点に着目して問題解決を行うことが重要と考えられる。これは，ESD の目標として掲げられている「環境，経済，社会の面において持続可能な将来が実現できるような価値観と行動の変革をもたらすこと」（文部科学省，https://www.mext.go.jp/unesco/004/1339970.htm，2020年 8 月31日確認）と深く関連づけることができよう。

　教科目標(3)では，(2)で深化した技術の見方・考え方を活かして，持続可能な

社会の構築に向けた実践的な態度を養うことが示されている。例えば，(2)の問題解決を評価・改善して新たなプロトタイプを開発することや，現在の科学技術の問題点を評価して今後の在り方を検討する等の題材展開が考えられる。

　上記を勘案すると，(3)と ESD の視点の親和性が特に感じられるが，(1)において科学技術に関わる原理や法則，社会に対する影響などを適切に理解し，(2)において生徒自身でそれらを深化していなければ，上記の学習は形骸化する恐れがある。そのため教員は，(1)～(3)の各目標を分断的に捉えるのではなく，相互補完であることを意識した体系的な題材展開を行うことが求められよう。

(3)　技術科における学習場面と ESD
①　科学技術の進展を「牽引するイノベーター」に関わる学習場面

　教員の与えた説明書通りにモノづくりを行う題材では，問題解決の余地が少ないため，技術革新を「牽引するイノベーター」の素地が形成されるとは言い難い。一方で，生活や社会の問題解決に向けた創造を漠然と指示するだけでは生徒は困惑する。そのため，低学年においては自身の生活上の問題を，高学年においては社会や将来の問題を題材に取り上げるといった生徒の発達段階に応じた問題設定を柔軟に行う必要があろう。低学年時から段階的に問題解決を行わせることで，SDGs に関わるダイナミックな諸問題に対しても主体的に取り組めるようになることが期待される。その際，生徒にクオリティの高い成果物を完成させることを目的にするのではなく，生徒の問題解決の過程を重視するべきである。前述したように，自他の立場や時系列，環境やコストといった幅広い観点に着目したトレードオフを踏まえて最適解を導き出す過程は，異なる問題解決においても活用可能であり，生涯にわたり発揮することができる。

　上記を踏まえると，技術科の授業では，より良い製作物を持ち帰らせる視点から，より良い学びを持ち帰らせる視点に改めることが肝要であると言えよう。技術科の授業で得た学びを活かして問題解決を行った生徒が，持続可能な社会の構築に貢献する科学技術の進展を「牽引するイノベーター」となることが期待される。

② 科学技術の進展を「支えるサポーター」に関わる学習場面

　教員から教わった知識や技能を①のような主体的な問題解決を通して深化することで，生徒は授業で設定された限定的な問題以外においても，それらを自身で活用することができよう。そのため，問題解決を行わせた後に，世の中の科学技術の在り方に再度目を向けさせる学習を推奨したい。例えば，原子力発電や遺伝子組み換え技術など世の中で賛否の分かれている科学技術の在り方を生徒同士で話し合い，今後に向けた提言をまとめさせることが考えられる。このような学習を通して，科学技術の在り方を安直に肯定や否定するのではなく，どのようにサポートすれば科学技術の進展につながるのかという視点で主体的に考える姿勢を涵養することができよう。そのような学習において，「今の技術はとても便利なものだと思うが技術が発達しすぎると環境を破壊することになると思うので，技術と環境のバランスを保っていくことが大切だと思った。」，「30人強のクラスでも意見が割れるのに世の中はもっと割れると思った。これから先社会がこのような問題をもっと活発に取り上げ，たくさんの人が興味を持つべきだと思った。」といった意見が生徒から挙げられたことが報告されており（筆者2019），このように提起する生徒は，持続可能な社会の構築に貢献する科学技術の進展を「支えるサポーター」となることが期待される。

⑷　**持続可能な社会をつくる技術科教育**

　以上，ESD の視点を踏まえて，持続可能な社会の実現に向けた技術科教育の展望を本稿では述べた。技術科の授業が，持続可能な社会を構築する科学技術の進展を「牽引できるイノベーター」と「支えられるサポーター」の素地を培う苗床になることを今後期待したい。

引用文献

文部科学省（2018）『中学校学習指導要領』東山書房，p.132。
世良啓太（2019）『希望を持って前向きに，技術の将来について語り合う技術科の授業』奈良教育大学出版会 https://www.nara-edu.ac.jp/PRESS/ebook/，p.7。

（世良啓太）

◉ 第9項　家庭科と ESD

(1) 家庭科と ESD との関わり

　家庭科は家政学を学問的基盤とし，衣食住，家庭・家族，福祉，保育，消費，環境等といった人の生活を対象とする教科である。家庭科が捉える「生活」は地域社会の公的領域の諸問題と連続的につながり深く関連し合っている（荒井，2019）。家庭科では，持続可能な社会の構築に向け，自然科学的側面と社会科学的側面の両側面から本質を見極め，それらを総合して生活の中で知識を活用する力を育む。そして，生活における課題を発見し問題解決能力を身に付けさせ，自身の生活の質を向上させることを目指す。

　本項では，学習指導要領に示された目標をふまえて具体的な学習場面を取り上げ，持続可能な社会を創る上での家庭科教育の役割について考察する。

(2) 家庭科の目標と ESD で育てる資質・能力

　家庭科における小・中学校の学習指導要領に示された目標（**表3-10**）は，ESD で育てる資質・能力と関連している。まず(1)では，社会や環境等と関連させて家庭生活を捉えることで「持続可能な開発に関する価値観」の定着に繋がり，(2)と(3)では，日常生活や家庭及び地域生活における課題の発見，解決策の構想，実践の評価・改善，考察の表現そして生活における工夫を通して「体系的な思考力」「代替案の思考力」「データや情報の分析能力」「コミュニケーション能力」「リーダシップの向上」に繋がっている。

　また西原ほか（2017）は，学習指導要領と家庭科の教科書をもとに，家庭科の特性をふまえた ESD の構成概念として「多様性：人間の生活や文化は，歴史的・地理的・社会的に多種多様であるということ」「相互性：人間の生活において，社会，経済，環境，文化は相互に結びついており，かかわりがあるということ」「有限性：私たちの生活を支えている物質やエネルギーには限りがあるということ」「公然性：生活の質にかかわる基本的な権利が尊重され，公平であるということ」「連携性：人・地域・社会とのつながりやかかわりを重視し，連携，協力すること」「責任性：社会，経済，環境，文化の調和的発展

表3-10	小学校・中学校学習指導要領に示された目標（家庭科）
小学校家庭	生活の営みに係る見方・考え方を働かせ，衣食住などに関する実践的・体験的な活動を通して，生活をよりよくしようと工夫する資質・能力を次のとおり育成することを目指す。 (1) 家族や家庭，衣食住，消費や環境などについて，日常生活に必要な基礎的な理解を図るとともに，それらに係る技能を身に付けるようにする。 (2) 日常生活の中から問題を見いだして課題を設定し，様々な解決方法を考え，実践を評価・改善し，考えたことを表現するなど，課題を解決する力を養う。 (3) 家庭生活を大切にする心情を育み，家族や地域の人々との関わりを考え，家族の一員として，生活をよりよくしようと工夫する実践的な態度を養う。
中学校技術・家庭（家庭分野）	生活の営みに係る見方・考え方を働かせ，衣食住などに関する実践的・体験的な活動を通して，よりよい生活の実現に向けて，生活を工夫し創造する資質・能力を次のとおり育成することを目指す。 (1) 家族・家庭の機能について理解を深め，家族・家庭，衣食住，消費や環境などについて，生活の自立に必要な基礎的な理解を図るとともに，それらに係る技能を身に付けるようにする。 (2) 家族・家庭や地域における生活の中から問題を見いだして課題を設定し，解決策を構想し，実践を評価・改善し，考察したことを論理的に表現するなど，これからの生活を展望して課題を解決する力を養う。 (3) 自分と家族，家庭生活と地域との関わりを考え，家族や地域の人々と協働し，よりよい生活の実現に向けて，生活を工夫し創造しようとする実践的な態度を養う。

（出典：文部科学省（2018）『小学校学習指導要領（平成29年告示）』pp.136. 東洋館出版社，
文部科学省（2018）『中学校学習指導要領』pp.136. 東山書房）

のために，1人ひとりが責任ある生活者として，ライフスタイルを変革し，社会参画しようとすること」の6つを示した。

(3) 家庭科における学習場面とESD

① 食生活の課題を見出し実践に繋げる学習場面

　小学校での米にまつわる学習において，田植え・稲刈り体験や農家への聞き取り調査，米食を取り巻く近年の問題についての調べ学習を通して稲作の現状を捉えた上で，国産米と外国産米の比較及び今昔の調理法の比較，伝統的な米料理の調理実習を通して米の文化や調理特性を学習した事例がある（森下ほか，2013）。こうした学習活動によって，生活に密着した米という身近な対象にも持続可能な社会を創るための方法が隠れていることに気づき，その方法を

日々実践することに価値を見いだせるようになるだろう。

② 環境に配慮した生活の工夫を見出す学習場面

　中学校家庭科における被服製作の実習において，中学生が最も不要と感じリメイク意欲が高かった T シャツを再利用して「レジ袋バック」「トートバッグ」「巾着」を作製した事例がある（小林ほか，2019）。この実習をとおして，環境に配慮しながら生活をよりよくする方法を学び，身の回りにあるものを工夫することで生活における様々な課題を解決できる可能性があるという気づきに繋がる。

③ 生産者の立場から消費者の商品選択の視点を考える学習場面

　中学校家庭科における商品の選択や購入についての授業にて，各グループでそれぞれ種類の異なる T シャツの広告を作成した後，お互いにプレゼンテーションし合い，自分が購入したいと思う T シャツを選ばせたという事例がある（奈良県中学校技術・家庭科研究会「身近な消費生活と環境」部会，奈良県消費生活センター，2020）。この活動から，生徒は購入場面にて様々な情報に惑わされずにあらゆる視点から目的に合った商品を選ぶことの重要性に気付き，無駄のない消費生活への意識が高まることが期待される。また各メーカーの環境への取り組みや価格の理由等について把握することで，消費者としての自覚を再認識させる機会となる。

(4) 持続可能な社会をつくる家庭科教育

　家庭科で重視する視点は ESD の学び方と親和性があり（森下ほか，2013），ESD の育みたい力は家庭科ですでに教育されていると考えられている（齋藤，2014）。ESD のさらなる充実を図るためには，家庭科教員が家庭科としての ESD の構成概念に照らし合わせて他教科との連携を図りながら授業を計画することが重要である（西原ほか，2017）。このように家庭科教育は，持続可能な社会を構築するための生活者としての在り方を考えながら，他教科にて ESD の視点から習得した知識及び技能を実生活で活用する力を育成する役割を担っている。

引用文献

荒井紀子（2019）「現代社会の課題と家庭科教育の役割―市民社会の担い手を育てる家庭科―」『日本家庭科教育学会誌』62：43-47。

大竹美登利（2015）『教科教育シリーズ⑦　家庭科教育』一藝社。

小林裕子・村田晋太郎・永田智子（2019）「中学校家庭科における『衣服等の再利用』の教材開発―不要になったTシャツのリメイク―」『日本家庭科教育学会誌』62：90-100。

齋藤美保子（2014）「ESDと家庭科とのかかわりについて」『鹿児島大学教育学部研究紀要　教育科学編』66：9-20。

奈良県中学校技術・家庭科研究会「身近な消費生活と環境」部会，奈良県消費生活センター（2020）『奈良県中学校家庭科教材　消費生活ワークブック～消費者市民社会をめざして～　解答・指導案』奈良県中学校技術・家庭科研究会「身近な消費生活と環境」部会，奈良県消費生活センター，奈良県。

西原直枝ほか（2017）「家庭科におけるESDの構成概念及び学習内容の明確化－小学校・中学校・高等学校の教科書分析を基に－」『日本家庭科教育学会誌』60：76-86。

三沢徳枝・勝田映子（2019）『新しい教職教育講座　教科教育編⑧　初等家庭科教育』ミネルヴァ書房。

森下友紀ほか（2013）「ESDの視点を取り入れた小学校家庭科の題材開発」『広島大学学部・附属学校共同研究機構研究紀要』(41)：175-181。

文部科学省（2018）『小学校学習指導要領解説 家庭編』東洋館出版社。

文部科学省（2018）『中学校学習指導要領解説 技術・家庭編』開隆堂。

（村上睦美）

◉ 第10項　体育科・保健体育科と ESD

⑴　体育科・保健体育科と ESD との関わり

　体育科及び保健体育科と ESD との接点を考えたとき，スポーツと SDGs の関係に目を向ける必要がある。2030アジェンダ宣言において，スポーツは「持続可能な開発における重要な鍵となるもの」と示された。スポーツを通じて SDGs を達成しようとする試みは，「スポーツ SDGs」と称され17の目標それぞれに対してスポーツの果たす役割も示されている。また，UNESCO は2015年「体育・身体活動・スポーツに関する国際憲章」（日本学術会議健康・スポーツ科学分科会監訳）の中で，体育・身体活動・スポーツの実践がすべての人の基本的権利であることを述べ，そこに関わる者には持続可能性を保証することを強調した。

　我が国においては，2017年にスポーツ基本法に基づく第２期「スポーツ基本計画」が策定された。そこには，スポーツが「世界共通の人類の文化」であり，スポーツによる開発と平和への支援が「『持続可能で逆境に強い世界』の実現に貢献する」ものであることから，スポーツ参画人口の拡大を具体的な施策の１つとして位置づけている。また，2017年の学習指導要領改訂において「体力や技能の程度，障害の有無及び性別・年齢にかかわらず，スポーツの多様な楽しみ方を社会で実践できるよう」指導内容の改善が図られたことを踏まえると，体育科・保健体育科の学習は，ESD と親和性が極めて高いものである。本項においては，改訂された学習指導要領に示された目標等を踏まえながら，体育科・保健体育科と ESD との関連について概説する。

⑵　体育科・保健体育科の目標と ESD で育てる資質・能力

　2017年（平成29年）に改訂された学習指導要領において育成を目指す資質・能力として「三つの柱」で示された体育科及び保健体育科の目標（**表3-11**）を参照し，ESD で育みたい力との関連について取り上げていきたい。体育科及び保健体育科の目標は，「三つの柱」で示された資質・能力の育成を目指すとともに，「生涯にわたって心身の健康を保持増進し豊かなスポーツライフを実

表3-11 小学校・中学校学習指導要領（体育科・保健体育科）に示された目標

小学校・体育科	体育や保健の見方・考え方を働かせ，課題を見付け，その解決に向けた学習過程を通して，心と体を一体として捉え，生涯にわたって心身の健康を保持増進し豊かなスポーツライフを実現するための資質・能力を次のとおり育成することを目指す。 (1) その特性に応じた各種の運動の行い方及び身近な生活における健康・安全について理解するとともに，基本的な動きや技能を身に付けるようにする。 (2) 運動や健康についての自己の課題を見付け，その解決に向けて思考し判断するとともに，他者に伝える力を養う。 (3) 運動に親しむとともに健康の保持増進と体力の向上を目指し，楽しく明るい生活を営む態度を養う。
中学校・保健体育科	体育や保健の見方・考え方を働かせ，課題を発見し，合理的な解決に向けた学習過程を通して，心と体を一体として捉え，生涯にわたって心身の健康を保持増進し豊かなスポーツライフを実現するための資質・能力を次のとおり育成することを目指す。 (1) 各種の運動の特性に応じた技能等及び個人生活における健康・安全について理解するとともに，基本的な技能を身に付けるようにする。 (2) 運動や健康についての自他の課題を発見し，合理的な解決に向けて思考し判断するとともに，他者に伝える力を養う。 (3) 生涯にわたって運動に親しむとともに健康の保持増進と体力の向上を目指し，明るく豊かな生活を営む態度を養う。

（出典　文部科学省『小学校学習指導要領』p.142及び『中学校学習指導要領』p.115)

現することを目指すもの」として示されており，体育と保健の関連を持たせながら学習することが強く求められている。

　「知識及び技能」について示される教科の目標(1)においては，例えば，「身近な生活」あるいは「個人生活」における「健康・安全」への理解と基本的な技能の習得等が言及されている。心と身体の健康，安全，防災，環境，スポーツなどの知識及び技能の学習は，世界にある様々な問題や現代社会の課題の背景を理解する力の育成につながると考えられる。

　次に，「思考力，判断力，表現力等」について示される教科の目標(2)においては，「運動や健康についての自他の課題」の発見，その「合理的な解決」に向けた思考等が述べられている。そこでは，共に学習する仲間との関わり合い，習得した知識及び技能を活用して解決方法を考える，あるいは，様々な解決方法の中から適切な方法を選択する力の育成が求められていると言える。具体的な学習において運動場面や健康に関する課題を分析し，自己や他者の課題

に応じた解決の方法を工夫することを通して，生涯にわたる健康の保持増進，自己の適正に応じた「する，みる，支える，知る」といったスポーツや運動との多様な関わり方を見出す力を育むことにつながるだろう。自他の違いや個々の課題を自分事として分析し，その解決のために解決方法を見出し取り組む力は，社会や世界の課題を身近な問題としてその解決のために主体的に取り組む力や態度と強く関連する。

　最後に，「学びに向かう力，人間性等」について示される教科の目標(3)においては，「明るく豊かな生活を営む態度を養う」と述べられている。これは，実践力及び健やかな心身を育てることによって，現在及び将来の生活を健康で活力に満ちた明るく豊かなものにすることを目指すものである。とりわけ体育分野（運動分野）においては，目標と共にその具体的な指導内容が「公正」「協力・責任」「参画・共生」「健康・安全」の観点から示されている。体育学習における仲間との関わりの中で育まれる豊かな人間性は，多様性の尊重や機会均等などに対する価値や態度を育成する重要な役割を担うと考えられる。

(3)　体育科・保健体育科における学習場面と ESD
①　運動やスポーツの多様性，スポーツの意義や価値に触れる学習場面

　例えば，体育理論において「国際理解を深め，国際平和の重要性を理解し，他者に貢献し得る力を養う」（真田，2011）ために，オリンピック・パラリンピックを教材に取り上げ，運動分野及び保健分野と関連させた学習が可能である。オリンピック・パラリンピックは，開発に中心的な軸を置いてきたと言える。そのような中で，現代のスポーツ並びにオリンピック・パラリンピックは，ドーピング，環境問題を始めとした多くの課題と脅威にさらされている。オリンピック・パラリンピックといった身近な題材を取り上げ，その周辺を含めて起こっている様々な問題の具体について理解を深め，その解決策を探る学習を仕掛けていく必要があるだろう。スポーツやその周辺に起こる様々な課題を自らの問題として捉え，身近なところから取り組むことのできる持続可能な社会の担い手としての資質・能力の形成に寄与することが期待できる。

② 運動における競争や協働の学習場面

　体育分野の運動領域において，競争や協働の機会を位置づけ，その経験を通して公正，協力，責任，共生等の意欲を育むことは，前述の通り学習指導要領にも具体的な指導内容として示されている。例えば，パラスポーツの学習などを通して，障害への理解を深め，「共生社会」を築くために自分に何ができるのかを考え，行動できる力を育むことが重要である。

⑷ 持続可能な社会をつくる体育科・保健体育科教育

　体育科・保健体育科の授業は，体力の向上や運動技能の獲得といった学習が中心であると感じ，技能的な苦手意識から運動，スポーツ，身体活動そのものを遠ざける児童・生徒もいるかもしれない。しかし，体育科・保健体育科は，スポーツという文化や各種の運動の特性に触れるとともに，生涯にわたる心身の健康の保持増進と豊かなスポーツライフを実現する資質・能力の育成を目指す教科である。そこで位置づけられる学習内容及び学習活動は，「スポーツSDGs」に示されるように，健康，安全，防災，環境，多様性の尊重など，その1つひとつが持続可能な社会の担い手としての資質・能力を育むものであり，すべての人々が健康にそして安全に生活するための重要な学びであるといえるだろう。

引用文献

真田久（2011）「『オリンピック教育』とはなにか」筑波大学附属学校教育局『国際理解・国際平和教育としての「オリンピック教育」』

田原淳子（2020）「国連の『体育』，『スポーツ』概念を読み解く」『現代スポーツ評論』第42号91-103

三木ひろみ「（2020）体育・スポーツ科学によるSDGsへの貢献」『体育の科学』第70巻8号571-575

文部科学省（2018）『小学校学習指導要領解説 体育編』東洋館出版社

文部科学省（2018）『中学校学習指導要領解説 保健体育編』東山書房

（宮尾夏姫）

◉ 第11項　外国語科と ESD

⑴　外国語科と ESD との関わり

　ESD で育てたい力の１つに「コミュニケーション能力」が挙げられている。持続可能で多様性と包摂性のある社会を作っていくために私たちが解決すべき課題には，１つの地域や国のみならず地球規模で考え，言語や文化，国をこえて多くの人々と協働し解決を図っていかなければならないものが多くある。例えば二酸化炭素の排出抑制などがそうであるだろう。言語・文化をこえた協働の実現には，母語以外の言語も使ってコミュニケーションを図る力，多様な文化を背景とする人々と互いを理解しあう力が必要になる。外国語科で小・中・高等学校を通じて育成を目指す「コミュニケーションを図る資質・能力」は，まさにそのような力である。外国語科では，世界の様々な言語や文化，人々の生活，地域もしくは地球規模の課題を題材として扱い，児童生徒が外国語を通してそれらについて学び，考えることができるようにする。扱う教材の中には，例えば，クリーンエネルギー（⑦エネルギーをみんなにそしてクリーンに）について，ユニバーサルデザイン（⑩人や国の不平等をなくそう）について，防災・安全（⑪住み続けられるまちづくりを）について，投棄されるゴミ（⑭海の豊かさを守ろう，⑮緑の豊かさを守ろう）について等，SDGs の17項目の目標に関わる題材が多く含まれる。これらについて，テキストを読み，聞いて理解し，事実や考え，気持ちなどを互いに伝え合いながら，学びを深めていく。このように，外国語での言語活動を通して，コミュニケーションを図る資質・能力の育成とともに，「持続可能な開発に関する価値観（人間の尊重，多様性の尊重，非排他性，機会均等，環境の尊重等）」の育成も期待されるのである。

⑵　外国語科の目標と ESD で育てる資質・能力

　表3-12は，2017年に告示された小学校及び中学校学習指導要領に示された外国語活動及び外国語科の目標である。小・中学校（及び高等学校）を通じて，外国語教育において育成を目指すのは，「コミュニケーションを図る資質・能

表3-12 小学校・中学校学習指導要領に示された目標（外国語活動・外国語科）

小学校・外国語活動	外国語によるコミュニケーションにおける見方・考え方を働かせ，外国語による聞くこと，話すことの言語活動を通して，コミュニケーションを図る素地となる資質・能力を次のとおり育成することを目指す。 (1)　外国語を通して，言語や文化について体験的に理解を深め，日本語と外国語との音声の違い等に気付くとともに，外国語の音声や基本的な表現に慣れ親しむようにする。 (2)　身近で簡単な事柄について，外国語で聞いたり話したりして自分の考えや気持ちなどを伝え合う力の素地を養う。 (3)　外国語を通して，言語やその背景にある文化に対する理解を深め，相手に配慮しながら，主体的に外国語を用いてコミュニケーションを図ろうとする態度を養う。
小学校・外国語科	外国語によるコミュニケーションにおける見方・考え方を働かせ，外国語による聞くこと，読むこと，話すこと，書くことの言語活動を通して，コミュニケーションを図る基礎となる資質・能力を次のとおり育成することを目指す。 (1)　外国語の音声や文字，語彙，表現，文構造，言語の働きなどについて，日本語と外国語との違いに気付き，これらの知識を理解するとともに，読むこと，書くことに慣れ親しみ，聞くこと，読むこと，話すこと，書くことによる実際のコミュニケーションにおいて活用できる基礎的な技能を身に付けるようにする。 (2)　コミュニケーションを行う目的や場面，状況などに応じて，身近で簡単な事柄について，聞いたり話したりするとともに，音声で十分に慣れ親しんだ外国語の語彙や基本的な表現を推測しながら読んだり，語順を意識しながら書いたりして，自分の考えや気持ちなどを伝え合うことができる基礎的な力を養う。 (3)　外国語の背景にある文化に対する理解を深め，他者に配慮しながら，主体的に外国語を用いてコミュニケーションを図ろうとする態度を養う。
中学校・外国語科	外国語によるコミュニケーションにおける見方・考え方を働かせ，外国語による聞くこと，読むこと，話すこと，書くことの言語活動を通して，簡単な情報や考えなどを理解したり表現したり伝え合ったりするコミュニケーションを図る資質・能力を次のとおり育成することを目指す。 (1)　外国語の音声や語彙，表現，文法，言語の働きなどを理解するとともに，これらの知識を，聞くこと，読むこと，話すこと，書くことによる実際のコミュニケーションにおいて活用できる技能を身に付けるようにする。 (2)　コミュニケーションを行う目的や場面，状況などに応じて，日常的な話題や社会的な話題について，外国語で簡単な情報や考えなどを理解したり，これらを活用して表現したり伝え合ったりすることができる力を養う。 (3)　外国語の背景にある文化に対する理解を深め，聞き手，読み手，話し手，書き手に配慮しながら，主体的に外国語を用いてコミュニケーションを図ろうとする態度を養う。

（出典　文部科学省『小学校学習指導要領』p.156，p.173及び『中学校学習指導要領』p.144）

力」である。この資質・能力を育成するために，他の教科と同じく，学力の三要素に関わって 3 つの目標が設けられている。

　表中，「知識及び技能」についての目標である(1)については，外国語活動では，「外国語を通して，言語や文化について体験的に理解を深める」ことと示されている。塩澤（2010）が「言語は文化であり，文化は言語である」とし，「言語を学ぶことは文化を学ぶことと同じなのである」と述べているように，外国語の音声，語彙，文法等の知識・技能を身に付けることは，背景にある文化や母語とは異なる思考体系を学んでいることに他ならない。

　(2)においては，「コミュニケーションの目的や場面，状況などに応じて」聞き，読み，話し，書くことができる力の育成が「思考力，判断力，表現力等」に関わる目標として示されている。このことは，問題や現象の背景を理解し，多面的，総合的に物事を捉える「体系的な思考力」や状況を判断する「データや情報の分析能力」の育成につながるものである。

　(3)は「学びに向かう力，人間性等」に関わる目標であるが，コミュニケーションの相手に配慮しながら「主体的に外国語を用いてコミュニケーションを図ろうとする態度を養う」ことが述べられている。このことは(1)で述べた文化の理解も踏まえて相手の背景を理解し，尊重する態度を育てる「持続可能な開発に関する価値観」の形成につながっている。

(3)　外国語科における学習場面と ESD
① 社会的な話題に関して得た情報を基に考えたことを述べ合う場面（中学校）
　聞いたり読んだりしたことをもとに，自分の考えをまとめ，口頭でやり取りできるようになることを目標にした学習場面である。例えば，地域の活性化の取組について英語で説明したいくつかの教材（ニュースや新聞記事など）を聞いたり読んだりして，それぞれの地域の課題と解決に向けた取組の共通点や相違点を整理し，感じたことを話したり，各生徒が住んでいる地域の活性化の方法について自分の意見を述べたり質問しあったりする活動が考えられる。この学習を通して生徒には，様々な人々の「住み続けられるまちづくり」についての考えや思いを理解し，自分と社会とのつながりを意識することが期待され

る。

② 日常生活に関する事柄について，考えを伝え合う場面（小学校外国語科）

　身近で簡単な事柄について，伝えようとする内容を整理した上で，自分の考えや気持ちなどを，簡単な語句や基本的な表現を用いて話すことができるようになることを目標としている。柏木，伊藤（2020）は，「ESD でめざす，これからの現代社会の課題を自らの問題として捉え，身近なところから取り組むこと」へのアプローチとして「水の大切さ」という実践事例を紹介している。この事例において，児童は調理や洗面，シャワーなどに自分が必要な水の量を考え，聞く活動を通して平均的な使用量を知ったり，一日の水の使用量を互いに英語でインタビューしあったりして，自分の使用量と比較する。また，世界の水事情や ALT（外国語指導助手）の出身地での水の使い方などを学び，水の使用について自分ができることを考える。児童には，「データや情報の分析能力」や「体系的な思考力」を身に付けるとともに，学級の中の多様性にも気づくことが期待される。

⑷　持続可能な社会をつくる外国語教育

　外国語を学ぶことは母語とは異なる思考体系や視点を獲得することでもある。母語のみならず外国語を通して人や文化と接することで，より広く深く寛容に，世界と関わることができるようになるだろう。外国語学習を通して身に付けた「コミュニケーションを図る資質・能力」は，持続可能な社会の実現に向け，より多様な人々と協働して課題に取り組むことを可能にするだろう。

引用文献

柏木賀津子・伊藤由紀子（2020）『小・中学校で取り組むはじめての CLIL 授業づくり』大修館書店。

塩澤正（2010）「言語と文化」塩澤正・吉川寛・石川有香編『大学英語教育学会監修　英語教育学大系　英語教育と文化　異文化間コミュニケーション能力の育成』大修館書店，pp.3-24。

文部科学省（2018）『小学校学習指導要領解説 外国語活動・外国語編』開隆堂。

文部科学省（2018）『中学校学習指導要領解説 外国語編』開隆堂。

（前田康二）

第4節　道徳教育と ESD

⑴　道徳教育と ESD の接点

　道徳教育と ESD はどのような接点を持つのだろうか。ユネスコによる「テサロニキ宣言」が，考える手がかりとなる。1997年ギリシアのテサロニキにおいて，ユネスコは「環境と社会に関する国際会議：持続可能性のための教育と世論の喚起」をテーマに会議を開催した（テサロニキ会議）。この会議は地球サミットの行動計画「アジェンダ21」を受けて開かれたもので，そこで29章から成る「テサロニキ宣言」（UNESCO, https://www.iau-hesd.net/sites/default/files/documents/thessaloniki.pdf, 2020年 8 月12日確認）が採択された。

　その「宣言11」は「環境教育を『環境と持続可能性のための教育』と表現してもかまわない」と述べ，「環境教育」に代わる概念として EfS（Education for Sustainability）を打ち出している。ただし「宣言10」で言われるように，EfS が想定する対象領域は環境のみにとどまらない。「持続可能性という概念は，環境だけでなく，貧困，人口，健康，食糧の確保，民主主義，人権，平和をも含むものである。最終的には，持続可能性は道徳的・倫理的規範であり，そこには尊重すべき文化的多様性や伝統的知識が内在している」（宣言10）。

　この文章は，EfS ないし ESD（Education *for* Sustainable Development）の 2 つの目的を示すものとして，注目に値するであろう。 1 つめの目的は，「持続可能性という概念は人類が直面する諸課題を含む」という主張に現れている。すなわち，ESD はこれらの課題を解決するための（*for*）教育という性格を持つ。 2 つめの目的は，「持続可能性は道徳的・倫理的規範である」という主張から読み取れる。つまり，ESD は道徳的・倫理的規範を探求するための（*for*）教育という側面をあわせ持つであろう。

　以上をまとめると，人類が直面する諸課題に関して，解決のための指針となる倫理的規範を協働して探求することが ESD のねらいである。このねらいは「特別の教科　道徳」が目指すものと一致する。道徳科の『学習指導要領解説』では「答えが一つではない道徳的な課題を一人一人の児童が自分自身の問題と

捉え，向き合う『考える道徳』，『議論する道徳』へと転換を図る」と謳われている（文部科学省，2018）。ESD 同様，道徳的な課題を自分の事柄として引き受け，その解決に向けて他者と協働して探求することが，「考え，議論する道徳」の目的となるのである。

⑵　道徳教育を ESD につなげる実践例

　上述の目的を「ねらい」とする道徳教育の実践例を次に見てゆく。ここで取り上げるのは，「『ダン』をどうする？」（日本文教出版）という読み物資料を用いた授業展開である。物語の概要は以下の通りである。〈ある日，子どもたちは目の見えない犬を拾い，団地の中で飼いたいと大人たちに申し出る。しかし，団地の決まりで生き物を飼ってはならないことになっている。一体どうしたものか，自治会長の坂本さんは頭を悩ませる……。〉

　この資料は，環境や貧困など地球規模の課題を扱うものではないが，いくつかの点で ESD と深く関わる。まず，コミュニティにおける住人の共存がテーマとなっている点である。また，対立の解消に向けた民主的な協議の様子が描かれてもいる。そのため，この資料は「共存・共生」や「民主主義」という普遍的問題にアプローチするきっかけとなりうる。身近な題材であっても，着眼点の置き方次第で ESD に繋げることが可能なのである。

① モラルジレンマ

　最初に紹介するのは，コールバーグ（Lawrence Kohlberg）の道徳性発達理論（theory of moral development）に基づく「モラルジレンマ」授業である。モラルジレンマとは，2 つの相対する道徳規範のいずれに従って行為すべきか決めかねる状況を指す。授業では，まず読み物資料などを通してモラルジレンマを提示する。その後，ワークシート（**表3-13**）を使って，「あなたならどうするか」そして「なぜそうするのか」を考えさせる。

　通常，人はいくつかの道徳規範（「規則を守るべきだ」や「命を尊重すべきだ」）を受け入れ，これらを「認知的シェマ」として物事の善悪を判断している。モラルジレンマは，既存のシェマから一義的な道徳的判断を下すことができないという，「認知的不均衡」のなかに子どもたちを置き入れる。

表3-13 モラルジレンマシート

問. あなたが坂本さんの立場なら，どうしますか？	
① 子どもたちに犬を飼うことを禁じる。	② 子どもたちが犬を飼うことを認める。
そう考えた理由は？	

（筆者作成）

　ワークシートに取り組む子どもは，たとえば「命よりも大事なものはない」という理由づけのもと，「規則を改めるべきだ」という結論に至るかもしれない。このときに起こるのは，2 つの異なる認知的シェマを「調節」し，新たに高次のシェマ（道徳規範）を獲得していくという「認知的発達」の過程である。コールバーグによれば道徳性は，このような「より高い均衡への認知構造の再組織化」という形式をとって発達する（Kohlberg, 1971）。

　モラルジレンマ授業の利点は，一人ひとりが困難な状況を乗り越えるための方策として，道徳を主体的に探求できることにある。地球規模の諸課題に取り組むうえで必要な，こうした態度を醸成する点で，モラルジレンマ授業はESD の具体的な方法となるであろう。

② 価値明確化

　コールバーグは，道徳性の発達段階を「論理－数学的能力の発達段階」と同質のものと理解し，「道徳判断が感情の表現であるという情緒主義の考えは誤り」であると主張する（Kohlberg, 1971）。このような合理主義は，多様な感情体験を含む生活そのものから，道徳の探求を遊離させる恐れがある。

　この点を補完するのが，ラス（Louis E. Raths）によって提唱された「価値明確化（values clarification）」授業である。ラスによれば，価値は感情など個人の体験のうちに起源を持つ。したがって「異なった経験は異なった価値を生じさせ」，また「経験が蓄積し，変化していくと，個人の価値も修正される」というのがラスの主張である（Raths et al., 1966）。例えば，人は他者を信頼する喜びを体験すれば，再び同様の喜びを得ようとし，「信頼」という指針に

表3-14 価値のシート

生命
1.「生命」という言葉から何を思い浮かべますか？ 2. あなたは，どのようなものに生命を感じますか？ 3. 生命の価値について，どのように表現しますか？ ⋮

（筆者作成）

従って自身の行為を律していくであろう。こうした経験の繰り返しの中で，その人は信頼することへの選好（preference）を強固にしていく。ラスが考える価値の探求とは，経験の流れの中で特定の状態や行為への肯定感情を強めていく，こうした一連の価値づけ過程（valuing process）なのである。

「価値明確化」授業では，あるテーマについて考えを述べ合う中で，自分自身が何に喜びを感じ，何を大切にして生きているのかを，明確にすることに主眼を置く。たとえば，上に示す「価値のシート」が活用される（**表3-14**）。

生活者の声を尊重する上述の取り組みは，ESD においても大きな意味を持つ。SDGs の政策理念にあるように「最も遠くに残されている人々」への援助が，社会の持続可能性のための鍵を握る。そこで求められるのは，遠い他者の声への配慮（care）であり，また，一人一人が生活者としての声を発信できるよう援助することである。「価値明確化」授業は，価値の探求を通して，生活者としての声を発信すること，そして，多様な状況に置かれた他者の声に耳を傾けることを後押しする。そのこと自体が，ESD の1つの取組みであると言えるだろう。

引用文献

島恒生・藤永芳純他（2017）『小学道徳　生きる力6』日本文教出版。

文部科学省（2018）『小学校学習指導要領解説　特別の教科 道徳編』廣済堂あかつき。

Kohlberg, L. (1971) "From Is to Ought: How to Commit the Naturalistic Fallacy and Get Away with It in the Study of Moral Development." In T. Mischel (ed.), *Cognitive Development and Epistemology*. New York: Academic Press, 151-235.

Raths, L. E. et al. (1966) *Values and Teaching, Working with Values in the Classroom*. Columbus: Charles E. Merrill Publishing Company.

（梶尾悠史）

第5節　特別活動と ESD

(1)　新教育課程と特別活動―キャリア教育の「要」として

　戦後日本の教育課程において，教科外活動（教科外教育）の領域に位置づけられてきた特別活動は，①学級活動・HR 活動，②児童会・生徒会活動，③学校行事，④クラブ活動（小学校のみ）の内容をもとに構成されている。これらの教育活動を通して，新教育課程はいかなる人間形成を目指しているのか。また，そこでの理論的課題は ESD の視点をふまえたとき，どのように解決することができるのか。本節は，以上2点について論じるものである。

　新教育課程における特別活動の指導において重要な視点として示されているのは「人間関係形成」「社会参画」「自己実現」である。とはいえ，これら3つの視点は「個人と個人，個人と集団や社会との関わりの中で，互いのよさや可能性を発揮しながらよりよく成長する」ことを目指す，という理念において相互に関連している，と理解することができる。つまり，予測不可能な未来に向けて「個人の人生としての成功」と「うまく機能する社会」を実現するための教育活動が求められているのである（神代，2020）。

　上記の点に関連して，新教育課程では「一人ひとりのキャリア形成と自己実現」を果たすべく，「特別活動を要としつつ各教科等の特質」に応じた，「小中高12年間に亘る系統的なキャリア教育」の充実が企図されている。そこで身につけるべき対象は「社会的・職業的自立に向けて必要な基盤となる資質・能力」であり，具体的には「基礎的・汎用的能力」「論理的思考力・創造力」，さらには「意欲・態度及び（勤労観・職業観等の）価値観」にまで及ぶものとなっている（日本特別活動学会，2019）。

　新教育課程における「キャリア教育」の網羅的な概念規定をふまえつつ，私たちはどのように「要」としての特別活動を実践していけばよいのだろうか。このとき見通しを与えてくれるのは，教育の職業的意義と市民的意義をめぐって論じられてきた2000年代以降の教育学研究の成果である。

⑵ 教育の職業的意義と市民的意義―「キャリア教育」を捉え直す

　「キャリア教育」が文部科学省の政策文書のなかで登場した時点に遡ってみると，中央教育審議会答申「初等中等教育と高等教育との接続の改善について」（1999）に行きつく。従来の日本型雇用慣行（新卒一括採用，終身雇用など）が崩れていく戦後日本社会の低成長期に入って，「学校から社会への移行」すなわち若者の就労が問題化されるなかで，解決の方途が学校教育に求められたわけである（本田，2020）。

　「キャリア教育」の登場から20年以上が経過した。この間，職業指導や進路指導に限定されない意味内容を内包するものとして用いられるようになってきた反面，教育現場で行われているキャリア教育が「ワークキャリア」に偏りすぎていることや，日本の労働市場が収縮の一途を辿ってきたことや非正規雇用が増加している現実から離れて，「夢」や「やりたいこと」を追求させるものとなっていることが批判されてきた（児美川，2013）。

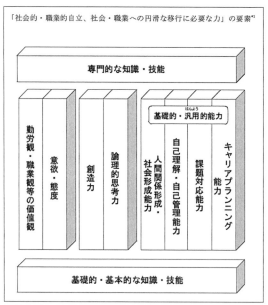

図3-3 「社会的・職業的自立，社会・職業への円滑な移行に必要な力」の要素
（出典：中央教育審議会，2011）

　上記の歴史的経緯から明らかになったのは，教育現場が狭義のキャリア教育に陥らないための概念整理の必要である。このとき，キャリア教育の「要」としての特別活動は，一層注意深く論じられなければならないだろう。そこで以下，教育の職業的意義に関する議論を参照することで，キャリア教育をめぐる理論的課題を解決するための見通しを探ることにしたい。

　本田由紀は，職業教育に必要とされるのは「自分を変えて環境に合わせていく」とい

う〈適応〉と「自分が正しいと考える状態へと環境を変えていく」という〈抵抗〉である，と論じている（本田，2009）。労働市場の変化を見据えた柔軟な専門性にもとづく〈適応〉と，社会に対して公正性を要求する〈抵抗〉の側面があって，教育の職業的意義が担保されるというこの整理は，新教育課程における「キャリア教育」概念を捉え直すうえで非常にわかりやすい。

　とはいえ先に確認したように，網羅的な概念規定ゆえにその主眼が前者におかれ，後者の側面に関する教育現場の関心が弱くなる可能性は否めない。この点に関して近年，小玉重夫が教育の職業的意義と市民的意義とのあいだの「相補的な関係」を論じている点は重要であろう（小玉，2018）。つまり，権利行使主体を育てる市民教育としての公教育の意義を十二分に勘案しておくことで，職業教育の実質的探究が可能になる，というのである。

　以上のようにみるとき，社会科をはじめとする教科教育（「特別の教科　道徳」を含む）は勿論のこと，特別活動といった教科外教育もまた，教育の市民的意義と職業的意義とのあいだでの適切なカリキュラム・マネジメントのもとで，実践されていかなければならないことがわかる。

(3)　ESDと特別活動―「未完のプロジェクト」への誘い

　現代教育学の課題提起を受けて私たちは，「人間関係形成」「自己実現」「社会参画」の3つの視点から特別活動をどのように構想していくべきか。最後に本節で提案するのは，新教育課程とESDに共有されている概念を手がかりにすることである。さしあたり，批判的思考（critical thinking）＝価値の不断の検証に即して考えてみるならば，次のように論じることができる。

　新教育課程における特別活動では，予測不能な未来社会への〈適応〉という側面とともに，「個人の人生の儘ならなさ」と「うまく機能しない社会」の現実にもとづき，「私たちはどのような社会のなかで生きたいか」（価値）を問い続ける〈抵抗〉の側面を備えておく必要がある。このことによって，キャリア教育の「要」となり得る，と。

　つまり，学級活動（HR活動）や児童会・生徒会活動，学校行事をはじめとする教育内容を通して教師は，児童・生徒たちに"ある社会（集団）"を生き

ているという当事者性を獲得させると同時に，今・ここの地点から "あるべき社会（集団）" を問い続けていく。いわば「未完のプロジェクト」への誘いとして，キャリア教育の「要」としての特別活動に実質的な意味を付与するのである（ハーバーマス，2000）。このとき実践上のポイントになるのは，他者からの「呼びかけに対する責任としての応答」を児童・生徒たちが身につけていく過程を見取ることである（山本，2015）。

　他者とともに "あるべき社会（集団）" を問い続けていく——それは，教師を含む全ての大人たちに課されたミッションでもあろう。であるならば，特別活動において求められる教師の専門性とは，プロジェクトの先達として児童・生徒たちの前に立ち現れ，彼らの〈声〉に応えていくことなのかもしれない。

　ここにおいて，特別活動の方法原理である「為すことによって学ぶ」（Learning by doing）を基礎付けた教育哲学者・デューイ（John Dewey）の「将来の責任ある立場への唯一の十分な準備は，今直面している生活をできるだけ大事にすることによってもたらされる」という主張は，現代的に再評価されるべきである（デューイ，2005）。

　とはいえ私たちが，社会への〈適応〉を至上のものとしてきたキャリア教育＝特別活動からの脱却を志向しようとするならば，であるが。

引用文献

神代健彦（2020）『「生存競争」教育への反抗』集英社新書。

小玉重夫（2018）「『労働と教育』再考」独立行政法人労働政策研究・研修機構『日本労働研究雑誌』8月号。

児美川孝一郎（2013）『キャリア教育のウソ』筑摩書房。

中央教育審議会（2011）「今後の学校におけるキャリア教育・職業教育の在り方について（答申）」。

デューイ（松野安男訳）（2005）『民主主義と教育　下』岩波書店。

日本特別活動学会（2019）『三訂　キーワードで拓く新しい特別活動』東洋館出版社。

ハーバーマス（三島憲一訳）（2000）『近代　未完のプロジェクト』岩波書店。

本田由紀（2009）『教育の職業的意義』筑摩書房。

本田由紀（2020）『教育は何を評価してきたのか』岩波書店。

山本敏郎・鈴木庸裕・石井久雄（2015）『講座　現代学校教育の高度化　18　学校教育と生活指導の創造—福祉社会・情報社会における学校と地域』学文社。

（後藤　篤）

第6節　インクルーシブ教育と ESD

(1)　持続可能な社会をめざすインクルーシブ教育

　将来の変化を予測することが困難な時代にあって，「一人ひとりの児童が，自分のよさや可能性を認識するとともに，あらゆる他者を価値のある存在として尊重し，多様な人々と協働しながら様々な社会的変化を乗り越え，豊かな人生を切り拓き，持続可能な社会の創り手となることができるようにすることが求められる（文部科学省『小学校学習指導要領』2017年，p.15, 1.16-20）。」

　SDGs の目標 4 は，「すべての人々に包摂的かつ公平で質の高い教育を提供し，生涯学習の機会を促進する」ことである。ターゲット4.5では，「2030年までに，教育におけるジェンダー格差を無くし，障害者，先住民および脆弱な立場にある子どもなど，脆弱層があらゆるレベルの教育や職業訓練に平等にアクセスできるようにする」ことが示されている。

　「障害者の権利に関する条約第24条によれば，『インクルーシブ教育システム』（inclusive education system，署名時仮訳：包容する教育制度）とは，人間の多様性の尊重等の強化，障害者が精神的及び身体的な能力等を可能な最大限度まで発達させ，自由な社会に効果的に参加することを可能とするとの目的の下，障害のある者と障害のない者が共に学ぶ仕組みであり，障害のある者が『general education system』（署名時仮訳：教育制度一般）〔条約批准時の公定訳は，「一般的な教育制度」－筆者補〕から排除されないこと，自己の生活する地域において初等中等教育の機会が与えられること，個人に必要な『合理的配慮』が提供される等が必要とされている（文部科学省中央教育審議会初等中等教育分科会『共生社会の形成に向けたインクルーシブ教育システム構築のための特別支援教育の推進（報告）』2012年，p.3, 1.7-15）。」

　持続可能な開発に向けた教育を促進していく上で，教育アクセスを確保し，インクルーシブ教育を推進していくことが大切である。SDGs の達成をめざして持続可能な社会を創造してゆくため，全ての校種において各教科や特別活動等の領域をまたいで，インクルーシブ教育を推進することが重要である。

(2)　共生社会の形成に向けたインクルーシブ教育の構築

　2007年度から，特殊教育に変わって特別支援教育が制度化された。「『特別支援教育』とは，障害のある幼児児童生徒の自立や社会参加に向けた主体的な取組を支援するという視点に立ち，幼児児童生徒一人ひとりの教育的ニーズを把握し，その持てる力を高め，生活や学習上の困難を改善又は克服するため，適切な指導及び必要な支援を行うものである（文部科学省中央教育審議会『特別支援教育を推進するための制度の在り方について（答申）』，2005年，p.6，l.8-11）」。

　一方，「共生社会とは，これまで必ずしも十分に社会参加できるような環境になかった障害者等が，積極的に参加・貢献していくことができる社会である（文部科学省中央教育審議会初等中等教育分科会『共生社会の形成に向けたインクルーシブ教育システム構築のための特別支援教育の推進（報告）』，2012年，p.3，l.2-4）」。

　持続可能な社会を創造してゆく上で，共生社会の形成に向けて，インクルーシブ教育システムを構築していくことが重要であり，そのため，日本では，全ての学校種において特別支援教育が推進されている。

　インクルーシブ教育システムにおいては，子どもたちを障害の有無等で分けず，同じ場で共に学ぶことを追求するとともに，個別の教育的ニーズのある子どもに対して，自立と社会参加を見すえて，多様で柔軟な仕組みを整備することが重要である。小・中学校における通常の学級，通級による指導，特別支援学級，特別支援学校といった，連続性のある「多様な学びの場」を確保し，十分な学びを確保することが大切である。

(3)　授業づくりのユニバーサルデザインと ESD

　通常の学級は，個性あふれる多様な子どもたちで構成されている。自他ともに良さを活かし，多様性を認めあう学級づくりが大切である。授業のユニバーサルデザインは，支援を必要としている子どもへの配慮から学んだ実践を通常の学級の授業の中に生かし，すべての子どもたちにわかりやすい授業づくりを行うことである。その原則を「**表3-15**」に示す。

表3-15 学級づくりと，授業のユニバーサルデザイン

「多様性を認めあえる学級づくり」
○所属感（居場所）がある。
○全員が活躍できる場がある。
○一人ひとりの違いを認めあえる。
○わからない，困っていると言える雰囲気がある。

「授業のユニバーサルデザイン」
・見通しを持って取り組む支援
　・授業の流れをある程度決まった形にする　・学習予定を示す
・教師の話を子どもに伝える支援
　・言葉を分かりやすくする　・絵，写真，文字を用いる
・課題の遂行を助けるための支援
　・目標を明確にする　・目標以外の部分の負担を軽減する

　その上で，一人ひとりの子どもの多様な学習スタイルや認知特性を生かすことが大切である。

　物事を順番に聞いて理解したり考えたりするのが得意な子どももいれば，視覚的な手がかりをもとに全体から部分を考えていくのが得意な子どももいる。

　教師は，授業づくりにおいて，一人ひとりの学び方の違いを考慮し，得意な学び方を生かすことができるよう，授業構成や学習方法，教材教具の工夫し，一時間の授業の中で，必ず全員が活躍できる場面をつくることが大切である。

　各学級におけるこれらの取り組みは，SDGsの「誰も取り残さない」教育を推し進めていく上での基盤づくりになるのではないだろうか。

(4)　交流及び共同学習とESD

　インクルーシブ教育を推進していく上で，学級内だけでなく，学校行事やたてわり活動等を通して，異年齢の子ども同士のかかわりを増やし，ともに学び育つ意識を高めていくことが大切である。同じ学校にあって，通常の学級と特別支援学級の子どもたちとのかかわりも重視していきたい。

　学校間の交流及び共同学習については，「他の小学校や，幼稚園，認定こども園，保育所，中学校，高等学校，特別支援学校などとの間の連携や交流を図

るとともに，障害のある幼児児童生徒との交流及び共同学習の機会を設け，共に尊重し合いながら協働して生活していく態度を育むようにすること（文部科学省『小学校学習指導要領』，2017年，p.26, 1.6-9)」と記されている。

　これからの子どもたちを持続可能な社会の創り手として育成していく上で，同じ地域に居住し，特別支援学校に通う子どもたちの存在をよく知り，将来，ともに地域社会で支えあって生きる仲間として，かかわることが大切である。交流及び共同学習を計画的，組織的に継続して行い，共に助け合い，支え合って生きていく基盤づくりをすることが重要である。その際，行事等での交流にとどまらず，具体的な教育活動を行い，双方向性の学びを保障する必要がある。

　さらに，「特別支援学校における，居住地校との交流及び共同学習は，障害のある児童生徒が，居住地の小・中学校等の児童生徒とともに学習し交流することで地域とのつながりを持つことができることから，引き続きこれを進めていく必要がある（文部科学省中央教育審議会初等中等教育分科会『共生社会の形成に向けたインクルーシブ教育システム構築のための特別支援教育の推進（報告）』，2012年，p.43, 1.13-16)」と示されている。「居住地における個人交流は，支援学校を就学・進学先として選びながらも，地元の学校と交流を行うというもので，円滑に実施することができれば，保護者や本人のニーズをかなり充足できるのではないかと考えられる（山中，2018）。」

　今後，障害の有無だけでなく，様々な背景を持つことを余儀なくされている子どもたちに行き届いた教育を行うことが，持続可能な社会の形成につながる。

引用文献
文部科学省（2017）『小学校学習指導要領』。
文部科学省中央教育審議会（2005）「特別支援教育を推進するための制度の在り方について（答申）」。
文部科学省中央教育審議会初等中等教育分科会（2012）『共生社会の形成に向けたインクルーシブ教育システム構築のための特別支援教育の推進（報告）』。
山中矢展（2018）「大阪府における知的障害児の交流及び共同学習の経過と展望―小学校と特別支援学校における事例を通して―」『発達人間学研究』第18巻第2号，p.12, 1.2-4。

（山中矢展）

第7節　幼稚園教育要領と ESD

(1)　日本の幼児教育における ESD

　平成29年改訂の幼稚園教育要領では，小学校学習指導要領等とともに新たに前文が加えられ，「これからの幼稚園には，（中略）持続可能な社会の創り手となることができるようにするための基礎を培うことが求められる。」と明記された（文部科学省，2017）。持続可能な開発のための教育（ESD）が要領の基盤となる理念として組み込まれたのである（日本ユネスコ国内委員会，2018）。しかし，日本の幼児教育における ESD の取り組みは，小学校以上に比して極めて少ない。ESD の推進拠点として位置付けられるユネスコスクールの加盟校も，2019年11月現在，日本全体1,120校のうち，乳幼児の保育・教育施設は32園（幼稚園21園，保育所・こども園11園）にとどまっている。

　では，なぜ日本の幼児教育においては，ESD の周知度が低く，実践例も少ないのだろうか。その理由の１つに，田中・小野瀬（2019）は ESD の教育理念の多義性・抽象性を指摘する。どういった活動が ESD であり，どのように幼児教育の中に取り入れればよいのか，分かりづらいというのである。

　しかし，理念のレベルから丁寧に捉えれば，幼児教育と ESD は親和性が高く（曽我，2016），共通性も見られる（田宮，2016）。富田ら（2014，2018）は，日本の幼児教育には ESD が内包されていると主張する。「生活」「総合性」「環境」「自然」「地域連携」「相互性」といった日本の幼児教育の特徴に，ESD の観点が豊かに含まれているという（富田ら，2014；上垣内，2018）。次に，その主張をもとに，日本の幼児教育と ESD の共通性をみていこう。

(2)　幼児教育の基本となる考え方と ESD の共通性

①「生活」を基盤とすること

　幼児教育においては，幼稚園教育要領（2017）にもあるように，「幼児期にふさわしい生活の展開」が目指される。日本の幼児教育の父と言われる倉橋惣三も「生活を生活で生活へ」と述べ，子どもにとって自然な生活を主体とした

教育の重要性を説いた。ESD においても，学び手自身の文化的背景や生活環境が尊重され，「生活」から教育が出発する。汐見（2020a）も「SDGs とこれからの日本の保育」を考える中で，「SDGs は保育にとって，life をベースに，life を時代に相応しくつくり出す保育」と定義し，「生活（暮らし）」を重視している。ESD においても同様であろう。

② 総合的・包括的な指導方法

　幼児教育では，主体的活動としての「遊び」を通して総合的な指導を行う。ESD の本質も個々の課題を包括的に理解していくところにある。田宮（2016）も幼児教育と ESD の理念の共通性として「総合性」を挙げている。

③ 環境を通しての教育

　幼児教育の基本は，子どもが主体的に周囲の環境に働き掛け，環境を通して学ぶことである。ESD においても子どもを取り巻く環境が重要な学習環境である。田宮（2016）も環境との「関係性」から両者の共通性を指摘している。

　以上 3 点は，幼児教育の基本となる考え方である。これらの基本そのものが ESD における学びの基本と重なっている。富田ら（2014，2018）が日本の幼児教育が ESD の概念を内包しているとする所以である。

④ 自然との関わりの重視

　日本の幼児教育では，植物や生き物の採取や飼育，四季を感じながら自然物を遊びや表現に取り入れるなど，自然は子どもの生活や遊びに不可欠なものである。平成29年改訂の幼稚園教育要領等で示された「幼児期の終わりまでに育ってほしい姿」にも「自然との関わり・生命尊重」が位置づけられている。一方「環境教育」は，ESD の基本的な考え方の 1 つである。

⑤ 園と家庭・地域の連携

　幼児教育では，幼稚園教育要領（2017）にあるように，子どもの園生活が「家庭や地域社会と連続性を保ちつつ展開される」ことを重視する。「幼児期の終わりまでに育ってほしい姿」にも「社会生活との関わり」が位置づけられている。ESD においても，家庭や地域を巻き込み，課題を共有しともに考え行動していくことが欠かせない。ESD は，親子がともに持続可能な生活を営むための行動を起こす支援をする教育でもある（上垣内，2018）。

⑥　子どもと保育者の相互性

　幼児教育もESDも子どもの生活から出発する。そのため，保育者自身の生活が問われる。保育者自身の生き方が保育内容に反映されるためである。生活者として子どもと保育者が関わり合う保育こそがESDにつながる（上垣内，2018）。

⑶　これからの日本の幼児教育とESD

　富田ら（2014，2018）の主張をもとに，日本の幼児教育とESDの共通性をみてきた。ESDは私たち日本の幼児教育の中にすでに含まれており，これまで行ってきた保育実践の中にも無意識ながらESDの要素が含まれていたことが分かる。しかし，意識化されない実践はESDとはいえない（上垣内，2018）。あらためてESDの観点をもって保育実践を構想することが必要となる。では，日本の幼児教育においてESDを実現するために，私たちには何が求められるのだろうか。次の3点を提案したい。

　まず，ESDを「自分ごと」として捉えることである。私たち自身がESDをどう受け止め，実践していくのか。自分の問題として考えることで，「保育では，こんなことができる」と保育実践の具体が見えてくるのではなかろうか（汐見，2020b）。

　次に，「時間のつながり」を捉えることである。持続可能な開発（SD）とは，「将来の世代の欲求を満たしつつ，現在の世代の欲求も満足させるような開発」である。子どもの今の充実を図りながら，未来へのまなざしをもち，行動することが幼児教育にもESDにも求められる。また，今あるものは過去からもたらされ，未来へと続く。富田ら（2018）はESDを「継承と創造」と捉える。これまでの保育実践に敬意を払いつつ，新たな実践を紡いでいくことが重要である。

　最後に，「空間のひろがり」を捉えることである。園，家庭，地域，日本，そして世界へと視野を広げ，社会とのつながりを意識した行動が求められる。平成29年改訂の要領は「社会に開かれた教育課程」を目指す。幼児教育においても，地域との連携や街づくりを担う，コミュニティコーディネーターという

専門家が生まれている（高橋，2020）。園が家庭とつながりながら地域に出向き，新たな保育の実践を拓いている。

　以上のように，「私ごと」として ESD を捉え，時空間のつながりの中に私たちが生かされていることを，子どもたちとともに暮らしながら，生活や遊びの中で伝えていくことが，今私たちに求められている。

引用文献

小野瀬剛志（2020）「幼児教育における ESD の理論と実践に関する一考察－幼稚園教育要領とユネスコスクール認定園の教育実践の考察から－」『研究紀要青葉』11(2)，53-60。

上垣内伸子（2018）「乳幼児教育・保育に内包される ESD の存在」富田久枝ほか『持続可能な社会をつくる日本の保育－乳幼児期における ESD』かもがわ出版，pp.18-30。

汐見稔幸(2020a)「SDGs とこれからの日本の保育」『日本保育学会第73回大会基調講演資料』。

汐見稔幸（2020b）「SDGs で保育を考える：未来の世代に，保育の世界からできること・前編」『新幼児と保育』2020年8/9月号，35-39。

曽我幸代（2016）「持続可能な社会の形成に向けた幼児教育に関する一考察－『人間存在を深める』子どもの遊びに着目して－」『人間文化研究（名古屋市立大学大学院人間文化研究科）』25，49-61。

高橋　翠（2020）「コミュニティコーディネーターの役割と可能性－園を起点としたまちづくり・ひとづくりの『触媒』として」『発達』162，78-83。

田中公一・小野瀬剛志（2019）「幼児教育における『Education for Sustainable Development (ESD)』の PDCA サイクルに基づいた具体的実践方法についての研究－気仙沼市の幼稚園における ESD の実践事例－」『研究紀要青葉』11(1)，43-56。

田宮　緑（2016）「幼児教育における ESD の意義と可能性～ユネスコスクールの実践の検討～」『静岡大学教育学部研究報告（教科教育学篇）』47，57-66。

富田久枝・上垣内伸子・片山知子・吉川はる奈・田爪宏二・那須川知子・鈴木裕子・藤原照美・西脇二葉（2014）「地域で育つ・地域を創る『乳幼児教育における ESD』－日本の保育における継承と創造を目指して－」『千葉大学教育学部研究紀要』62，155-162。

富田久枝・上垣内伸子・田爪宏二・吉川はる奈・片山知子・西脇二葉・那須川知子（2018）『持続可能な社会をつくる日本の保育－乳幼児期における ESD』かもがわ出版。

日本ユネスコ国内委員会（2018）『ESD（持続可能な開発のための教育）推進の手引』（改訂版）。

文部科学省（2017）『幼稚園教育要領』。

（横山真貴子）

第8節　ESDとカリキュラム・デザイン

⑴　各教科等の学びをつなぐ視点

　2017・18年改訂学習指導要領による各校の教育課程編成の目的は「持続可能な社会の創り手」の育成である。しかしながら，教育課程編成の一般的な留意事項は示されていても，具体的に教育課程をどのように編成すれば各学校が児童生徒にESDの学びを展開できるかについて，具体的な手続きが述べられているわけではない。

　新教育課程におけるESDは，総合的な学習（探究）の時間を軸にしながらも，基本的には機能概念として編成することが求められていると言える。すなわち，ESDやSDGsのことをまとめて学ぶ時間が学習指導要領（および授業等の時数の標準を決めている学校教育法施行規則）で保証されているわけではなく，各教科，特別活動，総合的な学習（探究）の時間，および特別の教科道徳，さらに外国語活動という各領域に区分された学びを土台にして，それらを各学校がESDの視点から組み立て直さなければならない。

　本章の各節で述べられてきたことは，かかる各教科等の学びのそれぞれを，ESDの視点で再構成することであった。私たちは歩を進めて，ESDに関連した各教科等の学びを，バラバラのまま置いておくのではなく，さらに関連づけたり順序立てたりする必要がある。すなわち，各学校の教育課程の全体を俯瞰した，ESDのカリキュラム・デザインの取組である。

⑵　目標を視点にしたESDのカリキュラム・デザイン

　各学校においてESDのカリキュラムをデザインするためには，以下の2つの視点を踏まえることが重要である。

　1つ目は，教育課程における目標の視点である。ここでは，構造化，重点化，具体化という3つの手続きを経て，各教科等での教育活動の具体につなぐという方法を紹介したい[1]。

① 目標の構造化

　第2章第2節で整理されているとおり，ESD では次のような能力・態度を児童生徒に育成することが例示されている。

（ア）批判的に考える力　　　（イ）未来像を予測して計画を立てる力

（ウ）多面的・総合的に考える力　（エ）コミュニケーションを行う力

（オ）他者と協力する力　　　（カ）つながりを尊重する態度

（キ）進んで参加する態度

　一方，新学習指導要領では，よく知られているところであるが，資質・能力の3つの柱を育成することが示されている。

イ）知識及び技能　　　ロ）思考力，判断力，表現力など

ロ）学びに向かう力，人間性など

　これらの7つの「能力・態度」と3つの「資質・能力」を別物と考え，加算的に「10の目標」として設定してしまうと，ESD の学びは新学習指導要領にもとづく教育課程の編成・実施と分離してしまう。（ア）〜（キ）で表されている能力や態度は，イ）〜ハ）に整理されている資質・能力の3つの柱にどのように「収まる」のかを各学校で構想することから，ESD のカリキュラム・デザインははじまる。目標の構造化と呼んでおくことにしよう。

② 目標の重点化

　何らかの形で両者の関連づけを行うことができれば，次に来る手続きが重点化である。上記の7つの能力・態度は，たしかに持続可能な社会の創り手として大切なものであることには言を俟たないが，これらのすべてを網羅し，しかもバランスの取れた育成を行おうと考えると，教育課程編成は立ち往生してしまう。実際に各学校で具体的に教育課程を編成しようと思えば，バランス感覚は保ちつつも，これらのいずれかにフォーカスを合わせるという判断が必要になる。同じ ESD を志向していても，ある学校は「批判的に考える力」の育成を中心に据えることがあるし，また別の学校は「つながりを尊重する態度」に

1　カリキュラム編成における目標設定については，赤沢早人（2020）「高等学校におけるカリキュラム・マネジメントの充実」『中等教育資料』11月号や，赤沢早人（2019）「カリキュラム・マネジメントにおける評価活動の在り方」田中耕治編集代表『学びを変える新しい学習評価 理論・実践編1 資質・能力の育成と新しい学習評価』ぎょうせい，に詳しい。

フォーカスすることもある。その重点を決める主体は各学校の教員であり，決める規準は目の前の児童生徒が抱える教育課題である。

③ 目標の具体化

　目標の重点が決まったら，各教科等における教育活動に落とし込むために，重点の目標に対して具体化が図られる必要がある。たとえば小学校の 6 年間の教育課程で「つながりを尊重する態度」を育成するという構想に対して，

（ア）最終的なゴールとして，6 年生児童のどのような姿（行動や発言）を目標に据えるか（例：学校の誰に対しても進んでつながりを持とうとしている姿）

（イ）6 年生児童の姿を目指して，各学年ではどのような姿を目標とするか

（ウ）各学年で目標とした姿に対して，各学期，月，単元，週，日，本時など，より小さな活動単位でどのような姿を目標とするか

というように，教科等の教育活動において何をどのように工夫したらよいかが明らかになる程度まで具体化していくという行き方である。

(3)　内容を視点にした ESD のカリキュラム・デザイン

　ESD のカリキュラム・デザインのもう 1 つの視点が，児童生徒が学ぶ内容である。

　たとえば，「ESD の基本的な考え方［知識，価値観，行動等］」には，環境，エネルギー，気候変動，文化多様性，平和，福祉など，15 の枠組みが示されている。また，SDGs の 17 のグローバル目標に示された「貧困」「飢餓」などの社会的諸課題も，教育課程の文脈では児童生徒が ESD の学びにおいて具体的に学ぶ内容になる。

　こうした ESD の内容についても，(2)と同様に，構造化，焦点化，具体化の手続きをもって，各教科等での教育活動の具体につなげていくことができる。

① SDGs が国連サミットで採択されたことに鑑みれば，すでに十分に構造化が進んでいると見ることもできる。ただ，先述の「ESD の基本的な考え方」や MDGs および SDGs との関連性などについては，各学校で ESD のカリキュラム・デザインを行うにあたって，教員間で十分な共通理解を図る必要

がある。

② 「ESDの基本的な考え方」にせよSDGsにせよ，地球規模で解決すべき課題が網羅的に掲げられている。すべてが学ぶ価値のある内容だとして，有限の教育課程において，すべてのことを学ぶことはできない。どの課題を各学校の教育課程で扱うか（扱わないか）を決定する必要がある。目標の焦点化の手続と同様，学校によっては「環境」を重点的に扱ってもよいし，「貧困」にフォーカスしてもよい。その判断基準は，その学校が重点と考える目標である。

③ 内容を重点化してはじめて，「何年生に，どんな主題で，どんな事実やエピソードをもとに，どんな学習方法で学ぶのか」という具体の構想に進むことができる。かかる教材研究の手続きのなかで，教科等のどの内容や教材と関連づけるか，あるいは何時間使うかという授業構成の実務につないでいくことができる。

各学校がESDの視点で教育課程を編成する際，以上のような目標の視点と内容の視点とをクロスさせて，各学年の各教科等における単元を構成していくことになる。ここで大事なことは，目標にしても内容にしても，ESDに関わる広汎な人間的価値や社会的課題を全部網羅しようとしないことである。そうではなくて，各学校の特色や児童生徒の教育課題等に即して，大胆に焦点化や具体化を行っていくようにしたい[2]。

誤解を恐れずにあえて言うならば，各学校の教育課程に編成されるのは，ESDの考え方そのものではなく，そのデフォルメである。表現におけるデフォルメと同様，物事の本質を失わないまま，むしろそれを強調するために，特定の部分を強調したり，省略したりする。世界の「貧困」だけを学んだだけではESDの全体を理解したことにはならないかもしれないが，「貧困」の学習を通して，「多様性」や「有限性」といったESD固有の価値に肉薄しながら，ESDの学びに託された目標に迫っていけるのであれば，それは教育課程のデフォルメが有効に機能している証左である。

（赤沢早人）

2　カリキュラムの焦点化，具体化の手続きについては，西岡加名恵（2016）『教科と総合学習のカリキュラム設計：パフォーマンス評価をどう活かすか』図書文化社などに詳しい。

第4章
ESD で取りあげたいテーマ

第1節　地球環境分野

◉ 第1項　地下資源とエネルギーの枯渇

(1)　はじめに

　人類は，過去100年わずかの間にそれまで何世紀もかかって消費した量をはるかに超える地下資源を使用した。爆発的に伸びる消費を牽引してきた要因は，第一に，安く大量に採掘できるようになったこと，第二に，良質な素材に新しい用途を生み出したこと，第三に，多くの地域で生活水準が上昇したこと，第四に，世界人口が増加したことである（Tiltonほか，2006）。このままでは，21世紀半ばまでに再生不可能資源の危機が訪れて社会が衰退する可能性も示されている（メドウズほか，2005）。

　社会を持続させるためには，①再生可能資源の過剰利用の禁止，②再生不可能資源からの脱却と再生可能資源への移行，③汚染の過剰排出の禁止，の3原則を守る必要がある（Daly, 1990）。本節では，SDG1，7，9，12，13に関連する再生不可能な地下資源の枯渇性と再生可能エネルギーについて概説する。

(2)　再生不可能資源の枯渇性

　地下資源のほとんどは再生不可能資源であり，金属と非金属，燃料に分けることができる（Tiltonほか，2006）。金属の枯渇性は，幾つかの元素グループ

に分けられる（安達・前田, 2008）。一般に広く用いられている金属はベースメタルと呼ばれ，地殻中に大量に存在する鉄，アルミニウム，ケイ素，チタン，マンガン，マグネシウムは，産業の基盤であり枯渇よりも大量生産による環境破壊や廃棄物が問題となる。一方，地殻中にはそれほど存在していない銅，亜鉛，錫では，資源枯渇が問題になる。

　レアメタルは，地殻中の賦存量は少なくないが，含有率の高い有望な鉱石が少ない。中でも比較的賦存量の少ないベースメタルの副産物として採掘されるレアメタル（ゲルマニウム，インジウム，ビスマス，レニウム）は，主産物と同様の枯渇の可能性を有している。一方，主産物のレアメタル，たとえばバナジウム，ニオブ，タンタル，希土類は，利用の歴史が浅いためまだ資源量が十分あって枯渇の可能性は低いと考えられる。

　レアメタル類は，電子機器や磁性体，新素材などに用いられて先端技術を支えている。電子機器や電気自動車のモーターなどの需要は，先進国だけでなく途上国でも伸び続けると予想される。また，ほとんどのレアメタルの産地は，中華人民共和国・アフリカ諸国・ロシア・南北アメリカ諸国などに偏在していて，産出量上位3カ国で50〜90%の埋蔵量を占める。これらの国の政情や資源を囲い込む政策によって，将来入手が困難になる可能性がある。

　金，プラチナなどの貴金属は，価値が高いため新規鉱床探索やリサイクルが行われて枯渇の可能性は低い。金や白金，パラジウム，タングステン，モリブデン，ニッケルなどは半導体産業や自動車産業で不可欠な素材である。捨てられた携帯電話や家電製品には，これらの素材が天然鉱石よりも高含有率で含まれている場合もあり，新たな資源供給源として「都市鉱山」と呼ばれている。

　非金属資源は，たとえば石材や石灰石，硫黄，燐灰石，宝石，砂・砂利，岩塩などで，建設などの工業分野や肥料生産でよく使われる。燃料は，石炭・石油・天然ガスなどの化石燃料と原子力発電に用いるウランがある。なお石油は，プラスチック製品のような様々なモノの材料としても利用される。

　地下資源量の指標には，可採埋蔵量（既知であり技術的，経済的，地質的に採掘できる地下資源量）と可採年数（ある年の可採埋蔵量／ある年の生産量）が用いられる。ただし，可採埋蔵量は新技術や新鉱床の発見で変動するし，生

産量も需給バランスで変動するため，これらの指標は社会状況に応じて変化する。現に，1940年代の石油の可採年数はおよそ20年だったが，1970年代にはおよそ30年，2000年代にはおよそ50年と年数が伸びている（エネルギー白書2020 https://www.enecho.meti.go.jp/about/whitepaper/）。

　再生不可能資源は，物理的に採掘する資源がなくなるよりも前に，鉱石の品位（グレード）低下などで経済的に採掘できなくなる。また，採掘に伴う環境被害によって採掘できなくなることもあり，その回復費用は，多くの場合社会的費用として社会が補填せざるをえない。鉱産物の長期利用可能性を検討するならば，延命措置である省資源やリサイクル，さらに再生可能資源への代替を促進する公共政策を検討せねばならないだろう。

⑶　エネルギー資源のこれまでとこれから

　工業化が起こる18世紀半ば以前は，エネルギー源として薪炭と畜力，人力，それに風車や水車が使われていた。工業化前後から石炭が熱源・動力源に加わると生産性は飛躍的に向上した。20世紀に入ると石油が大量生産されてエネルギー革命が起こり，1950年代後半までにエネルギー源の主力が石炭から石油に移行した（**図4-1**，マクニール，2011）。1990年代頃からは，地球規模での気候

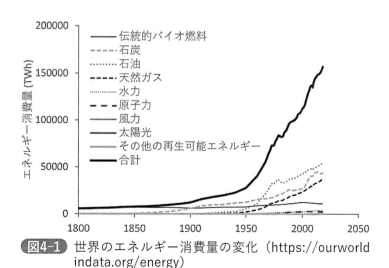

図4-1　世界のエネルギー消費量の変化（https://ourworld indata.org/energy）

変動が化石燃料由来の二酸化炭素が原因であると考えられるようになったため、石油の枯渇よりも石油を燃やして発生する二酸化炭素の吸収源である大気の能力の枯渇が問題となっている。

　原子力発電は、放射性元素のウランを核分裂させ、発生した熱エネルギーで水を沸騰させて発電タービンを回して発電する。原子力発電の利点は、発電時には二酸化炭素を排出しないことなどがある。一方、原子力発電の安全性や重大事故時の甚大な被害、放射性廃棄物の処分方法や原子炉の廃炉方法が決まっていないことなどが問題視されている（たとえば、小出、2011）。さらに、ウランも再生不可能資源であるし、モノの材料としての機能は代用できない。

　一方、太陽光・太陽熱、水力、バイオマス、地熱、潮汐力などを利用した再生可能エネルギーは、持続的に利用できて資源が枯渇せず、温室効果ガスの排出量と環境汚染が少ない。再生可能エネルギーの多くはすでにエネルギー源として実用的な性能を持っていて、今世紀半ばまでに再生可能エネルギー100％の普及を目指すことが技術的に可能とされている（WWF, 2011）。しかも近場で得られるエネルギー源を利用するので、運転用の燃料を海外の価格変動や国際情勢に翻弄されるリスクから開放される。このままの状態が続けば、エネルギー資源の枯渇と壊滅的な気候変動という危険しかなく、再生可能エネルギーに切り替えることは最良の選択ではなく、唯一の選択である（WWF 2011）。

引用文献

Daly, H.E. (1990) Toward some operational principles of sustainable development. *Ecological Economics*, 2 : 1-6.

安達毅・前田正史（2008）「資源の枯渇性の真相」『学術の動向』13: 70-71。

小出裕章（2011）『子供たちに伝えたい原発が許されない理由』東方出版。

マクニール, J.R.（梅津正倫・溝口常俊監訳）（2011）『20世紀環境史』名古屋大学出版会。

メドウズ, D.H. ほか（枝廣淳子訳）（2005）『成長の限界　人類の選択』ダイヤモンド社。

WWF（2011）*The Energy Report-100% Renewable Energy By 2050*. WWF-International, Switzerland.

Tilton, J.E.（西山孝・安達毅・前田正史訳）（2006）『持続可能な時代を求めて―資源枯渇の脅威を考える―』オーム社。

（辻野　亮）

● 第2項　気候変動の現状とその影響

⑴　はじめに

　日本だけでなく世界においても，近年，極端な気象の変化が観測されてきている。これらの影響により，渇水の増加，短時間強雨や大雨の強度・頻度の増加，台風の強度の増加，高潮リスクの増加など自然災害リスクが高まってきている（気象庁，2015）。また，動植物の生息域変化，農作物や水産漁獲への影響など自然生態系や人間生活に大きな影響を及ぼす。今後の気温や二酸化炭素濃度，海面水位，海水温上昇などの気候変動が続くと気象にどのような変化が生じるのか，また何に影響を及ぼすのかを考える必要がある。

　過去の気候の解明は，地質時代，歴史時代，観測時代の 3 つに分類するのが便利とされる（小倉，2000）。観測機器によって測定される観測時代は，地上気象観測が始まった100〜200年ぐらいのデータしかなく，それ以前の気候については，歴史時代として古文書，種々の日記などから推定し，さらにそれ以前については地質時代として樹木やサンゴの年輪，化石，氷河の堆積物などからその時代の気候を推定し，現在までの気候変動が明らかにされている。

　本項では，観測時代における気候変動とその影響，シミュレーションによる将来予測を概説する。

⑵　気候変動の現状と予測

① 気温変動

　1898年〜2019年までの年平均気温は，年ごとの変動はあるが，世界全体では0.77℃/100年，日本では1.23℃/100年の気温上昇傾向を示している（**図4-2**）。気温上昇に伴い，大気中に含むことが出来る水蒸気量（飽和水蒸気量）は増大し，降水量や雨の降り方は世界的に大きな影響を受ける。

② 二酸化炭素濃度の変動

　マウナロア（ハワイ），綾里（岩手県）や南鳥島（東京都）の1974年〜2019年までの二酸化炭素濃度は，季節変化を伴いつつほぼ同様の傾向で約330 ppm から420 ppm に上昇した（年率約2.0 ppm の上昇；**図4-3**）。また，都市部沿岸域

（兵庫県尼崎）では，2012年から2014年にかけての平均値は438.9 ppm で，人為的影響が小さい綾里や南鳥島と比較して高濃度となっている（藤井, 2017）。

　大気だけでなく海洋における影響について見ると，大気中の二酸化炭素濃度が上昇することで海洋酸性化が促進される（Doney et al., 2009）。海洋酸性化については，20年以上に及ぶ pH の観測よりハワイ近海で0.0017/年（Dore et al., 2009），北太平洋西部で0.0018/年（Midorikawa et al., 2010），低下していることが示されている。実際，気象庁の北太平洋（北緯20°東経137°）の大気及び表面海水の二酸化炭素濃度（1気圧20℃の場合，1 µatm=0.98 ppm となり，二酸化炭素濃度（µatm）は分圧（ppm）とほぼ同じ値となる）は，1987年から2018年にかけてともに上昇している一方で，pH（水素イオン濃度の逆数の対数）は低下しており，海洋が酸性化しているのがわかる（**図4-4**）。

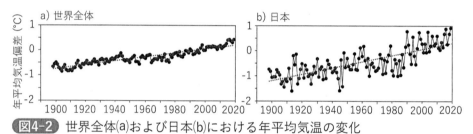

図4-2 世界全体(a)および日本(b)における年平均気温の変化

1981〜2010年の30年の平均値）からの偏差を示す。気象庁データ（https://www.jma.go.jp/jma/menu/menureport.html）より著者作図

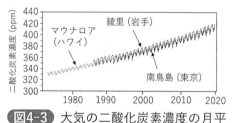

図4-3 大気の二酸化炭素濃度の月平均値の変動

綾里・南鳥島は，気象庁（https://www.jma.go.jp/jma/menu/menureport.html），マウナロアは，The World Data Centre for Greenhouse Gases（https://gaw.kishou.go.jp/）のデータを用いて著者作図

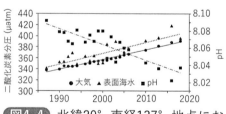

図4-4 北緯20°東経137°地点における7月の大気，表面海水の二酸化炭素分圧及び表面海水の pH の変化

（気象庁（https://www.jma.go.jp/jma/menu/menureport.html）データより著者作図）

③　海面水位変動

　世界平均海面水位は，1901年から2010年にかけて0.19 m 上昇しており，海面水位上昇の要因は，気温上昇による海洋の熱膨張や氷河の変化，グリーンランドや南極の氷床の変化，及び陸域の貯水量の変化であると報告されている（IPCC，2013）。

④　気候変動予測

　気候変動の予測は，IPCC（Intergovernmental Panel on Climate Change; 気候変動に関する政府間パネル）により行われている。IPCC（2013）の第 5 次報告書によれば，温室効果ガスの継続的な排出は，更なる温暖化と気候システム全ての要素に変化をもたらし，気候変動を抑制するには，温室効果ガス排出量の大幅かつ持続的な削減が必要である。

　IPCC では，温室効果ガスの影響が高い順に「高位参照シナリオ（RCP8.5）」，「高位安定化シナリオ（RCP6.0）」，「中位安定化シナリオ（RCP4.5）」，「低位安定化シナリオ（RCP2.6）」の 4 つのシナリオに基づいて予測・評価を行っていて，2081〜2100年の世界平均地上気温の1986〜2005年平均に対する上昇量は，RCP8.5で2.6〜4.8℃と予測している（**図5a**）。また，気温上昇に伴って海面水位は，全てのシナリオで上昇すると予想され，その上昇量は RCP8.5で0.45〜0.82 m とされている（**図5b**；IPCC，2013）。

(3)　気候変動による身近な生活への影響

　気候変動は，海域や陸域の生態系や水環境に変化を与え，農作物や海産物など収穫量や漁獲量にも影響を及ぼし，また，災害リスクも大きくなることが予想され，我々の生活に影響を及ぼすために極めて深刻な問題である。したがって，将来の地球環境を維持していくため，また災害リスクを軽減するためには，我々一人ひとりが温室効果ガス削減などの対策や行動を行い，様々なリスクを回避していく必要がある。また，SDGs の目標13（気候変動に具体的な対策を）の達成は，目標14（海の豊かさを守ろう）の達成にもつながっていることを意識していく必要がある。

引用文献

Doney, S.C. et al. (2009) Ocean acidification: the other CO_2 problem. *Annual Review of Marine Science* 1 : 169–192.

Dore, J.E. et al. (2009) Physical and biogeochemical modulation of ocean acidification in the central North Pacific, *Proc. Natl. Acad. Sci. U.S.A.* 106: 12235-12240.

藤井智康 (2017)「沿岸域における大気及び海水中の二酸化炭素濃度の変動」『日本水文科学会誌』47: 107–118。

IPCC (2013) Climate Change 2013: The Physical Science Basis. Contribution of Working Group I to the Fifth Assessment Report of the Intergovernmental Panel on Climate Change, 203.

気象庁 (2015)「IPCC 第 5 次評価報告書　第 1 作業部会報告書　政策決定者向け要約」(気象庁訳), p.40。

Midorikawa, T. et al. (2010) Decreasing pH trend estimated from 25-yr time series of carbonate parameters in the western North Pacific. *Tellus Ser. B* 62: 649-659.

小倉義光 (2000)『一般気象学【第 2 版】』東京大学出版会。

(藤井智康)

◉ 第3項　水産資源の枯渇

(1)　はじめに

　我が国は，古くから魚介類など水産物を食料として利用してきた歴史があり，食生活上の重要な位置を占めている。世界においては，近年，健康志向の高まりや経済発展により，世界の食用水産物消費量は年々増加を続けていることも知られている（水産庁，2010）。海洋や内水面の魚介類などの生物資源は再生可能資源であるが無限ではなく，乱獲や混獲，気候変動による海水温や海流の変化，海洋汚染による水環境が大きく変化すれば，これまで獲れていた魚が獲れなくなるなど，将来的には水産資源は枯渇する可能性がある。このまま何も対策をとらなければ2048年までに商業利用されている世界のすべての水産資源が崩壊すると予測されている（Worm et al., 2006）。この問題については，SDGsの目標14（海の豊かさを守ろう）とともに，目標2（飢餓をゼロに）とも深く関連している。そこで，本項では水産資源の現状や水産資源の枯渇の問題について解説する。

(2)　世界や日本の水産資源の現状

①　世界の水産資源状況

　FAO（国際連合食糧農業機関）（2020）の報告書によれば，1974年〜2017年において，生物学的観点で持続可能でない過剰に漁獲利用された状態にある水産資源の割合は10％から34％に増加し，漁獲拡大の余地のある資源については，39％から6％と大きく減少していることから，過剰漁業によって水産資源が枯渇する可能性があることを示している。

②　世界の漁業生産量と消費量

　世界の漁業・養殖業を合わせた生産量は増加しているが，海面および内水面漁船漁業生産量は，1980年代後半以降は横ばい傾向となっている。一方，養殖業生産量は急激な増加となっている。また，1人1年当たりの食用魚介類消費量や漁獲量は，日本では2001年以降減少傾向にあるが，中国では増加しており（水産庁，2019），食生活の変化は水産資源に大きな影響を及ぼすことが考えら

れる。

(3)　気候変動と漁獲量の変化

　地球温暖化による海水温の上昇等により，水産資源や漁業・養殖業に大きな影響を及ぼすと考えられる。Minobe（1997）によれば，北太平洋の水温には，レジーム・シフトと呼ばれる数十年規模の変動があると報告している。日本の周辺海域の水温が温かい期間の温暖レジーム（1950〜1970年，1990年以降）では，カタクチイワシやスルメイカ等の漁獲量が増え，逆に冷たい期間である寒冷レジーム（1970〜1990年）では，マイワシ等の漁獲量が増える傾向にある（**図4-5**）。マイワシの漁獲量減少の要因としては，マイワシ仔魚の方がカタクチイワシ仔魚よりも成長に好適な水温が低いこと（高須賀，2007）や，マイワシの1歳までの生残率も黒潮続流域南部の海面水温に依存していることが考えられる（Noto and Yasuda, 1999）。このように漁獲量の多い魚種が数十年周期で入れ替わる現象を魚種交替と呼ぶ。気候変動は水産資源に大きな影響を及ぼし，乱獲や混獲だけでなく，魚類生態に大きな影響を及ぼし，漁獲の減少や資源枯渇につながる。

(4)　海洋水質と水産資源の枯渇

　水産資源の枯渇の要因は，乱獲や混獲，水温変化による魚種の交替などが注目されるが海洋水質の変化も要因として挙げられる。

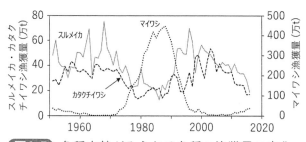

図4-5 魚種交替がみられる魚種の漁獲量の変化

（平成29年度水産白書データより著者作図）

　瀬戸内海においては，1970年頃に水質汚濁が急速に進行したため，1973年に瀬戸内海環境保全臨時措置法が制定され，さらに，1978年には赤潮等による被害に対する富栄養化対策を含む新たな施策が加えられた恒久法として瀬戸内海環境保全特別措置法（瀬戸法）に改正され，総合的な施策（水質に係る総量規制など）が進められたことにより水質改善が見られたが，生物の多様性及び生産性の確保等に課題が残っていた。また，2015年には瀬戸内海の漁獲量が年々減少していることも背景として瀬戸法が改正され，「豊かな海」の実現に向けた施策が講じられることになった（環境省，2020）。

　瀬戸内海では，全窒素濃度は1982年と比較して2019年においては2分の1まで低下しており，それと連動して魚類や貝類の生産量も低下している（**図4-6**）。漁獲量や生産量は，埋め立てなどによる漁場の変化，水温上昇など多くの要因が影響するが，生物の成長に欠かせない栄養不足も大きな要因となり，水産資源の減少につながる。このように，瀬戸内海では，「富栄養化」ではなく，「貧栄養化」が問題となっているなど，新たな考えとして「里海」づくりが行われるようになってきた。里海とは，人手を加えることにより生物生産性と生物多様性を高くするもので，SDGsの目標14と合致するものである。

⑸　水産資源の枯渇に対する対策

　水産資源を枯渇させないためにも適切な資源管理を行い，持続可能な漁業や水産振興を行う必要がある。日本においては，適切な資源管理と水産業の成長産業化を両立させるため，2018年に漁業法の改正（海洋生物資源の保存及び管

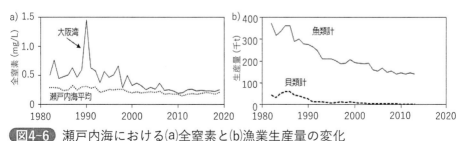

図4-6　瀬戸内海における(a)全窒素と(b)漁業生産量の変化

（瀬戸内海総合水質データ及びせとうちネットデータより著者作図）

理に関する法律（TAC 法）を漁業法に統合）が行われ，新たな資源管理システムの構築など科学的な根拠に基づき目標設定を行い，資源の維持・回復が求められることになった（水産庁，2019）。水産資源枯渇の問題は海を通して世界中とつながっているので，限りある資源を持続可能なものにするためには，日本だけでなく世界が一体となって対策を考えていかなければならない。

引用文献

FAO（2020）The State of World Fisheries and Aquaculture 2020. Sustainability in action. Rome. https://doi.org/10.4060/ca9229en.

環境省（2020）「せとうちネット瀬戸内海における漁業生産量の推移データ」。

環境省（2020）「瀬戸内海環境保全特別措置法の一部を改正する法律について」。

国土交通省中国地方整備局（2020）「瀬戸内海総合水質データ」。

Minobe, S.（1997）A 50-70 year climatic oscillation over the North Pacific and North America. *Geophys. Res. Lett.* 24: 683-686.

Noto, M. & Yasuda, I.（1999）Population decline of the Japanese sardine, *Sardinops melanostictus*, in relation to sea surface temperature in the Kuroshio Extension. *Can. J. Fish. Aquat. Sci.* 56: 973-983.

水産庁（2019）「水産政策の改革について」。

水産庁（2019）「令和元年度 水産白書」https://www.jfa.maff.go.jp/j/kikaku/wpaper/R1/index.html.

水産庁（2010）「平成22年度 水産白書」https://www.jfa.maff.go.jp/j/kikaku/wpaper/h22/index.html.

高須賀 明典（2007）「気候変動からマイワシ資源変動に至る生物過程」『日本水産学会誌』73: 758-762。

Worm B. et al.,（2006）Impacts of biodiversity loss on ocean ecosystem services. *Science* 314: 787-790.

（藤井智康）

◉ 第4項　海洋プラスチックの問題

(1)　はじめに

　プラスチック（合成樹脂）は，加工しやすく耐久性があることから日本では高度経済成長期以降（1960年代）に日常的に使われ出し，非常に便利なもので我々の生活にとってなくてはならない。しかし，ゴミとして川や海に廃棄されてしまうと，紫外線や波により細分化され，分解されないまま海洋中や太平洋ゴミベルト（Great Pacific garbage patch），海底，沿岸域などに数百年以上残り続けると予想される。このようなプラスチックは，景観を損ねるだけでなく，大きなプラスチック片は海洋生物（魚類，鳥類など）の誤食や体に絡まるだけでなく，微小なプラスチック（マイクロプラスチック）は有害化学物質を吸着して生体中へ取り込まれ，海洋生態系，ひいては人間の健康に大きな影響を及ぼす可能性が指摘されている（山下ほか，2016）。SDGs の目標14（海の豊かさを守ろう）とも深く関連している。そこで本項では，海洋プラスチックの現状とマイクロプラスチックの問題，国際的な対策について解説する。

(2)　海洋におけるプラスチック汚染の現状

　Jambeck et al.（2015）は，不適切に処理・投棄されたプラスチックの2010年における年間発生量のうち15〜40％，すなわち全世界で4.8〜12.8 Mt/年（平均8.8 Mt/年）が海洋に流出すると推計した。さらに人口密度や経済状態等から推計した国別海洋流出量では，中国が第１位で第30位の日本では年間約２〜６万 t と推計されている（**表4-1**）。World Economic Forum（世界経済フォーラム，2016）によれば，このまま海洋へのプラスチックの流出が続き，何の対策もとらなければ，海洋に漂うプラスチックゴミの重量は，2050年には魚の重量を上回ると指摘されていて，海の持続性を圧迫している 。

(3)　マイクロプラスチック問題

　マイクロプラスチックは，概ね５mm 未満の微小プラスチックのこととされている（例えば，Andrady，2011）。マイクロプラスチックの発生源には２つ

表4-1 不適切に処理・投棄されたプラスチック発生量及び海洋流出量（Jambeck et al.（2015）を元に作成）。

順位	国名	発生量（Mt/年）	海洋への流出量（Mt/年）
1	中国	8.82	1.32〜3.53
2	インドネシア	3.22	0.48〜1.29
3	フィリピン	1.88	0.28〜0.75
4	ベトナム	1.83	0.28〜0.73
5	スリランカ	1.59	0.24〜0.64
6	タイ	1.03	0.15〜0.41
7	エジプト	0.97	0.15〜0.39
8	マレーシア	0.94	0.14〜0.37
9	ナイジェリア	0.85	0.13〜0.34
10	バングラディッシュ	0.79	0.12〜0.31
30	日本	0.14	0.02〜0.06
	192ヵ国の合計	31.87	4.78〜12.75

あり，1つは，プラスチック製品の原料として使用されている樹脂ペレットや研磨剤として洗顔料や化粧品，歯磨粉などに添加されているマイクロビーズが，家庭や製造工場などから流出するものであり，もう1つは，投棄されたプラスチック製品が外的な力により劣化・細分化したものである。特に海洋へ流出したプラスチックは，漂流する間に太陽からの紫外線，波浪及び摩耗などにより，徐々に劣化して小さくなることでマイクロプラスチックとなる（**図4-7**）。海洋プラスチック問題の中でもマイクロプラスチックの問題は海洋生物による誤食や食物連鎖を介して，上位捕食者だけでなく，我々の健康にも大きな影響を及ぼすと考えられ，特に問題視されている。Tanaka and Takada（2016）と山下ほか（2018）による2015〜2016年の調査によれば，東京湾ではカタクチイワシ98匹中76匹の消化管から（検出率78％，1匹あたり平均2.3個），大阪湾では30匹中14匹の消化管から（検出率47％，1匹あたり平均1.6個）マイクロプラスチックが検出され，身近なところでマイクロプラスチック汚染が進んでいる。厄介なのは，プラスチックに添加されたポリ臭素化ジフェニルエーテル（PBDEs）は，プラスチックの細片化によって海水への溶出が

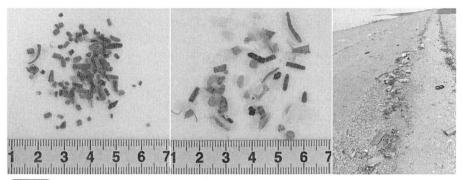

図4-7 大阪湾沿岸域の海洋プラスチック

（兵庫県甲子園浜：著者撮影）

促進される。また，細片化したプラスチックはポリ塩化ビフェニル（PCBs）などの親油性の汚染物質を海洋中から吸着する（山下ほか，2018）。そのため，海洋生物がマイクロプラスチックを摂食することでPCBsやPBDEsなどの有害汚染物質が海洋生物に取り込まれ，食物連鎖を経て生物濃縮される（**図 4-8**）。有害汚染物質が生物濃縮された魚を人間が食べれば，人間の健康への影響も考えられる。

⑷　国際的な対策

　海洋プラスチックごみやマイクロプラスチックが，生態系に与える影響等についての関心は高まっているが，どのような影響を与えるかよくわかっておらず今後の研究が必要である。しかし早急には，世界全体で国際的に取り組まなければならない地球規模の課題であることは確実である。そのため，2019年6月に開催された G20大阪サミットにおいて，海洋プラスチックごみ対策に関する共通の世界ビジョンとして，2050年までに海洋プラスチックごみによる追加的な汚染をゼロにまで削減することを目指す「大阪ブルー・オーシャン・ビジョン」を共有するなど，全ての国によって，国内的及び国際的に取組む必要があることが再確認された（外務省，2019）。海洋プラスチック汚染と脱炭素化の流れを受けて，使い捨てプラスチックの削減がヨーロッパを中心に急速に進められており（高田，2018），我が国でも海洋プラスチックごみ排出削減対

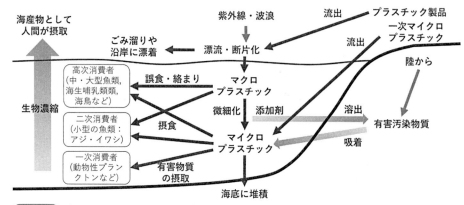

図4-8 海洋生態系におけるプラスチックの挙動

（山下ほか（2016）を参考に著者作成）

策の1つとして，2020年7月からレジ袋の有料化が実施された。このように，SDGsの目標14の達成には，まずはプラスチックごみを出さないなどの身近な行動が必要である。

引用文献

Andrady, A.L. (2011) Microplastics in the marine environment. *Marine Pollution Bulletin* 62: 1596-1605.

外務省（2019）「G20大阪サミットにおける海洋プラスチックごみ対策に関する成果」https://www.mofa.go.jp/mofaj/files/000529033.pdf

Jambeck, J.R. et al. (2015) Plastic waste inputs from land into the ocean. *Science,* 347: 768-771.

高田秀重（2018）「マイクロプラスチック汚染の現状，国際動向および対策」『廃棄物資源循環学会誌』29: 261-269。

Tanaka, K. and Takada, H. (2016) Microplastic fragments and microbeads in digestive tracts of planktivorous fish from urban coastal waters. *Sci Rep* 6 : 34351. doi: 10.1038/srep34351.

World Economic Forum (2016) The new plastics economy rethinking the future of plastics. http://www3.weforum.org/docs/WEF_The_New_Plastics_Economy.pdf

山下麗ほか（2016）「海洋プラスチック汚染：海洋生態系におけるプラスチックの動態と生物への影響」『日本生態学会誌』66: 51-68。

（藤井智康）

⚫ 第5項　生物多様性の劣化

⑴　6度目の大量絶滅の時代

　恐竜が絶滅した白亜紀末は，地球史上 5 度目の地球規模の大量絶滅事件だと考えられている。過去 1 世紀の既知種の絶滅速度は，1,000種1,000年あたり0.1〜 1 種で，化石記録から計算された絶滅率よりもおよそ50〜1,000倍高く，将来の絶滅速度は10倍以上だと推定されている（MEA, 2005），現代はまさに 6 度目の大量絶滅の時代である（Chapin et al., 2000）。脊椎動物の個体数の経年変化を指数とした「生きている地球指数（LPI, Living Planet Index）」は，1970年から2016年にかけて実に平均68％低下した（WWF, 2020）。とりわけ淡水生態系や熱帯地域での減少が著しい。

⑵　生物多様性が減るとどうなるのか

　生物の多様性は，「すべての生物（陸上生態系，海洋その他の水界生態系，これらが複合した生態系その他生息又は生育の場のいかんを問わない）の間の変異性をいうものとし，種内の多様性，種間の多様性及び生態系の多様性を含む」と，生物の多様性に関する条約（CBD, Convention on Biological Diversity, 1992年）において定義されていて，同一種内での個体間の多様さ（遺伝的多様性）や種の多様さ（種多様性），生物の生息する生態系の多様さ（生態系多様性）の総体である。比較的具体的で取り扱いやすい種の多様さ，つまり種数や多様度指数が生物多様性の代表として取り扱われることが多いものの，単純な数値で大小などを測れる概念ではなく，長い進化の歴史を経て有機的なつながりを持った生物たちの地域固有な生物間関係によって結ばれたネットワークが前提条件として重要である。

　人間は生き物であり生活の多くの部分を自然の恵みに頼っており，言い換えれば多様な生き物とそれらが生息する健全な生態系が提供する「生態系サービス」なしに人間は生存できない。たとえば，世界中の生態系サービスを合わせた経済的価値は，年間で125兆 USD/年（2011年）とも推計されており（Costanza et al., 2014），生態系と生物多様性は人類になくてはならない有用なもの

であるにもかかわらず，劣化の危機に瀕している。

生態系サービスは，供給サービス，文化サービス，調整サービス，基盤サービスの4つに分けられる（MEA, 2005）。供給サービスは，食材や原材料，燃料，医薬品の素材，遺伝資源，淡水などで，文化サービスは，レクリエーションや精神性，美，デザイン，発想，地域的な文化・伝統などで，調整サービスは，気候・病気・洪水の調整と制御，山地災害・土砂流出の軽減，廃棄物の分解と無毒化，花粉媒介などである。基盤サービスは，生き物の存在基盤となる酸素の供給，栄養塩の循環，土壌形成などで，他の3つのサービスの基盤となっている。私たちの暮らしは生物多様性に依存していると同時に生物多様性に影響を与えており，生物多様性の損失は単に生き物が絶滅するという問題だけでなく，私たちの生活にも直結する。将来にわたって豊かに暮らしてゆけるように私たちは生物多様性を残していかねばならない。

(3) 脅威の種類と保全戦略

世界中で絶滅の脅威にさらされているすべての種を保全することは，時間的にもスケール的にもコスト的にも難しい。そのため，「生物多様性ホットスポット」のように，地球規模での生物多様性が高いにも関わらず破壊の危機に瀕している地域を優先して保全する必要がある（Myers, 1988）。日本列島は，現在36箇所指定されているホットスポットの1つである。その原生植生は国土の20％でありながら，約1,970種の維管束植物の固有種が生育する（Conservation International, https://www.conservation.org/priorities/biodiversity-hotspots, 2020年4月12日確認）。

生物多様性におよぼす脅威のうち，過剰利用や農業が大きく，他にも都市開発や外来生物・病気，汚染，生態系改変（火事・ダムなど），気候変動，人為的改変，移送，エネルギー生産（鉱山開発）なども脅威として挙げられ，特に気候変動は生物多様性危機の主要因になりつつある（Foden et al., 2013; Maxwell et al., 2016）。

生物多様性と生態系サービスへの最も重要な直接的な要因は，生息地の変化（土地利用の変化，河川の改変，サンゴ礁の喪失など），気候変動，外来生物，

乱獲，汚染であり，潜在的には人口増加や経済，社会・政治，文化，宗教，科学・技術の発展が，これらの直接要因を駆動している（MEA, 2005）。とりわけグローバル化する経済において，国際貿易のサプライチェーンは，消費地から遠く離れた生息地の劣化を加速させ，世界の30％の種に脅威をもたらす駆動要因になっており，特にUSA，日本，ドイツの輸入とインドネシア，マダガスカル，パプアニューギニアの輸出の影響が大きい（Lenzen et al., 2012）。

　生物多様性を保全するには，地域的な保全活動だけでなく国際的な取り組みが必要となるため，1992年にはCBDが締結された。国内では生物多様性国家戦略が1995年に策定された（環境省，2012）。2002年には，「締約国は2010年までに，地球，地域，国レベルで，貧困緩和と地球上すべての生物の便益のために，生物多様性の現在の損失速度を顕著に減少させる」という「戦略計画」（2010年目標）を建てたが達成が不十分であった。2010年に愛知県名古屋市で開催されたCOP10（第10回締約国会議）で，「自然と共生する世界 a world of "Living in harmony with nature"」という長期目標を掲げた新たな戦略計画2011-2020と愛知目標（Aichi targets）が策定された（環境省，2012）。

　しかし自然の保全と持続可能な利用や持続可能性の達成という愛知目標やSDGsは，現在のままでは達成できず（**図4-9**），特に貧困，飢餓，健康，淡

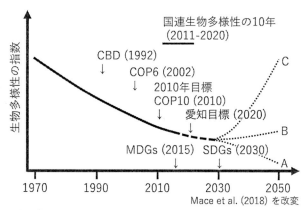

図4-9　生物多様性を取り巻く状況の変化（Mace et al., (2018) を著者改変）。

水，都市，気候，海洋，陸地に関する目標（SDG 1，2，3，6，11，13，14，15）に含まれるターゲットの80％が達成できないので，改善するための経済的・社会的・政治的・技術的な変革が必須である（IPBES, 2019）。

引用文献

Chapin, F.S.III et al., (2000) Consequences of changing biodiversity. *Nature* 405: 234–242.

Costanza, R. et al., (2014) Changes in the global value of ecosystem services. *Global Environmental Change* 26: 152-158.

Foden, W.B. et al., (2013) Identifying the world's most climate change vulnerable species: A systematic trait-based assessment of all birds, amphibians and corals. *PLoS ONE* 8: e65427.

IPBES (2019) Summary for policymakers of the global assessment report on biodiversity and ecosystem services of the Intergovernmental Science-Policy Platform on Biodiversity and Ecosystem Services. Díaz S et al. (eds.). IPBES secretariat, Bonn, Germany.

Lenzen, M. et al., (2012) International trade drives biodiversity threats in developing nations. *Nature* 486: 109-112.

Mace, G.M. et al., (2018) Aiming higher to bend the curve of biodiversity loss. *Nature Sustainability* 1: 448-451.

Maxwell, S.L. et al., (2016) Biodiversity: The ravages of guns, nets and bulldozers. *Nature* 536: 143-145 (2016).

Millennium Ecosystem Assessment (MEA) (2005) *Ecosystems and Human Well-being: Synthesis*. Island Press, Washington, DC.

Myers, N. (1988) Threatened biotas: "Hot Spots" in tropical forests. *The Environmentalist* 8: 187-208.

WWF (2020) *Living Planet Report 2020*-Bending the curve of biodiversity loss. Almond, R.E.A. et al. (Eds). WWF, Gland, Switzerland.

環境省（2012）「生物多様性国家戦略2012-2020」

（辻野　亮）

◉ 第6項　森林破壊と日本の森林の現状

(1)　世界の森林は減り続けている

　世界の森林面積は約40.0億 ha（全陸地面積の約30.7％）を占めていて，その内熱帯林は44％（アマゾン，サハラ以南の熱帯アフリカ，東南アジア），亜熱帯林は８％（北インドシナ，フロリダ），温帯林は26％（アメリカ合衆国東部，ヨーロッパ，日本），寒帯林は22％（カナダ，ロシア）を占める（FAO, 2015; Keenan et al., 2015）。森林面積の変化は気候帯によって大きく異なり，多くの先進国が位置する温帯林と亜寒帯林では，1990年から2015年にかけて自然林が582.0万 ha 減少して7,743.4万 ha が植林されたため，森林面積は純増加した（＋286.5万 ha/年）。熱帯林では自然林が2.2190億 ha 減少して植林によって2,651.7万 ha が増加しているにすぎず，大きく純減少している（－993.7万 ha/年）。熱帯地域に位置する途上国では，自国を発展させるための木材生産や農地拡大が急速に起こり，現在進行形で森林減少と劣化が起こっている。

　森林は人類にとって欠くことのできない存在であるにもかかわらず枯渇の道をたどっている。そのため SDGs では，陸域生態系の保全（SDG15）として持続可能な森林の経営が掲げられており，森林そのものも様々な SDGs（６，11，13，14，15）に貢献する（森林・林業白書　令和元年度　https://www.rinya.maff.go.jp/j/kikaku/hakusyo/r1hakusyo/index.html）。そこで本節では，森林の多様な機能と森林が失われることによる影響，森林減少の要因，さらに日本の森林の現状について概説する。

(2)　森林生態系の様々なサービス

　森林に依拠した自然の恵みあるいは生態系サービス ecosystem services は，わたしたちの生活になくてはならないものである。森林分野では，森林の多面的機能や公益的機能とも呼ばれ（**表4-2**），二酸化炭素吸収として12,391億円/年，化石燃料の代替として2,261億円/年，洪水緩和として64,686億円/年，水資源貯蔵として87,407億円/年の経済的評価がなされている（日本学術会議，

2001）。

　森林には，人手がほとんど加えられていない原生林だけでなく，伐採された
後に再生した二次林や，苗木を植えて育成した人工林などの森林タイプがあ
る。原生林では生物多様性を背景とした遺伝資源，花粉媒介，病害虫制御，自
然教育などを期待でき，二次林では木材や薪炭，パルプなどの木質素材と山
菜・キノコ，狩猟獣などの非木材生産物（NTFP: non-timber forest products）
などを期待でき，人工林では集約的な木材生産や炭素吸収，林業文化などを期
待できる（中静, 2018；表4-2）。木質素材の供給量や二酸化炭素の吸収速度を
最大化しようとするならスギやアカシアなどの早生樹種を植林すれば効率が良
いが，生物多様性に依存する遺伝資源や花粉媒介といった生態系サービスは低
下するというジレンマが生じる。しかも原生林が失われると再生することは困
難である。

表4-2 生態系サービスの種類と森林タイプごとの事例（中静（2018）に著
者加筆）

生態系サービス	事例	森林タイプ		
		原生林	二次林	人工林
供給サービス：暮らしの基盤	食料, 水, 燃料, 繊維, 化学物質, 遺伝資源	山菜・キノコ, 水源涵養, （木材）, 化学物質, 遺伝資源	山菜・キノコ, 水源涵養, 薪炭, パルプ, 木材, 化学物質, 遺伝資源	水源涵養, 木材
調整サービス：暮らしを守る自然	気候の制御, 病気の制御, 洪水の制御, 無毒化, 花粉媒介	気候の制御, 洪水制御, 病害虫制御, 送粉	気候の制御, 洪水制御, 病害虫制御, 送粉, 炭素吸収	気候の制御, 洪水制御, 炭素吸収
文化サービス：豊かな文化の根源	精神性, レクリエーション, 美的な利益, 発想, 教育, 共同体としての利益, 象徴性	信仰, エコツーリズム, 発想, 自然教育, 祭り・保護運動, 希少生物・原始性, 狩猟文化	グリーンツーリズム, 発想, 自然教育（里山）, 共有林・里山運動, 身近な生物自然, 里山文化	グリーンツーリズム, 林業教育, 共有林, ブランド材, 林業文化
基盤サービス：生き物の存在基盤	土壌形成, 栄養塩循環, 一次生産	土壌形成, 栄養塩循環, 一次生産	土壌形成, 栄養塩循環, 一次生産	土壌形成, 栄養塩循環, 一次生産

　森林の面積減少や劣化，過剰利用は，生態系サービスの変質や劣化を通してさまざまな問題をもたらす。たとえば，過剰に薪炭材を採取すると森林から治水機能が失われて洪水被害が生じるし，二次林を人工林に転換すると花粉媒介者の減少や病害虫・獣害の発生による農産物の収量低下をもたらしうる。

⑶　森林減少の要因と対策

　森林が減少する要因は地域によって異なるが，直接要因は，食料や換金作物，放牧地のための農地拡大や商業用・薪用の木材の伐採，インフラの拡大，森林火災などに集約される（Geist and Lambin, 2002）。さらに直接要因は，人口増加や貧困，国際貿易，技術革新，林業政策，土地所有制度，汚職，戦争・紛争などの社会的・経済的な間接要因によって誘導される（辻野，2018）。

　社会と環境を持続可能な状態にするためのコストを無視して経済発展を優先させて森林を破壊すると，生態系サービスの恩恵は減退して環境問題が顕在化する。不適切な森林利用が続けば森林減少と劣化は継続して社会は破綻するだろう。一方，技術革新や制度改革（たとえば，伐採禁止，丸太の輸出禁止，再森林化）が行われれば，森林が回復してゆく可能性は残されている。ただし，ある地域で森林回復したように見えても実は別の地域の森林枯渇を誘発している可能性が否定できないので注意が必要である（Meyfroidt and Lambin, 2009）。そのため，REDD＋（Reducing Emissions from Deforestation and forest Degradation in developing countries）や FLEGT（Forest Law Enforcement, Governance and Trade），FSC 森林認証制度などの地域を越えた仕組みで森林減少の防止と再森林化を目指す必要がある。

⑷　日本における森林変化と近年の状況

　日本では，戦後復興と高度経済成長期による木材需要の増加と燃料革命（薪炭から石油・ガスへのエネルギー源の転換）による薪炭需要の低下を受けて，荒地への植林や奥山天然林や里山薪炭林を伐採してスギを主とする針葉樹人工林へ転換する拡大造林政策が行われた（辻野，2011）。現在，森林は国土の66％を占め，先進国としてはフィンランド（75％），スウェーデン（73％）に

次ぐ森林率の高さではあるが，その41%（1,027万 ha）は人工林である（FAO, 2015）。

国産材供給の減少と木材輸入が1964年に自由化されたことを受けて，木材自給率は，1960年の89%から1970年には47%に急減し，その後も林業の採算性は悪化して自給率はゆるやかに低下し，2002年に最低の18.8%となった（森林・林業白書）。その一方で日本の総合商社は，国内の木材需要を満たすために東南アジアの熱帯林に進出して木材を輸入し，彼の国の森林減少に寄与してきた。近年は，技術革新などによる国産材利用の増加と木材輸入量の減少を背景に，木材自給率は増加しつつある（2018年で36.6%；森林・林業白書）。

里山薪炭林と針葉樹人工林の経済価値が失われた影響を受け，コナラやミズナラ，アカマツ，シイ，カシの薪炭林や竹林，スギ林は管理放棄され，松枯れによるアカマツの枯損，竹林の拡大，カシノナガキクイムシによるナラ枯れの被害が生じている。日本は「緑の列島」と称される一方で，他国の森林資源を消耗してきただけでなく，国内の森林にも様々な問題を抱えている。

引用文献

Food and Agriculture Organization of the United Nations（FAO）（2015）*Global forest resources assessment 2015*. Food and Agriculture Organization of the United Nations, Rome, 2015.

Geist, H.J. and E.F. Lambin（2002）Proximate causes and underlying driving forces of tropical deforestation. *Bioscience 52*: 143-150.

Keenan, R.J. et al.,（2015）Dynamics of global forest area: Results from the FAO Global Forest Resources Assessment 2015. *Forest Ecology and Management* 352: 9-20.

Meyfroidt, P. and E.F. Lambin（2009）Forest transition in Vietnam and displacement of deforestation abroad. *PNAS 106*: 16139-16144.

中静透（2018）「森林の変化と生態系サービス」中静透・菊沢喜八郎編『森林の変化と人類』pp.211-244. 共立出版。

日本学術会議（2001）『地球環境・人間生活にかかわる農業及び森林の多面的機能の評価について』。

辻野亮（2011）「日本列島での人と自然のかかわりの歴史」湯本貴和・矢原徹一・松田裕之編『日本列島の三万五千年―人と自然の環境史 1 環境史とは何か』pp.33-51, 文一総合出版。

辻野亮（2018）「世界の森林減少の歴史」中静透・菊沢喜八郎編『森林の変化と人類』pp.17-67. 共立出版。

（辻野　亮）

● 第7項　「奈良のシカ」とその保護管理

⑴　「奈良のシカ」の魅力と課題群

　「奈良のシカ」とは，主に奈良公園（奈良市）を中心に見られるもので，北海道から九州に生息するニホンジカである。1880年創設の奈良公園は，春日大社，興福寺，東大寺などの境内敷地につくられた県立の都市公園であり，市街地の公園として日本最大の規模をもつ（約660ha）。現在，そこを中心に1,200頭を超えるシカが生息している。このシカは，春日大社の「神鹿」であると同時に，「地域を定めずに指定」された国の天然記念物である（1957年指定）。また，外国人を含め年間1,700万人が訪れる観光都市・奈良の観光の目玉の１つでもあり，東大寺の大仏とともに奈良のシンボルの双璧となっている。

　このシカと奈良の人々との関係史は一千年に及ぶとされる。天然記念物に指定した文化庁はこう書く。「奈良のシカは，日本国内に普通に多数生息しているものと同じで，それ自体はとくに珍しいわけではない。しかし，奈良公園一帯のシカは，春日大明神（タケミカヅチ神）がシカに乗って（常陸の鹿島から）春日山にきたという説話から，しだいに『神鹿』としてあがめられるようになったため，ことのほか愛護され，よく人に馴れ，集団で行動し，奈良公園の風景の中にとけこんで，わが国では数少ないすぐれた動物景観をうみ出している」（文化庁文化財保護部，1971，括弧内筆者挿入）。

　ここには，「奈良のシカ」の魅力が，端的に表現されている。だが，シカは全国に生息しているにもかかわらず，奈良公園のように身近に見られる場所は，宮島（広島県）や金華山（宮城県）といった島だけである。なぜか。一言でいえば，シカの保護管理に大変な困難を伴うからだ。

　その第１は，シカを人間の活動からどう保護していくのかである。公園内には国道など主要道路が走っているため，多くのシカが交通事故に会う。また，観光客が捨てたビニールやポリ袋などを食べ，身体をこわすシカも多数存在する。一方，シカによる人間の側に対する被害，すなわち人身被害や農業被害等をどう防ぎ，生じた被害にどう対処するのかという問題もある。人身被害は，昭和40年代には90件に上った年があった。また，公園の外部には農地が広がっ

ている。シカは農家にとっては害獣でもある。加えて，シカによる春日山原始林の食害問題も存在する。春日山原始林とは，各種の照葉樹林など約1,000種の植物に覆われた森で，国の特別天然記念物に指定されている（1956年）。また，1998年には，ユネスコ世界遺産「古都奈良の文化財」の一部ともなった。"天然記念物が世界遺産を破壊する"という問題への対処も課題なのだ。

　奈良公園内に柵を設けてシカを閉じ込めてしまえば，こうした問題は全て解消する。しかし，奈良では，それを実施したのは明治の初期だけだったから，各種鹿害の発生は必然といえる。因みに，江戸時代は，都市部（奈良町）の外周を囲うように「鹿垣」を作り（約10kmと推定），外部の田畑に出ないようにしていた（奈良の鹿愛護会監修，2010）。

(2)　シカの責任主体の変化と保護管理の歩み

　今日における「奈良のシカ」の保護管理計画の端緒は，1979年，公園周辺農家が，シカによる農業被害の損害賠償を求めて提訴した裁判にある。被告は，シカを保護してきた主体である文化庁，奈良市，春日大社，財団法人奈良の鹿愛護会（現在は一般社団法人。以下，愛護会）だ。この訴訟は，1985年に和解で決着し，シカの保護管理の新しい仕組みが構築されたのだ。

　和解条項に示されたその要点を記せば，①シカの生息地を奈良公園の範域とほぼ一致する「保護地区」とその外部の「管理地区」とに分ける，②管理地区に逸出したシカについては，防鹿柵を設けることと，捕獲によって田畑を守る。捕獲には，捕獲柵による生け捕りだけでなく頭数管理（捕殺）も認め，生け捕りしたシカは鹿苑（愛護会が管理）に収容する，③各種鹿害対策については，県と市が愛護会に援助，協力するというものだ。

　天然記念物申請の際，春日大社はシカの所有者として関係書類を文化庁に提出している。だが和解で春日大社は所有権を主張しなかった。では，次は誰が管理責任の中心主体となるのか。和解ではこの点を明確に定めてはいない。

　この間，管理地区における頭数は増大し，防鹿柵だけの対応で頭数管理をしなかった結果，農業被害は外部へと広がった。また，春日山原始林の食害も深刻化し，「奈良県レッドデータブック」は，春日山原始林の中心をなすコジイ

（ブナ科の常緑高木）群落を「絶滅のおそれ大」に分類した（奈良県，2009）。

　こうした事態に危機感を抱いた県は，2011年，奈良公園の管理を専門的に担う「奈良公園室」を庁内に発足させ，同室は，奈良公園のマスタープランである『奈良公園基本戦略』を策定する（2012年）。この戦略に基づき，同室は，2013年，「奈良のシカ」保護管理計画検討委員会を設置し，シカの保護管理に本格的に取り組むのである（奈良県，http://www.pref.nara.jp/33948.htm，2020年 8 月31日確認）。これが可能となったのは，同年，県主導により，県・市・春日大社の三者がシカに関する協定書を締結して，1985年の裁判和解後，不明瞭であった保護管理主体を明確化した点が大きい。

　この委員会がまず取り組んだのは，和解でできた保護管理基準・地区区分の見直しを行うことだった（2016年）。その計画のポイントを記せば，次の通り

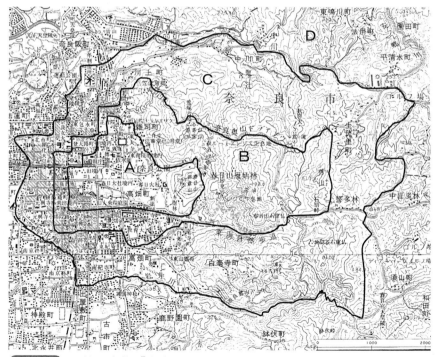

図4-10　天然記念物「奈良のシカ」の保護管理区分

（国土地理院 5 万分 1 地形図に筆者加筆）

である。①奈良公園とその周辺を，保護地区と管理地区に分けるのは今までと同じなのだが，②保護地区を奈良公園平坦部と御蓋山を中心とする重点保護区（A地区）と春日山原始林を含む保護地区（B地区）に分ける。そして，A地区については，従来以上にシカの保護や人身事故対策に重点を置く対策をとり，B地区については，春日山原始林の森林更新を誘導するために防鹿柵を設置する。③管理地区（D地区）での農林業被害対策は，防鹿柵の設置だけでなく，シカを第二種特定鳥獣管理計画に基づいて管理する（C地区は緩衝地帯）。端的に言えば，裁判和解で決まった保護管理の仕組みが，30年ぶりにバージョンアップされ，ようやく実現されることになったのだ（渡辺，2017）。この管理計画により，D地区のシカは，2017年度から2019年度までに約280頭が捕獲されている[*1]。

　他方，保護地区（AとB地区）において，県は，既に2009年から愛護会の活動を支える別組織も設置し，シカの保護体制と人身事故対策の強化を図ってきた。それらを踏まえ，2019年には，改めてシカの保護計画を策定したが（奈良公園室，http://www.pref.nara.jp/53788.htm，2020年8月31日確認），これを見ても，解決すべき問題は依然として多い。

引用文献

文化庁文化財保護部（1971）『天然記念物事典』第一法規。
奈良県・くらし創造部景観環境局自然環境課（2009）『奈良県版レッドデータブック　普及版』奈良新聞社。
奈良の鹿愛護会監修（2010）『奈良の鹿』京阪奈情報教育出版。
渡辺伸一（2017）「奈良のシカ保護管理の歩みとこれから─その社会学的検討」『生物学史研究』NO.96: 35-52。

（渡辺伸一）

[*1]　食害を出す他の天然記念物の捕獲例としては，例えばカモシカ，下北半島のサル，箕面山のサルがある。累計捕獲許可数はそれぞれ，39,353頭（1975〜2016），2,340頭（2007〜2015），386頭（1988〜2018）である（農林水産省HP，第1回鳥獣被害対策推進会議資料より）。

◉ 第8項　農業の基本的価値

(1)　農業と人類

　農業は，人間が生きていくうえで欠かせない「衣，食，住」の内の「食」の
みにかかわるものだと思われるが，実はどの分野にも関係している。例えば，
「衣」では繊維の生産や染色の材料など，「食」では作物や野菜，果実，草花の
生産など，「住」では住居の材料などに農業による生産物が活用される。農業
は，従来人類にとって植物の栽培から果実や葉，根などを収穫して食料を得て
生存するために不可欠な営みであった。人類はおよそ１万年前から植物を栽培
しており，今日では食料の獲得に加えて花や葉などを観賞したり，教育や医
療，福祉において栽培活動を取り入れたりしている（松尾，2005）。また，急
激な人口増加に対して，人類は品種改良，肥料，農薬，環境制御などの農業技
術を開発して食料を獲得してきた。

　持続可能な開発目標（SDGs）では，世界中の国や企業などが協力して，地
球と人類がこれからも共生できるよう努力している。SDGsにおける農業の役
割は，「2　飢餓をゼロに」に直接的に関係しており，この目標では「飢餓を
終わらせ，食料安全保障および栄養改善を実現し，持続可能な農業を促進す
る。」となっている（国際連合経済社会局 https://sdgs.un.org/goals/goal2,
2020年９月10日確認）。また，農業と地球環境を関連付けると，間接的に
SDGsの「12　つくる責任つかう責任」，「13　気候変動に具体的な対策を」，
「14　海の豊かさを守ろう」，「15　陸の豊かさも守ろう」などにも影響を与え
ることがわかる。したがって，農業は，人類のために食料を生産するだけでな
く，生物の多様性保護や土地や気候の劣化の防止など地球環境との関係が深い
といえる。そこで，この項では人類と地球環境に対する農業の価値について考
える。

(2)　食料生産と地球環境

　現在の世界の食料事情では，世界規模の人口増加による需要を満たすために
食料確保を目的とした農業技術が開発されている。これまで，1960年代や1980

年代の「緑の革命」における高収量品種の導入や化学肥料や農薬の大量投入などにより，食料の生産量は増加した。「緑の革命」では，メキシコでコムギの研究が始まり，交配育種により高収量品種が開発されてメキシコだけでなくインドなどにも普及した。次いで，フィリピンの国際稲研究所でコメの交配育種により「奇跡のコメ」と呼ばれた IR 8 が開発された。IR 8 は窒素感応性の高い高収量品種であり，生産量を向上するために化学肥料などの利用が増加した（日本農業検定事務局，2020；東京大学農学部，2011）。世界の食料需給を考えると，「緑の革命」以降の農業技術の進歩により穀物の単位耕地面積当たりの生産量を表す単収は増加傾向にある（**図4-11**）。一方，収穫面積は都市化などのためにほとんど変わらないのに対し，人口の増加により 1 人当たり収穫面積が減少している。また，1 人当たり生産量はわずかに増加しているが，「飢餓」を解決できていない現状では食料需給の在り方を見直す必要がある。

　現状の農業による食料生産がこれからも続くと，いずれ温暖化や水資源の制約，土壌劣化などの負荷により地球環境の存続が懸念される。近年，日本の農林水産省では，環境保全型農業「農業の持つ物質循環機能を生かし，生産性と

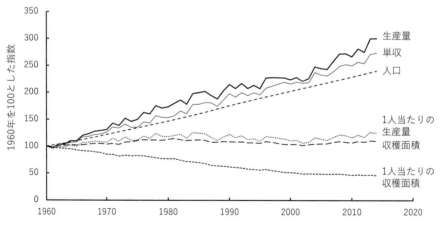

（出典　国際連合経済社会局、「World Population Prospects 2019」、
https://population.un.org/wpp/Download/Standard/Population/、2020年9月15日確認
農林水産省、「穀物の収穫面積、生産量等の推移と見通し」、
https://www.maff.go.jp/j/wpaper/w_maff/h26/h26_h/trend/part1/chap1/c1_1_01_2.html、2020年9月15日確認
筆者作成）

図4-11 世界の人口と穀物の収穫面積，生産量などの推移

の調和などに留意しつつ，土づくり等を通じて化学肥料，農薬の使用等による環境負荷の軽減に配慮した持続的な農業」（環境保全型農業関連情報（農林水産省）https://www.maff.go.jp/j/seisan/kankyo/hozen_type/，2020年8月31日確認）の確立を目指している。これまで，食料・農業・農村基本法（1999年）や有機農業推進法（2006年）が整備され，土づくりから植物の栽培や家畜の飼育，食品残渣や家畜糞尿などの農業全体における物質循環機能を維持するための取り組みが行われている（環境保全型農業の推進について（農林水産省）https://www.maff.go.jp/j/seisan/kankyo/hozen_type/pdf/suisin_280401.pdf，2020年9月10日確認）。

⑶ 農業のこれから

　人類による農業および産業活動では，農地の拡大のために森林を開拓して，砂漠化や温暖化など気象の異変を起こして地球環境に負荷を与えている。この環境への負荷は，将来的に自然環境からの影響が大きい農業自体を危うくすることは明らかである。また，農業は人類に対して食料を生産するだけでなく，都市や道路，住居などの生活空間における緑や花を供給するため，これからの社会においてもさらに多くの価値があると考えられる（星川，2011）。

　このような現状を受けて，自然環境に配慮した有機農業や地域の特色を活用した農業を世界農業遺産（GIAHS）や日本農業遺産（JNIAHS）として認定し，農業と環境や文化の保全を目的とした取り組みが世界規模で行われている。世界農業遺産とは，「世界的に重要かつ伝統的な農林水産業を営む地域（農林水産業システム）を，国際連合食糧農業機関（FAO）が認定する制度」である（農林水産省　https://www.maff.go.jp/j/nousin/kantai/giahs_1_1.html，2020年8月31日確認）。また，日本農業遺産とは，「我が国において重要かつ伝統的な農林水産業を営む地域（農林水産業システム）を農林水産大臣が認定する制度」である。世界農業遺産は，世界中から22か国62地域，日本では11地域が認定されており（2020年6月），日本農業遺産は国内15地域が認定（2019年3月）されている。両農業遺産の認定地域は国内に広くあるが，近畿圏では「みなべ・田辺地域の梅システム」（和歌山県）が2015年に世界農業遺産に認定

されている。この地域で400年以上も維持されてきた「梅システム」では，薪炭林を残して梅林を開墾しており高品質な梅を生産している。薪炭林では，水源涵養や崩落防止等の機能を保持しながら良質な「紀州備長炭」を生産している。また，梅が果実を実らせるために薪炭林に生息するニホンミツバチなどが花粉を運ぶ役割を果たしており，梅からミツバチに花の蜜を提供することで共生関係が築かれている（原・三瓶，2016）。日本農業遺産では，「森・里・湖（うみ）に育まれる漁業と農業が織りなす琵琶湖システム」（滋賀県）や「兵庫美方地域の但馬牛システム」（兵庫県），「下津蔵出しみかんシステム」（和歌山県）が2018年に認定されている。これらの地域では，単に農業による食料生産だけでなく，その地域の水源や土地の管理や維持，他の生物との共生，伝統文化の継承などが同時に行われている。

　　今後，ESD および SDGs の目的や効果が社会に広がることで，地球環境に配慮した農業についての学校教育および家庭や社会教育により，農業の新たな価値を見出すことができると考えられる。

引用・参考文献

東京大学農学部（2011）『農学教養ライブラリー４人口と食糧』朝倉書店。
日本農業検定事務局（2020）『日本の農と食を学ぶ　上級編』農山漁村文化協会。
原祐二・三瓶由紀（2016）「みなべ・田辺の梅システム―そのランドスケープの特徴と選定プロセスの実際―」『農村計画学会誌』35: 379-382。
星川清親（2011）『植物生産学概論』文永堂出版。
松尾英輔（2005）『社会園芸学のすすめ―環境・教育・福祉・まちづくり―』農山漁村文化協会。

（箕作和彦）

◉ 第9項　公害・環境問題―イタイイタイ病と水俣病を中心に―

(1)　公害・環境問題と私たちの健康

　コメと魚は日本食の代表である。そのコメにはカドミウムの，そして魚には水銀の食品安全基準値があるのだが，この基準値ができたきっかけは何だろうか。それぞれイタイイタイ病（以下，イ病）と水俣病の発生である。前者は富山県神通川流域で，また後者は熊本県や鹿児島県など不知火海沿岸一帯と，新潟県阿賀野川流域で発生した公害病である。これらは，三重県の四日市公害と合わせて四大公害病として教科書にも載っているので知っているであろう。

　では，次の問いはどうだろう。環境省が認めた公害病は４つある。四大公害病は，このうちの３つに含まれるわけだが，では第４の公害病とは何か。この問いにすぐに答えられるのは，公害・環境問題に詳しい人だ。答えは，宮崎県高千穂町の旧土呂久鉱山と島根県津和野町の旧笹ヶ谷鉱山の周辺で発生した慢性ヒ素中毒症である（川原，2005）。

　不知火海の水俣病についていえば，熊本大学医学部や厚生省（当時）が，病気の原因はチッソ水俣工場からの排水に含まれたメチル水銀だと1959年までに何度も指摘していた。しかし，時の政府は，それから９年もの間，排水規制をせず，これにより患者は不知火海沿岸部を中心にどんどん増えてしまった。高度経済成長のためには，チッソが製造する原料から作られる工業製品（化学肥料や塩化ビニールなど）は欠かせないという判断からだ（見田，1996）。その結果，新潟県に第二の水俣病まで発生させてしまったのである（飯島・舩橋編，2006）。

　メチル水銀やカドミウムなどの各種汚染物質の排出規制がなされ，また食品の安全基準値が作られて，私たちの健康が守られているのはこれらの公害事件がきっかけだ。私たちは，公害被害者の貴い健康や生命の犠牲の上に，きれいな空気を吸い，安全な食べ物を食することができている。被害者が私たちの健康や命を守ってくれている，と言ってもよい。この意味で公害被害者と私たちはつながっているのだ。

　しかし，同時に公害被害者に起こっている理不尽な事態をも指摘しておく必

要がある。2つの水俣病，イ病ともに，全ての被害者が救済されているわけではないという点だ。まず，2つの水俣病についてだが，国が公害病と認めて，経済的にも補償対象とした認定患者は，2019年現在で約3,000人にすぎない。すぎないというのは，環境省が定めた認定基準が過度に厳格なために，そして居住地域を限定的に定義したことで，多くの被害者が認定申請を棄却されているからだ。もっとも，2004年，最高裁は，被害拡大の防止を怠った行政責任を認定し，国の認定基準よりも幅広い救済を認めた。これが契機となり，2009年，「水俣病被害者の救済及び水俣病問題の解決に関する特別措置法」が制定され，国は6万人を越える被害者に対して救済の道を開いた。しかし，それでも対象から外れる被害者は存在し，また認定患者に比べたらその補償金額は極端に低く，新たに裁判に訴える動きはなくならない（堀田，2020）。水俣病の公式確認から64年を経た2020年においても，「水俣病は終わっていない」のだ。次に，イ病についてはどうか。

⑵ コメの国際安全基準値策定と放置された被害者

現在のコメ（精米）のカドミウム基準値は，0.4ppm以下である。これは2010年に国が決めた数値である。それまでは，1ppm以下であった。1ppmというのは，イ病裁判中の1970年に作られた基準値だから40年ぶりの改定であった。

カドミウムを摂取すると直ぐにイ病になるわけではない。その前に，腎臓が障害され（カドミウム腎症という），重篤になると骨粗鬆を伴う骨軟化症となり，骨折が多発しイ病となる。0.4ppm以下とは，腎障害を防止するための基準値である。

カドミウムとは，亜鉛などの鉱石に含まれている金属だが，日本には各地に亜鉛がとれる鉱山が存在してきたので，カドミウム汚染地も多数存在する。そのため，農業被害だけでなく，汚染が深刻な地域には腎障害の被害者も少なからず存在している。石川県梯川流域，兵庫県市川流域，長崎県対馬では，カドミウム腎症はもちろん，イ病と同じ症状の患者までが研究者によって発見されている（飯島他，2007）。だが，環境省は，これまでこの腎障害を公害病と認

めず，何もしていない。理由は，「病気ではない」「直ちに日常生活に支障はない」等というものだ。しかし，「病気ではない」のなら，なぜ，腎障害にならないためにコメの安全基準値を改定したのだろう。しかも40年間も変えなかったにもかかわらず，である。

実は，基準値を0.4ppmに改定したのは，国際基準値が0.4ppmに決まったからなのである。カドミウムによる腎障害は日本だけでなく世界中で発生しており，その調査研究を受けて，食品の安全性と品質に関して基準を定める国際的機関（コーデックス委員会という）は，2006年に国際基準値0.4ppmを策定した。こうした動向の中で，日本だけが1ppmのままというのは問題だ，ということになり，日本政府が急遽，特別研究班を組織して改定したのだ。しかも，強調すべきなのは，この0.4ppmという国際基準値策定にあたっては，日本各地のカドミウム腎症の被害者から得た，日本人医学者による研究成果が生かされているという事実である。ここで看取できるのは，環境省が認めない日本人医学者の研究が，国際機関では逆に評価され，日本政府にコメの安全基準値改定の圧力として作用した，という構図である（飯島他，2007）。

健康を犠牲にして得られた貴重なデータが，日本のみならず世界の人々の健康に役立てられている。しかし，その日本の被害者は，国によって公害病とは認められず放置されてきた。このような理不尽なことはないであろう。

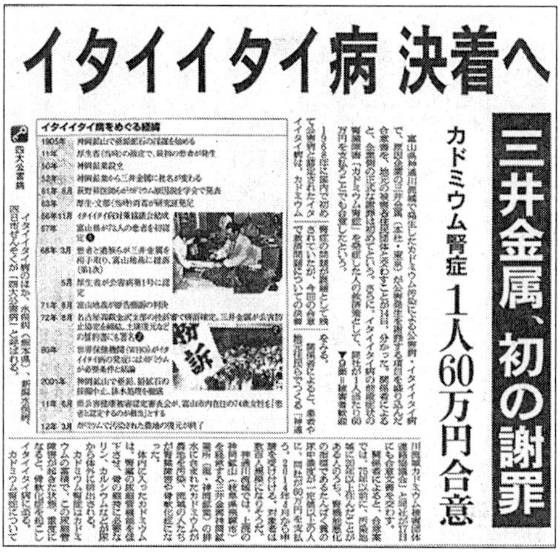
イタイイタイ病 決着へ

三井金属、初の謝罪

カドミウム腎症 1人60万円合意

イタイイタイ病をめぐる経緯

図4-12　カドミウム腎症をめぐる「補償」合意の報道（朝日新聞2013年12月14日）

カドミウム腎症の場合，水俣病未認定患者問題のように，これまで裁判で争われるということはなかった。しかし，公害病指定を求める被害者運動は，対馬でもあったし，富山では，「腎障害の救済なくしてイタイイタイ病問題の救済なし」をスローガンに30

年以上にわたり環境省に，腎障害の公害病指定を求め続けてきた。だが，国が，いっこうに認めようとしない中，2013年，富山の被害者団体は，加害企業（三井金属鉱業・神岡鉱業）と直接交渉する道を選んだ。そして，腎障害者一人あたり一時金60万円で合意が成立した（対象者は600〜1,000人程度）。国が病気だと認めない「健康被害」を「補償」させるのであるから，交渉は困難を極めた。この金額の値がそれを物語っている。だが，これは富山だけの話である。富山以外の全国のカドミウム汚染地に住むカドミウム腎症の被害者は，捨て置かれたままなのだ。

　私見によれば，環境省が認めた 4 つの公害病の中で，被害者の発見・救済制度が徐々に優れたものになり，今日，被害者運動からも評価されているのは，土呂久のヒ素中毒問題だけだ[*1]。

引用文献

藤川賢・渡辺伸一・堀畑まなみ（2017）『公害・環境問題の放置構造と解決過程』東信堂。

堀田恭子（2020）「解決論としての環境制御システム論の可能性 ―21世紀における水俣病問題の考察」茅野恒秀・湯浅陽一編著『環境問題の社会学』東信堂：167-197。

飯島伸子・舩橋晴俊編著（2006）『新版 新潟水俣病問題』東信堂。

飯島伸子・渡辺伸一・藤川賢（2007）『公害被害放置の社会学―イタイイタイ病・カドミウム問題の歴史と現在』東信堂。

川原一之（2005）『アジアに共に歩む人がいる―ヒ素汚染にいどむ』岩波ジュニア新書。

土呂久を記録する会編（1993）『記録・土呂久』本多企画。

見田宗介（1996）『現代社会の理論』岩波新書。

渡辺伸一（2018）「土呂久公害における被害者救済対策の独自性とその成立過程」『第23回アジア地下水ヒ素汚染フォーラム（2018年11月23-24日）予稿集』（CD-R）所収。→入手希望の方は，筆者まで連絡を（shinichi@cc.nara-edu.ac.jp）。

（渡辺伸一）

[*1] 宮崎県高千穂町土呂久のヒ素中毒問題については，次を参照。「砒素のミュージアム 土呂久」（https://www.asia-arsenic.jp/starting-point/museum），土呂久を記録する会編（1993），藤川他（2017），渡辺（2018）。この公害病は，医師ではなく小学校の教師が調査して顕在化させた，という特徴をもつ（川原，2005）。

⬤ 第10項　ユネスコエコパークの ESD 教材開発

(1)　はじめに

　ユネスコエコパークという名称を聞いたことがある人は多くないだろう。ユネスコエコパークは日本での通称で，正式には生物圏保存地域（BR: Biosphere Reserves）と呼ばれ，自然環境の利用と保全の調和を目指した持続可能な開発のモデル地域とされている（日本ユネスコ国内委員会，2019）。制度の歴史は意外に古く1970年代に遡り，その理念は今日の ESD と SDGs に直結する。

　ユネスコエコパークは，世界の124か国701地域，日本では10地域が登録されている（2020年 7 月現在）。近畿では，奈良県と三重県にまたがる大台ヶ原・大峯山・大杉谷ユネスコエコパークが登録されている。奈良教育大学では，2010年からこのユネスコエコパークを舞台とした ESD を試行してきた。例えばこんな風である。

　修験道の聖地である大峯山前鬼にある奈良時代から続く宿坊に林道を辿ってマイクロバスが到着する。学生・教職員・市民の一行は登山道をしばらく登り，トチノキの巨木に出会う。さらに奥に足を延ばし，立派なツガやミズナラの森でモニタリング調査中の現場を目撃する。ニホンジカが増えた森林では，シカ柵の中だけで樹木の稚樹が育っている。夜は，鬼の子孫といわれている宿坊の主人に先祖の鬼の系図を見せてもらい，修験者の自然との向き合い方について話を聞いたあと宿坊に泊まる。この体験では，近年急増したニホンジカが森林生態系に与える影響を知ることを軸として，劣化した森林生態系を再生する現場を見て原因や対策，自分の参加について考えること，人間と自然との関係や態度について学ぶことを目指している。自然の利用者として生態系にインパクトを与えない環境配慮技術（LNT）や野外救急法についても学ぶ機会を設けてきた（石田ほか，2018）。また NPO 法人と協働で取り組むモニタリング調査には，研究者や学生のみならず行政担当者や市民，中学生が参加してきた。

　本項では，今日まで発展してきたユネスコエコパークの制度について理解を

深めて，持続可能な社会の実現を目指すうえでの生物圏保存地域もしくはユネスコエコパークの可能性と ESD との親和性を考察することを目的とする。

⑵　3つの機能，3つのゾーニング，重層するネットワーク

　ユネスコエコパークには3つの特徴がある。第1に，保全 conservation，発展 development，学術的支援 logistic support の3つの機能を組み合わせて，地域スケールにおいて自然環境の利用と保全の調和を目指す持続可能な開発を実践するモデル地域となること，第2に，保護地域を核心地域 core area，緩衝地域 buffer zone，移行地域 transition area の3つの地域区分 zoning に分けること，第3に，世界的なネットワークを構築すること，である。これらを生かして，一筋縄ではいかない自然環境の持続可能な利用と保全の調和という困難な課題に取り組むことができる。

　「保全」は，人の手を介して地域の自然環境や生物多様性を持続可能な状態で維持することを示す。なお，世界自然遺産は，顕著な普遍的価値を持つ原生自然を保存 protection することを目的としている点で異なる。ユネスコエコパークでは，地域内での人間活動が重要になる（松田，2019）。「発展」は，自然生態系と社会が持続可能な形で地域の経済と社会の発展を促進させることを示す。「学術的支援」は，社会や自然環境の保全と持続可能な発展に関する環境教育・研修・調査研究・モニタリング等を支援することを示す。自然が維持されるだけでなく，そこで人間がどのような活動を行うかが重要なのである。

　このような3つの機能を果たすためには，すべての自然保護地域を同等に扱ってはうまくゆかない。そこで，自然を厳重に保護していく核心地域，そのまわりを取り囲む緩衝地域，私たちが暮らし生産活動・経済活動を行っている移行地域の3つの地域区分を設定してそれぞれの取組みを進める。

　核心地域は，厳正に自然を保護するため基本的には配慮された学術研究以外の人間活動は行わない地域である（松田，2019）。核心地域のすぐ外側には緩衝地域が配置され，非破壊的な人間活動（たとえば，エコツアー）などが行われる。移行地域は，農業や林業，居住地域が含まれて人間生活が営まれる。核心地域の原生な自然はもちろん保全すべき大切な存在であるが，移行地域こそ

がユネスコエコパークの理念を体現する地域である（松田，2019）。

　ユネスコエコパークは，地域関係者が主役となる制度であり，地域関係者のボトムアップ的な主体的判断を尊重する（松田，2019）。その主人公（地域関係者）が直面する困難な課題を乗り越えて持続可能な発展をサポートする仕組みの1つが，重層的なネットワークである。世界スケール（生物圏保存地域世界ネットワーク，WNBR: World Network of Biosphere Reserves）から地域スケール（日本ユネスコエコパークネットワーク，JBRN: Japan Biosphere Reserve Network）のネットワークを通じて，関係者の情報交換が行われる。これらに参加することで，1地域では解決できなかった問題が，世界中のネットワークによるサポートによって解決できるかもしれない可能性を秘めている。

(3)　BR で ESD

　ユネスコエコパークの理念は，持続可能な社会と深く呼応しており，しかもESD あるいは環境教育はユネスコエコパークの機能の1つとして組み込まれているため ESD とは親和性が高く，理念に沿った活動をすれば，持続可能な地域へと近づける助けになるし，試行錯誤する過程は ESD となる。ある地域がユネスコエコパークでなかったとしてもユネスコエコパークの活動を学ぶことは ESD であるし，学習で得た成果や知見を自分たちの地域に適用すればその地域を持続可能な地域へ近づける助けとなる。すなわち，ユネスコエコパークでは持続可能な未来に向けた実践が蓄積されており，地域の実践者や教育者らがそれらの実践例を ESD の教材として開発（解釈）することで，ユネスコエコパークで培われた優良な実践事例（good practices）がネットワークのサポートを経て広められる。これこそがユネスコエコパークが自然環境の利用と保全の調和を目指した持続可能な開発のモデル地域であるとされる所以である。

　冒頭でも示した通り実践事例は蓄積されつつあり，たとえば教員向けのESD 教材「ユネスコエコパークを活用した ESD 教員向けガイドブック—自然と人間の共生をめざして—」（日本 MAB 計画委員会，2015）や「Our biosphere, our future（私たちの生物圏，私たちの未来）」に紹介されている（UNESCO,

2019)。さらに，まとまった情報として入手することは難しいが，このような事例を探し学ぶことは ESD の教材開発そのものといえる。

⑷　まとめ

　ユネスコエコパークの制度は，生物多様性の保全と豊かな人間生活の調和および持続可能な開発を実現することを目標とした枠組みが示されているだけで，際立った特徴や制約がない。逆に，持続可能な地域づくりに必要なあらゆる地域資源を自由に組み合わせて包含できるアンブレラ（上位構造）として，地域の人々にとっての選択肢を更に拡大する機能を果たすことが可能である（佐藤，2019）。しかもこの制度には ESD が組み込まれていているため，ユネスコエコパークに関わって行う活動や学習はすべて ESD につながるのである。

引用文献

日本ユネスコ国内委員会（2019）「ユネスコエコパーク―自然と人の調和と共生」。

日本 MAB 計画委員会（2015）「ユネスコエコパークを活用した ESD 教員向けガイドブック―自然と人間の共生をめざして―」日本 MAB 計画委員会。

石田正樹ほか（2018）「ESD ワークショップ2017『OOOBR における ESD』の教育実践報告～防災教育教材の開発～」『奈良教育大学自然環境教育センター紀要』(19)：39-54。

松田裕之（2019）「世界遺産とはどこが違うのか？」松田裕之ほか編『環境人間学と地域ユネスコエコパーク―地域の実践が育てる自然保護』pp.3-36，京都大学学術出版会。

佐藤哲（2019）「ユネスコエコパークを支える知恵・ネットワーク・科学」松田裕之ほか編『環境人間学と地域ユネスコエコパーク―地域の実践が育てる自然保護』pp.305-328，京都大学学術出版会。

UNESCO (2019) Our biosphere, our future: local actions for the Sustainable Development Goals.

（松井　淳）

◉ 第11項　ジオパークの ESD 教材開発

⑴　ジオとは何か

　ここは地球。私たち人類の未来は，地球に生きることが基本である。地球環境に関心があるなら，地球の活動に触れよう。地球は生きている。

　まず，ジオパークのジオ（geo）の意味を，**図4-13**で見てみよう。

　「ジオ」は，地形，地質，岩石，水，雪氷，土壌，気候・気象などからなる。生き物がつくる生態系（エコシステム）の基盤であり，私たち人間の暮らしがなす社会（ソシオ）にも大きく影響している。「ジオ」は，「大地，地球，地形，地理，あるいは土地といった意味の接頭語」であり，ジオパークは「ジオを学ぶための絶好の場所」とされている（尾池・加藤・渡辺，2011）。

⑵　ジオパークとは何か

　ジオパークには，ユネスコが認定したユネスコ世界ジオパーク（UNESCO Global Geopark）と，各国・地域が認定したものがある。ユネスコ世界ジオパークは，2021年1月現在，44か国の161地域に存在する。ヨーロッパと中国を中心に世界各地に分布している。日本には，日本ジオパーク委員会が認定した日本ジオパークが43地域あり，うち9地域はユネスコ世界ジオパークとしても認定されている。いずれも4年に1度，再認定審査がある。これにより持続可能な発展（開発）を保証している。

　ジオパークには，地球

図4-13 「ジオ」に支えられている人間の暮らし
河本（2011）の図を一部改変

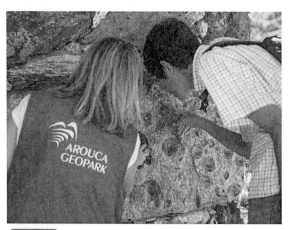

の活動がわかる地質や地形がある。これをジオヘリテージ（geoheritage）という。また，それがある場所をジオサイト（geosite）という。それらを保護・保全し，教育に活用し，ツーリズム等を通じて持続可能な開発を行うことが，ジオパークでは大切にされている。

各ジオパークは，世界ジオパークネットワーク（Global Geoparks Network），日本ジオパークネットワークなどに加盟して意識的につながりの機会を持ち，相互研鑽している。

⑶　ジオパークのESD教材開発

持続可能な社会をつくるには，地球の活動をよく知り，それをローカルにもグローバルにも活かすことが大切である。ジオパークには，地球科学的な知識やものの見方，地域資源の価値を，拠点施設や各ジオサイトの展示・看板やガイドなどから学べる仕組みや仕掛けがある。ジオパーク活動は地球科学と地域づくりの組み合わせなので，それを活かしたESDも，双方の観点を持ち，段階を追って展開していくとよい（**図4-15**）。これら地球科学と地域づくりからの学びは，ジオパークのネットワークを通じた地球理解・国際協力にもつながる。

とはいえ，ジオパークも完ぺきではなく，活かし方・伝え方や運営のレベル・方法は様々だ。持続可能な社会の構築には「継続進化」が必要である。知恵を出し合い，一緒に工夫し，未来をつくっていこう。ジオパークは社会参画型の学びの場になる。

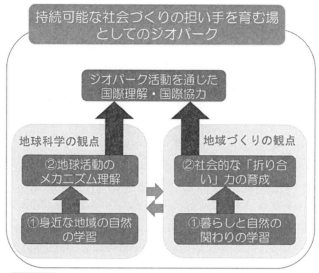

持続可能な社会づくりの担い手を育む場
としてのジオパーク

ジオパーク活動を通じた
国際理解・国際協力

地球科学の観点　　　　　地域づくりの観点

②地球活動の
メカニズム理解

②社会的な「折り合
い」力の育成

①身近な地域の自然
の学習

①暮らしと自然の
関わりの学習

図4-15 持続可能な社会づくりの担い手を育む場と
してのジオパークにおける教育の全体像

河本（2016b）掲載の図に加筆

　さらに，ジオパークは地域の多様性をみる眼を鍛えてくれる。**図4-16**に，**図
4-13**を参考にしながら，気づきをたくさん書き込んでみよう。地域の成り立ち
や構造がわかると，身近な景色も旅先の景色も違って見えてくる。あなたの地
域をジオパークにするプランを考えるのも面白い。その学びは，防災・減災
（4-2-9参照）にも，暮らしの場としての意義の確認にもつながる。

引用文献
尾池和夫・加藤碵一・渡辺真人（2011）『日本のジオパーク―見る・食べる・学ぶ―』ナカ
　ニシヤ書店。
河本大地（2011）「ジオツーリズムと地理学発『地域多様性』概念―『ジオ』の視点を持続
　的地域社会づくりに生かすために―」『地学雑誌』120-5, pp.775-785。
河本大地（2016a）『人間ジオ宝』奈良教育大学出版会。
河本大地（2016b）「ESD（持続可能な開発のための教育）とジオパークの教育」『地学雑誌』
　125, pp.893-909。

図4-16 地域多様性の眼で見てみよう

河本（2016a）から川島蓮香氏による絵を転載

（河本大地）

第2節　社会分野

◉ 第1項　世界の貧困・日本の貧困

⑴　貧困

　貧困と何か。研究者間で厳密に一致する定義はないが，広く受け入れられているのは，社会生活を営むための必要を満たす資源の不足や欠如という考え方であろう。日本では，格差社会を論じる中で貧困問題が盛んに取り上げられるようになったが，格差と貧困はどう違うだろうか。格差はそこに「ある」ことを示したもので，格差があっても問題なしとする態度も可能である。しかし貧困は「あってはならない」ものとして社会的に価値判断されるものであり，その解決を迫るものである（岩田，2007：9）。だからこそ，何をあってはならない状態とするかの議論が求められる。

　あってはならない基準を考えるために，「絶対的貧困」と「相対的貧困」という概念がある。世界銀行は2015年に国際貧困ラインを「1日1.90ドル」と設定したが，それを下回る暮らしが，絶対的貧困であり，食べるものに苦労する，安全な水を得られないなどの相当な困窮状態を指す。他方，相対的貧困は，その国で生活している人の中での相対的な貧困状態を指し，社会生活において必要なものが買えない状態の貧困である。

　「相対的貧困」は「絶対的貧困」に比べて，ましな貧困とは言えない。「人はパンのみに生きるにあらず」である。両者は資源の不足や欠如を，社会生活の観点から考えるか，生理的水準の観点から考えるか，という点に違いはあるが，必要を欠くという点では同じである。また，相対的貧困の場合，必要を欠くことで社会参加の機会が狭められ，希望がもてず，心身の健康を損ね早期の死に至ることもある。

⑵　世界の貧困

　2000年に採択されたMDGsの目標1は「極度の貧困と飢餓の撲滅」である。そのターゲットの1つが2015年までに「一日1.25米ドル未満で生活する人

口比率を半減させる」という「絶対的貧困」の半減であった。実際に，栄養不良の人々の割合が1990年に比べ，ほぼ半減させることに成功したが，2015年の時点で，約8億人が極度の貧困の中で生活していた。特にサハラ以南のアフリカの貧困が深刻である。アフリカやアジアの途上国では人口の増加に経済の発展が追いつかず，世界の7人に1人が飢餓に直面している。これら貧困や飢餓の撲滅に引き続き取り組むのが，2015年に採択されたSDGsである。具体的には，「目標1：あらゆる場所のあらゆる形態の貧困を終わらせる」，「目標2：飢餓を終わらせ，食料安全保障及び栄養改善を実現し，持続可能な農業を促進する」である。特に目標1のターゲットには「2030年までに，各国定義によるあらゆる次元の貧困状態にある，すべての年齢の男性，女性，子どもの割合を半減させる」とある。日本の相対的貧困率は，世界でも上位にあることが知られているが，日本国内の貧困状態の解決も視野に入っている（以上，目標の文言は外務省仮訳による）。

(3) 日本の貧困

　一般的に，貧困に陥りやすいのは，「不利な状況を抱えている人」や「マイノリティの人」である。「不利な状況」の1つは，低学歴である。貧困の経験やホームレス化は義務教育程度の学歴と結びついている。中卒や高校中退などの低学歴で中高年の未婚男性，高齢単身女性，シングルマザーは，不利な状況を抱えている人である確率が高いといわれる（岩田，2007：160）。また，マイノリティとは，女性や子ども，高齢者，障がいのある人などである。これらは「女性の貧困」，「子どもの貧困」，「高齢者の貧困」等といわれる。女性の貧困を引き起こす要因として，男女間の給与格差がある。1996年から2012年の平均給与所得は，男性は569万円から502万円に，女性は276万円から268万円に下がったが，女性の低所得は固定化している。また，子どもの貧困については，ひとり親家庭の貧困率は高く，母子世帯では95.9％が平均所得金額以下で生活している（2013年）。高齢者の貧困については，65歳以上の高齢者の相対的貧困率は約19％である（2012年）。

　現代日本社会の貧困は，「経済的な貧困」と「つながり（関係性）の貧困」

が重なることで起きている。つまり，最低限度の生活を維持できなくなる経済的な貧困に加え，社会にあったつながりが機能しなくなり，安心して暮らせる場のない貧困を生み出している。また，別の角度から見れば，貧困になる大きな要因は，「雇用」や「教育」，「家族」，「社会制度」からの排除である。つまり，「収入」や「知識や学歴」，「人間関係や住まい」，「健康」を失うことで，貧困に陥り，また貧困から抜け出せなくなるのである。また，自分はダメなんだと自信を失う，「自分自身」からの排除によって，「希望」を失うことも貧困に陥る重要な要因の1つである。

(4)　子どもの貧困

　子どもの貧困とは，「子どもが経済的困窮の状態におかれ，発達の諸段階におけるさまざまな機会が奪われた結果，人生全体に影響をもたらすほどの深刻な不利を負ってしまうこと」（松本他編，2016：12）である。2015年の調査によると日本では，約280万人の子どもが相対的貧困の状態にある。換言すれば，7人に1人が貧困である。子どもの貧困の中心にあるのは経済的困窮であり，それによって社会的不利がつくられる。不利になるのは，子どもの健康にかかわる医療や時間的・精神的なゆとり，子どもの学習環境等である。その状況は，子どもの発達を制限し，希望を失わせ，人や社会との関係を断ち切ってしまう恐れがある。また，子ども時代の貧困が大人になっても解消されず，次世代の子どもに継続され，「貧困の世代的再生産（世代間連鎖）」が懸念される。要するに，子どもの貧困は，(1)場合によって生命の危機を招く，(2)成長と発達を阻害する，(3)学校・教育からの排除と教育達成の不利として経験される，(4)アイデンティティ形成上，負の側面に作用し，意識と意欲の形成を制約する。これらは子ども期特有の，貧困がもたらす問題である。

　子どもの貧困は「見えづらい貧困」である。そう述べるのは，キッズドア理事長の渡辺（2018：12-45）である。キッズドアは，2010年から低所得者層の子ども（主に中学生）対象の無料学習会等を開催するNPO法人である。子どもの貧困が見えづらいのは，持ち物がボロボロというわけではなく，携帯電話やスマホをもっている子どももいて，身なりからは見分けがつかず，本人も自

覚していないことが多いからである。しかし，子どもの会話からは，「今日の
お昼代の予算は100円」，「（眼鏡は）お金がないから買えない」，「大学生って本
当にいるんだ」という声が聞かれる。渡辺がキッズドアを始めたきっかけは，
イギリスでの子育て経験だという。日本では小学校に上がる際にはランドセル
を買い，文房具をそろえ，学校指定の体操服を買うなどのお金が必要になる。
しかし，イギリスでは制服はあっても家にある服を活用してもよいといわれ
る。学校の資金集めのためのイベント等が頻繁に開かれることで，学費を家庭
が負担することはなかったという。渡辺は「お金が払えないなら，修学旅行に
行けなくてもしょうがない」，「お金がないなら，大学進学はあきらめるしかな
い」などの「お金がないから，○○できない」は本当かと問いかける。

　子どもの貧困問題は今日に始まったことではない。いつの時代にもあった子
どもの貧困が，2008年以降，その実態を伝える記事が多くなったという社会的
背景がある。我々は何をあってはならない貧困とするのか，その貧困をどう解
決していくのかが問われている。

引用文献

岩田正美（2007）『現代の貧困―ワーキングプア／ホームレス／生活保護』ちくま新書。
認定NPO法人自立生活サポートセンターもやい（2017）『先生，貧困ってなんですか？
　　日本の貧困問題レクチャーブック』合同出版。
松本伊智朗他編著（2016）『子どもの貧困　ハンドブック』かもがわ出版
松岡亮二（2019）『教育格差―階層・地域・学歴』ちくま新書。
渡辺由美子（2018）『子どもの貧困　未来へつなぐためにできること』水曜社。

（太田　満）

◉ 第2項　無縁社会・子ども食堂

⑴　子ども食堂とは

①　子ども食堂の目的

　子ども食堂は2012年に東京都大田区で近藤博子氏が始めた。知り合いの教員から「給食以外は，毎日バナナ１本だけで過ごしている子どもがいる」との情報を契機に，子どもが安心して来ることができる場をつくることと，「ありがとう」を言い合えるコミュニティづくりが，近藤氏の目的であった。

　全国に3,700カ所以上（NPO 法人全国こども食堂支援センター「むすびえ」2019年度活動報告書）に広がっている子ども食堂は，共生食堂型とケア付き食堂型の２つに分類できる（湯浅，2017）。前者の対象は子どもだけでない。多様な人たちの交流拠点となることを目的としており，近藤氏の活動はこれに該当する。後者は，貧困家庭の子どもを対象にしており，子どもとの関わりから課題発見とその対応に軸足を置くものである。

②　子ども食堂の意義

　社会活動家である湯浅（2017）は，子ども食堂の意義として４つ挙げている。第１に栄養や知識を与えること，第２に体験（交流）である。「ふつう」の子どもたちが親から与えられる体験を提供する場である。第３に時間である。子どもと関わり，声をかけ，話を聞く時間を提供する。時間をかけて子どもの興味を見極め，後押しし，伸びていく方向性を一緒に探すのである。第４がトラブル対応（生活支援）である。子どもが発するサインをキャッチし，専門支援や制度サービスにつなげることで解決を図る。

　日本の子どもの貧困は，格差社会が生み出した相対的貧困である。子どもの貧困を自己責任にすることなく，何とかしたいと思った人々の利他的行動によって，子ども食堂が自発的に開設され，地域の多様な人々の共感を得て広がった。子ども食堂にスタッフとして関わることで，つながりを作っていく。それが地域づくりになっているのが子ども食堂である。子ども食堂は SDGsのキーワードである「誰も取り残さない」を体現していると言える。以下に岡山市で子ども食堂を運営している原明子氏に，その実際を語って頂いた。

⑵　子ども食堂「東山つながりキッチン」―5年間の取り組みから

①　私が子ども食堂を始めたわけ―小さいときからの関係づくりが大切

　私自身が子ども食堂を始めた理由は，自分の子育ての経験からでした。長男が高校2年を前にして学校に行かなくなったとき，「学校という居場所をなくした子どもにはどこにも行くところがない」ことを痛感し，そのような子どもの居場所を作りたいと思っていました。しかし，ある活動を見学に行ったとき言われたのが，「思春期の子どもといきなりつながるのは難しいですよ。小さいときからの関係性がないと…」というものでした。深く頷いた私はそのとき，「あっ，それなら子ども食堂から始めればいい！！」2015年のことでした。

②　5年の歩みと現在の活動

【どうやって始めたか】

　最初に声をかけたのは地域のママ友ですが，絶対はずせないと思っていたのは町内会長さんを始め，地域を支えてくださっている方たちでした。自分がESDの仕事をしているとき，地域の人をどう巻き込めるかが大事だと学んでいたからです。連合町内会長さんから民生委員さんなど，地域のキーパーソンを紹介していただき，次々に協力の輪が広がっていきました。

【「そういう」子どもはどこにいるのか？】

　そういう地域の方々のご協力で場所も無料で借りることができ，仲間もでき，月1回食堂を開催する準備は整ったのですが，困ったのは「そういう子ども」がどこにいて，どうやってきてもらうのか，ということです。日本の貧困は目に見えません。誰もがそれなりの服を着てケータイを持っています。「食べるものに困っている子どもはどうぞ来てください！」と言っても誰も来るはずがありません。学校も行政も，個人情報の壁で教えてくれません。6〜7人にひとりという貧困率ですから，私の住む地域にもいるはずです。

　そこで，目標を変えました。「食べられない子どもに食べさせる」ではなく，「困った時に助けてと言える，地域の温かいつながりを作る」ことに。そして名前を「東山つながりキッチン」としました。楽しくやっていたらそのうち来てくれるだろう。それに，誰だっていつ何が起きるかわからない，誰でも来られる，楽しい子ども食堂をやろう，と思うようになりました。

【地域の親戚？】

　始めて5年を過ぎた今，子どもや親子，大人たちも楽しみに集う地域の居場所になっています。参加費は，子ども100円，大人300円，乳幼児無料。先日取材に来られた新聞記者の方が，「お盆の親戚の集まりみたいですね」と言われたのがぴったりな感じです。

③　活動から学んでいること

【ノールール・ノーゴール，ごちゃごちゃが良い】

　今では子どもが約40人，大人が20〜30人集まる場となっていますが，最初は子ども15人くらいでした。そして何かを「しよう」としていました。「いろんな子や人と話せるように」席順を配慮するとか，みんなで遊べるようなダイナミック

おにぎりつくりたい人！はーい！

（執筆者撮影）

席も自由。食べるのも自分のペースで

（執筆者撮影）

な遊びを用意するとか，地域の人におしごと紹介をしてもらおう，とか…。しかし，だんだん参加者が増えてくるとそんな手のかかることはできなくなってきて，ある時もう放っといてみたのです。すると不思議なことに，子どもたちは何もなくても勝手に遊び出し，これまでとは違うキラキラさが内側から溢れ出して見えたのです。大きな気づきでした。それからはもう，あれしよう，これしようというのは一切やめて，何もしないし言わない。「こうなってほしい」などと思わないことにしたのです。ノールール，ノーゴール。すると色んな関わり合いが自然に起きて，面白いのです。

　もうひとつ気づかされたことがあります。ずっと来てくれている中学生に「つながりキッチンのどこがいいの？」と聞いたことがあります。その時彼女が言ったのが「ごちゃごちゃ！！」です。学校や施設の食事はきちんとしています。一方，つながりキッチンのご飯は，大きなテーブルに乳幼児からお年寄

りまでがおしゃべりしながら勝手にわいわい食べます。その雑然とした温かみ、誰もがそのままでいい、それを一言、「ごちゃごちゃ！」と表現してくれたのです。

④ アウトリーチ型子ども食堂の試み―支援と自立のはざまで

コロナ禍で突然休校となり、多くの家庭が家事や食費の増大、学校がなくなった子どもへの対応に苦慮しました。特にシングル家庭への影響は甚大でした。そこで、フードドライブを通してつながった家庭に食材やおかずを届けて応援するという活動を始めました。農家さんからいただく野菜、スーパーや協力店さんからいただく消費期限間近の食品、仲間が作ってくれた野菜とお肉のおかず…。こういったものを届けて喜ばれ、玄関先で少しずつ話をするうちに、お母さんたちも笑顔になっていきました。いかに孤軍奮闘されてきたかがわかりました。やっぱりつながりが大事だなあと思います。しかし、これをずっと続けることはできるのか…。

⑤ 今後の展望―改めて子ども食堂とは？

貧困や困窮の背景にはいくつもの事情が複雑に絡み合っています。一人ひとりの事情もそうですが、もっと大きな社会の問題、みんなで変えていかなければならない構造的な問題も大きく、一筋縄ではいきません。子ども食堂は市民の自発的な活動であり、地域の支え合いと思って楽しくやっているのですが、人を支援するってどういうことだろうという問いも深まりました。自分たちだけではできないこともあるということも見えてきました。

「これまで貧困問題は専門家がやるもので一般の人には関係ないと思われていたが、子ども食堂はその壁をやすやすと乗り越えた」（湯浅, 2017）と言われています。子ども食堂はそういう新しい取り組みであるだけに試行錯誤の連続ですが、壁のあり方自体を問い直し、誰もが支えあって生きていく社会へと再構築していくためのトリックスターのような役割が担えるといいなと思っています。

引用文献

湯浅　誠（2017）『「なんとかする」子どもの貧困』角川書店。

（中澤静男・原　明子）

◉ 第3項　不登校・ひきこもり問題と子ども・若者支援

　不登校は1980年代半ば以降，そしてひきこもりは90年代半ば以降に社会問題として浮上した。両者をふくめた子ども・若者への総合的な対応として，子ども・若者支援が2000年代に入って制度化されてきている。

　なお，不登校は従来の学校的形態ではないフリースクールの登場もあり，当初は「登校拒否」と称していた。80年代の末に学校に通えていない状態を示す「不登校」が用いられるようになり現在に至っている。ひきこもりとともに，生物的（身体の疾患や障害），心理的（ストレスなど），社会的（学校，家族，地域，文化など）の３つの要因から多面的に検討していくことが重要である[*1]。

⑴　不登校

① 定義と現状

　不登校は，「年度間に連続又は断続して30日以上欠席した児童生徒」のうち，「何らかの心理的，情緒的，身体的あるいは社会的要因・背景により，児童生徒が登校しない，あるいはしたくともできない状況にあること（ただし，病気や経済的な理由によるものを除く）」である（文部省，1992）。

　上記の不登校の定義に基づいて1991年から統計が取られ始めて以降，2000年代に入り減少傾向があったものの近年増え続け，2019年度では小中あわせて18万人を超え，不登校児童生徒の割合は，小学校0.83％（120人に１人），中学校3.94％（25人に１人），計1.88％（53人に１人）となっている（文部科学省，2020）。この統計には，学校に通わず，教育委員会が設置する教育支援センター（適応指導教室）や民間のフリースクールに通って出席認定を受けている場合などは含まれないこともあるため，不登校は実質的にはさらに多い。

② 問題把握の変容―「特定の子」から「どの子にも」

　1990年頃までは，登校拒否は本人の性格傾向や親の養育態度など「特定の子どもに特有の問題があることによって起こる」と捉えられていた。

注1　たとえば，登校前の子どもの腹痛の症例では，炎症や疾患の有無（生物），不安や抑うつ（心理），学校や家庭の人間関係など環境要因（社会）の３つの視点から検討する。

これが変わるのは，文部省「登校拒否（不登校）問題について―児童生徒の「心の居場所」づくりを目指して―」（1992）である。登校拒否（不登校）を様々な要因が作用すれば「どの子にも起こり得るものである」という視点でとらえて指導・援助することが必要であるとした。学校外での「適応指導教室」の設置を始めとして「居場所」が大きなキーワードとなる。

　「居場所」的な取り組みや安心できる環境や場の存在が重要となる背景には，小中学校において，本人に関わる不登校の要因として，進路や人間関係などに起因する「無気力・不安」（39.9％），「いじめを除く友人関係をめぐる問題」（15.1％）が高い状況がある（文部科学省2020）。2016年に成立した「義務教育機会確保法」でも，つらい時は休んでもよいと「休養の必要性」が明記され，フリースクールなどでの「多様で適切な学習活動の重要性」が認められている。

⑵　ひきこもり

① 定義と現状

　内閣府の調査を踏まえたひきこもりの推計値は，満15歳から満39歳では54万人（2016年調査），満40歳から64歳までの中高年では61万人（2019年調査）である。ひきこもりが全国に約100万人以上にもなるという数的問題とともに，その長期化傾向の中で，「8050問題」（80歳代の親の元に50代の子どもがひきこもり状態にある）が浮かび上がってきている。

　ひきこもりの定義は，調査等では下記を用いることが多い（厚生労働省（2010）「ひきこもりの評価・支援に関するガイドライン」）。

　「様々な要因の結果として社会的参加（義務教育を含む就学，非常勤職を含む就労，家庭外での交遊など）を回避し，原則的には6ヵ月以上にわたって概ね家庭にとどまり続けている状態（他者と交わらない形での外出をしていてもよい）を指す現象概念である。（後略）」

　なお，統計的には男性が3分の2[*2]を占める。背景には，女性は家事手伝

注2　内閣府調査（2016）：39歳以下（男63.3％，女36.7％），同調査（2019）：40歳以上（男76.6％，女23.3％）

いなどの形で「家庭内にいる」ことが問題視されないというジェンダー問題がある。

② 問題把握の変容―生物的・心理的把握から社会的把握へ

　ひきこもりは関係性からの撤退・自己疎外による自己防衛であるが，その原因については不登校や大学などでの留年，試験の落第経験，職場での挫折体験など個人差は大きい。その中で，不登校と同様に当初，ひきこもりは個人の問題に帰され，ひきこもり当事者に精神的な脆弱性や器質的な病理性を「発見」し，その治療を重視しようとする傾向も強い（古賀・石川，2018）。さらに極端なケースでは，当事者の「甘え」や「怠け」や「弱さ」を矯正すべく居室にさえ踏み込み「引き出す」といった人権を無視した対応が問題化している。

　これに対して，当事者の合意を踏まえた社会的な関わりを志向し，安心でき，対話のある居場所の創出，自尊感情の醸成の重要性が指摘される。そこでは，当事者の意志を尊重し受容的な対応の大切さ，親や周囲を含めて凝り固まった自立観や勤労意識の自明性を捨て，より豊穣な人生に向けた生き直しをするなかで事態が打開されると説く（齋藤，1998；芹沢，2010）。

　精神科医の斎藤環（1998）は「誰がなってもおかしくない」「社会的ひきこもり」現象であると語り，「ひきこもりシステム」を示している。通常，個人，家族，社会の 3 つの領域の接点が大切である。しかし，「ひきこもりシステム」においては，相互の接点がなくストレスの内在化と悪循環に陥ることになる。つまり，自分づくりや自立は，個人内で完結するのではなく，家族や仲間集団との関わり，身近なコミュニティとの関わりの中で育まれる。そうした機会の提供や場づくりがより意識的にされてきているのが2000年代に入ってからの子ども・若者支援の取り組みである。

⑶　子ども・若者支援

① 定義と背景

　子ども・若者支援は，家庭，学校とは異なった観点から，子ども・若者の自立，「子どもから大人への移行」を支え，援助し，見守る取り組みである。

　子ども・若者支援の登場の背景には，1990年代半ば以降の子ども・若者を取

り巻く状況の変化がある。「子供・若者育成支援推進大綱」（2016）において指摘されている問題状況は，家庭（ひとり親世帯の増加，子どもの貧困，児童虐待など），地域社会（近所づきあいの減少，地域の見守り機能への期待），雇用（グローバル化・情報化等による変化，非正規雇用の増，不安定化），情報通信環境（SNSを介したいじめ，情報モラル教育の必要性）である。

② 子ども・若者支援の施策……就労支援から包括的自立支援へ

　当初の支援策の中心は若者雇用問題への対応であり，「若者自立・挑戦プラン」（2003）により「ジョブ・カフェ」（2004），「地域若者サポートステーション」（2006）が開設されている。より包括的な取り組みは，「子ども・若者育成支援推進法」（2009）により自立支援の社会システム，ネットワーク（子ども・若者支援地域協議会）の構築である。また，「ひきこもり支援事業」（2009）により，各都道府県に「ひきこもり地域支援センター」が整備された。

　これら以外にも各地域には，多様な相談・支援の取り組みや居場所が存在する。また，民間のフリースクール，親の会や当事者グループも存在する（参照：奈良教育大学次世代教員養成センター2021）。学校教員は不登校などの課題に取り組む上で，地域の情報を把握し，地域の諸資源と連携する必要がある。

引用文献
古賀正義・石川良子（2018）『ひきこもりと家族の社会学』世界思想社。
斎藤環（1998）『社会的ひきこもり—終わらない思春期』PHP新書。
芹沢俊介（2010）『「存在論的ひきこもり」論』雲母書房。
奈良教育大学次世代教員養成センター（2021）『不登校・ひきこもりのためのハンドブック』（https://ipty2014.wixsite.com/mysite/properties）。
文部科学省（2020）『令和元年度児童生徒の問題行動・不登校等生徒指導上の諸課題に関する調査結果について』初等中等教育局児童生徒課。
文部省初等中等教育局（1992）『登校拒否（不登校）問題について—児童生徒の「心の居場所」づくりを目指して—』（学校不適応対策調査研究協力者会議報告）。

（生田周二）

◉ 第4項　Society 5.0

⑴ Society 5.0とは

"Society 5.0" は，2016年 1 月に閣議決定された「第 5 期科学技術基本計画 (2016〜2020年度)」において，日本が目指すべき未来の新たな社会の姿として提唱された際にキーワードとして用いられた。この第 5 期基本計画の 4 本の柱の一つ "未来の産業創造と社会変革" では『自ら大きな変化を起こし，大変革時代を先導していくため，非連続なイノベーションを生み出す研究開発を強化し，新しい価値やサービスが次々と創出される「超スマート社会」を世界に先駆けて実現するための一連の取組を更に深化させつつ「Society 5.0」として強力に推進する。』と掲げられている。Society 5.0というキーワードは，これまでの社会変化の歴史をもとに，狩猟社会（1.0），農耕社会（2.0），工業社会（3.0），情報社会（4.0）に続く，『サイバー空間（仮想空間）とフィジカル空間（現実空間）を高度に融合させたシステムにより，経済発展と社会的課題の解決を両立する，人間中心の社会（Society）』という次の社会を示す言葉として提唱された。

第 1 章でも述べられたように，内閣府の持続可能な開発目標（SDGs）推進本部が2019年12月に策定した「SDGs アクションプラン2020〜2030年の目標達

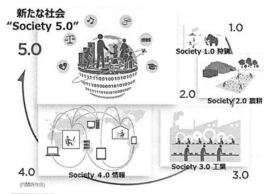

図4-17 新たな社会 "Society 5.0"

出典　https://www8.cao.go.jp/cstp/society5_0/socie ty5_0-1.jpg より引用 [2020/09/01] 最終閲覧

成にむけた『行動の10年』の始まり〜」でも，展開を加速していく「日本の
SDGs モデル」の中核となる 3 本柱の 1 つが『Ⅰ．ビジネスとイノベーション
〜SDGs と連動する「Society 5.0」の推進〜』となっている。

　2020年 7 月に閣議決定された「統合イノベーション戦略2020」においても，
目指すべき将来像として『Society 5.0の先行的実現の場としてのスマートシ
ティが国内において実現するとともに，世界各国の都市や地域が抱える課題の
解決を目標として各国のスマートシティとの間でデータ連携基盤の基本的考え
方や成功事例等が共有され，世界規模での連携・協力が進展』と設定された。

⑵　Society 5.0で実現する社会

　情報社会（Society 4.0）では，情報処理技術や通信網の進展により，それま
での社会に比べて人々が容易に情報発信できるようになり，情報共有が進んだ
一方，まだ社会での情報共有が十分とは言えず，多量な情報から必要な情報を
取り出すことの困難さや，デジタル化していない分野では基となる情報の不足
などの制約も生じていた。先の基本計画において，Society 5.0で実現する社会
では『IoT（Internet of Things）で全ての人とモノがつながり，様々な知識や
情報が共有され，今までにない新たな価値を生み出すことで，これらの課題や
困難を克服されます。人工知能（AI）により，必要な情報が必要な時に提供
されるようになり，ロボットや自動走行車などの技術で，少子高齢化，地方の
過疎化，貧富の格差などの課題が克服されます。社会の変革（イノベーショ
ン）を通じて，これまでの閉塞感を打破し，希望の持てる社会，世代を超えて
互いに尊重し合あえる社会，一人ひとりが快適で活躍できる社会となります』
とあり，社会の中で，IoT といった情報技術の進展によってビッグデータの蓄
積を背景に，AI（人工知能）の進展による知の創造や，ロボットなどを通じ
た人とのコミュニケーションの進展により，これまでにでき掛かった新たな価
値が産業や社会にもたらされることが期待されている。

⑶　IoT とビッグデータと AI（人工知能）

　Society 5.0を支える技術の 1 つに，ビッグデータがある。ビッグデータは，

インターネットの普及に伴い，データの収集，取捨選択，管理及び処理が，一般的なソフトウェアの能力を超えたサイズのデータ集合を指し示す用語として認知されている。私たちは，様々なクラウドサービスを通じて，検索語をはじめとして，音声データや，画像データ，動画データなどの多種多様なデータをビッグデータの発展のため提供してきた。オープンデータと呼ばれる，政府や学術組織等から，様々な人が望むように利用可能な形でのデータ提供も一般的になってきた。

　従来のユビキタスネットワークという概念をより進めたものが IoT という考え方である。日本では，「国立研究開発法人情報通信研究機構法及び特定通信・放送開発事業実施円滑化法の一部を改正する等の法律（平成28年法律第32号）」の中で，『インターネットに多様かつ多数の物が接続され，及びそれらの物から送信され，又はそれらの物に送信される大量の情報の円滑な流通が国民生活及び経済活動の基盤となる社会の実現』と定義されている。

　この IoT を具現化する「モノ（物）」を IoT デバイスと呼んでいる。センサーやモータと，ネット接続する機能を持つことによって，データの収集（可視化，ビッグデータ）が可能となり，プログラムによる制御の実現によって，最適化・効率改善などの自動化なども実現する基礎的な役割を担いつつある。

　コンピュータは，プログラム（＝アルゴリズム＋データ構造）を提供することで，人が想定した通りに自動的に動作する汎用機である。AI は，その1つの分野として発展してきた。1980年代の専門家の推論や判断を模倣するエキスパートシステムの実現では，人間が暗黙に持つ常識や判断を明示的に記述することが課題となり，その推論ルールを，別のアプローチとして，ファジィ理論やニューラルネットワークにより，多量のデータから生成させる「機械学習」の研究が進むこととなった。近年，コンピュータの処理速度の向上，通信速度の向上に応じて，機械学習の手法として，ディープラーニング（深層学習）の登場と，前述のビッグデータの発展により，AI の開発は更に加速している。

　車の自動運転などは，車の周辺を画像や各種センサーで情報収集し，人などに衝突しないようにブレーキ操作したり，車線に沿ったり前の車両との間隔を維持するようにアクセルやハンドル操作をするなど，人でないとできないと思

われていた分野にも，AIやロボットと呼ばれる技術が普及してきている。

　また，例えば，スマートフォンやスマートスピーカー，マルチコプター（ドローン）などのように，従来であれば，プログラムを作成することで実現できていたことが，簡単なツールの組み合わせで実現できるようになったり，音声による指示でシステムと対話しながら実現できるようになったりと，専門的な技能や知見を持った人しかできなかったことが，そのモノを手にすることができれば多くの人が生活の中で利用されるようになってきた。

⑷　Society 5.0による人間中心の社会

　従来の社会では，経済や組織といった枠組みによって発展してきた経緯から，それらが優先される一方，個々の能力などに応じて個人が受けるモノやサービスに格差（デジタルデバイド）が生じてきた。Society 5.0では，それらを踏まえて，人の特性によって格差を生じないように，バリアフリーやユニバーサルデザインの具現化を一層すすめていくために，ビッグデータを踏まえたAIやロボットの実現によって，人が行なっていた作業等を代行・支援することで，人が得意とする創造性や，職人的技能の発揮などに集中できる未来の創造を目指している。これは一人ひとりの人間が中心となる社会であり，国連の「持続可能な開発目標」（SDGs）の達成にも通じる。AIやロボットなどの先端技術をあらゆる産業や社会生活に取り入れていくことで，誰もが快適で活力に満ちた質の高い生活を送ることのできる人間中心の社会（Society 5.0）を目指していくと，国の基本計画では述べられている。

引用・参考文献

内閣府（2016）「科学技術基本計画」https://www8.cao.go.jp/cstp/kihonkeikaku/index5.html

内閣府「持続可能な開発目標（SDGs）推進本部（2019）SDGsアクションプラン2020」https://www.kantei.go.jp/jp/singi/sdgs/dai8/actionplan2020.pdf

総務省（2018）「平成30年版 情報通信白書」https://www.soumu.go.jp/johotsusintokei/whitepaper/h30.html

（伊藤剛和）

◉ 第5項　障害のある人とその権利保障

⑴　ESD と「障害理解教育」

　ESD という主題が掲げられる以前から，学校教育においてしばしば取り組まれてきたテーマの１つに「障害理解学習」と言われる分野がある。この取り組みは，いわゆる「障害のある」子どもと「障害がない」とされる子どもたちが，学校教育のさまざまな場面で「ともに学ぶ」ことの大切さが言われ，そのことをめざす取り組み（「交流及び共同学習」）を具体化する過程で課題として意識されるようになったものだとされる。障害のある子どもと障害のない子どもが直接触れあう「交流」とならんで，あるいは，その取り組みを進めていく上でも，「障害」とは何か，「障害がある」というのはどういうことなのかを，障害のないとされる子どもたちにも適切に伝えていくことの大切さが意識されるようになったのである。この分野には長い歴史があり，その中で確かめられてきた教訓や実践上の課題の整理も試みられている（たとえば藤森他, 2002）。

　「誰一人取り残さない（No one left behind)」ことを掲げる SDGs を踏まえた ESD の取り組みにおいて，「障害がある」とされる人たちの存在とその権利保障をめぐる課題が意識されるのは自然なことだが，その際には，こうしたこれまでの取り組みの成果と教訓が十分に踏まえられる必要があろう。

⑵　「障害」とはなんだろうか

　「障害」という語は日常的にもしばしば用いられるが，では「障害」とはいったいどのようなことを指すのか。私たちの社会を構成する人たちの一部が「障害のある人」と言われるのはなぜなのだろうか。

　障害の素朴なイメージは，「身体（あるいは精神）の構造や機能に，多数派の人たちとは異なる何らかの特徴があること」，もしくは「そのことによって，日常生活・社会生活に何らかの支障が生じること」といったものであろう。しかし，こうした障害観は，国際的にはすでに過去のものとなりつつある。

　21世紀に入って最初の国際人権法である障害者権利条約は，その前文におい

て，障害とは，「機能障害を有する者とこれらの者に対する態度及び環境による障壁との間の相互作用」であること，および「これらの者が他の者との平等を基礎として社会に完全かつ効果的に参加することを妨げるものによって生ずること」を述べている。ここで重要なことは，①個人のもつ「心身の機能または身体構造上の問題」（WHO（2001））としての機能障害（Impairments）と障害（Disability）とを明確に区別するという発想，②障害とは，個人の有する機能障害にもっぱら由来するのではなく，機能障害を有する個人と，「これらの者に対する態度及び環境による障壁」との相互作用によって生ずるものだという認識の２点である。先に例示した「身体（あるいは精神）の構造や機能に，多数派の人たちとは異なる何らかの特徴があること」は，この用語法を踏まえるならば，障害ではなく機能障害である。そして，この機能障害のある人が経験させられがちな，日常生活・社会生活上の何らかの困難，すなわち「社会に完全かつ効果的に参加することを妨げ」られる状況に置かれることこそが障害なのであり，それは，「機能障害」の存在によってではなく，周囲の態度や環境との相互作用によって生じるのである。

(3) 障害による差別と合理的配慮

上で述べた相互作用が，当該個人の人権及び基本的自由を制約する時，それは「障害による差別」とされる。障害者権利条約は，「障害による差別」を次のように定義する。

「障害に基づく差別」とは，障害に基づくあらゆる区別，排除又は制限であって，政治的，経済的，社会的，文化的，市民的その他のあらゆる分野において，他の者との平等を基礎として全ての人権及び基本的自由を認識し，享有し，又は行使することを害し，又は妨げる目的又は効果を有するものをいう。障害に基づく差別には，あらゆる形態の差別（合理的配慮の否定を含む）を含む。

一方，この「害し，妨げ」られる状態を改めて，機能障害がある人が自らの

人権及び基本的自由を「享有し，行使する」ことを確保するためのしくみが「合理的配慮」である。「合理的配慮」とは，「障害者が他の者との平等を基礎として全ての人権及び基本的自由を享有し，又は行使することを確保するための必要かつ適当な変更及び調整であって，特定の場合において必要とされるものであり，かつ，均衡を失した又は過度の負担を課さないもの」を指す。そして，この「合理的配慮」の否定，つまり，「合理的配慮」と認定された「変更及び調整」の要求に応えないことも「障害による差別」に含まれるのである。

　ここには差別概念の拡張があると言われる。機能障害のある人の状態は多様であり，それゆえに，それぞれの人が自らの人権及び基本的自由を「享有し，行使する」ための「変更及び調整」の具体的な内容も多岐にわたる。個人の人権および基本的自由の「認識・享有・行使」に関わる諸機関（公的セクターか民間であるかを問わない）が，そうした，個々の状態に応じた「変更及び調整」を要求された場合，その提供を怠れば，それも障害による差別＝障害者に対する権利侵害となる。これは，それまでの国際人権法には見いだすことのできない，新しい概念なのである。

　この「差別概念の拡張」は，（機能）障害という，個々人の多様な状態に即した人権及び基本的自由の実質的保障という課題に国際社会が応えようとするプロセスの中で必要とされた。では，どこまでを「合理的」（提供する側に「均衡を失した又は過度の負担を課さない」程度の）な「配慮」とするのか。その具体は，合理的配慮をめぐる司法判断の蓄積の中で形成されるものとされるが，そこには，個人の人権の実質保障に関わる議論の最先端があるといえよう。そのプロセス自体が，私たちにとって「誰一人取り残さない」社会の形成者となりゆくための，かけがえのない学びを提供するに違いない。

⑷　子どもの認識発達と「障害」概念

　障害者権利条約における「障害」，「障害による差別」および「合理的配慮」の概念は相互に密接に関連するものであり，かつ「障害」を，すべての人の人権を実質的に保障する観点から理解する時には欠かせないものである。

　他方で，これらが国際的な共通認識となったのは21世紀に入ってからのこと

だ（障害者権利条約は2006年に採択，2008年に発効）ということにも十分な留意が必要である。人類がこのような「障害」概念を獲得するまでには何千年にもわたる時間と数え切れない人々の努力が必要であった。

　したがって，このようなものとしての「障害」をめぐる諸概念を，発達期にある子ども・青年に手渡そうとする際には，子どもたちの認識発達の水準を十分に踏まえる必要がある。「障害」は高度に抽象的な概念であり，その認識を適切にわがものとするためには，一定の抽象的な思考の力が必要である。他方で，今日の小学生は2年生でも8割が「障害」ということばを聞いたことがあり，4年生では8割が「知っている」，という報告もある（池田，2015）。今日の社会を生きる子どもたちにとって，「障害」は，まずはヴィゴツキー（1962）のいう「科学的概念」として獲得されるといえよう。しかし科学的概念は，生活的概念によってその内容を補充されてこそ，生きて働く概念となる。子どもたちにとって「障害」の概念が，「だれ一人取り残さない」社会の形成者となりゆくための大切な概念となるように，「障害理解学習」の内容が吟味され，障害者権利条約の時代にふさわしく再構成されなければならない。

引用文献

藤森善正・青木道忠・池田江美子・越野和之（2002）『交流・共同教育と障害理解学習』全国障害者問題研究会出版部。

池田翼（2015）「子どもの障害認識の発達に関する研究」『障害児学教室年報』第36号，奈良教育大学障害児学研究室。

ヴィゴツキー（柴田義松訳）（1962）『思考と言語』。

WHO（2001）ICF（International Classification of Functioning, Disability and Health）（国際生活機能分類）。

（越野和之）

◉ 第6項　市民性教育

(1)　市民性教育とは何か

市民性教育（citizenship education）は，市民になるための教育／市民を育てる教育である。市民性とは，政治共同体の成員としての市民がすでに備えているもの，あるいは備えることが期待されているものを指す。そこに何を含めるかは，立場によって多様かつ論争的である。ここでは，ESD と関連が深い定義をみていく。つまり，市民性教育を，学校やコミュニティにおいて，民主主義社会の構成員に一人ひとりの子どもたち（や成人たち）をおき，自らの経験において構成員として必要な資質・能力（市民性）を自ら形成させる教育であり，批判的な視野をもって市民社会とその発展に寄与・貢献し，自らのアイデンティティを複合化することを目指すものであるとするものである（池野，2014：138）。この定義で注目されるのは，行政サービスの受け手としてではなく，民主主義社会を創り出す役割を市民に求めている点，「国民」ではなく「市民」の教育として議論している点である。

(2)　市民性教育が求められる背景

上記のような市民性教育が求められる背景として次の3点を指摘したい。第一に，社会と個人の関わりの変化である。これまで日本では，学校を卒業後，就職して経済的に自立することが一人前の大人になることであるとされてきた。しかし近年，経済的自立だけでなく，民主主義社会の一員として社会に関わること（政治的自立）も重視されるようになっている（小玉，2016：68）。ここでは，国家から提供される福祉サービスを受け取るだけでなく，市民として社会の意思決定に参画していくことが強調されている。日本の高等学校の公民科に設置された新科目「公共」においても，政治参加のための能力育成が目指されている。

第二に，グローバル化による社会の構成員の多様化である。これまで，当該国の国籍を持ち，同じ言語・文化・歴史を共有する人々が，その国の政治に参加することが前提とされていた。しかし，近年の社会のグローバル化の中で，

仕事・留学・結婚のため，また難民として，国境を越えて移動する人が増加し，同じ言語・文化・歴史を共有していない人々が同じ社会に暮らすようになった。この中で，少数派の人々が社会から排除されてしまうという問題も生じている。例えば，日本でも外国籍の子どもが学校教育を受ける機会が十分に保障されていないという課題が指摘されている。多様な背景を持つ人々が，同じ社会の一員として共に社会を創るための教育が求められているのである。

　第三に，国を越えた政治・社会参加が求められるようになっていることである。欧州では，1993年発効のマーストリヒト条約により，EU域内労働者の自由な移動やEU議会の投票権などを含む欧州市民権が実現されている。さらに，本書の課題であるESDに深く関連するが，地球規模の課題解決に向けて，様々な国の人がグローバル社会の民主的決定に参加することもある。このように地域，国，リージョン，グローバルといった多元的次元の民主的な政治に参加する人を「市民」として育成する教育の構築が模索されている。

(3)　市民性教育を計画する視点

　それでは市民性教育として，どのような目標，内容，方法が提案されているのだろうか。ここでは，市民性教育を学校の必修教科にしたイギリスの議論に加えて，ユネスコの地球市民教育の議論を参照し，①政治的リテラシー，②社会参加，③多様性とアイデンティティという点から市民性教育の構成要素をみていく。

　第一に，社会における対立や葛藤がある問題（論争的問題）を批判的に読み解き，その解決に向けて取り組む「政治的リテラシー」を育む学習である。対立や葛藤がある問題について，強制によらず調停によって多様な価値観の共存を図ることは「政治」であり，その能力を政治的リテラシーという（小玉2016：181）。そのため，ある集団の中で価値観や意見の対立が生じた時には，異なる考えを互いに出し合い，暴力ではなく民主的な話し合いによって解決する過程を学ぶことが重視される。

　政治は，国家レベルだけでなく，地球温暖化対策をめぐる国家間の対立などグローバルな社会や，学級や学校といった身近な場所にも存在している。政治

的リテラシーを育む学校内での身近な事例として，部活動の練習場所が重なった場合，部活動の代表者が話し合い，合意できるルールを作るというものがある。解決策を考える際，手続きや結果の公正さを考慮することが重視される。例えば，みんなが対等な立場で話し合いに参加できているか，特定の部活だけが我慢を強いられるようなルールになっていないかなどを常に考慮し，必要であればルールを作り直すことも視野に入れることである。

　第二に，社会の課題を見つけ，課題解決のために社会に働きかけを行い「自分が動けば社会は変わる」という効力感（無力感の対義語）を積み重ねていけるような「社会参加」の学習である。中学校・高等学校の公民教育では，知識は学んでいるが，実際に自分の住む町や国の問題を解決したいと思ってもどうすればいいかわからないということがあるかもしれない。

　社会に対する意見表明の方法の 1 つに選挙があるが，選挙のみを社会参加と見なすことには注意が必要である。日本では，国政選挙における選挙権の行使が「日本国籍を持つ者」に限られるため，教室内にいる日本国籍を持たない児童・生徒には適用されない。そのため，当事者の児童・生徒にとっては，かえって外国籍であることが強調され，政治参加への意欲に差がでてしまう恐れがあるからである。これを避けるためには，選挙への参加などに限定せず，より多様な方法を通した社会参加を促していく必要がある（藤原，2018：63-64）。

　社会参加の方法としてロジャー・ハートは，次のようなアクション・リサーチを提案する（田中，2014：260-261）。つまり，自分の地域を歩き回り，その中で問題だと思うことをみつけ，問題について文献を調べたり，地域の人にインタビューをして問題を分析し，どうしたら問題を解決できるかを計画し，計画に沿って行動してその結果を検証するという学習である。ハートは，子どもの発達段階に合わせて，子どもの力で解決可能な課題を子どもとともに特定し，解決に取り組んでいくことを提案している。このような活動は，例えば総合的な学習の時間で取り組むことができるが，子どもたちが自分たちの声が届く，自分たちでも物事を変えられるという実感が持てるようにするような場面を，授業だけでなく学校生活のあらゆる場面で用意することが重要だろう。

　第三に，市民とは誰か，誰が市民から排除されているのか／いないのか，多

様な市民が参加できる社会とはなどを考える「多様性とアイデンティティ」に関わる学習である。重要な点は「自分は社会の一員であるという感覚（帰属意識）」に注目することである。例えば，国籍は，その国への帰属意識を持つ上で重要な要素ではあるが，帰属意識を保障するものではない。国籍があっても，人種，民族，文化等によって差別をされたりすれば，自分はその社会に帰属しているという意識を持ちにくいということがあるだろう。また人は，同時に複数の国や社会に対する帰属意識を持つこともある。特定の社会への帰属を強制されることなく，自分の社会への帰属（アイデンティティ）を選択できるということも重要な点であろう（オスラー，スターキー，2018：167）。

　それでは，だれもが社会の一員であると感じられるような社会をつくる上で，市民が大切にすべき価値と何だろうか。ユネスコの地球市民教育（2015）では，「人権に基づいて共有される価値や責任，そのような共通の人類への帰属意識」が重視されている。つまり，私たちが人類という広い社会の一員であるという意識を持つことが強調されているのである。このような価値に基づくことで，社会の対立解決や社会のルールづくりにおいて，国をこえて連帯していくことにもつながるのである。

　以上の3つの要素からなる市民性教育の学習は，相互に関連させながらESDの学習の中にも取り入れられることが期待される。

引用文献

池野範男（2014）「グローバル時代の市民性教育─問題点と可能性：民主主義と公共の論理─」『教育学研究』第81巻第2号，pp.138-149。

小玉重夫（2016）『教育政治学を拓く：18歳選挙権の時代を見すえて』勁草書房。

オスラー，A.＆スターキー，H.（藤原孝章・北山夕華監訳）（2018）『教師と人権教育─公正，多様性，グローバルな連帯のために』明石書店。

田中治彦（2014）「グローバル時代の市民教育の創造」田中治彦・杉村美紀編『多文化共生社会における ESD・市民教育』上智大学出版，257-263。

藤原孝章（2018）「18歳成人と市民教育の進め方」田中治彦編著『18歳成人ハンドブック：制度改革と教育の課題』明石書店，pp.56-73。

UNESCO（2015）*Global Citizenship Education: Topics and learning objectives.*

（橋崎頼子）

◉ 第7項　外国人児童生徒等教育 [i]

(1)　外国人児童生徒等とは？

　戦後日本における外国人児童生徒等に対する教育は，主に在日朝鮮人・韓国人といった特定の歴史的背景をもつ子ども達を対象としていたが，急速に進む日本社会のグローバル化に伴って，対象となる子ども達の背景や現状は多様化，複雑化している。例えば1990年代以降は，出入国管理及び難民認定法（入管法）の改正によって就労目的の日系人とその家族が在留することが可能となったことを受け，日系人の子どもが公立学校で学ぶケースが増えた。また，2018年 6 月には，日本国内の深刻な人手不足への対応として新たな外国人材の受け入れを柱の 1 つとした「経済財政運営と改革の基本方針2018」が閣議決定され，同年12月には入管法が改正された。この改正では新たな在留資格「特定技能 1 号， 2 号」が創設され，人材不足が深刻とされる業種を対象に一定の技能と日本語能力のある外国人の就労が可能となったが，「特定技能 2 号」では家族帯同が認められることとなっている。日本は多文化社会へとさらに大きく舵を切ったと言えるが，それに伴って，今後ますます外国人児童生徒等も増加し，学校の多文化化が進むと見込まれる。外国人児童生徒等と呼ばれる子どもたちには「外国籍」だけでなく「日本国籍」の場合も含まれる。例えば，日本国籍と外国籍の両親の間に生まれた子どもが日本国籍を選ぶケースなどがあるからである。この項が「外国人児童生徒等教育」とされているのはそのためである。また外国人児童生徒等の来日の背景，来日年齢，滞日期間や将来の予定，移動の歴史（ルート），日本語の習得状況や適応状況も多様であり，それらが外国人児童生徒等教育の課題の複雑さにつながっている。

(2)　日本語指導が必要な子ども達とことば

　外国人児童生徒等教育の課題として，日本語指導が必要な子ども達の存在が挙げられる。文部科学省「日本語指導が必要な児童生徒の受入状況等に関する調査（平成30年度）」(https://www.mext.go.jp/content/1421569_002.pdf, 一部訂正 https://www.mext.go.jp/content/20200110_mxt-kyousei01-1421569_00001_01.pdf

2020年8月7日確認）によると，2018年5月1日現在，全国の公立小中高等学校等において日本語指導が必要な児童生徒数は51,126人である。また母語別にみると，外国籍の場合はポルトガル語を母語とする者の割合が全体の約4分の1と最も多く，中国語，フィリピノ語，スペイン語とで全体の約8割を占める。日本国籍の場合はフィリピノ語が約3割で最も多く，中国語，日本語，英語が続く。いずれの場合もこれら上位以外の言語を母語とする児童生徒もおり言語面での多様性が見て取れる。

　バイリンガル教育の研究者カミンズによると，ことばの力は「生活言語能力（BICS）」と「学習言語能力（CALP）」に分類される（Cummins, 1979）。「生活言語能力」というのは，簡単に言うと日常生活でおしゃべりする力で，一般的に1－2年で年齢相当になると言われている。一方学習や思考のために必要な能力は学習言語能力と呼ばれ，習得には5年以上かかると言われている。

　またカミンズによると，母語と第2言語は概念的要素や音韻意識など基底部分が共通しており（「2言語共有説」），第2言語に接触する機会と動機づけが十分である場合，母語を媒体として獲得した力は第2言語に転移し得る（「2言語相互依存説」）と言われている。そのため，小学校高学年以降に来日するなど母語の学習言語能力がある程度習得できている場合は日本語の学習言語能力の習得は早いと言われている。さらに，抽象概念の獲得を含む認知的発達，自己肯定感やアイデンティティの確立には母語の保持も重要だと考えられている。日本語指導が必要な子ども達は，日常生活では母語，学校での学習活動で使用する言語は日本語というように複数の言語使用環境（複言語環境）で育つことも多いが，日本語だけでなく母語の力も含めて言語能力を把握し，支援する必要がある。

⑶　なぜ外国人児童生徒等教育が必要なのか？

　では，なぜ外国人児童生徒等教育が必要なのだろうか。

　外国人が特定地域に大人数居住している地域は集住地域，逆にごく少数が点在して居住している地域は散在地域と呼ばれる。外国人集住地域と散在地域の日本語支援や学習等の支援については異なる課題もあるが，特に日本国内で大

多数を占める散在地域では，人数の少なさゆえに外国人児童生徒等が「見えない存在」になってしまったり，支援のための予算や人材の確保が難しかったりすることが問題となっている。

　1989年に子どもの基本的人権を国際的に保障するために採択された「児童の権利に関する条約（子どもの権利条約）」（日本は1994年に批准）の28条には，「締約国は，教育についての児童の権利を認めるものとし，この権利を漸進的にかつ機会の平等を基礎として達成する」ことが明文化され，「初等教育を義務的なものとし，すべての者に対して無償のものとする」等が示されている。そして，日本国内においてもますます多文化化する社会の状況に鑑みて，外国人児童生徒等に関わる制度が整備されつつある。2014年にはそれまで各学校の裁量で行われていた日本語指導を「特別の教育課程」として編成・実施できる制度が整い，2016年には教育・指導の充実や体制整備，外国人児童生徒等教育を担う人材の養成を進めることが喫緊の課題として示された。また2017年の改訂「学習指導要領」の「総則」においても「特別な配慮が必要な児童への指導」として「日本語の習得に困難のある児童に対する日本語指導」の文言が明示された。さらに2019年に在留外国人増加への対応として公布された「日本語教育の推進に関する法律」には「日本語教育の推進は，我が国に居住する幼児期及び学齢期にある外国人等の家庭における教育等において使用される言語の重要性に配慮して行われなければならない」とされ，日本国内における多様な言語文化背景への配慮が示された。多文化化する日本における外国人児童生徒等教育は大きな転換期を迎えていると言える。

　一方で，現実に目を向けてみると，2019年5月現在，就学していない可能性がある学齢相当の外国人の子どもは19,471人おり（文部科学省「外国人の子供の就学状況等調査結果について（令和2年3月）」https://www.mext.go.jp/content/20200326-mxt_kyousei01-000006114_02.pdf，2020年8月31日確認），また就学している日本語指導が必要な子どものうち約2割が日本語の指導や教科の補習等の特別な指導を受けられていないとされている。さらに日本語指導が必要な高校生等の中途退学率は9.6%で，全高校生等の7.4倍，日本語指導が必要な高校生等のうち大学（短期大学，専門学校等を含む）に進学した者は

42.2%であり，全高校生等の6割程度という結果もある（文部科学省「外国人児童生徒等の教育の充実について（報告）」https://www.mext.go.jp/content/20200326-mxt_kyousei01-000006202_02.pdf，2020年8月28日確認）。複数の文化，言語，価値観の下で育った子どもたちはその強みを生かして，グローバル社会で活躍する人材となり得る。私たち大人は，その子どもを取り巻く状況と子ども達のことば（日本語や母語），文化，アイデンティティ形成，キャリア形成などの課題を適切に捉え，子ども達のアイデンティティの確立を支えながら，彼らのライフコースを見据えた支援をしていくことが必要である。

　SGDs目標4には「すべての人々に包摂的かつ公平で質の高い教育を確保し，生涯学習の機会を促進する」ことが掲げられ，下位目標4.5では「2030年までに（中略）障害者，先住民および脆弱な立場にある子どもなど，脆弱層があらゆるレベルの教育や職業訓練に平等にアクセスできるようにする」こととされている。日本社会の中で脆弱な立場に置かれがちな外国人児童生徒等が個々にどのような問題を抱え，それらがどのような社会的，歴史的背景に位置づけられるのかを知ること，そして多様な文化や価値観をもつ外国人児童生徒等やその家族とともにSDGsが基盤とする人権の尊重や平等，社会的公正をいかに実現していくかについて改めて考え，行動することが求められていると言えよう。

注1　「外国人児童生徒等」，「外国にルーツをもつ子ども」，「文化的，言語的に多様な子ども」などその呼び名は統一されていない。本書では便宜上，文部科学省等の使用する「外国人児童生徒等」を用いた。

引用文献

Cummins, J. (1979) Cognitive/Academic Language Proficiency, Linguistic Interdependence, the Optimum Age Question and Some Other Matters. *Working Papers on Bilingualism*, 19, 121-129.

（和泉元千春）

● 第8項　核兵器・平和

　SDGsのゴール16は，「平和と公正をすべての人に」である。その全文は，「持続可能な開発のための平和で包摂的な社会を促進し，全ての人々に司法へのアクセスを提供し，あらゆるレベルにおいて効果的で説明責任のある包摂的な制度を構築する」である。持続可能な社会を創り維持するために，平和であることは必要不可欠な前提条件であるが，MDGsには該当するゴールがなく，SDGsで新たに加わった目標である。

(1) 核兵器

　人類は20世紀に世界規模の悲惨な大戦を2度経験した。第二次大戦終末期の8月6日に広島，同9日に長崎に原子爆弾が投下された。広島原爆（リトルボーイ）はウラン原爆であり，通常火薬の16,000トン相当，長崎原爆（ファットマン）はプルトニウム原爆で同じく21,000トン相当の出力であった。（放射線影響研究所，https://www.rerf.or.jp/library/list/periodicals/rerf_update/backnumber/recdostc/ds02/，2020年8月30日確認）広島で14万人，長崎で10万人が死亡したといわれているが，放射線被ばくによる後年の被害の実態は明らかではない。

　広島，長崎の原爆投下は実戦で使用された唯二の例であるが，その後，1998年までに2,051回の核実験が実施された。主な核実験場はネバダとマーシャル諸島（アメリカ），カザフスタン・セミパラチンスクとロシア（旧ソ連），ポリネシアとアルジェリア（フランス），オーストラリア（イギリス），ロプノール（中国）他であり，大気圏核実験の合計は427.9メガトン，上記各国＋インド，パキスタンによる地下核実験の合計は82.43メガトンと推定されている（1メガトンは広島原爆の62.5個分に相当する）。（日本原水爆禁止協議会，https://www.antiatom.org/GSKY/jp/Rcrd/Politics/-99/j_45-98nt.html，2020年8月30日確認）。現在では，この他にイスラエルと北朝鮮が核兵器を保有している。

　核兵器を条約によって制限しようとする動きは1960年代から始まった。1963年に締結された部分的核実験禁止条約（PTBP）は地下核実験を除く核実験を

禁止する米英ソ間の条約である。中距離核戦力（INF）全廃条約は1987年に米ソ間で締結された地上配備の中距離ミサイルを廃棄する条約であり，核兵器の削減に踏み切った初めての条約であるが，2019年にアメリカが条約から脱退したことにより現在は失効している。地下核実験を含む全ての核実験を禁止する包括的核実験禁止条約（CTBT）は1996年に国連で採択されたが，米中など一部の国が批准していないため現在も発効していない。核拡散防止条約（NPT，1963採択）は非核保有国が新たに核兵器を保有することと核兵器保有国が核兵器を譲渡することを禁じ，核兵器保有国は核軍縮の交渉を義務づけられたが，交渉が誠実に実行されている状態にはない。NPTは2000年より5年毎にNPT運用会議を開催しているが，COVID-19のために2020年度に予定されていたNPT運用会議は延期された。

　以上の条約とは別に，地域を限定して核兵器の実験・使用・製造等を禁止する非核兵器地帯条約が1960年代から締結されている。条約によって内容はいくらか異なるが，核兵器の実験・使用・製造・取得・貯蔵・配備等を禁止することが共通している。2020年現在で，以下の5つの非核兵器地帯条約と一国非核の地位が国連で承認されている。(1)トラテロルコ条約（ラテンアメリカ及びカリブ核兵器禁止条約），(2)ラロトンガ条約（南太平洋非核地帯条約），(3)バンコク条約（東南アジア非核兵器地帯条約），(4)ペリンダバ条約（アフリカ非核兵器地帯条約），(5)セメイ条約（中央アジア非核兵器地帯条約），(6)モンゴル一国非核の地位。（外務省，https://www.mofa.go.jp/mofaj/gaiko/kaku/n2zone/sakusei.html，2020年8月29日確認）これにより，2009年以降，南半球は南極大陸を含めて非核兵器地帯となっている。カリブ海諸国を含むラテンアメリカ，アフリカ諸国の大部分，東南アジア，中央アジア，モンゴルも非核兵器地帯である。

　2017年にノーベル平和賞を受賞したICAN（核兵器廃絶国際キャンペーン）等が尽力して核兵器禁止条約が2017年の国連総会で採択された。この条約は，核兵器を国際人道法の原則に反する兵器として開発・生産・保有・使用などを全面的に禁止する画期的な内容となっている。50ヶ国が批准した後の60日後に発効するという規定になっており，2021年1月22日に発効した（51ヶ国が批

准，86ヶ国が参加を表明）。日本政府は「核兵器保有国と非核兵器保有国の橋渡しをする。」という理由で署名・批准を行っていない。

⑵　原子力発電について

　原子炉ではウランの燃焼によってプルトニウムが生成されるので，プルトニウムを材料とする長崎型原爆が簡単に製造できると言われることがあるが，商業用原子炉によって生じるプルトニウムをそのまま原爆の原料とすることはできない。原子力発電は核兵器や戦争・紛争と切り離して，エネルギー問題，環境問題として取り上げるべきであると考えられるが，本書の構成上，ここで簡単に触れることにする。

　商業用原子力発電所の大事故としてスリーマイル島（1979），チェルノブイリ（1986），フクシマ（2011）が挙げられる。これらの重大事故を通して明らかになった事実は，原子炉が発電用として利用され始めてから70年余が経過しているにもかかわらず，技術的に未完成であるということである。

　石炭・石油・天然ガス火力発電，水力発電，風力発電，地熱発電，バイオマス発電等，原子力以外の発電所の事故は一過性であるのに対して，原子炉の重大事故は環境に長期間重大な影響を及ぼす。核兵器の核分裂が瞬間的（1,000万分の1秒）であるのに対して，原子炉の場合は長期間の核分裂反応によって生じる長半減期の放射性物質による環境汚染のため，チェルノブイリやフクシマで経験しているように，住民は長期間避難を余儀なくされる。

　福島第一事故の後，日本の全ての原子炉が停止されたが，電力の不足は生じなかったという事実は重要である。ドイツはフクシマの教訓から2011年に17基あった電子力発電所を2022年までに全廃することを決定し，順次稼働を停止している。原子力発電は持続可能な開発と両立するのか，考えてみよう。

⑶　戦争と紛争

　第一次大戦と第二次大戦の死者数には諸説があるが，第一次大戦は900〜1,500万人，第二次大戦は5,000〜8,000万人である。第二次大戦後，国家間の戦争が減少を続けている一方で，紛争や暴力は増加している。紛争は政治的民

兵，犯罪集団，国際テロ集団間の暴力的争いであり，中東，アフリカなどでは国内の武装勢力だけでなく外国が介入する「内紛」が増えて複雑化している。法の支配の崩壊，国家機構の不在または私物化，不正な経済利益など，SDGsのゴール16が示す「司法へのアクセスを提供し，あらゆるレベルにおいて効果的で説明責任のある包摂的な制度を構築する」に逆行する流れである。

　技術の進歩，とりわけ人口知能（AI）や機械学習の進歩は従来の戦争，紛争の様相を一変させる。AIの利用はサイバー攻撃や身体攻撃，生物攻撃の力を強め，照準をさらに正確に定められるようになり，自律型致死兵器（LAWs）も可能にした。こうした兵器は，「戦争や紛争による生死にまつわる責任を人間の道徳システムから，思いやりも倫理的指針もない複雑なデータシステムへと移転する」ものである。特に，自律型兵器は，生物兵器や化学兵器などの大量殺戮兵器と同様に国際法で禁止することが求められる（国連広報センター，https://www.unic.or.jp/activities/international_observances/un75/issue-briefs/new-era-conflict-and-violence/，2020年8月30日確認）。

　平和は持続可能な社会を創造するための基盤である。現在の紛争状況が続けば，「あらゆる場所において，すべての形態の暴力および暴力に関連する死亡率を大幅に減少させる」というSDGsのターゲット16.1を2030年までに達成することは不可能である。1945年に採択されたユネスコ憲章はその前文で，「戦争は人の心の中で生まれるものであるから，人の心の中に平和のとりでを築かなければならない。」と宣言したが，戦争，紛争やテロの真の原因は何であろうか。また，戦争や紛争の歴史を振り返るとき，被害だけではなく，加害を含めて客観的に理解することも必要である。

（長友恒人）

● 第9項　防災・減災①　自然災害の定義とハザードマップの活用

(1)　自然災害とは何か

　はじめに，**図4-18**をみながら「自然災害」という言葉の意味を考えてみよう。大雨，大雪，強風，地震，津波，火山噴火…。これらは自然災害ではなく，その誘因となる自然現象である。このような自然の力が，ある場所の地形や地盤，水面といった地球表面の性質に関わる自然素因に作用することで，洪水や高潮，土石流，津波，火砕流などの災害事象が発生する。それらによって，人間や私たちの資産・施設，すなわち社会素因に人的・物的な被害（損傷・破壊）があってはじめて自然災害の発生となる。「災」いや被「害」は，私たち人間の側の問題である。自然は悪者ではない。発生した被害（一時的被害）は，社会経済システムの状態によって，広がったり長引いたりする。これを災害の波及という。混乱・苦難（二次的被害）が収まるまでは，「災害」は続く。その意味では，「震災から〇年」といった表現は正確ではない。ある災害の「発生から〇年」という認識をもち，今も続く混乱・苦難に思いをはせたい。

　図4-18の右半分は，ここまでに述べた「災害発生の連鎖」を断つための防災対応策である。各段階に対応した防災の手段があることがわかる。1995年に発生した阪神・淡路大震災の復興過程で盛んに言われるようになった「減災」に該当する内容もある。一番上にある「自然力の制御」は困難であるし，災害の発生を完全に防ぐことは難し

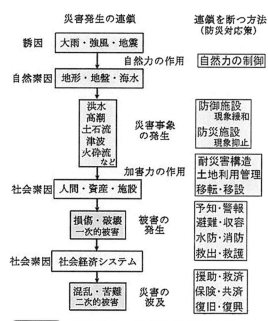

図4-18　災害発生の連鎖と防災対応策

出典　水谷（2010）の図を転載。

いけれども，被害を軽減することはできるというのが，減災の考え方である。

　学校現場では，多くの場合，避難訓練が重視されている。これは生命を守るための大切な取り組みである。しかし，防災・減災はもっと視野を広げてとらえる必要がある。ESD は持続可能な社会を構築するための営みなので，たとえば防御施設・防災施設の計画をめぐる動きには目を凝らしたい。意思決定の過程や，関わる主体，お金の出どころ，誰が儲けるのか，地域住民をはじめとする関係者（ステイクホルダー）の置かれた状況，環境保全との折り合いの付け方などを把握する努力をしよう。建物等の耐災害構造や，どこを住宅地・工業用地・農地などにするかに関わる土地利用管理，行政施設や病院・学校をはじめとする施設の移転・移設など，まちづくりのハード面も同様である。援助・救済や保険・共済は，災害の波及を最小限に抑えるために重要である。

⑵　ハザードマップの活用

　ハザードマップについて，筆者は Twitter にこんな投稿をしたことがある（図4-19）。あなたの認識はどうだろうか？　ハザードマップ（防災マップ等とも）は，災害が発生してから見るものではない。防災・減災に活用するものである。

　まずは現物に触れよう。市町村が紙媒体で全戸配布しているものや学校に掲示されているものを確認しよう。

 河本 大地　Daichi Kohmoto @daichizu · Aug 15, 2019
ハザードマップは、言葉を知っていても実際には参照していない人が多い。学校教員も。
ぜひアクセスしてほしいけど、
・想定された災害のみの情報である
・自治体によって基準が異なる
・「資産価値が下がったらどう責任を取るんだ！」等と言われた担当者が怯えて記載していない箇所もある
など要注意

💬　　🔁 54　　♡ 79　　⬆　　ⅲ

図4-19　筆者のツイートから

　国土交通省の「ハザードマップポータルサイト」も必見である。洪水・土砂災害・高潮・津波等の災害種別ごとの地図や道路情報等を重ねられる「重ねるハザードマップ」と，各市町村が業者に委託等して作成したマップにアクセスできる「わがまちハザードマップ」がある。

　ハザードマップは行動変容のための地図にしなければならない。行動の第一は避難である。マップのどこに自分の家や学校，よく行く施設があるか探そう。川の位置，高低差などはわかるだろうか？　難しい場合は，地理院地図やグーグルマップ等を併用しよう。洪水や津波，高潮の浸水想定にある0.5m や 3 m の数字に実感をもってもらうには，身体や建物のどこまでが水につかるかを考える必要がある。実際には，洪水や津波の場合には，ただ浸水するだけでなく流速や水圧によっては流されてしまう可能性もある。避難所等まで本当に逃げられるのか，どこを通って避難するのかも考えよう。異なる場所に避難する「水平避難」の場合，自動車で避難しようとしても渋滞中に流されることもある。避難経路に川や崖やブロック塀の危険があるかもしれない。地面が液状化する場合もある。同じ建物の上層階に避難する「垂直避難」も，エレベーターは止まる可能性があるし，中高層の建物には近隣にいた人も受け入れることになる。災害が起きる前にシミュレーションがいる。

　行動の第二は，まちづくりである。災害発生時の緊急対応だけでは防災・減災には限界がある。そこで図4-18の右側を再度見よう。「　」は図中のキーワードである。まず，堤防や砂防ダムなどの「防御施設」を過信してはいけない。これらは，ないよりあるほうがましであるが，傷むし壊れることもある。それよりも，ハザードマップを活用して，地域自体を「耐災害構造」に変容させよう。「土地利用管理」に関して，日本はルーズである。池や水田，海などを埋め立てた場所は液状化しやすいのに市街化が進んでいる。斜面地や山裾周辺では土砂災害の危険もある。谷を埋めて住宅地などにしている場所もある。こうした場所に施設をつくる場合には，コストをかけて防災対策をする必要があるが，重要な施設を危険な場所に設置しない「移転・移設」の意思決定も求められる。後で述べるように，ハザードマップだけではなく，昔の地形図，昔の空中写真を見てその土地の過去を知ることはとても大事である。

行動の第三は，地図リテラシーを身につけることである。先のツイートにあるように，ハザードマップで色が塗られていないところを安全と考えるのは間違いである。地図の表現には，何を伝えたいか（伝えたくないか）が反映される。どのような災害想定の場合の地図なのかを意識し，異なる想定の地図があるなら見比べてみよう。グラデーションの配色がもたらす印象や「見やすさ」はどうだろうか？　日本語を理解できない人，視覚に障がいのある人，歩けない人など災害時要援護者となる人々にとってよいハザードマップも重要である。ユニバーサルデザインや使い勝手の改善，そして行動変容につながる地図について議論しよう。

　最後にひとつ。教室の中だけでの学びには限界がある。ハザードマップや地理院地図をみながら地域を歩いてみよう。景観と地図表現とを見比べながら歩くと，どんな場所の危険性が高いのかが感覚的にも理解できる。冒頭で見たように，自然災害は自然と人の関わりの中で発生する。自然の営みや，土地の成り立ちを理解しておくことが重要である。よく見ると，微妙な高低差が浸水想定に対応していることに気づく。特に水害の場合はハザードマップの作成対象となる河川はわずかなので，少しでも地形や景観を読み解けるようになろう。土木技術が現在のような形ではなかった時代には，土地利用には災害危険性が色濃く反映されていた。国土地理院のサイトでは過去の空中写真を見られるので検索してみよう。また，「地理教育の道具箱」は子ども向け教材もあるので要チェックである。旧版地形図の一部は埼玉大学の谷謙二教授による時系列地形図閲覧サイト「今昔マップ」で確認できる。災害危険性が高い場所であっても，古くから集落等がある場合には長年にわたる防災・減災の工夫もあるはずなので観察してみよう。そして，住民から経験や工夫を学ぼう。

引用文献

水谷武司（2010）「防災基礎講座　自然災害をどのように防ぐか」．国立研究開発法人 防災科学技術研究所 自然災害情報室 https://dil.bosai.go.jp/workshop/04kouza_taiou/01hajimeni.html

（河本大地）

● 第9項　防災・減災②　学校安全管理を災害医療の観点から考える

⑴　SDGsにおける防災・減災の位置づけ

　SDGsでは，防災・減災は目標11の「住み続けられるまちづくりを」と，目標13の「気候変動に具体的な対策を」で掲げられている。目標11は包摂的で安全かつ強靱（レジリエント）で持続可能な都市及び人間居住を実現すること，目標13は気候変動及びその影響を軽減するための緊急対策を講じることを目標としている。日本は近年，毎年のように大規模な自然災害が発生しており，災害への対策は必須事項である。従って，全ての市民がこの考え方を意識し行動変容に結びつけなければならない。それには市民に対する教育が必要不可欠であるが，ESDはこのSDGsを牽引する原動力である。

⑵　学校安全

　児童・生徒が安心して学ぶためには，学校が安全であることが必要不可欠である。また児童・生徒は守られる対象であると同時に，教育を通して自分自身の安全を確保することが出来る資質・能力を身に付けることが求められる。この学校安全には生活安全，交通安全，災害安全の3つの領域があり，この活動は安全管理と安全教育の2つの柱で成り立つ。安全管理で児童・生徒の目の前の安全を守りながら，安全教育で彼等が自らの安全を永続的に守ることが出来るようにする，この両者を相互に関連付けて組織的に行うことが重要である。従って教員が押さえるべき防災・減災のポイントは，安全管理として児童・生徒の命を守ること，安全教育として児童・生徒に命の守り方を教えることであるが，その大前提として自らの安全を守ること，この3つが重要なポイントである。本項では特に最初の児童生徒の命を守るために学校内における組織をどのように構築するのが良いかを，災害医療の考え方を使って述べる。

⑶　災害医療の考え方

　災害発生時における学校組織のレジリエンスを高めるために教職員の役に立つ考え方として，災害医療の考え方があるが，この考え方はCSCATTTに集

約される（**図4-20**）。これは災害対応の原則の頭文字を並べたものである。医療における災害とは，需要（傷病者）が増えすぎて供給（医療）が間に合わず，需要と供給のバランスが崩れた状態であるが，CSCATTTは最小限の医療資源を最大限に活かすための考え方である。

C：Command and control（指揮命令／連絡調整）

　災害発生時に教職員が統制の取れた活動をするためには，指揮命令系統の確立が必要である。重要なのは①活動方針，②本部の組織化，③役割の明確化である。①活動方針は，現場のリソースを元にどこまで行うか，目標を明確にすることである。②本部の組織化は，特に全体を俯瞰できる指揮官と，各種業務を調整する業務調整員が重要である。業務調整員は主に情報管理と資源管理を行う。情報管理には通信の確保と資源・需要・安全に関する情報が含まれ，資源管理には人，物資，移動輸送，環境が含まれる。最後に③教職員の役割を明確化することが，組織が機能するために必要である。

S：Safety（安全）

　二次被害を起こさないためには，まず自分の安全を確保し，次に周囲の安全を確保した上で，傷病者の安全を確保する順序が大切である。自らを犠牲にしても児童・生徒の命を守りたいという気持ちはわかるが，災害時にはまず自分の命を守る行動を率先して取ることが重要であり，それが結局多くの人命を守ることに繋がったことは，東日本大震災の時の「釜石の奇跡」と言われた事例でも証明されている。

組織体制	C：Command & Control	指揮と連携
	S：Safety	安全
	C：Communication	情報伝達
	A：Assessment	評価
医療支援	T：Triage	トリアージ
	T：Treatment	治療
	T：Transport	搬送

図4-20 CSCATTT

英国 MIMMS（Major Incident Medical Management and Support）® より引用・改変

時間	発	受	内容	済
10：30	教員 A	教頭	○○で倒れている生徒を発見	✓
			⋮	

図4-21　時系列記録

C：Communication（情報伝達）

　情報伝達で大切なのは，複数の伝達手段と時系列の情報整理である。まず伝達手段は，電話や無線，インターネットやメール，SNS など，伝達手段のダウンに備えて複数の手段を準備する。次に情報を時系列記録し，情報の発信者，受信者，内容，処理済の有無を可視化すると，混乱時にもタスクの見落としがなくなり現場を掌握しやすい（**図4-21**）。

A：Assessment（評価）

　災害現場の評価は，METHANE の視点に基づき情報収集を行うのが有用である（**図4-22**）。

　以上の CSCA は組織体制構築に必要な 4 項目であり，災害時に限らず平時にも応用可能な考え方である。この組織体制が整わないと，傷病者対応である TTT は開始しない。その理由は，組織体制が整う前に個々の傷病者に対応を始めると，現場が混乱し収拾がつかなくなるからである。

T：Triage（トリアージ）

　歩行の可否と生理学的評価（反応・正常な呼吸の有無，脈拍数，簡単な指示への応答）で重症度を判定し，重症度に応じて依頼順序を検討する。本来は反応・正常な呼吸がなければ黒で無呼吸群，死亡群として扱い優先順位が一番低くなるが，学校現場では最優先群として扱うよう，スポーツ現場用に改変したトリアージが使いやすい（守川義信ほか，2015）（**図4-23**）。

・M：Major incident（重傷事故の有無）
・E：Exact location（正確な場所）
・T：Type of incident（事故の種類）
・H：Hazard（危険性とその拡大）
・A：Access（進入経路）
・N：Number of casualties（傷病者数）
・E：Emergency services（対応医療機関）

図4-22　METHANE

T：Treatment（治療）

　学校では限られた資機材で傷

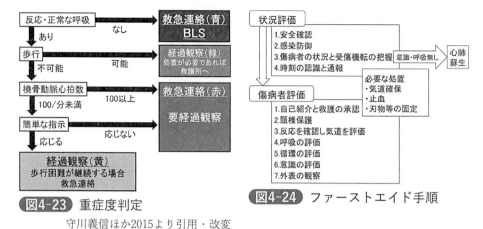

図4-23 重症度判定

守川義信ほか2015より引用・改変

図4-24 ファーストエイド手順

病者に対応し，病院に搬送されるまでの間，傷病者の状態が安定化するための初期対応を行う必要がある。傷病者への対応手順は，状況評価と傷病者評価の順に行う（**図4-24**）。本項では組織体制構築を主として述べるため，詳細は成書を参照されたい（JPTEC協議会，2020）。

T：Transport（搬送）

　搬送の原則は，重症度に応じて優先順位を決め，適切な患者を，適切な医療機関に可能な限り早く分散して搬送することである。災害時には搬送手段が限定され医療機関の受入可否も平時と異なることから，情報収集を行い，保護者への連絡を密に取りながら判断する必要がある。

　以上のCSCATTTは，災害医療に従事する医療従事者だけでなく，学校教員にも十分応用可能な考え方である。ぜひ学校の安全管理に応用してほしい。

引用文献

守川義信ほか（2015）「大規模マラソンにおける災害医療システムの応用と，重症度判定の導入」『日本集団災害医学会誌』20(2)：238-245。

JPTEC協議会（2020）『JPTEC外傷のためのファーストレスポンダーテキスト』。

（笠次良爾）

◉ 第10項　地域における文化遺産

⑴　SDGs・ESD と文化遺産・文化財

　SDGs は2030年（遠い先のようだが10年後であり，国連総会で採択されてか
らすでに５年が経過している）に向けた行動指針である。SDGs の目標第10
「各国内及び各国間の不平等を是正する（人や国の不平等をなくそう）」・第11
「包摂的で安全かつ強靱（レジリエント）で持続可能な都市及び人間居住を実
現する（住み続けられるまちづくりを）」は，他の目標も含め，地域間・世代
間の公正を実現するという大目標に端を発している。ところで世代間の公正を
めぐっては，現前の悲惨や将来に対する不安感から「現代―未来」の時間枠で
のターゲット項目が多く設定されているが，「11.4　世界の文化遺産および自
然遺産の保全・開発制限の取り組みを強化する」のように過去をも時間枠に取
り込んだターゲット項目があることは注目に値する。人類はさまざまな問題を
抱えつつも，その生存だけでなく，文化・文明も持続・展開させてきたのであ
り，真に持続可能な社会にしてゆくためにも，また過去の知恵や思想，美意識
を現代において代弁・代行するためにも，伝統文化・文化財を実体験に基づい
て学び，継承し，発信してゆくことが，2030年までにおいても，そして2031年
以降も，欠かせないことは論を待たない。地域の文化遺産・文化財を調査する
ことは，地域間・世代間の公正実現にどう寄与できるのだろうか？

⑵　事例Ⅰ～奈良県天川村

　奈良県内では，奈良市をはじめとする平野部と南部および東部山間部地域と
の間に，交通網をはじめとしてインフラストラクチャー整備の上で，不平等に
つながりかねない著しい条件上の差異がある。文化財の調査研究も例外ではな
く，閑却されがちな傾向が山間部の文化財にあったことは否めない。吉野郡天
川村は熊野川水系に属する県南部地域で，平野部から遠く文化財調査が充分で
なかった同村内に，国の重要文化財に指定されても不思議でない仏像彫刻が遺
されていることが，2018年度以降奈良教育大学（以下，本学と略称）文化遺産
教育専修主担当の教員・院生・学部学生の調査で明らかになってきている。

天川村のケースでは，教育大学としての本学の特性を活かした教育面での地域貢献として，調査を主管した私山岸がその成果をもとに2019年3月7日に天川中学校において「天川村の宝　来迎院の仏像」と題する出前授業を行った。学校や天川村教育委員会との良好な関係を構築し，文化財の研究・教育を通じて地域間の公正をローカルに実現することを目指したもので，2020年になってからはコロナ禍により計画延期を余儀なくされてもいるが，地域の文化財を素材とするSDGsの実践として，今後も継続してゆきたい取組みである。

(3)　事例Ⅱ～岩手県陸前高田市とその周辺

天川村での実践の先行事例が本学の「陸前高田市文化遺産調査団」である。

岩手県陸前高田市は，2011年3月11日の東日本大震災の津波により市街地中心部に壊滅的な被害を受けた。私は震災前から陸前高田市と個人的な関係があり，震災後1年を経た2012年4月に，同市常膳寺の仏像がどのような現況にあるか調査してほしいと，市民の方から電話でご要望いただいた。この事業は，本学副学長（現学長）の加藤久雄氏により，私個人の調査の域を超えて，学生も参加する文化財調査と防災教育研修とを兼ねた本学の事業として位置づけられることになり，2012年度に予備調査も含め2回，2013年度以降は毎年1回，2019年度までで計9回の調査団が派遣され，その都度報告会の実施，報告書の発行を重ねてきた。

常膳寺は，おそらくは災害の歴史に学んだのであろう，陸前高田市市街地からは東に当たる山中の高台に開かれた寺院で，幸い仏像群に震災による大きな被害はなかった。ただ陸前高田市が，岩手県の県庁所在地盛岡市からも，東北地方の中核都市宮城県仙台市からも遠く，従来の仏像調査が不充分で，像高3.25mに及ぶ巨像の常膳寺本尊十一面観音菩薩立像（常膳寺本尊像と略称）すら未指定文化財という状況を正常化したいという思いは，調査の度に強まった。

常膳寺本尊像の造形や構造には，時代や地方，仏師系統による特色と，巨像ゆえの制約とが混淆しており，制作時期を定位することにもはじめは困難があったが，2014年に関連調査を実施した同市黒崎神社懸仏［室町時代・明応五年（1496）銘］と，常膳寺本尊像や同じ常膳寺の不動明王立像との間で，特徴

的な細部（いわば仏師ないし工房の「癖」）が共通することが判明し，これらの仏像群は同一仏師もしくは同一工房によって作られ，常膳寺本尊像は15世紀末を前後する頃の作であると推定できるようになった。調査成果は『奈良教育大学陸前高田市文化遺産調査報告書　2012年度〜2014年度』（2015年3月。報告書Aと略称）に，調査に参加した学生のレポートとともに掲載されている。なお常膳寺本尊像は，その後旧黒崎神社懸仏（指定名称は個人蔵御正体）とともに岩手県指定文化財となった（ただし同一工房作と考えられる常膳寺千手観音菩薩立像や不動明王立像は未指定のままである）。9回にわたる調査を通じて，上記のほか同市福寿庵の観音菩薩坐像に応仁三年（＝文明元年，1469）の造像銘を見出すなどいくつかの新知見があったが，詳細は報告書Aや『奈良教育大学陸前高田市文化遺産調査報告書　2015年度〜2017年度』（2018年3月。報告書Bと略称）ほかを参照されたい。

　調査団に参加した学生は，陸前高田市やその周辺地域の文化財の独自性に目を開かされ，さらに過去の津波遺跡・遺構を含めた震災被害の激甚さや，まだ道半ばといえる復興状況からも多くを学んだが，地域への寄与の具体化として文化財調査成果を速報的に中学校向け教材作成に繋げ，震災後の地域の子どもたちが郷土に対して誇りを持つ一助となることも目指した。毎年A3両面印刷の文化財教材を作成し，陸前高田市教育委員会や協力者の方々の手で中学校をはじめとする関係先に配布していただくことを継続している。

　ところで図4-25の教材からも見てとっていただけるように，本学は2015年に3Dスキャナー・3Dプリンターを導入した。陸前高田市文化遺産調査は，先端的文化財科学の三次元情報取得を立体造形としての仏像に応用する機会であり，また地元の要請を汲み上げる契機でもあった。

　2013年文化財調査の調査対象，陸前高田市の隣町岩手県住田町の向堂観音堂十一面観音菩薩坐像（向堂観音堂像と略称）は，像高29.8cmの小像ながら細部の造形が常膳寺本尊像ときわめて類似し，同一仏師ないし同一工房による一連の作と考えられる。いっぽう向堂観音堂は国道107号線に面した小堂で，隣接する不動堂の本尊は盗難にあい所在不明となっており，文化財としての意義・価値が見出されたことによって管理者は保管に苦慮することとなった。そこで

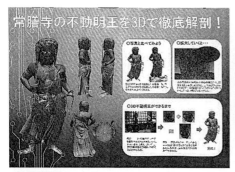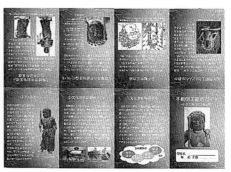

図4-25 2015年度作成の教材「常膳寺の不動明王を3Dで徹底解剖！」（表・裏）

本学としては，現地とも密に連絡をとって2016年度第6次調査で向堂観音堂像の再調査を行い3Dデータを取得，同大のレプリカを3Dプリンターにより作成して2017年度第7次調査で現地に持参し，向堂観音堂像本体の，より安全度の高い管理者浄福寺本堂への移座，観音堂内へのレプリカの安置を実践し，地元の意向に応えた（詳細は佐野・赤津・鈴木・濵松・山岸，2018参照）。

(4) おわりに

事例Ⅰ・Ⅱを紹介したが，地域の文化遺産をテーマとするESDはなお試行的な段階にある。ただ，地域間の違いを同色に塗り込めるように平準化する，という意味でなく，地域の独自性を形成してきた歴史的背景に立ち還り，地域の誇りともいうべき文化遺産・文化財を妥当に評価するうえでの不平等をなくす（それは同時に，文化遺産・文化財を造り，守り伝えてきた過去の人々を正しく評価することに繋がる）ことは，現行の2030年に向けたSDGsの終了後も，真に持続可能な社会の形成のため，継続して追求されるべき理念といえよう。その実現に向け，ささやかながら今後も微力を尽くしたい。

参考文献
佐野宏一郎・赤津將之・鈴木奈津・濵松佳生・山岸公基（2018）「陸前高田市文化遺産調査における3D機器の活用」『奈良教育大学次世代養成センター紀要』4（報告書Bにも転載される）。

（山岸公基）

第11項　世界文化遺産の ESD 教材

(1)　はじめに

　周知のように，世界遺産は文化遺産，自然遺産，両者の要件を備えた複合遺産の3つに分類できる。従来，ESD の教材化は文化遺産より自然遺産で行われることが多かった。世界自然遺産はしばしば「坑道のカナリア」と言われてきた。過去，鉱山ではガス爆発が頻発し，坑夫たちは籠にカナリアを入れて坑道に入った。ガスの充満をいち早く察知してカナリアが騒ぐと，事前に退避してガス爆発事故を避けていたのである。世界各地の自然遺産は微妙なバランスで生態系が保たれている。そこで異変が見つかれば，外部地域，ひいては地球全体の環境異変や生態系崩壊のサインとして教材化されたのである。

　ここでは世界文化遺産（以下，文化遺産）の ESD 教材がテーマであるが，何をどのように教材化するか筆者のアイディアを披瀝したい。文化遺産，自然遺産を問わず，教材化には「そもそも世界遺産とは何か」の真意を確認する必要がある。その歴史的理解が ESD の教材化の原点となる。

　世界遺産誕生の契機になったのは1960年代の後半，エジプトのアブシンベル神殿が水没する危機に直面した時である。世界中から「人類の宝を遺せ！」という声が挙がり，その時「世界遺産」という概念が生まれたのである。1972年の「世界遺産条約」の締結にいたる経緯そのものが ESD 教材になるだろう。

　次に，登録延期の意見がある中で，2007年の世界遺産委員会で「逆転登録」された世界文化遺産「石見銀山遺跡とその文化的景観」も ESD 教材になる。石見銀山遺跡は，中世から近世の鉱山遺跡が当時のままの姿で残っている。その光景を「文化的景観」として，世界遺産委員会は評価したのである。

　最後に，森林を伐採して有限な資源を枯渇させた社会がどのような結末を迎えたか，文明崩壊に至った世界文化遺産「ラパヌイ」（イースター島）の歴史を紹介したい。イースター島の歴史は，環境破壊型の経済に固執する現代人へのメタファー教材となる。

⑵　世界遺産誕生の経緯

　エジプトのアブシンベル神殿は，約3,270年前に上・下ナイルを統一してメソポタミアと覇を競ったラムセス二世の神殿である。縦27メートル，横34メートル，奥行き63メートルという規模の洞窟状の巨大建造物群である。この神殿を遺すために，それをそっくりくり抜いて，63メートル上部に移築することが計画された。パリのユネスコ本部が保存キャンペーンを呼びかけ，各国のユネスコが自国の優れた技術者を派遣した。また，世界中の人々が募金活動に応じ，8,000万ドルを超える復元資金が集まり，神殿移築の難工事が完遂されたのである。

　スウエーデンのダム建設技術者のヨースタ・パッションが設計図を描き，イタリアのカラーラの石切り職人たちが岩盤から1,004個のブロックを切り取った。カラーラは，ミケランジェロが大理石を得た石切場である。フランスとドイツ（当時は西ドイツ）の技術者たちが最新鋭の建設重機や運搬機器を駆使してそのブロックを運搬し，組み立てて移築したのである。筆者は1979年に訪問したが，移築の経緯を知らなかったため，組み立てられた痕跡にまったく気づかなかった。無知はじつに悲しいことである。

　この遺跡保存の成功体験が1972年の「全世界は遺跡の存続を求める権利を持っている」という「世界遺産条約」の締結に繋がっていった。同時に「世界遺産基金」も設立された。経済力の弱い国の遺跡保存を支援する基金で，この基金によって救済されたのが，カンボジアのアンコールワットやインドネシアのボロブドールなどである。「人類の宝物」を次世代にバトンタッチするために「何をしなければならないか」，「何をしてはいけないか」を考えさせる世界遺産それ自体がESD教材になる。国家や民族を超えた国際的な協働プロジェクト，募金活動に応じた世界の人々の行動こそ，まさにSDGsの目標17「グローバル・パートナーシップ」を具現化した教材になる。

⑶　石見銀山遺跡とその文化的景観

　自然と文化を一体に捉え，自然に包摂された「文化的景観」という新しい概念で評価されたのが，「石見銀山遺跡とその文化的景観」である。大航海時代

に開発された石見銀山はボリビアのポトシ銀山と並ぶ世界の二大銀鉱山と言われ，当時の世界の銀生産量の約3分の1を占めたと言われている。

　石見銀山遺跡には，間歩と呼ばれる坑道跡，朝鮮経由の「灰吹法」という最新技術で大量の銀を抽出した精錬所跡，その工房が集積した鉱山町，輸出した港と港町，両者を結んだ街道が緑豊かなバッファーゾーンの中に当時のままの姿で残っている。石見銀山遺跡は銀鉱山の全体像が良好に保たれた例外的な産業遺跡なのである。崩落を防ぐ堅牢な木材の支柱や防護壁がなければ坑道は維持できない。特に銀鉱山は，精錬過程で莫大な木炭が必要となり，周囲の山林を伐採して，木材資源を枯渇させてしまう。その結果，保水力を失い土壌流失などの環境破壊を引き起こす。けれども，石見銀山では開山から閉山までの約400年間，環境破壊を起こしていない。

　それを可能にしたのが，「炭方六ヶ村」という循環型の木炭供給システムの構築であった。20〜30年周期で伐採すれば自然林は回復する。江戸時代の村民たちは山林をローテーションさせて伐採し，伐採地に栗の木を植林した。腐敗しにくい栗の木は，坑道を守る重力に耐え，木炭としても火力が高い。産業遺跡のほとんどが荒れ果てた土地に醜い姿で放置されている中で，石見銀山遺跡は緑したたる景観の中に往時の姿をとどめている。登録審査の決定を下すユネスコ世界遺産委員会は，環境に配慮した鉱山の経営理念だけでなく，廃坑後も遺跡保存運動を継続した大森地区の人々の尽力をも評価したのである。

　「自然と共生」しながら，自然環境に負荷をかけない持続可能な経済開発，地球環境に優しいライフスタイルが現代人に求められている。歴史とは「生起した事実」を単に記述するものではない。「その事実をどう解釈するか」がより重要である。石見銀山遺跡の登録は，「すべての歴史は現代史である」という発想からなされたものと評価できる。

(4)　おわりに

　巨大な石像モアイで有名なイースター島は，南米大陸から3,600キロも離れた絶海の孤島である。カヌーに家畜，ヤシやバナナ，タロイモやサツマイモの種を積み込み，祖先がこの島に到達したのは紀元1,000年前後と言われてい

る。島は高木と低木の茂みからなる亜熱帯雨林に覆われ，人口も順調に増大し，約6,000人前後に達していたと推測されている。爾後500年間，1,000体を超えるモアイ像が造られてきた。精巧な台座（アフ）と巨大な石像群は，農業生産力が高く余剰労働力を組織できる高度な文明が存在していた証左であろう。

1722年にオランダのヤーコブ・ロッヘフェーン海軍提督，1744年に英国人の探検家ジェームス・クック船長が来島した時，森林はすでに消失していたと報告されている。人口圧力から耕作地を拡大する森林伐採の結果，保水力が失われ肥沃な土壌が流出した。農業不振，木材枯渇から漁労用カヌーも建造できず，食料不足から文明崩壊に至ったのである。さらに，西洋人との接触による天然痘などの感染症で人口減を起こし，1862年にはペルーによる奴隷狩りで1,500人が島外に連れ去られた。彼らが帰国した1872年には人口が111人になっていたと伝えられている。

経済成長を競い，有限な地下資源や森林資源を枯渇するまで蕩尽しようとする現代人のライフスタイル。2020年8月の「危険な暑さ」の中で筆者はこの項目を執筆しているが，温暖化の問題は深刻である。人類が直面している資源の枯渇問題と地球環境問題。77億人を超えた世界の人々がSDGsに無頓着であれば，イースター島の悲劇が絵空事でないと誰が言えるだろうか。

参考文献
安江則子編著（2001）『世界遺産学への招待』法律文化社。
大田市教育委員会（2018〜2020）『石見銀山学ことはじめⅠ〜Ⅳ』。
ジャレド・ダイアモンド（楡井浩一訳）（2005）『文明崩壊　上』草思社。
川名英之（2010）『世界の環境問題　第6巻』ダイヤモンド社。
追記：森林の消滅はネズミの増殖によると言う説もある。筆者は，一般的に浸透しているダイアモンド氏と川名氏の森林伐採説に依拠している。

（田渕五十生）

● 第12項　伝統音楽と ESD

(1)　ESD と文化の多様性

　これまでの先行研究をまとめると，ESD には「人と人」，「人と社会」，「人と自然」の関係をトータルな観点から改善するという目的があり，それによって，私たちが直面している人権問題や平和問題，環境問題などを解決に導くことができる。また，ESD の実践を通して，失われてゆく文化や資源などを守り，持続可能なものとして次の世代に引き継いでいくことができると考えられる（佐藤真，2012：11-17；佐藤学，2015：4-6）。本稿では，平和問題における「文化的多様性」というキーワードに注目したい。世界には多様な文化が存在しており，その事実を認識し，理解し，互いに尊重することが重要である。また，他者の文化に共感するには，まず自分自身の文化を意識し，理解し，他者と同等の状況に身を置いて初めて，他者の文化に含まれる意味合いを考えることができる。従って，他国や他民族の文化を学び，自身の文化を学ぶことは，ESD において重要な課題である。そこで本稿では「無形文化財」に焦点を当てたい。

(2)　無形文化財としての伝統音楽・芸能

　文化庁の HP によると，「文化財は我が国の長い歴史の中で生まれ，はぐくまれ，今日まで守り伝えられてきた貴重な国民的財産」であり，「無形文化財」もその 1 つである。また，無形文化財は「演劇，音楽，工芸技術，その他の無形の文化的所産で我が国にとって歴史上または芸術上価値の高いもの」と定義されている。現在，日本では伝統芸能の「能楽」，「人形浄瑠璃文楽」，「歌舞伎」などが重要無形文化財に指定されており，これらの芸能を含め15項目の音楽・芸能が，ユネスコによって世界の無形文化遺産として認定され，登録されている。

　一方，国から重要無形文化財に指定されてはいないが，都道府県・市町村によって無形文化財に指定されているものも数多く存在しており，奈良市大柳生町の「大柳生の太鼓踊り」もその一例である。他方，現代の社会や環境の変化

により，指定を受けていない無形文化財や徐々に消えていく伝統文化を「持続可能なもの」にするには，地域社会の働きや教育の力を借りなければならないというのが現状である。本節では，筆者が伝統音楽の観点でこれまでに関わってきたプロジェクトや授業実践から，「地域の文化財」の学習，「世界遺産」の学習，「国際理解学習」の事例を取り上げ，ESDとの関わり方を紹介する。

⑶ ESDによって伝統音楽を持続可能にする取組

① 地域の文化財と世界遺産の学習：奈良市のわらべうた

　わらべうたは日本の伝統音楽の「生活の中の歌唱」に分類されている[1]。民族音楽学者小泉文夫によると，彼は音楽文化の基本的性格を調べる際に，必ずその地域のわらべうたに注目するという。なぜなら，わらべうたは「その民族のコトバに密着しており，そこには生活環境が反映されている。また『わらべうた』の中にはその民族の古い習慣や信仰が残っていたり，文化の成長過程が投影されていることもある」からである（小泉，1994：82）。現行の「小学校学習指導要領　音楽」では，「第3　指導計画の作成と内容の取扱い」に「それぞれの地方に伝承されているわらべうた」という文言が見られる。しかし現実には，わらべうたの教材は小学校2年生までしか掲載されておらず，小学校中学年以降にわらべうたを歌う機会は少ない。また，教科書に掲載されているわらべうたは地域性が薄く，全国共通のものとなっている。「地域のわらべうたを持続的に学ぶ」という考えに基づき，筆者は奈良市のわらべうたを用いて2015年に小中学校音楽科用の教材を開発することを計画した。具体的には，奈良市のわらべうたから世界遺産である東大寺の大仏さんと春日大社のおん祭を描写する《奈良の大仏さん》，《おん祭の歌》，《大さむ小さむ》の3曲を選び，同僚で作曲家の北條美香代氏に小中学校の児童生徒に適した形式に編曲することを依頼し，それらを教育楽器を用いて演奏するという活動を含んだ教材を開発した（劉，2016）。こうして開発した教材は，現在，大学の学部，大学院，附属中学校の授業で実践している。

② 世界遺産と国際理解学習：インドネシアの楽器アンクルン（Angklung）

　アンクルンはインドネシの西ジャワで伝承されてきた竹製の楽器で，2015年

にユネスコの無形文化遺産に登録された。楽器の仕組みは，直角のフレームに
2 つの竹筒がセットされ，揺らすと 1 オクターブの音が響くように作られてい
る。1920年代には子どものおもちゃとして使われていたが，1930年代には物乞
いが人々の注目を集めるための道具としても使用されるようになった（Perris,
1971：403-404）。西洋のハンドベルのように 1 つの楽器で 1 つの音程しか出せ
ないため，1 つの旋律を演奏するには複数の奏者が必要である。アンクルン
は，元々ジャワの音階の構成音のみを演奏する楽器であったが，1930年代後半
にクニンガンという町のオランダ学校で教鞭をとっていたインドネシア人教員
Daeng Sutigna が，彼自身の西洋音楽教育の経験からアンクルンを学校教育に
より使いやすいものにするため，西洋音階の12音が演奏できるように改良した
（Perris, 1971：404）。筆者が授業でアンクルンを使い始めたきっかけは，奈良
教育大学で ESD に関わる科目を担当している中澤静男氏の紹介による。現行
の「中学校学習指導要領　音楽」の「第 3　指導計画の作成と内容の取扱い」
には「諸民族の楽器を適宜用いること」と書かれており，これまでの教員養成
や学校教育の現場では，同じくインドネシアの楽器ガムランが用いられるこ
とが多かったが，アンクルンの仕組みはガムランより分かりやすく，演奏の技
術もガムランほど困難ではないため，むしろ推奨できる楽器であると考える。
実際，筆者が自身の授業で，教育芸術社の中学校の器楽教科書に掲載されてい
る久石譲の《海の見える街》（アニメ「魔女の宅急便」より）を大学生に演奏
させたところ，この楽曲の異国情緒を表現するのに非常に良い音色である，と
学生から好評を得た。

⑷　まとめ：伝統と創造の問題

　以上，伝統音楽と ESD の関わりについて日本のわらべうたとインドネシア
のアンクルンの 2 つの事例を取り上げた。偶然というべきかもしれないが，こ
れら 2 つの事例では，伝統音楽を次世代に伝承するために演奏方法や楽器の改
良などが行われた。渡邉はホブズボーム（1983）とワーグナー（1981）の理論
を参考に「文化の継承はすなわち『伝統』の創造へと連なる行為と見ることが
できるだろう」と述べ，「『伝統』と語られるものには常に創造性が寄り添って

いる」と指摘している。さらに，伝統は不変的な現象ではなく，様々な局面において「伝統」は変化していくとも述べている（渡邉，2006：11-12）。ここで指摘されていることはまさに ESD に向かう伝統音楽伝承のあり方である。一部の伝統音楽を原型のまま持続的に伝承するには様々な困難がつきまとう。伝統音楽の精神を継承しながら，演奏空間や演奏方法，楽器の改良や変更を行うなど，さまざまな手段や方法を考案することが，ESD の目指すところに到達するための音楽教育における 1 つの方向性であると考える。

注1　下記の独立行政法人日本芸術文化振興会の HP を参照（2020年 8 月27日に閲覧）。
　　　https://www2.ntj.jac.go.jp/dglib/contents/learn/edc 8 /nattoku/seikatsu/index.html

引用文献

Hobsbawm, Eric; Ranger, Terenceed.（1983）*The invention of Tradition*. Cambridge: Cambridge University Press.
小泉文夫（1994）『音楽の根源にあるもの平凡社ライブラリー57』平凡社。
劉麟玉編（2016）「奈良県のわらべうた教材作成と授業実践プランの開発―ESD としての音楽科教育を実現させるために―」『平成27年度国立法人奈良教育大学 ESD を核とした教員養成の高度化―教員養成・研修における ESD モデルプログラムの開発と普及―」プロジェクト研究成果報告書』。
Perris, Arnold B.（1971）"The Rebirth of the Javanese angklung." *Ethnomusicology*. Vol.5 No.3, 430-407.
佐藤学（2015）「第 1 章　持続可能性の教育の意義と展望」佐藤学・木曽功・多田孝志・諏訪哲編著『持続可能性の教育―新たなビジョンへ―』教育出版，pp.1-15。
佐藤真久（2012）「序章　持続可能な開発のための教育（ESD）とは何か」（朝岡幸彦監修）『持続可能な開発のための教育　ESD 入門』筑波書房，pp.9-23。
Wagner, Roy,（1981）*The Invention of Culture*. Second Edition, Chicago: The University of Chicago Press.
渡邉秀司（2007）「『創造』する伝統について」『佛大社会学』31号， 1 -13。

（劉　麟玉）

◉ 第13項　図画工作・美術・工芸科と ESD

(1)　ESD の視点に立った学習指導で重視する能力・態度

　角屋重樹らは，ESD の視点に立った学習指導で重視する能力・態度を7つ例示した（角屋，2012）。図画工作・美術・工芸科（以下，図工・美術と表記）でも7例示全てに関わって指導できるといえる。例えば，「未来像を予測して計画を立てる力」は，計画の意を含む Design に関連する中高のデザインや工芸，小学校の「伝え合いたいことを表す」活動に直に繋がるといえる。

　ただ小論では，図工・美術の特徴から，「批判的に考える力（以下「批判的〜」と表記）」と「多面的，総合的に考える力（以下「多面的，総合的〜」と表記）」を中心に据えて稿を進める。「批判的〜」は，一見，図工・美術とは関係がないようにみえるが，この世の中は，基本的に「形や色」でできている。文字情報以外のリテラシー教育を図工・美術は担っている。「形や色」によって印象が変わり，イメージが形成されることをふまえれば，逆に「形や色」に惑わされてしまうこともある。「形や色」に関わる表現や鑑賞を行い，「形や色」に関するリテラシーを身に付けることが可能である。「多面的，総合的〜」については，廃棄物も見方を変えれば資源になると捉えられることが例示されている。図工・美術では使用済みの牛乳パック，ラップの芯などを活かして様々に変身させることが日常的に行われている。構造を生かして組み合わせたり，部分的に変換させたりして，新しい価値が生み出されることに気づかせていきたい。

　内容的に「批判的〜」と「多面的，総合的〜」は，関連性があり重なる部分が多い能力・態度と考えられる。ここでは，実践事例（宇田，2018a）にそくして，この2つの能力・態度の育成を中心にした具体的な授業像を提示する。

(2)　実践事例「仏像の魅力」の概要

　本学附属中学校2年生に対する「仏像の魅力」（50分の「投げ込み授業」）という筆者の実践事例をみる。仏像は，信仰の対象としての仏の形象であるとともに，貴重な美術作品でもある。そこで，地元の観光資源である「執金剛神立

像，国宝，8世紀，像高約173cm，東大寺法華堂（三月堂），秘仏」(http://www.todaiji.or.jp/contents/function/buddha6.html 2020年8月20日確認）を題材とした。「執金剛神立像」を対象として，解説や情報などの知識を一方的に教授する形式ではなく，その形や色の特徴などを基に，像のイメージを子供自身の感覚で捉えることを中核においた。現存の像（画像）の鑑賞，造られた当時の像の想像図作成（色鉛筆による「塗り絵的」彩色），造られた当時の像（画像）の鑑賞の順に活動を進め，その魅力に迫るようにした。文部科学省提示の「ESDの概念図」における「世界遺産や地域の文化財等に関する学習」の範疇に入るが，上記の2つの能力・態度を意識した展開とした。

(3) 「東大寺 執金剛神立像」の題材としての価値
① 文化財・美術作品としての価値
　甲に身を固め，金剛杵という法具を持って仏法を守る姿の塑像である。金剛力士（仁王）は，仏法を守る神将が発展して生まれたとされ，この執金剛神像はこの神将のうちでも最も著名なものである。怒りの顔，体全体の隆起する筋肉，鎧に包まれた体の造りによって迫力を感じる。ダイナミックな緊張感を見る者に与えており，天平文化の彫刻のうちで，最も高度な写実表現といわれている（松浦，1991）。この像をよく見ると，所々に朱色や赤色，黄色のような色彩があり，元々は色が施されていたことに気付く。現存の姿とともに「造られた当初は，どんな形や色だったのだろうか」といった想像力を働かせながら鑑賞するのも仏像をみるときの楽しみの1つである。
② 元々は極彩色なのか!?
　東京藝術大学と東京理科大学のチーム（代表 籔内佐斗司）が，この像の彩色をCG技術で再現し，2013年に発表した。研究の詳細及びカラー画像については籔内研究室サイト（http://www.tokyogeidai-hozon.com/news/news.html 2020年8月20日閲覧）にて確認いただきたい。蛍光X線分析などを実施し，特定した顔料や肉眼による調査から彩色を復元し，データに落とし込んで造像当初のカラフルな画像をつくった（日本経済新聞 電子版 2013年12月8日 http://www.nikkei.com/article/DGXNASFK0802A_Y3A201C1000000/2020年8

図4-26 東大寺 執金剛神立像
出典　奈良国立博物館 原版:D.029469

図4-27 東大寺 執金剛神立像CG
出典　東京藝術大学大学院 美術研究科 文化財保存学専攻 保存修復彫刻研究室

月20日確認)。

　CGの質感と実際の質感は違うということを念頭におきながらも，**図4-26**と**図4-27**を比較してみる。**図4-27**は，**図4-26**の古さや重みを感じる様相に比べ，鮮やかで現代的な印象があり，まるで，ゲームやアニメのキャラクターのように感じる方もいることだろう。現存の仏像と造られた当初の復元された仏像の形や色，このギャップを楽しむことも仏像鑑賞の楽しみである（宇田，2018b）。

⑷　ESDの視点をふまえた題材「仏像の魅力」の深化と発展

① 現存の姿と造られた当初の姿の両方を味わう―保存修復の魅力から

　本事例では，前述の2つの能力・態度を意識し，最初から仏像に関する情報を与えず，像（画像）から感じ取ったことを基に進め，文字情報以外の「形や色」のリテラシーを養成する基盤をつくろうとした。また，後半では，造られた当初の像（画像）を鑑賞したが，「現代よりもはるかに色味のない環境の中

で，極彩色のような強烈な像は，当時の人々にどんな印象を与えたのか」「その様な仏像とはどんな存在なのか」を考える契機にしたかった。実際の飛び込み授業では消化しきれない内容もあったが，継続的な授業が確保できれば学びを深められると実感した。

最後に現存**図4-26**と復元**図4-27**を比較し，どちらが好きかを尋ねた。同じ質問を大学生や現職教員にすると，7～9割の人が，**図4-26**の方が「年月を感じる味わいがあり，ありがたい感じがするので好き」という回答であった。逆に**図4-27**は「派手すぎる」という。これに対して，この授業の中学生では，**図4-27**を好む層が増え，ちょうど5割となった。鮮やかな色彩のアニメ・ゲームに慣れ親しんだ世代の感想と感じたが，この質問・回答から仏像の意味を考える展開も可能である。

② ポージングや表情づくりから

実践事例では，像を真似てポージングの時間をとった。身体を介して鑑賞をするのも図工・美術の特徴を生かした方法で，体験的な学びに繋げることができる。また，表情づくりは，仮面づくりや化粧などにおける「喜怒哀楽」の理解に繋げることができる（**図4-28**）。仏像の表情は，歌舞伎の隈取りにも似て極めて記号的（漫画的）な表現であることに気づかせる契機にもなるだろう。

図4-28 ポージング

引用文献

宇田秀士（2018a）「奈良教育大学附属中学校 美術科特別授業『仏像の魅力』報告」『奈良教育大学 次世代教員養成センター研究紀要』4（通巻40），pp.217-222.

宇田秀士（2018b）「我が国の美術・文化財，世界の美術・文化財」村田利裕・新関伸也編著『やわらかな感性を育む 図画工作科教育の指導と学び』ミネルヴァ書房，pp.228-233.

角屋重樹研究代表（2012）『学校における持続可能な発展のための教育（ESD）に関する研究 最終報告書』国立教育政策研究所，pp.7-9.

松浦正昭（1991）「奈良Ⅱ（白鳳・天平）時代」辻惟雄監修『カラー版 日本美術』美術出版社，pp.41-42.

（宇田秀士）

◉ 第14項　書写書道と ESD―水書用筆の登場―

⑴　さらなる書写書道の連携を目指して

　平成29年改訂学習指導要領において，小学校第 1 ・ 2 学年の内容に「点画の書き方」が追加された。これは，字形や筆順に加え，始筆・送筆・終筆という運筆，すなわち動きへの意識が強調されたことを示す。また，子どもたちが文字文化をより深く理解し，日常的に触れることを期待しているが，そのためにも小中学校書写と高校書道がより深く結びついた教育が望まれる。校種や教科を越える体系的な学習，まさに ESD の要素が書写書道においても必須である。

　とりわけ小学校において，硬筆と毛筆の学習をより深く連結させるために，軟筆，特に水書用筆の使用が推奨されるようになったのも，この度の学習指導要領改訂の大きなポイントである。この水書用筆は，毛筆の前段階という意味合いではなく，硬筆の動きを確認するために必要とされる。書写を得意としない教師は，教科書の，いわゆる手本の形に頼っていたかもしれないが，主体的・対話的な学びを提供するために，最終目標である手本を提示するだけではなく，その過程となる運筆を，子どもに寄り添って指導することがより重要になる。

⑵　水書用筆を使用するにあたって

①　特別な技術は必要ない！

　小学校教師やそれを目指す人たちが，必ずしも書道の技術に長けているわけではない。それは前提であるから，新しい筆記用具で文字を教えるからといって，特別な訓練が必要というわけではないと考える。「文字を書く」ことができるのだから，水書用筆を使ってでも子どもたちに指導はできる。体系的な学びのためだからといって，それぞれの現場での範囲を無理に越えなくても，それは充分に実現可能であることをまず念頭に置いてほしい。

　水書用筆は，硬筆よりも扱いが難しいかもしれないが，毛筆ほどの技術は必要ない。ただ，穂先の動きを想像することが求められる。この度の学習指導要領の改訂により，生きる力がより明確化され，「何を理解しているか，何ができるか」，「理解していること・できることをどう使うか」，「どのように社会・

世界と関わり，よりよい人生を送るか」の３つの柱に整理されたが，まさに教師自身もこれらを確認しながら新しい筆記用具，水書用筆に挑んでほしい。動きを観察し，想像することさえ意識すれば，難しく考える必要はない。

② 水書用筆は楽しい！

　水書用筆は硬筆よりも技術が必要であるのは確かだが，難しくないという理由は，文字の「動き」を重視している点にある。私たちの手には，年齢に関係なく，しやすい動きとしにくい動きがある。利き手にもよるが，教師が書きにくい動きは，当然子どもたちにも書きにくい動きであることが多い。これは指導の際のヒントであり，これを活かすことが重要である。

　多くの教師が毛筆や書字を難しく考えている一方で，子どもたちは，特に毛筆の初期段階で，大人よりも「動き」を重視し，書く「過程」を楽しんでいることが多い。毛筆は子どもたちには難しい筆記用具であるが，まだ硬筆の持ち方が定着していない段階でも，毛筆をなんとか持って動かし，その動きを喜んでいる。「シュッ」「ボーン」「ビー」と自分で効果音を加えながら書いたり，穂先が予期したのと違うように動くと，「うわっ」「すごい」「何これ」とリアクションをしたりしている。寧ろ，書きにくい動きに積極的に挑戦している様子も見られる。子どもたちは上手下手，難易を度外視し，勇気や自信のようなものさえ持って，書字をしている。教師もこの姿勢を取り入れるとよいのではないか。どんな運筆でも，楽しんで水書用筆を使うことが最も大事である。

③ 毛筆と子どもの可能性

　実際に，筆者が教えた子どもたち（当時小学生）の作品を例に挙げる。小学校では，毛筆指導は第３学年からであるが，筆者は第１学年から，毛筆や高校芸術科書道を取り入れた指導もした。**図4-29**に挙げるように，行書や草書を毛筆で書かせたときには，難しいとされる曲がりや回旋の動きでも，子どもたちは堂々と書き，さらに筆圧や速度に変化をつける工夫が見られる。穂先がまとまっていなくても，筆画が何重に表現されても，その過程を重視している様子が窺えた。さらに**図4-30**も，同じく小学生（制作当時）の作品で，「馬（うま・ウマ）」を様々な書体で書いたものである。これらも動きに注目しながら工夫を凝らす様子が窺える。結果としての字体や字形よりも，どんな形になろ

「美」　「心」　「楓」　「誇」

「友」　「白」　「河」　「新」

図4-29　小学生による毛筆作品

図4-30　小学生による毛筆作品
「馬（うま・ウマ）」（共に執筆者撮影）

うと，動きを重視して楽しそうに書いていた。

　ここに挙げた子どもたちは，特別な教育を受けているわけではない。やはり手の動きにはまだまだ未熟な部分があり，字を誤ることや硬筆では筆圧を加えるのが難しい場合もある。しかし，毛筆をする子どもたちは，書いた結果よりも書いているときの動きを楽しんでいる。その様子は，普段は味わえない感覚で，字を上手に書かなければいけないという概念がなく，ただ目新しい筆記用具で遊んでいるようであった。

④　教師の役割

　ここに挙げた例は毛筆であるが，彼らの共通点は，やはり動きに着目して毛筆を楽しんでいることである。さらに，これらの作品の中で生まれた，筆の毛が広がっている部分は，子どもたちにとって，もともと書きにくい部分であった。しかし子どもたちはそれを逆手にとって，表現に取り入れている。

　指導者であっても，水書用筆を用いて子どもたちに運筆を見せたとき，筆の毛が思わぬ方向へ曲がったり，広がったりするかもしれない（水書用筆は，毛筆ほどそのようになる心配はない）。しかし，それを隠さず，子どもたちに運筆として伝えてほしい。それらの動きは，書道においては許容されることで，水書用筆の，硬筆とは違う大きな特徴だからである。水書用筆は毛筆の基礎ではないが，これは硬筆と毛筆をつなぐ大きな役割であるともいえるだろう。

　特に小学校低学年は，平仮名を水書用筆で書くことが多くなると考えられる

が，平仮名には漢字や片仮名よりも難しい動きが含まれている。筆を持つ掌の内側に向かう動きで，速度に変化がある場合や，その後掌から離れる動きを伴うものは，特に難しい。ここでは右利きの場合に限定するが，例えば，「の」などの右回旋の動きでは，後半の動きで自分の掌に引き寄せ，最後は掌から離しながらゆっくりはらう。「か」の1画目では，掌へ引き寄せる動きの最後に左上へのはねがある。また，「ん」では掌の方へ向かってはらうことになる。

　それに加えて，水書用筆では硬筆と違って，筆の毛がまとまったままねじれることがある。とくに平仮名の動きでは，円い動きが多いため，「の」などでは何度も毛がねじれる。水書用筆は毛筆ほど毛が長くはないため，ねじれても解消するのは早いが，やはりねじれてしまって書きにくいと感じるかもしれない。しかし，そのおかげで，かえって筆の毛がまとまり，ばねのようになって強くはっきりと書くことができる。「ね」の2画目のように，細かく様々な要素が含まれる展開では，筆の毛が広がってしまったり，ねじれてしまったりするかもしれないが，それは自然のことであり，そのまま書いてよい。

　しかし，これらの動きは，指導者だけでなく子どもたちにとっても難しい動きである。そして，上手にできなくても，それは水書用筆の特徴であり，動きを確認することが大事であるので，結果（書き上げた字）に固執しすぎないでほしい。寧ろその特徴を享受し，楽しむ姿勢を子どもたちに見せてほしい。

⑶　教師のみなさん，これから教師を目指すみなさんに伝えたいこと

　水書用筆は，SDGs のうち，質の高い教育を提供し，生涯学習の機会を与える，つまりその後の書写書道教育のみならず，書道という日本の伝統文化を享受する教育の基盤にもなる可能性を秘めている。質の高い教員が求められているが，特にこの水書用筆では，それを楽しむことに質の高さがあると考える。失敗はないと思って，水書用筆を取り入れた運筆指導を楽しんでほしい。

参考文献
文部科学省（2019）『小学校学習指導要領』東洋館出版社。
文部科学省（2019）『小学校学習指導要領解説 国語編』東洋館出版社。

（北山聡佳）

◉ 第15項　パラリンピック教育

(1)　パラリンピックを通して何を学ぶのか

　文部科学省に設置された「オリンピック・パラリンピック教育に関する有識者会議」の最終報告（2017年）によると，オリンピック・パラリンピック教育は，オリンピック・パラリンピックそのものに関する知識等を学ぶことと，オリンピック・パラリンピックを契機としてスポーツの価値（スポーツが個人や社会にもたらす効果）を学ぶことから構成されている。ここでは後者に注目し，パラリンピックや障害者スポーツから学ぶことができる価値とは何か，そうした価値観に基づき如何なる社会を作ることができるのかを説明する。

　パラリンピック・ムーブメントの究極の目標は，パラスポーツを通じて障害者にとってインクルーシブな社会を創出することである。（国際パラリンピック委員会（IPC）「戦略計画2015〜2018年」https://www.jsad.or.jp/paralympic/what/pdf/ipc_strategic_plan_2015-2018.pdf，2020年9月5日確認）。パラリンピックアスリートは，卓越したパフォーマンスとパラリンピックの4つの価値（courage, determination, equality, inspiration）を発揮して，人々の障害に対する意識を変え，社会の変革が推進されるとしている。

　パラリンピックのゲームを見た子どもたちは，たとえ障害があっても，上達のために努力を惜しまず，困難があってもそれに立ち向かい，そして，勝利を獲得したり，好記録を出したりするパラリンピアンは素晴らしいと感動するだろう。しかしながら，単にパラリンピックはオリンピックと同じくらい凄い，という認識が浸透するだけでは，国際パラリンピック委員会が目指すところのインクルーシブな社会を創出することにつながることはない。

(2)　高度化する障害者スポーツの弊害

　スポーツとは身体的な優越性を競うゲームであり，それは能力が高い者，業績をあげた者を評価するという「近代」の基本的な原理に基づいている。それゆえ，当初，障害者はその能力障害ゆえに，スポーツから排除されていた。しかし，今やパラリンピックは，かつて障害者を排除してきた「近代」のイデオ

ロギー（「できる」原理）を拠り所にして，進展しているのである。それゆえ，競技志向が高まることによって，以下の様な問題が生じている。

　スポーツの競技を成立させるためには平等性が担保されなくてはならない。障害者スポーツの場合，参加者の障害の種類や程度が広範に及ぶため平等性を厳密にするためには細かくクラス分けをしなくてはならないが，それによって優勝者の数が増え，メダルの価値が下がることになる。競技性を高めるためには，1競技あたりのクラス分けをできるだけ少なくし，メダルの価値を高めなくてはならない。すると，そのクラスの中でもより重度の障害を持つ選手が不利になる。そして，パフォーマンスの卓越性が追求され，競技の高度化が進むことによって，障害者の中でもより重度の障害者の参加が疎外されることになる。パラリンピック日本選手団のチームドクター飛松は，「大会運営のための予算獲得のために競技性の強いスポーツがもてはやされていくとき，衆人の注目を集められない重度障害者の競技をどう維持していくのか心ある人々が悩むのも当然であろう。パラリンピックが障害者のスポーツエリートの大会であったとしても，エリートとは決して軽度障害者を指すのではないということを忘れるべきではない」と述べている（中村，2002：58）。こうしたパラリンピックの綻びからも分かるように，障害者スポーツの高度化には必ずしもインクルーシブな社会の創出には繋がらない側面があるのだ。

⑶　スポーツのノーマライゼーションによるインクルーシブな社会の創出

　近代スポーツが生まれた当初，それは若年の男性が行うものであった。その後，女性，高齢者，そして障害者がスポーツを実施するようになった。ここで改めて，障害者のスポーツの誕生が，スポーツのノーマライゼーションによるものであるという原点に立ち返るべきである。ノーマライゼーションとは，障害のある人をノーマルにするという意味ではなく，障害のある人たちに，障害のない人と同じ生活条件を作り出すことである（石渡，1997：66）。障害のない人たちがすることを想定して作られたスポーツを，障害のある人たちの身体的・精神的状況に応じて，ルールや用いる用具を変更することが，スポーツのノーマライゼーションである。つまり，実施者の体に合わせてスポーツを変え

ていくのである。日本障がい者スポーツ協会（2006：221-227）の指導者教本
には，障害に応じたスポーツ作りのための工夫の方法や視点が記されており，
こうしたスポーツ作りはパラリンピック教育の教材として活用できるだろう。

　障害者に既存の社会への適応を要求する「同化主義」は，障害者をありのま
まに受け入れる思想であるノーマライゼーションに逆行するものであり，ノー
マライゼーションにおいて重要となるのが「多元主義」の原理である（横須
賀，1996）。多元主義は，差異に価値付けすることはなく，差異をそのまま受
け入れる。健常者との差異を理由に，障害者が排除＝差別されることはなく，
障害者を健常者に近づけたり，社会的イメージを向上させたりする必要もな
い。

　この視点を障害者スポーツの展開に当てはめてみよう。同化が強く働く社会
においては，新たに生じてきた障害者スポーツは，近代社会の価値体系を体現
する近代スポーツに同化されていく。すなわち，障害者スポーツの近代スポー
ツ化がなされるのである。一方，多様性が認められる多元主義的な社会におい
ては，障害者スポーツの独自性が肯定的に認知されるばかりでなく，障害者ス
ポーツを受けとめるためにスポーツ全体のあり方が変容する。さらに言えば，
スポーツのあり方が変容するだけでなく，障害者スポーツを通して，社会のあ
り方自体に変容がもたらされるのである。まさに，これが本項の冒頭で述べ
た，IPC が目指すところのスポーツによるインクルーシブな社会の創出なので
ある。

　国際連合広報センターのホームページには，SDGs の17の目標それぞれに対
して，スポーツがどのように目標達成のために貢献できるかが記されている
（スポーツと持続可能な開発（SDGs），https://www.unic.or.jp/news_press/
features_backgrounders/18389/，2020年9月5日確認）。例えば，目標11（住
み続けられるまちづくりを）に対して，「スポーツにおける包摂と，スポーツ
を通じた包摂は，『開発と平和のためのスポーツ』の主なターゲットのひとつ
となっています。気軽に利用できるスポーツ施設やサービスは，この目標の達
成に資するだけでなく，他の方面での施策で包摂的かつレジリエントな手法を
採用する際のグッドプラクティスの模範例にもなりえます。」と記されてい

る。このように，スポーツには，SDGs の達成に向けた課題に取り組む時，模範的な役割を果たすことが期待されている。

⑷　全ての人がスポーツを享受できる社会の構築

　ノーマライゼーションの根底にあるのは，多元主義的な思想（cultural pluralism）であった。障害者の身体は，まさに多様である。そもそも特別支援教育や社会福祉の領域において，「包摂」とは個性を重視し，個別のニーズに対応した支援を前提にした統合を意味する（高山，2000）。障害者の身体の多様性を，序列を付けることなく受け入れ，それを活かす形で行われるスポーツ（渡，2012）が「障害者スポーツ」である。この「障害者スポーツ」の捉え方こそ，子どもたちが障害者スポーツから学ぶべき点である。パラリンピック教育の主眼は，近代スポーツに同化するパラリンピックを賞賛することにあるのではなく，障害者のスポーツを通して多元主義的な思想を教えることにある。

　2015年第70回国連総会で採択された「持続可能な開発のための2030アジェンダ宣言」において「Sport is also an important enabler of sustainable development. We recognize the growing contribution of sport to the realization of development and peace in its promotion of tolerance and respect…」と記されている。開発と平和の実現の為に，全ての人がスポーツに受容されるという「寛容性＝ tolerance」を備えた社会が求められている。それは，障害をもっていてもいなくても，スポーツに参与する選択肢が準備された社会である。

引用文献
石渡和実（1997）『障害者問題の基礎知識』明石書店。
中村太郎（2002）『パラリンピックへの招待』岩波書店。
高山直樹（2000）「インクルージョン」「インテグレーション」山縣文治・柏女霊峰編『社会福祉用語辞典』ミネルヴァ書房，16-17。
日本障がい者スポーツ協会編（2016）『新版障がい者スポーツ指導教本』ぎょうせい。
横須賀俊司（1996）「ノーマライゼーションに求められるもの―多元主義の思想」『社会福祉学』37(1)，pp.73-87。
渡　正（2012）『障害者スポーツの臨界点』新評論。

（高橋豪仁）

第3節　経済分野

◉ 第1項　ESG 投資

(1)　教育と経済の発展

　経済の発展における教育の役割は大きい。昭和37年「日本の成長と教育」では，将来の経済発展のためには，人的能力を開発するための教育もまた1つの重要な投資部門を形成するとある（文部省調査局，1962）。スティグリッツも，多くの経済学者や政策決定者は，生産性の鈍化と不平等の拡大という2つの経済問題における教育の役割を理由に，強力な教育に高い優先順位をつけてきたとする（スティグリッツ，2009）。一方，経済の開発は地球温暖化を始めとした様々な問題を引き起こした。2015年9月に国連サミットによって，2030年のより良い世界の未来を展望した持続可能な17の開発目標（SDGs：Sustainable Development Goals）が共有され，教育は「4．質の高い教育をみんなに」として設定された。Hoveskog 他，多くの研究者がビジネスにおける幅広い教育の可能性を主張している（Hoveskog et al., 2018）。このように，持続可能な開発にむけても，経済に関わる全ての者への教育の役割に期待がある。同時に，教育領域にも経済に対する理解が求められる。この項では，近年，注目されている ESG 投資を例にとり，経済と教育（ESD）の関わりについて説明する。

(2)　企業の社会的責任と ESG 投資

① ESG 投資とは―SRI 投資との違い

　ESG とは，環境（Environment）・社会（Social）・企業統治（Governance）の3つの頭文字をとった言葉で，2006年に国際連合の責任投資原則（PRI：Principles for Responsible Investment）の中で提唱された。近年，ESG を課題として取り組む企業に投資する，ESG 投資が注目されている。具体的な例をあげると，世界で時価総額が1兆ドル（約107兆円）を上回る企業は，サウジ

アラビアの国営企業を除くと，アップルとマイクロソフト，アマゾン，アルファベット（グーグルの親会社）のハイテク企業であるが，この4社はESG投資で上位に組み込まれている（日経，2020）。いずれも，大企業の社会的責任として，気候変動対策に取り組み，取組で得られた自社の脱炭素化の知見や技術の移転を新事業化する予定でいる（日経ESG，2020）。脱炭素化は，世界の企業の進むべき方向として，大きな市場が期待できる。つまり，地球を守る良い活動で，企業は経済価値も得る。1999年に日本に導入されたSRI投資（企業の社会的責任投資：Socially Responsible Investment）は義務と責任としてであった。SRI投資とESG投資の違いを，SRI投資は，タバコ産業・ギャンブル・軍需産業などの投資の除外業種があるのに対し，ESG投資は除外業種がないとする考え方もあるが，SRI投資で除外される銘柄は，法規制が強化されると事業が発展しないリスクをもつ企業として，結局ESG投資でも投資対象から除外されることが多い。むしろ，両者の違いは，SRI投資は社会貢献という義務と責任であるが，ESG投資が，社会的責任を果たす中で，新たに経済価値を創造する事業に取り込み，その力が将来の競争優位性と成長性を示す見えない資産として評価される点であろう。言いかえると，社会的責任と経済が両輪として活動する点が違いである。

② 企業の社会的責任における2つの視点

　ESGとSRIは，社会に貢献する企業への投資という外部からの視点であるが，企業内部の視点の社会的責任として，CSV（Creating Shared Value：共通価値の創造）とCSR（Corporate Social Responsibility：企業の社会的責任）がある。CSRとCSVの違いについては，コトラーらは，企業が「よきことを行う」に最もふさわしい言葉はCSRで，企業が自主的に，自らの事業活動を通して，または自らの資源を提供することで，地域社会をよりよいものにするために深く関与していくことと定義しているが（コトラー他，2008），Porterは，主に評判に焦点を当てているCSRに対し，社会的価値を生み出すことによって経済的価値を生み出すCSVを，社会貢献が企業の収益や競争力も高めるモデルとして提唱している（Porter et al., 2019）。CSRのCは「企業の：Corporate」に対し，CSVのCは「創造する：Creating」であり，CSVは価

値創造に焦点があてられている。義務や貢献だけの社会的責任は継続が難しく，資源が限られている中小企業などの参加が困難となる。持続可能であるためには，社会的価値と同時に経済的価値が創造されると，幅広い企業の参加や継続的な参加が期待できる。社会的価値と経済的価値を共に創造する点で，外部の視点の ESG と内部の視点の CSV は共通する価値観をもつと言える。日本式経営の「三方良し」の考え方である。今だけ，自分だけ，お金だけ，ではないのである。

⑶　持続可能な開発のための ESG 投資と ESD

　しかし，社会価値と経済価値を共に創出することは容易ではない。名和は，地域や世界との相互作用の中で，社会問題を解決し，かつ自らの事業を活かして自社の経済的価値を創造する CSV を追求する道は，社会価値と経済価値という「ダブルバインド（二重拘束）」の中をつき進むようなものであるとする（名和高司，2015）。新しい経済的価値の創造ですら容易ではない中で，社会的価値と経済的価値を共に創造することはさらに困難である。しかし，CSV は内部で共有する社会的価値の方向性を示し，ESG は外部の視点から経済的価値を創造する方向性を示すので，2 つを統合すると羅針盤の役割をはたすのである。内部と外部の視点から価値を創造するために，ESD で俯瞰的に理解を進めることが，持続可能な開発の実現に到達する道であると言える。ESD とは，環境・社会・経済の統合的発展の中で，すべての命の営みが持続可能な地球を，知識や価値観，行動によって創造していく担い手を育む教育である（文部科学省 http://www.esd-jpnatcom.mext.go.jp/about/index.html 2020年 8 月 2 日確認）からである。ESD の役割をヨハン・ロームストック博士らが提唱した SDGs ウェディングケーキモデル（**図4-31**）で考えると，Society の段の「4．質の高い教育をみんなに」に存在するだけではなく，Biosphere から Economy までの中心にある「17．パートナーシップ」と共に，すべての開発目標に関わるイメージをもたなければならない。近年，経済的価値を求める営利組織には社会的価値創造も求められ，社会的価値を求める非営利組織には経済的な価値創造も求められるようになってきている。教育は公共性をもった

め，過度に利益を追求することは躊躇われるが，近い将来，社会的価値と同時に，経済的価値も創造する教育が開発され，深化した ESG 投資の新しい投資対象になる可能性もあるのではないだろうか。

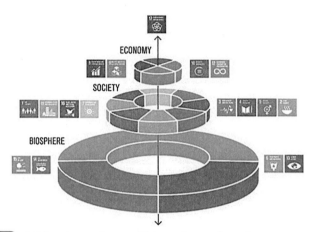

図4-31 SDGs ウェディングケーキモデル（Rockström J. and Sukhdev P./new SDGs viewing: Azote for Stockholm Resilience Centre, Stockholm University）

引用文献

フィリップ・コトラー，ナンシー・リー（蔵直人他監訳）（2007）『社会的責任のマーケティング』東洋経済新報社，pp.2-26。

スティグリッツ（下史郎訳）（2009）『公共経済学第2版』東洋経済新報社，pp.541-573。

名和高司（2015）『CSV経営戦略—本業での高収益と，社会の課題を同時に解決する』東洋経済新報社，p.343。

日経 ESG「脱炭素を急ぐ IT の巨人たち」23-27（2020/06）。

日本経済新聞「ウォール街ラウンドアップ」（2020/07/11）。

文部省調査局（1962）「『日本の成長と教育』（昭和37年度）」（2020/07/30）。

文部科学省「ESDとは」（2020/08/02）http://www.esd-jpnatcom.mext.go.jp/about/index.html

Hoveskog M. et al.，（2018）*Education for Sustainable Development: Business modelling for Flourishing. Journal of Cleaner Production* 172: 4383-4396.

Porter M.E.，Kramer M.R.（2018）"Creating Shared Value" Lenssen N. G., Craig Smith G., Ed. Managing Sustainable Business. Springer Science＋Business Media B. V., 2019.

（菅　万希子）

◉ 第2項　食品ロス

(1)　食品ロスとは

　食品ロスに関して世界で共通の定義はないが（齋藤, 2018），農林水産省では「国民に供給された食料のうち本来食べられるにもかかわらず廃棄されている食品」と定義し，平成29年度では，その量は612万トンに上ると推計している。その内訳は，食品関連事業者によるものが328万トン，一般家庭によるものが284万トンである（消費者庁, 2020）。これから分かるように食品ロスの発生場所として，食品関連事業者と同様に一般家庭が重要である。また，**表4-3**からも分かるように，ここ数年で食品ロスの量はほぼ一定である。

　このような食品ロスの問題の深刻さを伝えるために，よく例に出されるのが，途上国における食糧不足，我が国の貧困，食料自給率といった数字である（例えば井出, 2020など）。確かに食料問題は重要ではあるが，食品ロスを減らしたからといって，それらが直接途上国の人々の手に届くわけではない。むしろ食品ロスの問題は環境問題であって，捨てられた食料を焼却処分するために排出される温室効果ガスや，食べられなかった食料を生産する際に使用されたエネルギーや排出された温室効果ガスなど，地球環境を悪化させることが，持続可能な社会を考える上で重要である。

　このような食品ロスに関する世界的な関心の高まりを受けて，2015年国連の「持続可能な開発サミット」で採択された SDGs において，「12.3　2030年までに小売，消費レベルにおける世界全体の一人当たりの食料の廃棄を半減させ，収穫後損失などの生産・サプライチェーンにおける食料の損失を減少させ

表4-3 食品ロス量の推移（単位：万トン）

	H24年度	H25年度	H26年度	H27年度	H28年度	H29年度
家庭系	312	302	282	289	291	284
事業系	331	330	339	357	352	328
合計	642	632	621	646	643	612

（出典　農林水産省食料産業局『食品ロス及びリサイクルをめぐる情勢』より作成）

る。」というターゲットが設定された。

(2) 食品ロスの発生原因

　食品ロスがなぜ発生するのかについてその要因を整理すると，まず食品関連事業者については，食品生産→食品卸売→食品小売といったフード・サプライ・チェーンにおいて，規格外品，返品，売れ残りといった形で食品の廃棄が生まれている。これらは，賞味期限や消費期限といった食の安全の確保や販売機会におけるチャンスロスの回避のための多量の仕入れなどが原因と考えられる。また，外食事業者においては，作りすぎや食べ残しといった形で食品の廃棄が生まれている。これは，食中毒等のリスクを避けるための店側の対応（持ち帰りの禁止）や消費者の過剰な注文などが原因と考えられる。業種別の食品ロス発生量は，平成29年度では，食品製造業が121万トン，食品卸売業が16万トン，食品小売業が64万トン，外食産業が127万トンと推計されており，食品製造業と外食産業での発生量が大きい（農水省，2020）。

　次に，一般家庭においては，食べ残し，過剰除去（野菜の皮などを厚く剥きすぎて食べられる部分まで捨てられる），未開封の食品が食べられずに直接廃棄される等により食品が廃棄されている。これは，家庭での在庫管理がきちんとできていないことや，賞味期限や消費期限についての不十分な理解などがその原因として考えられる。一般家庭における食品ロスの内訳は，平成29年度では，食べ残しが119万トン，直接廃棄が100万トン，過剰除去が65万トンと推計されている（消費者庁，2020）。

(3) 食品ロス削減に向けた取り組み

　政府は平成12年に食品リサイクル法（食品循環資源の再生利用等の促進に関する法律）を制定（平成19年改正）し，食品廃棄物等の発生抑制と減量，そして飼料や肥料等への利用を推進してきた。さらに令和元年には，食品ロス削減推進法（食品ロスの削減の推進に関する法律）を制定し，食品ロス削減推進会議を設置，関係省庁間の緊密な連携・協力の下に取り組みを強化している。

　食品ロスを減らすためには，食品廃棄物の発生そのものを抑制（reduce）す

ることが重要であり，発生した食品廃棄物についてはそれを再使用（reuse）する，あるいは再生利用（recycle）することが必要になってくる。

　食品流通過程における食品ロスを減らす対策として，返品を減らすことがある。その典型的な取り組みとして，常温で流通する食品については，「納品期限の緩和」，「賞味期限の延長」などがある。小売店で販売する期間と消費者が購入後賞味期限までに消費する期間を確保するために，業界では「1/3ルール」と言われる商慣習があり，製造日から賞味期限までの間の2/3の期間が残るように，小売店への納品の期限を設定していた。そのため，賞味期限が6ヶ月の食品であれば，製造から2ヶ月を過ぎると小売店に納品ができなくなり，廃棄せざるを得なかったのであるが，この期限を例えば1/2に伸ばすことにより，廃棄する量が減らせる。また，菓子類や風味調味料などのように，製造過程における品質保持技術の進歩などにより賞味期限そのものの見直しもおこなわれている。

　他にも，生産から消費までの段階で発生する利用されない食品（安全上は問題ないが，包装が破損していたりして流通させられないもの等）を，食品製造企業などから寄付してもらい，児童養護施設やホームレス支援団体など，必要としている人等に提供するフードバンクの取り組みなどがある。

　一方，消費の段階では，食べ残しを減らす対策がおこなわれている。例えば，外食産業においては，食べ残した料理については，食中毒などのリスクを避け，可能なものについては消費者の自己責任の範囲で持ち帰ってもらうことを認めたり（ドギーバッグ），宴会の最初と最後は席に戻って食事に専念してもらう（30・10運動）などの取り組みがある。

　そして，食品廃棄物を再生利用する取り組みとしては，飼料化や肥料化，メタン化などがある。特に，食品製造業から排出される廃棄物については，飼料への再生利用が多い。

　これらの事業系に対する対策に比べ，家庭系の食品ロスを削減するには消費者の行動を変えることが必要であり，その対策は容易ではない（野々村，2018）。例えば，賞味期限や消費期限の違いの理解や，過度の鮮度志向の修正など，地方公共団体や小売店による消費者への啓発活動などがおこなわれてい

る。

　食品ロスは，需要を上回る供給過剰により発生するが，その理由として様々なリスク回避行動がある。そのため，食品ロスを過度に削減しようとすると日付の偽装表示など食の安全に関わる問題が生じる可能性があることにも注意し，対策を考える必要がある（小林，2020）。

引用文献

井出留美（2020）『捨てられる食べ物たち　食品ロス問題がわかる本』旬報社。

小林富雄（2020）『増補改訂新版　食品ロスの経済学』農林統計出版。

齋藤真生子（2018）「食品ロス対策の現状と課題」国立国会図書館『調査と情報－ISSUE BRIEF』No.1026，pp.1-12。

消費者庁消費者教育推進課食品ロス削減推進室（2020）『食品ロス削減関係参考資料（令和2年6月23日版）』。https://www.caa.go.jp/policies/policy/consumer_policy/information/food_loss/efforts/assets/efforts_200623_0001.pdf

農林水産省食料産業局（2020）『食品ロス及びリサイクルをめぐる情勢＜令和2年5月時点版＞』https://www.maff.go.jp/j/shokusan/recycle/syoku_loss/attach/pdf/161227_4-149.pdf

野々村真希（2018）「家庭の食品ロス発生に大きな影響を与える消費者行動の特定―先行研究のサーベイを通して―」『廃棄物資源循環学会論文誌』Vol.29，pp.152-163。

（森　伸宏）

◉ 第3項　ワーキングプア

⑴ ワーキングプアの今昔

　ワーキングプアと呼ばれる貧困層が注目されるようになったのは2000年代以降であるが，働けども低所得といった貧困層はそれ以前から存在した。かつては，「日雇い労働者」といわれ，高度経済成長期の日本では，日本の建設ラッシュを支えてきた。「手配師」と呼ばれる人たちが，「ドヤ」と呼ばれる簡易宿に泊まる求職者を「寄せ場」で集め，日雇いの仕事を斡旋してきたのである。しかし，バブル経済が崩壊する1990年代以降，多くの日雇い労働者が仕事を失い，ホームレスとなった。いわば，「不安定雇用→失業→貧困→野宿」（生田，2013：18）という流れである。ホームレスが社会問題化して以降，「ホームレスの自立の支援等に関する特別措置法」（以下「ホームレス自立支援法」）が2002年に成立するなど，「ホームレス」問題の解決が国の責任とされるようになった。

　2004年に労働者派遣法の改正が行われ，それまで専門職種しか認められなかった派遣労働が製造業でも可能になり，役所や図書館などの公的機関でも派遣労働者や契約社員が働くようになった。かつての「寄せ場」の機能は，インターネットなどにとって代わり，24時間営業のネットカフェやファストフード店などがかつての「ドヤ」となり，そこで寝泊まりする「ネットカフェ難民」が現れた。また，レンタルオフィスや貸倉庫として公に届けられているものの，2，3畳の小さなスペースでフロアが区切られ，月単位で貸し出されるシェアハウス（「脱法ハウス」）も現れ，収入のない生活困窮者の受け皿となった。さらに脱法ハウスでは，生活保護費を搾取されるなど，貧困層を狙った「貧困ビジネス」が拡大した。

⑵ 日本の生活困窮層と子ども・若者

　生活困窮層の代名詞であるホームレス。その定義は何か。「ホームレス自立支援法」には，「都市公園，河川，道路，駅舎その他の施設を故なく起居の場とし，日常生活を営んでいる者」と記される。この定義に基づき，全国で最初

に調査が行われた2003年，ホームレスは25,296人だったが，2016年には6,235人に減少した（厚生労働省調査）。ホームレスの人が減ったように思われるが，実はそうではない。現代日本社会の生活困窮層は，屋外にテントや小屋を建てて路上生活をする人だけではないからである。(1)段ボールを持って移動しながら路上生活をする人，(2)お金がある時はネットカフェで，ない時は路上生活をする人，(3)ネットカフェやファーストフード店などで生活する人，(4)脱法ハウスや安宿などの宿泊施設等で生活する人等は，上の調査にはカウントされない。ホームレス状態は一人一人異なり，より見えづらい形で日本社会に存在する。

　日本のホームレス問題で深刻なのは，ホームレスに対する暴力である。例えば，2000年7月22日，午前4時頃高校生を含む若者4人が，大阪の天王寺駅前商店街で野宿していた67歳の小林俊春さんを襲撃，暴行し，その後，小林さんは内臓破裂で死亡した事件が発生した。また，2001年7月29日，同じく大阪の日本橋電器店街の路上で，若い男がリヤカーで寝ていた野宿者へ全身にガソリンをかけて火をつけ，全身35％のやけどを負わせる事件も発生している。生田（2013：54）は，「野宿問題を解決する最大の糸口のひとつは，野宿している人たちのことを多くの人が知ること」だと述べる。生田は，中学校に出かけて授業を行った後に得た次の感想文を紹介している。「家も仕事もある人で自分の居場所がないという人，そういう人が野宿者を襲うんだと思います。ハウスがあってもホームがない人，ハウスがなくてもホームの中にいる人，比べるのはよくないことかもしれなけど私から見たら後者の方が人間らしい人だと思いました」（生田，2013：37）。ホームのない子どもたちが，ハウスのない野宿者を襲う現実。本当のホームレスは一体どちらなのか，考えさせられる。

⑶　非正規労働者をめぐる問題

　非正規労働者とは，「正規労働者」ではない労働者を全て含めた概念（契約社員や派遣社員など，正社員ではない人全般）である。正規労働者とは，特定の企業に，①フルタイムで働き，②正社員または正規労働者という呼称で呼ばれ，③期間の定めのない，④労働契約を会社と結び，⑤働いている企業に直接

雇用されている労働者のことである（大沢，2010：41）。

　非正規労働者は，1984年に15.3％だったのが，2013年には36.7％と倍増し（総務省労働力調査），働く人の3人に1人以上となっている。この数値には，主婦のパートタイムや学生アルバイトも含まれているとはいえ，90年代以降，「家計維持」のための非正規就労が増えている。非正規が増加する要因として，需要や収益の状況に合わせて被雇用者の調整が可能という雇用者側の利点がある。逆にいえば，非正規労働者側には，「（正社員と比べ）給料が少ない」，「雇用が不安定」，「福利厚生が薄い（社会保険に入れない）」などの問題がある。事実，非正規労働者と正社員との賃金格差は大きく，労働者全体の平均給与所得が414万円，正社員の平均給与所得は473万，非正規労働者の平均給与所得は168万円である（国税庁民間給与調査，2013年）。また，非正規労働の増加と共に，低所得者も増加しており，年収200万円以下の人は1,015万人に上っている（国税庁民間給与調査，2012年）。これは，働く人の23.4％にあたり，2002年の18.4％と比べて高くなっている。本来であれば，正社員で働きたいのに非正規雇用で働かざるを得ない若者も増えており，25〜34歳の非正規労働者は，1990年に106万人だったのが，2014年には300万人に増えている（厚生労働省労働力調査，2010年）。近年では，過酷な労働環境や労働条件を課して，労働者を不当に搾取する「ブラック企業」と呼ばれる企業の存在が指摘されている。

　日本では，非正規労働者へまなざしは温かくはないだろう。不安定であることを知りながら選択した結果なのだから，その責任はとるべきという，自己責任論が持ち出されることがある。当人も「正社員になれなかった自分が悪い」と自分を責める。しかし，近年では，若い世代になるほど，初めての職で正社員の仕事につくことが難しくなっている（大沢，2010：55）。長らくフリーターの相談にあたってきた，フリーター全般労働組合執行委員の清水直子さんは次のように語る。「相談者の特徴としては，働く場で，自分を大切にされたり，尊重されたりした経験が少ない，ということがあります。日雇い派遣に典型的ですが，働く場で使い捨てられることが当たり前であるため，働くことを通じて自信を持つという経験が少ないわけです。丁寧に仕事のやり方を教えて

もらって，仕事ができるようになって自信がつく，自信がついた結果，次のことを覚えようという意欲がわく—非正規雇用を転々としていると，そういう繰り返しから縁遠くな」るようです（大沢，2010：14）。

　日本型ワーキングプアの本質は，70年代以降に確立した性別役割分業（夫は仕事，妻は家庭）を前提とした社会システムにあると指摘する大沢（2010：239-243）は，以下のような議論を展開する。まず，妻の無償労働を評価する税・社会保険制度や，それをふまえて配偶者手当を支給している日本の雇用慣行が，非正規労働者の市場賃金を下げている。また，日本の正社員と非正社員にみられる賃金格差には，生産性の違いでは説明できない差があり，同じ（同じような）仕事をしていても，企業の雇用管理や働き方に違いがあれば，賃金に差があっても法律に違反しない。結果として，社会制度と雇用制度が連動する形で非正社員が割安な労働力と位置付けられてしまっている。今や非正社員は家庭の主婦だけでなく，世帯主も含まれる時代である。柔軟な労働力の活用が必要とされる中，多様な雇用形態で働く労働者が，正規労働者の労働条件と比べて悪くならないように，労働者保護の条件整備やセーフティネットを整えることが必要である。また，非正規労働者を正規労働者に移動させることで問題の解決を図るだけでなく，非正規労働者の労働条件の底上げをはかり，非正規労働を拡大させない法律が必要である。

引用文献

生田武志（2013）「『貧困』と『野宿』の社会的背景」生田武志・北村年子『子どもに「ホームレス」をどう伝えるか　いじめ・襲撃をなくすために』一般社団法人ホームレス問題の授業づくり全国ネット，太郎次郎社エディタス。

大沢真知子（2010）『日本型ワーキングプアの本質　多様性を包み込み活かす社会へ』岩波書店。

認定 NPO 法人自立生活サポートセンターもやい（2017）『先生，貧困ってなんですか？日本の貧困問題レクチャーブック』合同出版。

（太田　満）

● 第4項　格差社会

(1)　リスク化と二極化

　戦後日本社会は，高度経済成長期を経て「一億総中流」や「中流社会」などと言われてきたが，バブル経済の崩壊後，勝ち組や負け組などの言葉が流行し，1990年代半ば頃から格差の拡大が問題視されるようになった。日本社会を覆った生活の不安定化プロセスを，山田（2004：12-14）は「リスク化」と「二極化」の2つのキーワードで捉えた。リスク化とは，将来の予測がしづらくなるなど，安全，安心と思われていた生活がリスクを伴ったものになる傾向を意味する。もう1つの二極化とは，例えば，正社員を続けられる人と一生フリーターで過ごさざるを得ない人の格差など，「立場（ステイタス）の格差」が出現し，個人による通常の努力で乗り越えられない差が生まれることを意味する。社会がリスク化し，二極化が明らかになると，人々は努力しても報われないと思い始める。「量的格差（経済的格差）」は「質的格差（職種やライフスタイルの格差，ステイタスの格差）」を生み，それが「心理的格差（希望の格差）」につながると山田（2004：15）は述べる。このような格差がどのようにして生まれた／生まれているのか。「パイプラインシステム」の漏洩，若者をめぐる現状，昨今の教育格差の観点から以下に述べる。

(2)　パイプラインシステムの漏洩

　近代社会では，学校が，家族によって育てられた子どもを職業世界に結びつける役割を果たしてきた。学校教育システムは，子どもに知識を与えるだけの機関ではなく，子どもにとっては「階層上層（もしくは維持）の手段」であり，社会にとっては「職業配分の道具」でもある。以下に山田（2004：158-172）の議論を紹介する。職業リスク低減装置としての学校教育システムの最も完成されたかたちが，戦後日本のパイプラインシステムある。多くの人にとっては，まず小・中学校という太いパイプに流される。最初のパイプラインの分岐点は高校受験である。本人の選択や適性，努力によって異なるパイプに入り，その後も細かい「受験」や「就職活動」という分岐を経て，特定の職業

に押し出される。このパイプラインシステムには(1)能力に見合った職に送り出す機能，(2)過大な期待をあきらめさせる機能，(3)階層上昇の機能，があり，若者に「安心感」や「健全なあきらめ」，「やる気」をもたらした。しかし，今の日本の教育で生じている問題は，パイプラインの機能不全である。もっといえば，パイプラインが傷み始め，そこから漏れが生じているのである。その結果，パイプラインに乗っているはずが，いつの間にか亀裂から漏れてしまい，下に落ちていく生徒や学生が出てきたのである。その漏れた生徒や学生の受け皿になっているのが「フリーター」である。工業高校を卒業しても正社員で働ける卒業生が少ないこと，一般文系大学を卒業しても中堅企業のホワイトカラーにも採用されない人，大学院博士課程を出ても就職できない人，などがその例である。その結果，多くの若者に「将来への不安」や「やる気の喪失」，そして「自分のやりたいことを仕事にすべき」といった言説と相まっての「過大な期待」を生じさせている。パイプラインシステムは，日本の高度成長期に有効に機能したが，今は「ドミノ崩壊」が起きている。つまり，職業の二極化，リスク化の影響が，大学から高校，中学，小学校へと波及し，勉強意欲の低下が前段階の学校に波及するのである。特に，職業高校や声優を目指す専門学校などは，漏れの多いパイプラインに入らざるを得ず希望のない状態に置かれることになる。

⑶ 日本社会と若者

　現在の日本社会で生じている生活の不安定化は，国際社会の変動や世界経済の変化に伴って生じたものである。特に経済の分野では，グローバル化が一層進み，モノ・カネ・ヒトが国境を越えて活発に移動している。現代社会は，IT化・ネットワーク化が進み情報産業が世界をリードする社会である。加えて，2020年に世界を席巻したコロナ禍は，世界経済に大きな打撃を与え，人々の暮らし，とりわけ社会的立場の弱い人々の暮らしに深刻な影響を与えている。世界経済の変化は「若者」に大きな影響を与える。

　若者の間で格差が生じ，収入の低い若者が多く出現しても，現代日本社会では，政府や社会による若者への支援が行き届かない現状がある。若者への支援

は親がすることであり，それが当たり前とされているのが，日本社会の特徴である。収入が低く生活のできない若者が大量出現した問題に対し，北西ヨーロッパ（英独仏，北欧，オランダなど）では，次の2つの方向性が取られたという（山田，2013：14-15）。つまり，①社会で若者の自立を支援しようとする社会保障制度を整えたことである。正社員中心の社会保障制度を改め，新たに，若者向けの社会保障支出を増やすという対応がとられたのである。また，②男女共同参画，つまりは，女性の就労参加を進め，男女二人で働けば生活できる環境を整備した，のである。しかし日本では，65歳までの定年延長が議論されても，若者の雇用を企業に強制するなどの動きはない。政府による大学への交付金や学生の奨学金制度はあっても，その一人当たりの支出額は GDP 比にして，OECD34カ国中最低である。日本では学費などの費用は親が負担することが多い。学費を捻出できない家庭の子どもは，大学進学をあきらめざるを得ない現状がある。

　日本の高度経済成長期には，子どもは親よりも高い学歴を手にすることができた。しかし90年代以降，父親の職業と息子の職業の相関関係が強まるなど，「階層の閉鎖化」が進んでいる。親の社会的経済的地位の格差が，学齢期を介して子どもに引き継がれる傾向も強まっている（「階層の固定化」）。しかし，今は，階層の固定化以上のことが起きつつある。それは「階層の下降移動」である（山田，2013：30）。つまり，子どもは親と同じレベルにさえ達しない現象である。そのような社会になりつつも，若者の生活満足度は高いという調査結果がある。同時に20代若者の将来に対する不安は高いというデータもある。若者が現状生活を満足できるのは，親の経済力がもたらす安定である。だが，親の支援を頼りに社会的弱者に転落する若者に有効な手を社会が打てなければこの先どうなるだろうか。将来に起こりうる（現在も起こりつつある）問題として，①親に依存する若者の中高年化，②親に依存できない若者のアンダークラス化，③階級社会の到来，の3点が指摘されている（山田2013：22）。

⑷　教育格差

　教育格差はいつの段階から見られるのだろうか。松岡（2019）が明らかにし

ているのは，幼児教育からである。高学歴の親は早い時期に「意図的養育」を行い，その差は年齢と共に拡大していく。また，メディアを視聴する時間だけでなく，何を見せるかについての格差も存在する。このような格差を松岡は，「就学前の準備格差」，「目に見えにくい格差のはじまり」と表現する。だからこそ，公立小学校に通う子どもたちは，同じ条件で小学校生活を始めるように見えても，実はそうではない。入学したての新1年生でも，一人ひとりは，異なる経験を内在しているのである。公立学校は，全ての人に社会的上昇が可能な機会を提供する制度として期待されている。だが，公立学校であっても教育「環境」は異なる。小学校教育段階であっても，児童は学校・地域によって異なる現実を生きることになる。学校は格差をなくすほどの力はない（と同時に，義務教育がなければ親の学歴によって教育に対する価値志向が異なるので，格差は一層拡大するはずだ）と松岡（2019：108）は述べる。

　出身階層や出身地域といった「生まれ」による教育格差は時代を超えて存在する。だが近年の傾向として，三大都市圏（東京，千葉，神奈川，埼玉，愛知，京都，大阪，兵庫）と地方（非三大都市圏）の間の教育価値志向は高まりつつある。日本の義務教育は，国際的には平等な教育機会を提供する制度として評価されている。しかし，地域格差を縮小する制度があっても，15歳の時点で住んでいる場所によって大卒学歴の獲得に格差が存在する現実がある（松岡，2019：47-48）。教育格差の現実とどう向き合い，格差拡大を防ぐために何ができるかが問われている。

引用文献
松岡亮二（2019）『教育格差－階層・地域・学歴』ちくま新書。
山田昌弘（2004）『希望格差社会』筑摩書房。
山田昌弘（2013）『なぜ日本は若者に冷酷なのか』東洋経済新報社。

（太田　満）

第5章

学校における実践事例

序　説　ESD の授業づくり

⑴　はじめに

　ESD は，持続可能な社会の担い手づくりを通して，SDGs の達成に貢献する教育であり，そのために学習者の価値観と行動の変容を促す教育である。そこで授業者には，確かな教材解釈と子ども理解を基礎として，ESD や SDGs に関する知識とそれを生かした学習展開を構想する単元デザイン力が求められる。

⑵　ESD の学習過程と ESD の視点（見方・考え方）

　ESD では，探求的な学びを協働的に行うので，問題解決型の学習過程を基本としている。この学習過程は，①導入により子どもの関心・意欲が高まる→②学習課題をつくる→③仮説をつくる→④仮説を確かめるための調査・実験→⑤調査や実験の結果をまとめる→⑥結果にもとづく話し合い活動→⑦一応の解決と発信・行動化というプロセスである。

　そして，工夫された導入によって学習対象への関心が高まり，学習意欲に火が付いた子どもが，学習対象をしっかり観察したり，見つめ直したりするときに働かせるのが ESD の視点（見方・考え方）である。以下に示す ESD の視点（見方・考え方）は，2012年に国立教育政策研究所が「持続可能な社会づくりの構成概念例」として示したものである。（**表5-1**）

表5-1 対象となる「ひと・もの・こと」を見るときの ESD の視点

見方・考え方	身の回りでよさの見つけ方	課題の見つけ方
① 多様性	いろいろなものがある方がいい	多様性に乏しい，画一的
② 相互性	ものはつながっている。循環している方がいい	孤立している，循環していない
③ 有限性	全てのものは有限である。物を大切に長く使う文化がある	使い捨てが当たり前になっている大量生産・大量消費の文化がある
④ 公平性	世代内と世代間の公正が考えられている	不公平，今さえ，自分さえよければいい
⑤ 連携性	分け隔てなく，なかまづくりをしている	なかまはずれをしている，排除している
⑥ 責任性	協力がある，やりとげている	責任転嫁，やりっ放し，言いっ放し

（出典　学校における持続可能な発展のための教育（ESD）に関する研究最終報告書：国立教育政策研究所）

(3) ESD で育てたい資質・能力

ESD の学習を通して，どのような資質・能力を育てることにつながるのかについて，次の5つを示す。

● クリティカル・シンキング（物事を問い直し，新たな方法を見いだす力）
● システムズ・シンキング（物事を多面的・総合的にとらえる力）
● 長期的思考力（先のことを見通す力）
● コミュニケーション力（人の意見を聞いたり自分の意見を発信したりする力）
● 協働的問題解決力（他の人と協力して最後まで取り組む力）

(4) ESD で育てたい価値観

現在の社会では経済が重視されているが，持続可能な社会づくりには，経済だけでなく，環境や社会とのバランスが重要であると言われている。ESD で育てるべき価値観の基礎として，次の5つを示す。

① 世代間の公正を意識すること
② 世代内の公正を意識すること

③　自然環境や生態系の保全を重視すること

④　人権・文化を尊重すること

⑤　幸福感に敏感になり，それを大切にする

(5)　ESD の授業づくりに向けて

　ESD の授業に限ったことではないが，授業を構想する際には，どれだけ具体的に授業の姿をイメージできるかが大きな鍵となる。学習の主体は，あくまでも子どもなので，授業の中で子どもがどんな言葉を発するか，どんな思いを持つか，どう動くかなど，実際の学習者をイメージして単元全体を構想する。

①　問いを精査して単元構想を作る

　探求的な学びを進めるには，問いが重要になる。問いの質が高ければ，より主体的で深い学びが実現する。まず，単元を見通して，大きく「ⅰ）単元の核となる問い，ⅱ）ⅰ）を深めるための問い，ⅲ）ⅰ）を発展的に考える問い」の3つの問いを考える。

　ⅰ）は，単元の目標や内容に直結する問いであり，それを解決するために，その後仮説を立て，調査・実験や，それをもとにした話し合い活動が展開される「単元の核となる問い」である。そのために，授業者は導入を工夫し，学習者がより切実な問題意識を持てるようにする。

　ⅱ）は，調査や実験を通して明らかになった事実をもとに，話し合いや討論などを通してⅰ）の問いに対する自分の考えを確立させていく「ⅰ）を深めるための問い」である。そのために，具体的に話し合うテーマを設定したりする。

　ⅲ）は，ⅱ）で確立させたⅰ）の問いに対する自分の考えをもとに，今後の自分の行動指針を明らかにさせるための「ⅰ）を発展的に考える問い」である。ESD は，それまでの自分の価値観や行動を批判的に見つめ，よりよく変容させることが重要なので，今後自分がどのように行動していくかを具体的に考えさせることが大切である。

　授業者は，この3つの問いに対して，学習者がどんな反応を見せるかを具体的にイメージして，単元全体の授業構想をA4，1枚程度に書き出す。

② ESD との関連を考える

　全体の単元構想ができたら，取り上げた教材や授業内容が，「学習で働かせる ESD の視点（見方・考え方）」「学習を通して育てたい ESD の資質・能力」「学習で変容を促す ESD の価値観」「達成が期待される SDGs」について，それぞれどの項目にどのように関連するのかを明らかにする。このときに，簡潔に，かつ具体的に文章表現することで，ESD の授業として価値のあるものであるかを明らかにする。

③ 学習指導案を作成する

　後述する実践例などに従って，学習指導案を作成する。

④ 質の高い ESD のための地域教材の開発

　ESD では，課題解決のために，「自分には何ができるだろうか」を考え，行動化するところがポイントである。「〜すればいい」といった他人事ではなく，自分事とするところが重要である。地域にある「ひと・もの・こと」を教材として取り上げて学習を進めることで切実感を持つことができ，課題の「自分事化」を促す。また，地域をフィールドとして学習を進めるために，教室を飛び出して，地域の中で観察・調査・実験するなどの体験活動が可能となる。ICT 機器を利用して調べることも大切であるが，学習者が五感を通して得る学びは，自分事化を加速させる。さらに，地域の人物に学ぶことができることも大きなメリットである。地域の課題解決に取り組む人物と出会わせることで，その人の生き方への関心やあこがれを持ち，学習者の行動化を促す。このように，フィールドワークや体験活動，人との出会いを効果的に学習活動に組み込むことは，より深い学びを生みだすことにつながる。

　教材開発のためには，何かいいネタはないかなと，常にアンテナを高くしておくことが大切である。「これは！」と，ピンと来たものを自分なりに調べる。指導者が「面白い」と思ったものだけが，子どもを揺さぶる「いい授業のネタ」になる。ネタが決まれば，学習者の関心を高める導入を工夫したり，ゲストティーチャー・施設見学などを依頼したりする。

（大西浩明）

第1節　幼稚園

⑴　地域に住まう生き物のためにできること〜奈良の鹿の命を守るためにゴミを拾おう〜

⑵　**活動のねらい**
① 知識・技能の基礎に関わるねらい
　鹿がゴミを食べて苦しんでいることを知る。
② 思考力・判断力・表現力の基礎に関わるねらい
　奈良の鹿のために自分たちができることを考える。
　友達や保育者に自分の考えや思いを出したり，友達の思いを聞いたりする。
③ 主体的に学びに向かう態度に関わるねらい
　友達と目的を共有する。

⑶　**活動について**
① 活動の概要
　毎年，年長5歳児は11月に東大寺二月堂に園外保育に出かける。事前に奈良教育大学のユネスコクラブの学生から，写真やクイズを交えたスライドを使って，二月堂やお水取りについて話してもらう。この年の子どもたちも同じように，学生の話を聞き，園外保育に期待を膨らませていた。
　園外保育の2週間前に，保育室に奈良の鹿がプラスチックごみを食べ過ぎたことが原因で死んでしまったことを知らせるポスターが保育室に貼りだされると，子どもたちから，鹿に対して「かわいそう」という思いが生まれ，クラスで鹿のためにできることを話し合う機会を設けた。子どもたちから鹿のためにゴミを拾おうと声があがり，園外保育に出かける道中のゴミを拾っていくことになった。
② 子どもの姿，これまでの育ち
【鹿の立場に立ち，鹿に思いを寄せる姿】…幼稚園で最年長である子どもたち

は，4月から年少年中児と一緒に遊び生活をする中で，相手の思いに触れ，相手の立場になってかかわってきた。10月には，地域にある老人介護施設に行き，高齢者とかかわる機会をもち，子どもたちは，高齢者に何をしたら喜んでもらえるかを考えた。年長児になり，同学年の友達だけでなく，年下の友達や高齢者など自分と立場の違う相手に思いを寄せる経験をしてきた。

【自分たちにできることを考える姿】…子どもたちは，園生活の様々な場面（自ら選んでする遊び，みんなで一緒にする活動など）で，遊びがより面白くなる方法や，自分たちの園での生活をより良くするにはどうしたらいいか，困ったことに直面した時にその課題をどのように乗り越えるかを考えている。

【クラスの友達と目的を共有する姿】…年長児のはじめは，自ら選んでする遊びの場面での3，4人の友達と遊びやみんなで一緒にする活動の中で，同じ目的を共有している。10月には運動会があり，パラバルーンやリレーなどの演技や競技を通して，クラス全体で目的や目標を共有している。

【自分の思いを言葉にして伝える姿】…ほぼ毎日遊んだ後に，その日楽しいと感じたことや，遊びの中で考えたことや困ったことなどをクラスの中で共有する振り返りの時間がある。そこで自分の言葉で友達や保育者に伝える経験をしている。同様に振り返りの時間に限らず，自ら選んでする遊びやみんなで一緒にする活動の中でも，自分の思いを言葉にする経験を積んでいる。

③ 保育者の援助・環境構成

　子どもたちのこれまでの育ちや経験が活かせると考え，保育者からポスターの掲示と投げかけを行った。子どもたちが鹿の立場に立って考えられるように投げかけ，自分事として捉えられるようにした。さらにクラスで共有することで，自分事がクラスの関心ごとになっていくようにも意識した。

(4) 活動の評価規準

知識・技能の基礎	思考・判断・表現の基礎	主体的に学習に取り組む態度
・奈良の鹿が，人の捨てたゴミによって苦しい思いをしていることを知る。	・鹿のためにできることを考える。	・考えを自分の言葉で伝える。

⑸　ESD との関連

①　活動を通して主に養いたい ESD の視点

- 相互性：自分の行動（ゴミ拾い）が鹿や奈良の自然のためになっている。
- 有限性：動植物に限られた命がある。
- 公平性：奈良の鹿をこれからも守り続ける気持ちを持つ。
- 連携性：思いや考え，課題を友達と共有する。友達と協力してゴミを拾う。

②　活動を通して主に養いたい ESD の資質・能力

- クリティカル・シンキング：人間がゴミを捨てることで鹿が死んでしまう
- 長期的思考力：このままゴミが捨てたままだと鹿が食べて死んでしまう
- コミュニケーション力：話し合いの場で自分の考えを言葉にして伝えたり，友達の思いを聞いたりする。
- 協働的問題解決力：友達と考えを巡らせ，鹿のためにできることを考える保護者にも活動の様子を伝えることで保護者も巻き込む。

③　本活動で変容を促す ESD 価値観

- 世代間の公正：奈良でこれまで大切に守られてきた鹿を，今の自分たちで守ろうと考えることで，この先の世代まで守ることにつながる。
- 環境配慮：ゴミの投棄が生き物（鹿）の命を脅かすことにつながる。

④　関連する SDGs の目標

- 15陸の豊かさも守ろう：人間活動によって生態系が変化してしまうことに気づき，野生生物を尊重できる行動につながる。

⑹　活動展開の概要（期間：11月〜12月）

子どもの活動	援助・環境構成	◇ESD の視点 ○ESD の資質能力	◇評価 ○備考
1．知る 保育室に掲示されたポスターを見る	・目につきやすい場所にポスターを掲示する	○クリティカル・シンキング ◇有限性	◇ポスターの内容に興味関心を寄せる

2．考える ポスターを見て，それぞれが思いを巡らせて考える ゴミの実際の重さを知る	・一人一人の思いを聞き出し，子どもの思いに共感する ・鹿が食べていたゴミの重さを体感できるようにする	○長期的思考力 ○コミュニケーション力 ◇連携性	◇ポスターの内容を見て自分なりの思いや考えを持つ ◇ポスターの内容について保育者や友達と話をする
3．話し合う クラスでポスターを見て感じたことを話し合い，自分たちにできることを考える	・話し合いの機会をもつ ・みんなの思いを聞き，考える機会をつくる	○コミュニケーション力 ○協働的問題解決力 ◇有限性・公平性・連携性	◇自分の思いや考えを話す ◇友達の思いや考えを聞く ◇次の行動を考える
4．行動する 遠足に出かけて鹿のためにゴミを拾う	・ゴミの種類を子どもと共有する ・鹿のためになっていることを伝える	○クリティカル・シンキング ○協働的問題解決力 ◇相互性・連携性	◇ゴミを拾うことを通じて，鹿に思いを寄せる
5．振り返る 自分たちが拾ったゴミの種類や量を目で見て確かめる	・拾ったゴミを次の日登園してきた子どもたちが見られるように置く	○クリティカル・シンキング，コミュニケーション力 ◇相互性・公平性	◇行動を振り返る ◇改めて鹿を大切にしようとする気持ちを持つ

(7) 成果

　子どもたちに身近な生き物（鹿）に視点を当てることで，相手の立場に立って物事を考えられるようになり，身近な生き物である鹿に寄り添うことができた。人間が故意的に捨てたゴミが原因で，鹿が死んでいることを自分事に捉え，「今の自分たちにできることは何か」「これからの自分たちができることは何か」を考え，実際の行動につながった。

　幼児期において，身近な出来事を自分事として捉え，そこから物事について考えたり，できることを考え行動に移したりしていくための素地として，【他者の気持ちを考えようとする力】【色々な出来事に関心をもとうとする姿勢】【自分の感じたことや考えたことを伝えようとする気持ち】【チャレンジする姿勢】【仲間と一緒にいることの喜びを感じられること】【仲間と協力することの面白さを感じられること】の育ちが必要である。

（鎌田大雅）

第2節　小学校

◉ 第1項　社会科

⑴　**単元名**：日本の自動車工業（5年生）

⑵　**単元の目標**

① 知識及び技能に関わる目標

　自動車製造の工程，工場相互の協力関係，優れた部品をつくる技術などに着目して調べ，工業生産に関わる人々の工夫やそれを支える貿易や運輸の仕組みを理解する。

② 思考力，判断力，表現力等に関わる目標

　質の良い自動車を効率的に生産する仕組みについて，様々な種類の工場を比較したり，消費者の需要や社会の変化，工場で働く人々の工夫と関連付けたりして考え表現する。

③ 学びに向かう力，人間性等に関わる目標

　質の高い自動車を生産する技術や生産者の工夫について意欲的に調べ，身近な工業製品との関わり方について，消費者としての自身の在り方を見なおそうとする。

⑶　**単元について**

① 教材観

　国産自動車の質は世界的に見ても評価が高く，新車中古車を問わず多くの日本車が海外でも使用されている。自動車の質は，約30,000個とも言われる数々の部品1つひとつによって支えられていると言って良い。自動車の部品工場を見学すると，少しのずれも許されない厳しい基準，機械を使った効率的な生産，職人たちの確かな技術とこだわりが自動車の質を保障していることに気づくことができる。しかし，身の周りの工業製品に目を向ければ，私達は次々に

安い製品，新しい製品を買っては捨てるという，大量生産，大量消費，大量廃棄の社会に生きていることがわかる。工業製品の質の高さについて，普段あまり意識しているとは言えない。本教材を通して，児童は工業生産の質とは何かに着目し，長く使い続けられる製品づくりと自身のより良い生き方について考えることができる。

② 指導観

　導入では，消費を促すCMに目を向ける。CMからは，どのような車が生産されているかだけでなく消費者のニーズに気づくことができる。安全性能・低燃費・見栄えなどCMで謳われる車の質は，ニーズに応えることによって高まってきた。国産車の質が海外でも認められていることは，日本語のロゴを残したまま海外で走る中古車や，国内のCMとは違って丈夫さをアピールする海外での日本車CMから，知ることができる。

　なぜ質の高い車を作ることができるのかという問いは，部品工場見学を通して追究していく。工場は，品質にこだわって生産している。例えば万が一不適格品が出れば同時に納品した他のねじも全て回収するという徹底ぶりである。結果，職人たちが一本一本丁寧に製造した，何も問題ないねじも廃棄される。この実際を児童は様々に捉えるだろう。もったいない，安全な車作りのためには仕方ない，という考えのやり取りを通して，工業製品の質の高さとその背景にある大量の生産・消費・廃棄という課題に目を向けたい。最後に「モノは大切に扱わなければならない」と言いつつ，身近な工業製品の廃棄と消費を繰り返している私達のくらしに目を向ける。資源が限られているという現実を踏まえた，よりよいくらしのあり方を考え合いたい。

(4)　単元の評価規準

知識・技能	思考力・判断力・表現力	主体的に学習に取り組む態度
① 自動車生産の仕組み，工場相互の協力関係，優れた部品をつくる技	① 生産の仕組みを，消費者の需要や社会の変化，工場で働く人々の工夫と関連付けて考えている。	① 製造の工程，工場相互の協力関係，優れた部品をつく

術などに着目して調べている。 ② 工業生産に関わる人々の工夫を理解するそれを支える貿易や運輸の仕組みを理解する。	② 効率的に大量生産する仕組みを組立工場の仕組みや分業の仕組みと関連付けて考えている。 ③ 質の高い工業製品を生産するための仕組みや工夫について考え，表現している。	る技術などに着目して調べている。 ② 調べたことを自身の生活や既習の学習と関連付けようとしている。

(5)　ESD との関連

① 本学習で働かせる ESD の視点（見方・考え方）

● 有限性：地下資源は有限なものであり，大量生産・大量消費・大量廃棄の仕組みを見なおす必要がある。

● 責任性：我々のニーズがモノづくりに影響を与え，地球環境に影響を及ぼしている。

② 本学習で育てたい ESD の資質・能力

● システムズシンキング：モノづくりと，私達消費者のニーズや社会からの要請との関わりに気づき，より良いモノづくりの在り方について考える。

● クリティカルシンキング：身の回りのモノの価値や良さを見なおし，大量消費と大量廃棄を繰り返す社会の仕組みや自身の生活に課題を見いだす。

③ 学習で変容を促す ESD の価値観

● 環境への配慮：環境負荷の少ない生活の在り方を追究する。

● 世代間の公正：限られた資源を大切に使うことの重要性に気づく。

④ 関連する SDGs の目標

12.　生産と消費

(6)　展開の概要　全11時間

主な学習活動	●学習への支援 ・予想される児童の反応
○どんな車を作ろうとしているのか② ・見たことがある CM を思い出し，どんな車に人気があるのかを話し合う。 ・どのような車が求められているか考える。 ・20年前の教科書に載っている「未来の車」や過去の車と今の車を比較し，どのよう	●消費者がどのような車を求めているのか考えさせる。 ●消費者のニーズや社会の変化に対応した車づくりが行われてきたことに気づかせ

な時代にどのような車が求められていたのか考える。	る。

どのようにニーズに応える車を作っているのだろう	
○どのように車はつくられるのか② ・組立工場の様子や関連工場との関係を調べ，効率的に車を製造する工夫を探す。	●効率よく，また消費者のニーズに合わせた車づくりが行われている様子を調べる。
○なぜ日本車は海外で人気なのか② ・海外でも日本車が数多く販売されている理由を考える ・日本の中古車が，日本語の表示を消さずに活用されている理由を考える。	●海外に居住経験者へのアンケートやメーカー別生産台数の資料から，日本車への信頼の厚さに気づかせる。
○ねじ工場見学② ・ねじ工場の質の高い製品作りについて，それぞれの考えを述べ合う。	●僅かな誤差も許されない厳しさが車の質を保っていることに気づかせる。
○なぜ私達は最後までものを使い切ることができないのだろう① ・大量生産，大量廃棄の問題について，意見を述べ合う。	●質の高い製品を作る過程で大量の廃棄物が出ていることに気づかせる
○私達のくらしを見なおそう② ・様々な工業製品の寿命を比べ，自分たちが実際に使い続けている期間と比較する。	●国内の都市鉱山やリサイクルにかかるエネルギーの必要性に気づかせ，自身の生活を見つめ直す。

(7) 成果と課題

　ESD が変容を目指す価値観とは，何を良いとするかというものさしである。本実践では，「よい工業（製品）とは何か」「それを使うよりよい生活とは何か」という問題について考えていった。製品の質を下げることも，大量の廃棄物を出すことも許容できないという葛藤は，持続可能な社会づくりの過程で避けて通ることのできない問題である。この場面や，終末の身近な生活を見直す場面では，既習の知識を出し合い，他者から新たな気づきを得て，それらを組み合わせるという協調的な知識構築を試みながら解決を目指す姿が見られたことは，持続可能な社会の担い手を育成する上で1つの成果と考えている。

（河野晋也）

◉ 第2項　社会科

⑴　**単元名**：880年もつづく「おん祭」（４年生）

⑵　**単元の目標**

① 知識及び技能に関わる目標　「おん祭」は，奈良の人々の生活の安定と向上を図ろうとする人々の願いが　込められたものであり，祭りを保存・継承するために工夫や努力を続けきたから，880年も一度も途切れることなく行われていることを，見たり聞いたりして理解する。

② 思考力，判断力，表現力等に関わる目標　「おん祭」が，奈良の人々の幸せなくらしを願ってのものであることや，880年も一度も途切れることなく続けられてきたわけを，調べたことをもとに考え，適切に表現する。

③ 学びに向かう力，人間性等に関わる目標　「おん祭」に関心をもち，一度も途切れず続いてきたことについて意欲的に調べたり考えたりするとともに，大切に守り続けていこうとする態度をもつ。

⑶　**単元について**

① 教材観　「春日若宮おん祭」は，1136年に関白藤原忠通が農作物の豊作を願って始め，約880年一度も途切れることなく続けられている奈良市で最も大きな祭りである。12月17日午前０時，春日大社の摂社である若宮神社の若宮神を，春日大社の参道にあるお旅所に遷す「遷幸の儀」から始まり，数々の古典芸能が演じられる「お旅所祭」が行われる。正午からは，「お渡り式」が行われ，行列が通る三条通りには多くの出店が立ち並び，たくさんの人で賑わう。奈良では，昔から年の瀬のいちばん大きな祭りとして，この日ばかりは農作業を休み，ふだんは食べないごちそうを用意したり贅沢をしたりして，大人も子どもも祭りに参加して楽しんだ。現在も，この日は授業が短縮になる。

② 児童観（省略）

③ 指導観　まず，おん祭について知っていることを出し合う。そこで，「なぜ，おん祭は880年一度もとぎれることなく続いているのだろう？」という学習問

題を設定する。そして，おん祭がいったいどのような祭りなのかを，パンフレットなどの資料から読み取らせる。実際に若宮神社やお旅所などへ見学に行ったり，実際の祭りの様子を映像で見たりする。さらに，祖父母などに，以前のおん祭のときの様子や楽しみなどについて聞き取りを行い，昔からおん祭が奈良市で一番の祭りであり，奈良の人たちにとっては特別な日であったことを実感させる。次に，「これからもおん祭は毎年続いていくのだろうか？」というテーマで話し合う。続けていくためにはどんなことが必要なのかを話し合うことを通して，880年間続けてきた人たちの工夫や苦労に思いを馳せることができると考える。一度も途切れず880年も続いてきたおん祭のすごさを実感させるとともに，これからの自分のおん祭への参加の仕方を考えさせたい。

(4) 単元の評価規準

知識・技能	思考力・判断力・表現力	主体的に学習に取り組む態度
① おん祭は，人々のよりよいくらしを願って880年も一度も途切れることなく続いていることを理解している。 ② おん祭が長く受け継がれてきたのは，地域の人々の祭りに対する願いや熱い思い，様々な工夫や苦労があったことを理解している。	① おん祭は，人々のよりよいくらしを願って地域の人たちが工夫や苦労をしながら880年も続いてきたことを考え，適切に表現している。 ② 奈良には古くから大切に受け継がれてきた「たからもの」が数多くあることを考え，適切に表現している。	① 昔から続くおん祭に関心をもち，意欲的に調べたり考えたりしている。 ② 古くから受け継がれている「たからもの」を大切に守っていこうとする態度を表している。

(5) ESD との関連

① 本学習で働かせる ESD の視点（見方・考え方）

●有限性：続いてきた祭りや行事でも様々な要因によって途絶えてしまう。

●公平性：時代を超えてよりよい生活のために続けられている。

●連携性：様々な立場の多くの人々が協力して続けてきた。

●責任性：続けていくにはそこに住む自分たちの行動が大切である。

② 本学習で育てたい ESD の資質・能力

● システムズ・シンキング：880年も続いてきた理由について，奈良の様々な人たちの努力や工夫を考える。

● 協働的問題解決力：継続するために，自分たちも関わっていく。

③ 学習で変容を促す ESD の価値観

● 世代間の公正：いつの時代も平和で幸せに暮らしたいという人々の思いは同じだから，おん祭はずっと続いてきたし，これからも続けていきたい。

④ 関連する SDGs の目標

11．まちづくり，16．平和・公正

(6) 展開の概要

全 9 時間

主な学習活動	●学習への支援
○どんな学習問題にすればよいだろう？ ・おん祭について知っていることを出し合い，学習問題を設定する。①	●880年一度も途切れることなく毎年続けられてきたことを知らせ，学習問題の設定につなげる。
なぜ，おん祭は880年一度もとぎれることなく続いているのだろう？	
○おん祭はどんなお祭りなのだろう？ ・おん祭について，パンフレットや映像資料から調べる。②③ ・現地に見学に行く。④⑤ （若宮神社，お旅所，一の鳥居） ・家の人からおん祭について聞き取ったことを交流する。⑥ ・春日大社の方からお話を聞いてまとめる。⑦	●お旅所祭の様子などを映像で確かめられるようにする。 ●ふだん見ている風景の中に，おん祭と関わりがあるものが多くあることに気付かせる。 ●主に祖父母世代から聞き取りをさせ，今のおん祭と同じところと違うところを明らかにさせる。 ●おん祭の保存，継承にかける思いや，工夫や苦労について話していただく。
むかしのおん祭とくらべて…		
同じところ	ちがうところ
・まつりの中身 ・行列のようす ・たこやき，ベビーカステラ	・今より店が多かった （今はないような店） カニ，ひよこ，植木のなえ，ぼんさい，

・来ている人が楽しそう おん祭そのものは変わっていない （50年前のおん祭の写真を見て） みんながお祭りを楽しんでいる	正月用品，サーカス，かめつり，ひよこつり，型ぬき，お百姓さんが仕事で使うもの ・からあげやポテトとかの店がない ・家でとりのすきやき，のっぺじるを食べる

これからもおん祭は毎年続いていくのだろうか？	
○おん祭がこれからも続いていくためには，どんなことが必要かについて話し合う。⑧	●なぜそう考えるのか，続けていくためにはどんなことが必要かを，既習事項や経験などを根拠に考えられるようにする。
おん祭を続けていくために，自分にはどんなことができるだろう？	
○おん祭を続けていくために，自分にはどんなことができるのだろうか？ ・これまでの学習を生かして，お水取りについて考える。⑨	●お水取りは1260年以上続いていることや大まかな内容を，映像などから知らせる。

(7) 成果と課題

　○最後に，おん祭やお水取りなどから奈良について考えたことを書かせた。

> ◇行事を行うために，たくさんの人が苦労や工夫を重ねていることも分かりました。このように，みんなが楽しみにしている行事やお祭りは残していかなければいけないと思います。そのためには，わたしたち子どもも関心を持ち続けていくことが大切だと思います。
>
> ◇「つづけよう」「残していこう」とたくさんの人が努力してきたことが分かった。もっと長く続けていくためには，ぼくたちが伝統を受け継いだり，行事に協力したりすることが大切だと思う。今年のおん祭は，しっかりといろんな行事を見たいと思う。

　この2名の記述からは，現状を把握したことから「よりよい社会の形成」に参画していこうとする行動化の芽が感じられる。

（大西浩明）

◉ 第3項　理科

⑴　**単元名**：身の回りの生物～生物多様性の保全意識を高める昆虫学習～
　（３年生）

⑵　**単元の目標**
①　知識及び技能に関わる目標
　身の回りの昆虫と周辺の環境との関わりや成長の過程，体のつくりについての理解を図り，複数の昆虫を比較して観察する技能を身に付ける。
②　思考力，判断力，表現力等に関わる目標
　身の回りの昆虫について追究する中で，差異点や共通点を基に，昆虫の成長について疑問点を見いだし表現する。
③　学びに向かう力，人間性等に関わる目標
　身の回りの昆虫を愛護したり，主体的に問題解決しようとしたりする。

⑶　**単元について**
①　教材観
　共通の学習経験を保障するという観点から，校庭を観察範囲として学習を進める。小学校の校庭には，畑や池，草木の多いところなど，昆虫の生息する条件が整っている場合が多い。そのため，児童がどのような場所にどのような昆虫が生息しているかを考え，実際に探しに行くことが可能である。
②　児童観（省略）
③　指導観
　指導に当たっては，３つのことを意識する。１つ目は，既有知識や経験を活用させることである。予想を立てたり見通しをもって調査活動に取り組んだりする際，児童に既有知識や経験を活用させることで，観察の質も高まり問題解決の力を養うことができると考える。
　２つ目は，本単元でねらう理科の見方（多様性）・考え方（比較）を働かせることである。調査活動や観察を通して，校庭には様々な種類の昆虫が生息し

ていることや，同種であっても色・形・大きさが異なることを見出させたい。
見方・考え方を働かせて問題解決を行うことによって，児童が生物多様性を意
識できるようになることにも期待したい。

　3つ目は，生物への愛着を高めることである。昆虫に対する児童の苦手意識
を克服するために，自然観察指導員を招聘して，昆虫の姿や習性などについて
教えてもらう。専門的な知識を教えてもらったり，興味関心をひくような情報
を伝えてもらったりすることによって，苦手意識を克服するとともに昆虫好き
の児童が更に好きになるようにしたい。

(4) 単元の評価規準

知識・技能	思考力・判断力・表現力	主体的に学習に取り組む態度
① 身の回りの昆虫は周辺の環境と関わって生きていることを理解している。 ② 昆虫の育ちには一定の順序があることや，体は頭・胸・腹からできていることを理解している。 ③ 複数の昆虫を比較して観察する技能を身に付けている。	① 身の回りの昆虫の様子やその周辺の環境との関わりを比較して考察し，自分の考えを表現している。	① 身の回りの昆虫に興味をもち，観察しようとしている。 ② 身の回りの昆虫に愛情をもって関わったり，生物多様性を保全しようとしたりしている。

(5) ESD との関連
① 本学習で働かせる ESD の視点（見方・考え方）
● 多様性：外来種や在来種など，多様な昆虫が存在している。
● 相互性：外来種の問題は，グローバル化の進展と関わっている。
● 責任性：生物多様性の保全に向けた具体的な行動をとることが大切である。
② 本学習で育てたい ESD の資質・能力
● システムズ・シンキング：グローバル化に伴う外来種問題の背景や実情を多
　面的・総合的に考察する。
● クリティカル・シンキング：グローバル化によって外来種問題が人為的に引

き起こることを認識し，生物多様性の保全に向けた行動策を考える。

③ 本学習で変容を促す ESD の価値観

● 自然環境・生態系の保全を重視する：外来種を増やさず，在来種を保護するために，生物多様性の保全に向けた具体的な行動をとりたい。

④ 関連する SDGs の目標

　15．陸の豊かさ

(6) 展開の概要

全10時間

主な学習活動	●学習への支援 ・予想される児童の反応
○どこにどのような昆虫が生息しているのだろう？① ・知っている昆虫の名前を出し合い，どのような場所に生息しているか予想する。	●児童の既有知識や経験をもとに話し合わせる。 ・草むらにトノサマバッタがいたよ。 ・池の近くでトンボを見たよ。
○昆虫を採集し観察しよう。②③ ・校庭で昆虫採集をして，観察したことをカードにまとめる。 ・カードを校内地図に貼って共有し，気付いたことについて話し合う。  草むらには，沢山の種類の昆虫がいるよ。 校庭での昆虫採集	●予想を確かめるために採集をするという見通しを，児童にもたせる。 ●色・形・大きさに着目させる。 ●カードが貼られた校内地図をもとに昆虫のすみかと暮らしの関連について考察させる。 ・草や木など，緑の多いところに昆虫が沢山いるよ。 ・昆虫の好きな食べ物が多いんだよ。 ・昆虫を狙っている天敵から，襲われにくいんじゃないかな。
○昆虫の体のつくりや育ちを調べよう。④⑤⑥ ・昆虫の体のつくりや育ち方を比較する。 ・指導観察指導員から，昆虫の姿や習性などについて教えてもらう。 ○昆虫カルタを作って楽しもう。⑦ ・単元を通して学んだことを振り返り，カルタを作って遊ぶ。	●頭・胸・腹のつくりを視点に，差異点や共通点を調べさせる。 ●昆虫の姿や習性などの特徴について教えてもらう。 ・昆虫は食べ物や体の色など，特徴に応じて棲み処を決めているのだね。 ●カルタで遊ぶことを通して，楽しみながら児童が学習内容を定着できるようにする。
○外来生物って何だろう？⑧ ・外来生物の既有知識やイメージを話し合	●外来生物という言葉からイメージできることや既有知識を表出させる。

う。 ・外来生物とはどのような生き物なのかを理解する。 ・外来生物の輸入経路から，グローバル化に伴う人為的な問題であることを理解させる。 ○オンブバッタの採集をしよう。⑨ ・オンブバッタを捕獲し，在来種と外来種を識別する。	・外国から来た生き物のことかな？ ・アメリカザリガニは外来生物だよ。 ●身の回りにいる外来生物としてアカハネオンブバッタを紹介する。 ・翅をめくると在来種か外来種かが分かるんだね。調べてみたいな。 ●捕獲調査前に，在来種と外来種のどちらが多いか予想を立てさせる。 ・外来種は外国から来たから，在来種の方が多いんじゃないかな？ ・外来種の方が多いよ。どうして？

アカハネオンブバッタ

めくった翅の色で，在来種か外来種かが簡単に分かるよ。
調査の結果，アカハネオンブバッタの方が多かったよ。
外来種の方が，繁殖力が強いのかな？在来種と交尾をしたら，どうなるのだろう？

・アカハネオンブバッタの移入経路や拡散状況を確認する。	・2014年に大阪湾で発見されてから，生息域がどんどん拡がっているね。
○外来種との付き合い方を考えよう⑩ ・外来生物による生態系などへの影響について話し合う。 ・在来種を守るために自分たちにできることを考える。	●外来生物が増加することでどのような影響があるかを確認し，自分達にできることを考えさせる。 具体的な行動 ・外来種や在来種をそれぞれ保護する。 ・外来生物は，責任をもって育てる。

(7) 成果と課題

　本実践で得られた成果は，児童に生物多様性の保全意識の高まりが見られたことである。オンブバッタの捕獲・識別調査を通じて，児童は身近な生物にも外来種が侵入していることに気付き，外来生物との付き合い方について，自分たちにできる具体的な行動を考えることができた。

　一方，課題は行動化の広がりである。本実践においては，オンブバッタ以外の昆虫についても外来種であるかどうかを調べようと行動する児童の姿は確認できなかった。

（島　俊彦）

● 第4項　生活科

(1)　**単元名**：どうぶつはかせになろう（2年生）

(2)　**単元の目標**

① 知識及び技能の基礎に関わる目標

　生き物は多様であり，それぞれがつながり合って生態系バランスが維持されていることを理解する。

② 思考力，判断力，表現力等の基礎に関わる目標

　調べた生き物の生態の発表を通して，生物の種の多様性や，それらのつながりについて考えたり，表現したりする。

③ 学びに向かう力，人間性等に関わる目標

　生き物の種や互恵関係について関心を持ち，さらに身近な生き物の飼育方法について意欲的に調べたり実践したりする。

(3)　**単元について**

① 教材観

　動物の糞には，様々な情報が含まれている。糞の形や大きさ，付着物などから，その動物のエサや習性，周りの環境など多くのことが読み取ることができる。また，草食動物と肉食動物は「食う・食われる」という関係であり，互いの種のバランスによって，地球上の生態系が維持され成り立っていると考えられる。

② 児童観（省略）

③ 指導観

　本単元は大阪市天王寺動物園のディスカバープログラム・貸出キットの「ウンチ標本」を用いて実践する。糞から生き物の習性や特徴といった情報を調べることを通して，生き物についての関心を高めたい。

　一人一種，動物についての餌や習性を図書館の図鑑を使って調べていく。さらに調べたいことがあれば，天王寺動物園の獣医（市川氏）に手紙で質問でき

るよう，情報収拾の環境を整えておく。

　調べた動物を発表しながら，「食う・食われる」の視点でそれぞれの生き物を結びつけていく活動を通して，生き物同士のつながりに気付いていけるようにする。また，生態系が維持されるためにそれぞれの種のバランスを保つことの大切さについても考えさせたい。

　最後に自分たちの生活に身近な生き物を飼育する。今回はカメを授業者が準備し教室で子どもたちと飼育するようにしたい。カメの飼育方法やエサや糞の様子といった生態の様子を観察することを通して，生き物に親しみ大切にしようとする心を育みたい。

(4)　単元の評価規準

知識・技能	思考力・判断力・表現力	主体的に学習に取り組む態度
① 図書の本や獣医への取材などの調べ活動を通して，動物の種の多さや，生き物同士のつながりについて気付いている。	① 生態系バランスの大切さについて考えている。 ② 生き物の世話の仕方や接し方について自分なりに考えたり工夫したりしている。	① 動物の生態に関心を持ち，意欲的に調べたり，観察したり，まとめたりしている。 ② 生き物を大切にしようという思いを持って取り組んでいる。

(5)　ESD との関連

① 本学習で働かせる ESD の視点（見方・考え方）

●多様性：生物の生態は種によって様々である。

●相互性：生物は他の生物や周りの環境と関わり合いながら生きている。

② 本学習で育てたい ESD の資質・能力

●システムズシンキング：「食う・食われる」といった生き物同士のつながり（食物連鎖）について構造的に捉える。

●つながりを尊重する態度：地球上の生物は生物同士のつながりの中でそれぞれが役割を果たしながら生きていることに気付き，生命を大切にしようと心がける。

③ 学習で変容を促す ESD の価値観
● 自然環境・生態系の保全を重視：種の多様性や生態系バランスの重要性について気付き，身近な生き物について関心を持つ。
④ 関連する SDGs の目標
　15．陸の豊かさも守ろう（ターゲット15.5）

(6)　展開の概要

全10時間（生活科 5 時間・特別活動 5 時間）

主な学習活動	学習への支援
1．クイズ「だれのフンでしょう？」 ・動物によって糞の大きさ・形・付着物が違うことに気付く。 ・動物の食べているものや，生活の様子など，生き物の生態について関心を持つ。 フンに草が混じっているから草食動物のものかな？ このフンは人間のうんちに似ているな。	○「ウンチ標本」を使って，クイズを出し，よく観察させることで，動物の種によって違いがあることに気付かせる。 
2．生き物の生態について調べよう。 ・図書館の図鑑を利用して，次の 5 点について調べる。 ① 体長② 体重③ 主な生息地 ④ 主な食べ物 ⑤ さらに気付いたこと	○遠足で本物を観察することができるように，天王寺動物園で飼育されている生き物から選ばせるようにする。また，図書館や，天王寺動物園の獣医とも連携を取り，調べ活動のサポートを行うようにする。
天王寺動物園で生き物の観察をしよう。（特別活動 5 時間） ・園内を回りながら，生き物だけでなく，エサや，どんな動物と一緒に飼育されているかなど，エンリッチメントにも視点を向けさせることで，種の多様性や生物保全の大切さについて気付かせるようにする。（エンリッチメントとは，動物福祉の立場から，飼育動物の"幸福な暮らし"を実現するための具体的な方策のことである。）	
3．動物はどんなものを食べているのだろう。	○調べてきた動物を矢印でつなぎながら，生物のつながりを可視化していく。

| ・図鑑や動物園で調べた動物を発表することを通して，生き物同士のつながりや，生態系のバランスについて気付く。 | ○様々な種のバランスを崩すとどうなるかを視覚的に捉え考えさせることで生態系バランスの大切さを理解させる。 |

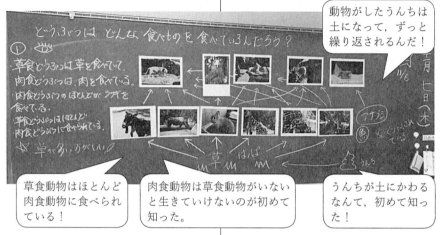

動物がしたうんちは土になって，ずっと繰り返されるんだ！

草食動物はほとんど肉食動物に食べられている！

肉食動物は草食動物がいないと生きていけないのが初めて知った。

うんちが土にかわるなんて，初めて知った！

| 4．教室でタニシを飼育しよう。
・タニシの餌や，身の回りの環境について調べ，タニシが住みやすい環境を考え飼育する。
・図鑑をもとに，タニシの生態について観察し，観察カードに記入する。 | ○観察池では，池の水の様子や周りの環境の様子にも視点が行くように支援する。
○教室にタニシに関する資料を用意し，気になったらすぐに調べられるようにしておく。 |

(7) 成果と課題

　本実践を通して，生き物同士の関わりだけでなく，生き物の糞が，植物の栄養になり，循環していることにも気付くことができた。また，身近な生き物に関心を持ち始める姿も見受けられた。本来の授業案では授業者が用意したカメを飼育する予定であった。しかし，学習の展開中に子どもが今まで気にしていなかった観察池に生息するタニシに着目したことで，学級で飼育してみようという展開に変更した。子どもが主体的に学ぶ姿を尊重しながら柔軟に単元展開を変えていくことは，子どもの意欲を持続させることにおいて重要なことであるとわかった。

　生物多様性の保全のために，生き物から多くの恩恵を受けている人間には何ができるか，授業を通して考えていくことも今後の課題である。

（中澤哲也）

◉ 第5項　家庭科

(1) **単元名**：めざそう買い物名人―持続可能な消費者を目指して―（5年生）

(2) **単元の目標**
① 知識及び技能に関わる目標

　金銭の計画的な使い方と適切な買い物に関する基礎的，基本的な方法や消費行動が社会や地球環境に関わることを理解する。
② 思考力，判断力，表現力等に関わる目標

　消費行動が単なる品物と金銭の交換ではなく，社会や環境に関わるという意識を持って多面的に考え，適切に表現する。
③ 学びに向かう力，人間性等に関わる目標

　よりよい消費者として自分にできる具体的な方策を意欲的に考える。

(3) **単元について**
① 教材観

　本単元は学習指導要領のＣ消費生活・環境「課題をもって，持続可能な社会の構築に向けて身近な消費生活と環境を考え，工夫する活動を通して，次の事項を身に付けることができるよう指導する。」にあたる。消費者の役割としては，必要性を考えること，社会に影響している認識を持つこと，自分や家族の消費生活が環境などに与える影響についても考えることが必要である。

　これまでの消費者教育は「消費者の権利を守ること」を中心に品質・価格・安全性などの視点を重視してきたが，これに加え「消費者が責任を果たす」ことが求められる。消費行動及びその優先順位においても様々な価値基準がある中，「持続可能性」の視点を重視することが求められる。
② 児童観（省略）
③ 指導観

　まずは生活していく中で様々なサービスを購入して生活していることや，物の生産，使用，修理，処理にいたるまでお金がかかることに気付かせる。そし

て，その生活を支えるお金が多くの場合，家族が働いて得た収入であることに気づき，大切に使うことができるようにする。

　そのお金を大切に使うために物を買う時の必要性を考えること，そして商品についている表示やマークなどを手掛かりに値段，品質，安全性，機能，環境への気配りなどの情報を活用することを学習し，身に付けられるようにする。

　その後，普段の買い物の仕方を振り返る視点として牛乳の買い方について考えさせる。賞味期限の長い牛乳を奥から取る映像を視聴させ，当たり前に行っている自分や家族の消費行動を確認する。そして，売れ残った牛乳がどうなるかを考え，食品ロスの問題に出会わせる。食品ロスの問題から「賞味（消費）期限が長い商品を選ぶことはいい買い物なのか」という消費行動及びその優先順位において新たな価値基準や「持続可能性」に気付かせたい。またエコバックを持参したり，包装の少ないものを選んだりすることも，普段の買い物の仕方として環境のことを意識付けしたい。

　単元の最後には「買い物名人として生活しよう」として，マヨネーズなどの多くの種類が商品化されている1つの食品を例に挙げて，長所と短所など選び方のポイントから，自分の家であればどの商品を選ぶかという活動を行い，お金を使うという事が物の価値について自分の考えを表現することにつながることを体感させたい。

(4)　単元の評価規準

知識・技能	思考力・判断力・表現力	主体的に学習に取り組む態度
① 商品の情報収集をし，選択の際にそれらを活用している。 ② 環境のことを意識した買い物の方法を理解している。	① 場面や立場によってどの商品を選ぶかを判断し，その理由を話し合っている。	① 自らすすんで意見を発表している。 ② 持続可能性を意識して，自分ができることを考えている。

(5)　ESD との関連

① 本学習で働かせる ESD の視点（見方・考え方）

- ●有限性：買い物の時には必要性や環境への気配りが必要である。
- ●相互性：自分たちの消費生活が社会や環境に影響している。
- ●多様性：様々な価値基準を持って持続可能な消費の実践・行動化していく。
- ●責任性：持続可能な消費生活には，消費者の責任を果たす必要がある。

② 本学習で育てたい ESD の資質・能力

- ●クリティカル・シンキング：牛乳の買い方を例に，「いい買い物なのか」を批判的に考える。
- ●システムズ・シンキング：買われなかった牛乳が食品ロスとなる。自分たちの消費生活が見えないところで廃棄されることにつながる。
- ●協働的問題解決力：話し合いを通して，家族構成やライフスタイルによって多様な価値基準があることに気づく。

③ 本学習で変容を促す ESD の価値観

- ●世代間の公正：持続可能な消費生活を身につけ，未来につなげる地球環境を保全する。

④ 関連する SDGs の目標

12．つくる責任　つかう責任：何気なく行っている消費行動が社会を動かすことを認識し，よりよい消費者としての責任感に気づく。

(6)　展開の概要

全4時間

主な学習活動	指導上の留意点
お金の使い方をみつめよう ○教科書のイラストを参考にどんなことにお金がかかっているか考える。 ○自分や家族がお金を大切にするためにどんな工夫をしているだろうか。	・物だけでなくサービスの購入，現金ではない支払方法など，具体的な場面を想起させる。 ・どんな工夫を知っているか出させる。
必要性や買い物をするときの情報について考えよう	

○フローチャートをやってみる。 ○買う時に必要な情報は何があるか考える。 ○自分の持ち物から，情報が示されているものを調べる。	・必要性によっては「買わない」「借りる」という選択肢もあることを押さえる。 ・教科書から品質表示，マーク，環境への気配りなど様々な情報が示されていることを知らせる。
普段の買い物を振り返る ○買い物の時にどんな工夫をしているか ・エコバック　　・賞味期限 ○牛乳を奥からとる映像を見る。 ・賞味期限の長いものを選んでいる。 ・お母さんもやっている。 賞味期限の長いものを選ぶのは良い買い物といえるだろうか。 ○意見を出し合う。	・環境や健康への気配りや価格に関してのことなど，意見が出にくければ助言する。 ・前時の学習から賞味期限という情報を有効に活用しているということを確認しておく。 ・食品ロスの問題から，どのような買い物の仕方をすればよいのかを考えさせる。
買い物名人として生活しよう ○4種類のマヨネーズから自分の家であればどのマヨネーズを選ぶか考える。 ○自分の意見を発表する。	・それぞれの長所，短所を考える。 ・選ばなかったものも，どんな場面・どんな家族にはおすすめかも考える。 ・様々な価値観を多様性としてとらえる。

(7) 成果と課題

　牛乳の買い方を例にしたことで，普段の買い物についてクリティカルシンキングをスムーズに行うことができた。また，自分の家庭においての買い物を考えることで消費行動を自分事として捉えたり，他の意見を聞くことで価値基準の多様性を感じたり，認めたりして，価値観の変容を促すことができた。

　この単元での学習だけでなく，例えば，B衣食住の領域でも，食材を買うときや調理で出るごみ，住まい方でのエネルギーの消費など，ここで得た価値観を家庭科の学習の全般で意識させることが大切であると考える。

（圓山裕史）

◉ 第6項　体育科

(1)　**単元名**：リレー（5年生）

(2)　**単元の目標**

① 知識及び技能に関わる目標：効果的なバトンパスにはスピードにのった
　リードが必要であることを理解し，低い姿勢でリードができるようにする。

② 思考力，判断力，表現力等に関わる目標：スピードにのってリードをして
　バトンをもらうための課題解決のための方法を工夫し，自己や仲間の考えた
　ことを他者に伝えることができるようにする。

③ 学びに向かう力，人間性等に関わる目標：チーム全体での技術や記録の向
　上を目指して取り組み，仲間の考えや取り組みを認めることができるように
　する。

(3)　**単元について**

① 教材観

　近年，児童をとりまく環境は大きく変化し，学校外において児童が直接運動
（遊び）に関わる機会，その中で工夫したり，仲間と関わったりという機会は
少なくなってきている。こうした状況の中で，学校体育は児童の発育・発達に
関わって大きな役割を担っていると言える。

　陸上競技を含めた運動・スポーツ種目には，文化的・科学的なつみかさねに
よる正しい技術や効果的な戦術が存在する。学校体育においては，発達段階に
合わせて正しい技術や効果的な戦術へ迫るための指導によって，なかまと一緒
に気づいたことを出し合い，思考し，身体を操作することの見通しや期待をも
てる（「わかる」）こと。そして，その見通しや期待通りに身体が動いていくよ
うに運動を繰り返し，実現させる（「できる」）ことを目指す必要がある。すな
わち学校体育を通して，児童の身体や認識の発達を促し，児童の権利を拡大し
ていくことが必要なのである。こうした学習のなかでこそ，児童は運動や運動
課題に自分ごととして向き合うことができるし，その過程で ESD の視点や資

285

質・能力が養われていくのではないだろうか。

　本単元のリレーは，個人のパフォーマンスとともに，チームでのパフォーマンスを高めることによって，新記録を目指すところにリレーの面白さ（価値）がある。チームでのパフォーマンスを高めるためには，受け手の走者が走り出してからバトンをもらうまでの動き（以降「リード」とする）を向上させることが必要である。動きが向上することにより，スタートからトップスピードにのるまでのロスを削ることができる。また，バトンの受け手と渡し手がそれぞれ手を伸ばした状態でバトンを渡すことにより，「利得距離（実際に走らなくていい距離）」が生まれる。それが，結果として走者の単純なタイムの合計よりも速くなることにつながる。こうしたバトンパスに関わる技術が「わかってーできる」ようにしていきたい。

② 児童・生徒観

　3年生以降はトラックを使ったリレーを学習し，バトンをもらう手と渡す手，リードについて，学習を積み上げてきている。5年生以降では，リードの必要性に気づかせ，どういったリードがより効果的なのかという科学的な根拠をともなった理解を促したい。リレーをする際に，「同じ区間で走る相手の子の方が速いから」「アンカーがやりたい」など自己の都合によって，走順を変えたいと要求する児童が多くいる。また，バトンパスのどこを上達させることが必要なのかが具体的にわからない児童も多い。バトンパスについて学ばせる中で，科学的な視点を持たせながら，子どもたちの要求や見方がよりリレーの本質に迫るものとなるように変換させていきたい。

③ 指導観

　2016年のリオ五輪の陸上男子リレー。参加チームの4名の走者の単純な合計タイムを出すと，日本は金メダルのジャマイカはもとより，他チームよりも劣っていた。しかし，実際日本は単純な合計タイムよりも2秒以上，さらにジャマイカとの差も縮め銀メダルを獲得する。なぜそうなったのか。データを基に問いかけ，リレーの本質に迫らせることで見方を変えていかせたい。それは，児童の中に「もっと上手になるには？」という問いを生み，より自分ごととして，必要性をもってバトンパスを考えるきっかけにもなるだろう。

　また，バトンパスの場面を捉え直すと，「鬼ごっこ」の要素が含まれていることに気づく。すなわち，「逃げる」と「追いつく」の相反するものの，ちょうど中間に重要なポイントがある。早くスタートすれば逃げ切るし，遅くスタートするとスピードにのる前に追いつかれてしまう。いつ，どのようにスタートを切るのかということを，「鬼ごっこ」をもとに理解させながら，「逃げる」をヒントにしてリードの質を高めさせたい。また，チームで意見を出し合わせ，組み合わせを調整させながら，チームのパフォーマンスを高めさせたい。

(4)　単元の評価規準

知識・技能	思考力・判断力・表現力	主体的に学習に取り組む態度
・スピードにのったバトンパスが記録向上に繋がることを理解している。 ・低いスタート姿勢からリードができる。	・スピードにのってバトンパスのための課題解決の仕方を工夫している。 ・自己や仲間の考えたことを他者に伝えている。	・チーム全体での技術や記録の向上を目指して考え，行動している。 ・仲間の考えを認めて取り組もうとしている。

(5)　ESD との関連

① 学習を通して主に養いたい ESD の視点

● 連携性：効果的なバトンパスの視点で，チームの記録向上について考える。

● 責任性：バトンパスの課題をもとに，個人やチームでの技術を高める。

② 学習を通して主に養いたい ESD の資質・能力

● クリティカル・シンキング：バトンパスに関わる科学的な資料をもとにして，チームのバトンパスにおける課題を見つけ，解決の方法を考える。

● コミュニケーション力：仲間の意見をもとにして，自分の考えを再構築し，より効果的なバトンパスについて，チーム内に発信する。

● 協働的問題解決力：チームのよりよいバトンパスの組み合わせを考える。

③ 学習で変容を促す ESD の価値観

● 世代内の公正を意識すること

(6) 単元展開の概要

全7時間

主な学習活動	指導上の留意点
1．試しのレース	均等なグループ編成
なぜ，リードが必要なのか？スピードを落とさないリードとは？	
2．スピードを落とさないリードについて考える。	「もうすぐで追いつけそう」な距離感をつかませる。
3．バトンパスの組み合わせや調整をグループで行う。	スピード曲線をもとに，よりよい組み合わせについて話し合わせる。
4．新記録をねらう・効果的なバトンパスについてまとめる。	理由を明らかにしながら自分の言葉でまとめさせる。

(7) 成果と課題

　単元の始め，試しのレースを何度か行うと，「走順を変えたい」という声が何度も児童からあがった。その理由は，「○○は速いから一緒に走りたくない」というものである。学習の課題がまだ児童は明確にもてていなかったと言える。学習を重ね，科学的な見方ができるようになるにつれて，課題がより明確に自分ごとになっていった。バトンをもらう人の走力に合わせて，リードのタイミングを工夫したり，バトンパスを安定させるために，走順を固定したりするようになったのが一例である。「鬼ごっこ」によって「逃げる」「追いかける」を体験し，「追いつきやすさ」を実感したことも大きいだろう。

　体育科においては，こうした科学的な根拠をもとに指導し，どの子もがわかってできるようにさせることが必要である。それは，児童の発達の権利を拡大することでもある。その過程で，課題はより自分ごとになっていき，ESDに関わる資質・能力も養われていくのではないだろうか。

（井上寛崇）

◉ 第7項　外国語

(1)　**単元名**：いろいろな言語の複数形（5年生）

(2)　**単元の目標**

① 知識及び技能に関わる目標

　日本語，英語の複数形の表し方が数ある言語の形の一つだということがわかる。

② 思考力，判断力，表現力等に関わる目標

　いろいろな言語の複数形を比べて分類し，きまりを考えることができる。

③ 学びに向かう力，人間性等に関わる目標

　自分が使っている言語以外の言語の規則性に興味をもち，きまりを見つけようとする。

(3)　**単元について**

① 教材観

　ヨーロッパでは複言語教育がさかんだという。それは，地続きでたくさんの国があり，ふれる言語が多いからだそうだ。日本は島国であり，日常生活の中で日本語以外の言語に接する機会はほとんどない。けれども，すべての人に質の高い教育をと考えるとき，小学校の外国語で英語のスキルだけに着目することは，むしろ格差を広げることになると考えらえる。カリキュラムの中で，意図的に複数の言語に出会わせ，比べさせるということが必要ではないだろうか。そのために，立命館大学の大山万容氏，京都ノートルダム女子大学のダニエル・ピアース氏とともに「言語の目覚め活動（学校で教えられていない言語と，学校で教えられている言語を含む，複数の言語を使った学習活動）」にとりくみ，ことばそのものを見つめていくような授業づくりを進めている。今回はフランスの複言語教材を日本の小学校に応用して小学5年生で授業を行った。

　ここでは，その中でも複数形についてとりあげた。英語の授業では「複数だとsがつく」と教えられ，子どもたちもそういうものだと思って覚えようとす

る。そもそも他の言語はどうなのかに目を向けてみることで，複数だと単語の
形が変わることについてより考えられるのではと思いとりくんだ。

② 児童・生徒観

　世界の人々と触れ合ってみたいと思っている子は多い。いろいろな国の留学
生と交流をしたこともある。ただ，外国と日本を比べたとき，「同じ」か「ち
がう」というものさししか持っていないように思う。「ちがう」でおわりでは
なく，「ちがう」中にも「同じ」があることに目を向けさせていきたい。今回
は，それぞれの言語の複数形がどうちがうかだけでなく，ちがいの中に規則性
があることに気づくことで，言語そのものに目を向けるきっかけとしたい。

③ 指導観

　今回とりあげる言語は，インドネシア語，フランス語，アイマラ語，トルコ
語，エスペラント語とした。世界各地で使われている言語だけでなく，アイマ
ラ語のように話者が少ない言語も同じように考えることで，すべての言語や文
化を尊重することにつなげていきたい。また，子どもたちは英語を世界共通語
と考えているが，そうではない。世界中の人が公平にとつくられた人工言語で
あるエスペラント語から，子どもたちの言語への見方を広げていきたい。

⑷　単元の評価規準

知識・技能	思考力・判断力・表現力	主体的に学習に取り組む態度
日本語と外国語だけでなく，言語ごとに複数形の表し方がちがうことがわかる。	日本語と英語の複数形のきまりを整理する。いろいろな言語の複数形を比べて分類し，自分の考えを伝え合っている。	いろいろな言語を比べることを通して，共通点や違いがあることに興味をもち，分類し，きまりを見つけようとする。

⑸　ESD との関連

① 学習を通して主に養いたい ESD の視点

●多様性：自分の知っている日本語，英語以外の言語それぞれに複数形を表す
　きまりがあることを見つける。

② 学習を通して主に養いたい ESD の資質・能力

● システムズ・シンキング：英語と日本語以外の未知の言語も，よく観察することでそれぞれのきまりを見つける。

③ 学習で変容を促す ESD の価値観：人権・文化の尊重

④ 関連する SDGs の目標：4「質の高い教育をみんなに」

　　　　　　　　　　　　　　　10「人や国の不平等をなくそう」

⑹　単元展開の概要

全 2 時間

主な学習活動	学習への支援
1．複数形について知る	
いろいろな言語の複数の表し方を比べよう	
2．複数のものを表す時，英語の表し方と日本語の表し方のちがいを比べ，気づいたことを出し合う。	英語では複数の表し方が変わるのに対し，日本語はほとんど変わらないこと，変わる場合も規則性があることに気づかせる。
3．いろいろな言語で複数形を考える。グループで相談しながら仮説をたてる。	グループごとに単数と複数のことばのカードを使って，分類し，どんなきまりがあるかを話し合わせる。
4．言語ごとのきまりを整理し，まとめる。	理由を明らかにしながら自分の言葉でまとめさせる。

⑺　成果と課題

　感想には，「s をつけるやつ以外もあった。英語は s だから英語じゃない？でも，文字は全部同じアルファベットなのに，ちがう言語なんだろうか？」「日本語はものに『たち』などをつけないのに，なぜ外国語はつけるのか知りたい」「ぼくはトルコ語でいろいろ調べてみたけど，ブタは domuz だったから，複数だったら，domuzler なのかなと思いました。」などがあった。

　私たちはことばを学ぶときに，ことばについて学ぶことも大事にしたいと考えてきた。またその過程では，思考が絶対不可欠である。

　この授業では，単数と複数のかたちを見比べながら，きまりについて考え

l'escargot	kokinoj	katak-katak	l'éléphant	ikan-ikan
keçiler	ikan	les escargots	birdoj	les éléphants
simioj	kaballu	babi-babi	fareler	anunaka
keçi	les serpents	kuniklo	simio	birdo
singa	phisinaka	eşekler	kokino	develer
le serpent	les vaches	qarwa	babi	phisi
eşek	anu	deve	kunikloj	qarwanaka
la vache	fare	kaballunaka	katak	singa-singa

・インドネシア語
　くり返し
・フランス語
　語のはじめとおわりに変化
　「les」「s」
・アイマラ語
　「naka」が語尾につく
・トルコ語
　「ler」が語尾につく
・エスペラント語
　「j」が語尾につく
　人工言語で世界中に話す人
　がいる

図5-1 児童の学習プリント

出典：Education et Ouverture aux langues à l'école (EOLE)http://eole.irdp.ch/activites_eole/documents/animaux/animaux_doc_eleve_1.pdf より取得（2020年12月1日参照）

た。いろいろな言語を比べることで，複数形にはどの言語にもきまりがあることに気づく。その上で，日本語とのちがいにも気づいていく。このような学びを経ることで，日本語や英語への見方がさらに深まっていくのではないだろうか。

（入澤佳菜）

◉ 第8項　総合的な学習の時間

⑴ **単元名**：秋篠川の恵みを未来へつなげよう（4年生）

⑵ **単元の目標**

① 知識及び技能に関わる目標

　秋篠川の調査から，川には様々な役割があることや，プラスチックごみが全ての流域に及ぼす影響について理解することができる。

② 思考力，判断力，表現力等に関わる目標

　秋篠川の様々な恵みを未来につなげていくために，地域の課題を踏まえて自分たちができることを考え，適切に表現する。

③ 学びに向かう力，人間性等に関わる目標

　秋篠川に関心をもち，秋篠川のプラスチック汚染問題を解決するために，自分たちができることを問い直し，実践する。

⑶ **単元について**

① 教材観

　本学習では，児童が地域の河川である秋篠川への関心を高め，地域の課題である秋篠川のプラスチック汚染問題の解決を目的に，児童の行動の変容を促すものである。地域を流れる秋篠川は，農業用水や生物多様性，文化の伝承など様々な役割がある。しかし，本地域ではこのような川の役割がもたらす恵みへの関心が薄い。秋篠川にはビニールごみやペットボトルが多く落ちているが，落ちていることが当たり前の日常となっている。このことを地域の課題として捉える。最近の研究では，現在話題となっている海洋汚染問題の原因であるプラスチックの大半は海辺で出されたものではなく，川辺に住む人々の日常生活で使ったプラスチックごみが，雨や風で川に入り海に流れたものであると報告されている。地域の河川におけるプラスチック汚染問題は海洋プラスチック問題へとつながり，地域を超えて地球全体における喫緊の社会問題となっている。問題解決に取り組む仲間に気づくことで，子どもの参画を進めていく。

② 指導観

　児童は秋篠川が自分事になっていないので，なかなか興味を持たない。そこで，秋篠川の生物調査を行い，自然との交歓の体験から学習を始める。次に，地域の博物館である森と水の源流館と連携し，吉野川には様々な役割があることを体験する遠足を行う。すると，児童から「吉野川のように秋篠川にも様々な役割があるのか？」という新しい問いが生まれる。この問いを解決するために源流館事務局長尾上氏の人の営みに出合わせる。尾上氏は水の恵みを下流に届け続けるという川上宣言を具現化するために，吉野川の流域の方々と出会い，川の役割から生まれる恵みを取材し，流域の人々へ伝えている。事務局長の生き方へあこがれることで，自分たちも秋篠川の役割を見つけようという追究が生まれ，地域の方への聞き取り調査がはじまる。秋篠川の様々な役割を見つけていくなかで，秋篠川が自分事となっていく。すると，秋篠川にプラスチックごみが多いという問題に立ち止まるようになり「秋篠川の問題を解決するために，自分にはどのようなことができるだろう？」という問いが生まれる。ここでは地域の課題の解決にむけた児童の参画として生まれるであろう行動を何度も問い直す。子どものプラスチックごみを出さない，拾うという行動化だけではこの課題は解決しないことに気づかせ，子どもの参画の質を更に高めていく。そのために，再び秋篠川へ行き「自分たちの行動で地域課題が解決しているか？」と問い直す。拾ったごみを子どもたちと分析することで秋篠川のごみのほとんどが大人が出したごみであり，大人が変わらないと課題が解決しないことに気づかせる。さらにグレタ・トゥーンベリンの演説をみせることで，大人へ協力を要請し課題を解決するために大人を巻き込む参画にしていく。

⑷　単元の評価規準

知識・技能	思考力・判断力・表現力	主体的に学習に取り組む態度
プラスチックごみを出さない行動や拾う行動の効果を理解している。	地域課題の解決に向けた問いを持ち，原因を調べ表現している。	課題解決するために大人を巻き込む活動をし社会に参画している。

⑸　ESD との関連

①　本学習で働かせる ESD の視点（見方・考え方）

● 責任性：自分たちがごみを拾い，消費行動を変えることが大切である。

● 連携性：河川は農家や漁師，専門家だけが努力して守るのではなく私たちが地球のことを考えて努力をしていくことが大切である。

②　本学習で育てたい ESD の資質・能力

● クリィティカル・シンキング：プラスチックごみを出さない行動や，拾う行動を子どもだけが起こしてもプラスチック汚染問題が解決できず，原因である大人に訴え，大人を巻き込む行動をしていくことについて考える。

● コミュニケーション力：地域の大人を巻き込んでプラスチックごみを拾ったり，消費行動の変革を地域へ呼びかけ，一緒に行動することができる。

③　本学習で変容を促す ESD の価値観

● 世代間の公正：自分の世代だけでなく秋篠川の恵みを未来へつないでいこうと考え行動する。

● 自然環境や生態系保全を重視する：プラスチックはごみとなって海に流れると生物への悪影響が起こるのでプラスチックごみを極力出さない，使用した際はリサイクルするというライフスタイルの変革にむけて行動する。

④　関連する SDGs の目標

12．つかう責任，14．海の豊かさ，15．陸の豊かさ

⑹　展開の概要

主な学習活動	●学習への支援　・児童の反応
○知識を確認し学習問題を作る。	・秋篠川はきれい？汚れている？
平城地域の秋篠川は，どのような川なのだろう？	
○秋篠川の生物指標調査を行う。 ○地域に調査結果を報告する。 ○遠足で川上村の吉野川源流に調査に行き，森と水の源流館の見学から，吉野川の役割を見つける。	●秋篠川の水質を分析し秋篠川がどのような川であるかを考えさせる。 ・吉野川にはサワガニなどの住みかになる役割がある。・吉野川は海の魚のエサをつくっている役割がある。
秋篠川にも吉野川のような役割はあるのか？	

○事務局長尾上氏の営みを聞く。	・すごい，尾上さんみたいになりたいな！
○秋篠川の様々な役割を調べる。 ○現在と昔の秋篠川，吉野川を比較する。	・地域の大人に聞き取りをする。 ・秋篠川はプラスチックごみが多い！

秋篠川の問題を解決するために自分にはどのようなことができるだろう？①

○問題解決のために子どもが自主的に行動を起こす。 ○漁師や環境省職員と出会い子どもの自主的行動が海洋汚染問題への解決へとつながることに気づく。	子どもが自主的にした行動 ・ごみを出さない・拾う・分別する ●プラスチックごみが川の役割や海の生物に及ぼす影響に気づかせる。
○秋篠川を見に行き子どもの行動を問い直す。	●プラスチックごみを出さない・拾うの行動だけでは，秋篠川の問題は解決しないことに気づく。

秋篠川の問題を解決するために自分にはどのようなことができるだろう？②

○グレタ・トゥーンベリンに学ぶ。 ○大人への訴えを地域に発表する。 ○大人を巻き込む行動を実践する。	拾ったごみを分析したら全部大人が出したごみでした一緒に変えませんか！

大人が動かなければ秋篠川は変わりません。一人ひとりの力が集まれば大きな力になります。私の秋篠川宣言「プラスチックを出さない生活を心がける」（2020年2月8日世界遺産学習全国サミットにて，児童が発表した秋篠川宣言より）

(7) 成果と課題

　子どもの行動の変容として，ポイ捨てしない，ごみを拾う，プラスチックをなるべく使わない，が生まれた。さらにグレタ氏の営みに学びあこがれることで，大人たちに協力を要請し，秋篠川の河川をきれいにする団体が大人と組織され，活動が生まれた。この行動は，ロジャー・ハートの「参画のはしご」における最高段階の参画であった。地域と連携し継続していきたい。

（新宮　済）

◉ 第9項　総合的な学習の時間

⑴　**単元名**：「自分たちの川上村は自分たちで守る」川上村の防災教育
　　〜60年前の伊勢湾台風の記憶から〜（５年生）

⑵　**単元の目標**
① 知識及び技能に関わる目標：伊勢湾台風による川上村での被害について学
　び，防災や減災の大切さについて理解する。
② 思考力，判断力，表現力等に関わる目標：川上村の防災や減災の取組につ
　いて考え，防災や減災に必要な取組について考える。
③ 学びに向かう力等に関わる目標：防災や減災に取り組む地域の方々の思い
　から自分たちに出来ること，今後の川上村に必要な取組について考える。

⑶　**単元について**
① 教材観
　本単元では，伊勢湾台風の被害から60年を迎える今年，川上村での被害の様
子を学ぶことや当時を知る方への聞き取りから学習をスタートし，これからの
川上村の防災や減災に必要な取組について学習を深める。伊勢湾台風による川
上村での被害は，53名が死亡，19名が行方不明と「村史最大の惨禍」であっ
た。しかし，川上村で生活する人たちは川上村の大きな出来事にもかかわら
ず，自分たちの村でどのような被害があったのかを知る人は少ないと感じる。
このような現状のなかで伊勢湾台風の被害から60年を迎える今年，これからの
川上村を担う子どもたちが伊勢湾台風の被害から川上村の防災や減災について
学習することはとても意味深いものだと考えた。この学習を通して子どもたち
が「自分たちの川上村は自分たちで守る」という意識を高め，いつまでも安心
して住み続けられる村づくりへ参画しようとする態度を育めるよう学習を進め
る。
② 指導観
　本単元では，伊勢湾台風による川上村での被害を切り口にし，防災や減災に

ついて学習を深める。文章や映像に残る記録だけでなく，当時の伊勢湾台風の被害を経験された方の記憶にも触れながら学びを深めさせたい。次に，これからの川上村を担う子どもたちが，伊勢湾台風の教訓から「自分たちの川上村は自分たちで守る」という地域愛を具体的な行動に移していくことを大事にしながら学習を進める。自分たちが学習した内容を基に，今後の自然災害から自分たちの川上村を守るためにどのような取組が必要かを考え，学習した取組を川上村民に広く知ってもらうための手段も考えて具体的な行動に移す。

　学習を通して，自分たちがこれまで学習してきた内容を生かし，自分たちが考えた自分たちにできることを率先して行おうとするリーダーシップを育みたい。また，防災に携わる人たちや行政の方々，川上村で生活する地域の方々と協力しようとする協調性を育み，気候変動に具体的な対策を行いながら住み続けられるまちづくりをしようとする態度を育んでいきたい。

(4)　単元の評価規準

知識・技能	思考力・判断力・表現力	主体的に学習に取り組む態度
・川上村での伊勢湾台風の被害について理解する。 ・防災活動の取組やそこに携わる方々の話から防災や減災について理解する。	・伊勢湾台風のような自然災害の被害から地域を守るためには，どのような取組が必要かを考える。	・被害を体験された方や防災活動に携わる方の思いにふれて，自分たちの住む地域を自分たちで守るためにできることを考える。

(5)　ESD との関連性
① 学習を通して主に養いたい ESD の視点
●責任性：伊勢湾台風の悲惨さや防災・減災の大切さを学んだ自分たちにできることを考え，自分たちの川上村を自分たちで守ろうとする意識を川上村民に発信する。
② 学習を通して主に養いたい ESD の資質・能力
●協働的問題解決力：子どもたちは，伊勢湾台風の聞き取りや防災の取組について学習を進め，自分たちにできることは何かを考えながら学習を深める。次に，学習した内容を防災パンフレットとしてまとめる。そして，村民全員

に防災パンフレットを配布することにより学習した自分たちだけでなく，村民の防災意識も高めながら協働的問題解決力を育てることができる。

③ 学習で変容を促す ESD の価値観

●世代間の公正：今後も「自分たちの川上村は自分たちで守る」という自覚を持ち，村民の方々とこの川上村で楽しく生活していきたい。

④ 関連する SDGs の目標

　11．住み続けられるまちづくりを　　15．陸の豊かさも守ろう

⑹　単元展開の概要

全 9 時間

時	主な学習活動	学習への支援
1	・豪雨体験から伊勢湾台風の被害を受けた当時の川上村の様子について興味をもつ。	・豪雨体験から伊勢湾台風の被害を受けた川上村の当時の様子について想像したことや疑問に感じたことなどを自由に出し合わせる。 学習課題：伊勢湾台風の被害を受けた当時の川上村はどのような様子だったのだろうか。
2	・川上村での伊勢湾台風の被害について知る。 （動画や書籍で調べる）	・家屋や人的被害の数や写真から具体的な被害の様子について理解し，調べ学習でわかったことをまとめて整理する。 ・調べ学習から更に興味をもった当時の様子を地域の方の聞き取りから確認出来るように意識をもたせる。
	伊勢湾台風当時の川上村の様子について聞き取り調査をする。（家庭学習）	
3	・当時の様子を聞き取り，被災者の気持ちや心の部分についての理解を深める。	・自分たちが調べたことと対比させながら実際に伊勢湾台風の被害を体験された方の言葉から当時の様子を想像させる。 　・当時の様子（避難所での生活） 　・生活がどのように変わったのか 　・支援や復旧の活動について 　・当時と現在を比べて思うこと ・記録だけではなく記憶（心の部分）も意識させ，伊勢湾台風のような被害から地域を守るために必要なこと，地域を守る取組にどのようなものがあるのか興味をもたせる。

4	・地域を自然災害から守るための取組について考える。	学習課題：地域を自然災害から守るためにどのような取組があるのか。 ・防災活動に携わる方の重要性を意識させる。	
5	・防災・減災のためにどのような取組をしているのか聞き取る。	学習課題：行政以外に自分たちにできることはどのようなことなのか。 ・自分たち村民が具体的にできることと周りの人たち（行政や消防団, 消防署）に協力してもらうことについて考えさせる。	
6	・今後の自然災害から自分たちの生活を守るために必要なことについて考える。	・公助だけでなく，自助や共助の大切さについて意識をさせる。 ・聞き取りから学んだことを整理し，実際に村民が防災や減災のために取り組んでいることに興味をもたせる。	
行政以外に村民が取り組んでいる防災活動や防災意識を聞き取り調査する。（家庭学習）			
7	・自分たちにできる取組を周知する方法について考える。	・学習発表会で学習したことを伝えようと意欲を高めさせる。 （協力してもらった方に学習の成果を伝える意識をもつ。） ・自分たちが学んだ伊勢湾台風のことや防災・減災の取組を村民の方に広く知ってもらうための方法について話し合う。	
8	 ・村長さんに自分たちが考えた取組を提案する。	・以下の2つを提案する。 1．学習発表会で伊勢湾台風での川上村の被害について伝え，現在の村民の方の防災や減災についての意識を持ってもらう。 2．防災減災パンフレットを作成し村の広報に入れて全村民に配布する。	

(7) 成果と課題

　学習を進めるなかで，被害にあった方や防災活動に携わる方の思いにふれ，伊勢湾台風のことや防災のことを伝えていきたいという気持ちをもつことができた。また，今後も防災の意識を強め，災害が起きた時には村民と協力して川上村を守っていこうと考えることができ，自分の生活する地域に愛着をもつことができた。

（川﨑貴寛）

◉ 第10項　総合的な学習の時間（平和学習）

(1)　**単元名**：平和のために行動する人びと（6年生）

(2)　**単元の目標**
① 知識及び技能に関わる目標：平和な社会をつくるために，たくさんの人が
　さまざまな形で行動していることがわかる。
② 思考力，判断力，表現力等に関わる目標：平和な社会をつくるためにどう
　したらいいか課題を立てて，考えることができる。
③ 学びに向かう力，人間性等に関わる目標：自らも平和な社会をつくるため
　に行動しようとする。

(3)　**単元について**
「日本は平和でよかったと思います」「世界が平和になってほしいです」
　このような言葉にたくさん出会ってきた。どこか他人事の子どもたちに，こ
のままでいいのかと悩むことも多い。平和学習では「事実に出会わせる」こと
と，「平和のために行動する人に出会わせる」ことを大切にしたい。戦争での
被害や加害の事実を学ぶこと，その学びの上に平和をつくることまで考えた
い。「平和が大切」という定型文を言うことではなく，自分で考え，行動する
ことを大切にしたい。平和について考えることは，自分の生き方を考えること
であり，社会をつくることにもつながっている。6年生では社会科の学習で歴
史や憲法について学ぶ。その学習とともに，平和学習を通して，「社会のつく
り手」としての自分に出会うことをめざしたい。
① 世界の子どもの平和像
　広島に修学旅行に訪れた際に，必ず子どもたちを連れていく場所がある。原
爆ドーム近くにある「世界の子どもの平和像」（せこへい像）である。
　広島にある「原爆の子の像」について学んだアメリカの子どもたちが，1995
年ニューメキシコ州に「子どもの平和像」をいろいろな困難を乗り越えてつ
くった。その後，1996年広島で開かれた「全国高校生平和集会」に運動参加者

のトラビス・ブロンスコムくん（当時13才）が参加し，「ぼくの夢は世界中に『子どもの平和像』をつくることです」と発言をした。その発言が日本の高校生たちの心を動かし，日本でも「子どもの平和像」をつくる運動がおこり，2001年5月5日東京，同年8月6日広島，2003年5月5日京都に「世界の子どもの平和像」が建てられた。

平和のために行動する人というと，子どもたちは大人だと思う。子どもでも行動できると知ることは，自分たちが「つくり手」になれる自信につながる。

広島だけでなく，京都の像にも社会見学で出かけ，像をつくる高校生たちとともに動いていた秋山吉則先生に，当時の運動について話を聞くこともした。像をつくるということは，デザインを決めて，実際につくるくらいしかイメージできていない子どもたちだったが，目の前にある像にはたくさんの過程があったことを知ることができた。ただつくるのではなく，戦争のことを知るためにたくさん学習の機会をつくり，学んでいた高校生たち。その学びから平和をつくるのだという願いを確かにして行動をしていく。そのような見えていない過程を知り，願いを実現する道筋を学ぶことができた。

② 被爆者と被爆体験伝承者

広島では被爆者の方に被爆体験を語っていただいている。被爆者の高齢化に伴い，被爆体験を伝承する伝承者の養成が進められている。調べてみると，被爆体験伝承者は広島県だけでなく，奈良県にも2名おられることがわかった。早速，被爆体験伝承講話に来ていただくことにした。

被爆体験伝承者の大田孝由さんは，戦争を体験したわけではないが，平和のために行動し続ける人だ。大田さんは梶本淑子さんの体験を語っておられる。梶本さんの体験はもちろんだが，伝承者としての大田さん自身に出会わせたいと思い，自身のことも語っていただいた。

また，もう1人，入谷方直さんに来ていただいた年もある。入谷さんは，韓国人被爆者の朴南珠さんの伝承者だ。入谷さんは，奈良県の被爆者の手記の復刊をめざしての行動もしている。その活動についても触れていただいた。

被爆体験を語り継ぐという行動，体験していなくてもできることについて子どもたちは考えた。

③ ICAN（核兵器廃絶国際キャンペーン）

2017年 7 月 7 日に核兵器禁止条約が採択された。子どもたちにとっては大きな出来事であった。世界中の人々の核兵器をなくしたいという思いに触れたこと，その条約は広島と長崎の被爆者の力が大きかったこと。尽力したのがICAN（核兵器廃絶国際キャンペーン）の若者たちだと知ったこと。被爆者や戦争体験者ではない人たちが，思いをつなぎ，行動する姿に出会った。

ICAN の国際運営グループである，「peaceboat」は，ICAN の小中学校への出前講座をしている。ノーベル平和賞の公式レプリカメダルを持って，被爆者のこと，ICAN のこと，核兵器禁止条約のことを伝えている。実際に来てもらうことで，日本だけでなく，世界に目を向けるきっかけにもなった。

⑷　ESD との関連

① 本学習で働かせる ESD の視点（見方・考え方）

● 責任性：社会のつくり手として，自分に何ができるのか考える。

② 本学習で育てたい ESD の資質・能力

● 協働的問題解決力：平和のためにどんな行動ができるのか話し合い行動する。

③ 学習で変容を促す ESD の価値観　人権・文化の尊重

④ 関連する SDGs の目標16「平和と公正をすべての人に」

⑸　成果と課題

「戦争」や「平和」について学び，「平和のための行動」に出会ってきた子どもたち。その過程で大切にしてきたことは，自分自身の考えや思いを言葉にし，なかまと語り合うことだ。クラスや学年での話し合いだけでなく，たてわりグループや全校集会で，下の学年の子たちに語ることを積み重ねてきた。

そうやって，言葉にこだわりながらとりくんできた子どもたちは，自身の「平和のための行動」として，歌をつくるということを決めた。それぞれの平和への思いを集め，分類し，話し合い，歌詞をつくった。

『この思いを未来へ』
　　　　作詞　奈良教育大学附属小学校2017年度6年2組　作曲　今正秀

平和って何だろう　平和って何だろう　それは遠い遠い夢じゃないはず
みんなが学校に行けること　友だちと遊べること
家族と一緒にいられること　おなかいっぱい食べられること
話し合える　笑い合える　助け合える　わかり合える
それは小さいけれど確かな平和

平和ってどうつくる　平和ってどうつくる　それは難しいことじゃないはず
平和な世界をえがいてみよう　考えよう
自由に意見を言い合おう　意見をしっかり聞き合おう
一人ひとりを　大切にしよう　思いやろう　行動しよう
小さな平和から大きな平和へ

この大空に広がれ平和　変えていこうこの世界
小さな平和大切にして　一人ひとりが未来をつくろう

　子どもたちが行動する原動力は、「全校のみんなに平和への思いを届けたい」
ということであった。ただ行動を求めても、実際の行動にはつながらない。実
際に行動している人との出会いを経て、自分たちも行動しようという思いを持
つ。そして、その行動は、「世界のため」という抽象的なものではなく、この
人に伝えたいという相手がいるからこそ、できるものでもある。小学生にとっ
て、具体的な相手を思い描けることが、行動につながっていくのだと思う。
　最終的にどんな行動をするのかは子どもたちの自由だが、どんな行動に出会
わせるのかは、授業者としてこだわっていきたい。

　　　　　　　　　　　　　　　　　　　　　　　　　　　　　（入澤佳菜）

第3節　中学校

◉ 第1項　国語科

(1) **単元名**：芭蕉と奈良大和路（教科書教材「夏草－『おくのほそ道』から」（光村図書）の関連教材）

(2) **単元の目標**

① 知識及び技能に関わる目標

　俳句の表現形式や技法を理解し，内容をとらえることができる。

② 思考力，判断力，表現力等に関わる目標

　芭蕉の俳句の情景を思い浮かべ，俳句に込められた芭蕉のものの見方や感じ方をとらえることができる。

③ 学びに向かう力，人間性等に関わる目標

　奈良に対する芭蕉の思いに触れ，自分の考えや感じ方を広げたり深めたりしようとしている。また，意見交流に積極的に参加し，協力して課題に取り組もうとしている。

(3) **単元について**

① 教材観

　本単元「芭蕉と奈良大和路」では，芭蕉が晩年，「おくのほそ道」の旅の前に，奈良を訪れて詠んだ俳句の鑑賞を通して，自分の考えや感じ方を広げたり深めたりすることをねらいとした。芭蕉の見た奈良をたどり，芭蕉が奈良をどう感じたかを考え合うことで，改めて郷土奈良に親しみを感じ，自分の考えや感じ方を広げたり深めたりすることができる教材である。さらに，芭蕉の奈良との縁がわかり，地域の教材化の推進にもつながる。地域遺産や伝統文化等を通して，地域に対する誇りや地域を大切に思う心情を育み，持続可能な社会の担い手としての意欲や態度を養うことにもつながると考える。

② 児童・生徒観

　生徒は，総合的な学習の活動の１つとして，２年時に「奈良めぐり」をしている。自分たちの生活の場である「奈良」についてテーマに沿って調べ，実際に巡り，考えたことを交流発表会もしている。奈良公園を巡ったグループの生徒は，東大寺二月堂の芭蕉の句碑を訪れている。芭蕉が，どんな思いで奈良を訪ねたのかを知り，自分たちが暮らす「奈良」を身近に感じ，古典への親しみを深め，伝統文化を継承・発展させようとする態度の育成を図りたい。

③ 指導観

　指導に当たっては，教科書教材「夏草−『おくのほそ道』から」（光村図書・３年）の学習後に，関連教材として学習させる。生徒は「おくのほそ道」の学習で，芭蕉の旅（人生）に対する考え方，紀行文や俳句に込められた芭蕉の心情を読み取っている。旅に人生を求め，全国を巡った松尾芭蕉が，なぜ奈良を訪れたのか。芭蕉がどのような場所でどんなことを感じたのか，芭蕉の奈良への思いや表現意図について自分の考えを持ち，意見交流をするなかで考えを深めさせたいと考える。

(4)　単元の評価規準

知識・技能	思考力・判断力・表現力	主体的に学習に取り組む態度
・俳句に用いられている表現形式や技法を理解し，内容をとらえることができる。	・芭蕉の俳句の情景を思い浮かべ，俳句に込められた芭蕉のものの見方や感じ方をとらえることができる。	・奈良に対する芭蕉の思いに触れ，自分の考えや感じ方を広げたり深めたりしようとしている。 ・話し合いに積極的に参加し，協力して課題に取り組もうとしている。

(5)　ESDとの関連

① 学習を通して主に養いたいESDの視点

●多様性・有限性：芭蕉の大和路俳句と出会う部分

●連携性・責任性：芭蕉の奈良への思いをまとめる部分

② 学習を通して主に養いたい ESD の資質・能力
- コミュニケーション力：課題について話し合い，考えをまとめる場面
- クリティカル・シンキング：導入と課題作成の場面

③ 学習で変容を促す ESD の価値観
- 人権・文化を尊重すること
- 幸福感に敏感になり，それを大切にすること

④ 関連する SDGs の目標
- 目標4「質の高い教育をみんなに」
- 目標11「住み続けられるまちづくりを」

⑹　単元展開の概要

全3時間

主な学習活動	学習への支援	◇ ESD の視点 ○ ESD の資質能力	◇評価 ○備考
1 「芭蕉と奈良大和路」学習の目標をもつ。 ・芭蕉の奈良への思いは，どのようなものか。 ・なぜ，数回にわたり，奈良を訪れたのか。 ・資料「芭蕉の大和路俳句」を読み，芭蕉の俳句のあらましを知る。東大寺二月堂の句碑を思い出す。	・奈良を舞台にした芭蕉の俳句を読ませ，芭蕉の考えや気持ちに触れさせる。	○クリティカル・シンキング ◇2年総合学習との関連	○資料1・2 ○2年総合学習の活動を想起させ芭蕉が敬慕していた西行のことを紹介する。
2 大和路俳句に描かれた情景，込められた芭蕉の奈良への思いを，グループで意見を交流する。	・参考資料を基に芭蕉はどのように奈良を詠んだのかを考えさせる。	○コミュニケーション力 ○システムズ・シンキング ○協働的問題解決力	◇協力して取り組む。
3 教科書教材「夏草」の学習と関連教材の芭蕉の大和路俳句を鑑賞して，感じたことを800字程度の文章にまとめる。	・「おくのほそ道」の冒頭文の芭蕉の考え方を参考に，芭蕉の奈良への思いをまとめさせる。	◇連携性・責任感 ○システムズ・シンキング	◇理由を明らかにし自分の言葉でまとめる。

参考文献

甲斐睦朗（2019）『中学校国語科用教科書「国語3」』光村図書出版。

（辰巳喜美）

三年国語プリント
資料Ｉ　芭蕉の大和路俳句を味わう

一　芭蕉と大和路とのつながり

江戸時代、生涯を旅人として旅に生きた芭蕉は、日本紀行文学の最高峰と言われる「おくのほそ道」を世に出しているが、その旅の前後に、数回、大和を訪れている。

貞享元年（一六八四）芭蕉が四十一歳の時、「野ざらし紀行」の旅に出る。大和に帰省する門人千里が同伴している。晩秋の大和路を過回し、当麻・吉野を訪れるなど、奥福寺の薪能を見るなど、かねてから心に期していた大和の旧跡・古文化に直接親しんでいる。

貞享五年（一六八八）四十五歳で花の吉野を目指して、春三月、憧れの吉野の桜見物を初め、大和各地を広く歩いている。長谷寺・多武峰・吉野山・葛城山麓・南都東大寺・唐招提寺・佐原寺など、縦横に歩き回った。いわゆる「笈の小文」の旅である。

四十六歳で出た「おくのほそ道」の旅の後、同じ年の元禄二年（一六八九）、南都春日若宮御祭りの見物、四十八歳の時、元禄四年（一六九一）には、奥福寺の薪能を見物している。

その後、芭蕉五十一歳の元禄七年九月、奈良に一泊した日を最後に、再び奈良の地を訪れることはなかった。約一ヶ月後の十月十二日、大坂で病没している。

大和路俳句Ｉ　　東大寺二月堂南脇にある。

　水取りや　氷の僧の　沓の音

句碑　東大寺二月堂南脇　（奈良市雑司町）
東大寺二月堂　貞享二年（芭蕉四十二歳）

季語は「水取り」（春）　出典　「野ざらし紀行」

（句意）氷もとけゆく頃、水を迎えるお水取りの行事が行われる夜、水取りの僧が、余寒厳しい深夜の廊下を進む沓（木くつ）の音が、聞こえてくることよ。

（背景）芭蕉の句の中七は、「氷の僧」か「こもりの僧」かで二つの形で伝えられている。「氷の僧」であることが確実に認められる筆跡）といわれる『甲子吟行』（『野ざらし紀行』）と史邦の『芭蕉庵小文庫』である。「こほりの僧」ではなく、漢字で「氷の僧」と記されている。「こもりの僧」は、芭蕉を深く慕って膳所の義仲寺に芭蕉堂を再建した、蝶夢の『芭蕉翁発句集』（安永三年（一七七四）である。「こほりの僧」の出典としては、芭蕉の真蹟（その人が書いたものと『芭蕉翁絵詞伝』（寛政五年（一七九三）である。二月堂南脇にある句碑には、漢字で「籠りの僧」とある。しかし、真蹟に「氷の」と漢字であることから疑問の余地がない。句碑に「籠りの僧」とあるのは、蝶夢の誤伝によるものであろう。

◇学習課題
芭蕉は、「氷の僧」という言葉に、どんな思いを込めてこの句を詠んだのだろうか。

（資料１）「芭蕉の大和路俳句を味わう」

◉ 第2項　社会科

(1)　**単元名**：多摩ニュータウンの再生計画を考えよう（「日本の諸地域」関東地方から）

(2)　**単元の目標**

① 知識及び技能に関わる目標

● 関東地方の自然環境や東京大都市圏の特色や都市問題について理解する。

● 全国から人が流入し，ニュータウンが建設されたことを理解する。

● ニュータウンが現在抱える問題を理解する。

② 思考力，判断力，表現力等に関わる目標

● 関東地方の人口問題を多面的・多角的に課題を把握する。過密化の解消のためにつくられたニュータウンが，少子高齢化や，施設の老朽化などの問題を抱えている。首都東京には世界中から人が集まり，多様な人々がそれぞれの文化を持ち生活している。そうした人々とどう，共生していくのかを考える

③ 学びに向かう力，人間性等に関わる目標

● 関東地方の課題を通して，自分たちの街の課題を見つけ，その解決に向けた方策を考える。

(3)　**単元について**

① 教材観　関東地方には人口が集中し，東京は政治・経済・文化の中心地となっている。東京は中枢管理機能を備えており，他の地方に比べて社会インフラが整備され利便性も持った都市であることを捉えさせたい。その中で，他の地方からの人口流入が多く，そこにすむ人々のコミュニティの弱さが，指摘されている。コミュニティの弱さが引き起こす問題が，過密都市東京において持続可能な開発にどのような影響を及ぼすのか，生徒自らに考えさせるとともにグループワークで共有し，深化させたい。本時では，高齢化したニュータウンの再生を取り上げる中で，世代間の公正を意識することができると考える。

② 生徒観　本学級の生徒は，男女ともに積極的に発言することができ，意欲

的に話し合うことができる。過密や関東地方の産業といった基礎的な知識は定着しており，様々な問いを深める下地ができている。

③ 指導観　住民の高齢化や，施設の老朽化，モータリゼーションへの対応，災害に対策など，多摩ニュータウンの課題を踏まえて，その再生を考えることにした。多摩ニュータウン地域再生ガイドラインは，2018年に東京都都市整備局によって策定されたものである。ガイドラインは2020年がゴールではなく，2040年，さらにその後と，これからも多摩ニュータウンが永続できるための「道しるべ」となっている。SDGsの11.7を実現し，様々な立場の人々が住み続けられるまちづくりを考えも取り入れて学ばせたい。

⑷　単元の評価規準

知識・技能	思考力・判断力・表現力	主体的に学習に取り組む態度
ニュータウンや東京大都市圏が抱える問題を知ることができたか。	都市機能の変化に気づき，その変化が起きた理由を考えることができたか。	必要な取り組みを，根拠をもとに自分の意見をまとめることができたか。自分の意見とグループの意見を融合させながら，理想の都市計画を立てることができたか。

⑸　ESDとの関連

① 学習を通して主に養いたいESDの視点

● 多様性：ニュータウンが作られたころから住んでいる高齢者と，入居を希望している若者，外国人などが入り交じりそれぞれ住環境に異なるニーズを持つことに気が付く。

● 有限性：50年以上前に開発が始まった多摩ニュータウン。街としても，建物としても老朽化が進んでいるが，街並みや街路樹などは，これからも価値あるものとして残っている。こうしたものを資産ととらえ，これからの世代にどう伝えていくかを考える。

● 連携性：住民や地方自治体，国などが連携しニュータウンを維持するためにどのように協力しているか，どんな協力が必要かを考える。

- 公平性：高齢者や子育て世代など様々なニーズを持った住民たちが，自分たちの住みやすさを追求しながらも，他者に配慮してどんな世代の人でも住みやすい街を維持していくかを考える。
- 責任性：ニュータウンという地域社会を維持するために，住民一人ひとりができることを考える。

② 学習を通して主に養いたいESDの資質・能力
- クリティカル・シンキング：新しいものがよいという価値観を打破し，ニュータウンの良さを残しながら都市再生計画を考える。
- 長期的思考力：20年後・40年後までニュータウンが維持され，住民のニーズにこたえ続けている計画になっているかを考える。
- 協働的問題解決力：生徒たちがニュータウン再生計画を考えるなかで，それぞれが，異なる視点で話合わせ，より良い解決策を見出していく。

③ 本学習で変容を促すESDの価値観
- 世代間の公正

④ 達成が期待されるSDGs
　目標9：インフラ　　　　目標10：不平等解消　　　　目標11：まちづくり

⑹　**単元展開の概要**
　○指導計画（全5時間，本時は第2次）
　　　第1次（1時間）　○多くの人が集まる首都，東京
　　　第2次（2時間）　○交通網の整備と商工業の発達
　　　　　　　　　　　　○多摩ニュータウンから見る東京の課題（本時）
　　　第3次（1時間）　○開かれた世界都市TOKYO
　　　第4次（1時間）　○きみも都市プランナーになろう

主な学習活動	学習への支援	◇ESDの視点 ○ESDの資質能力	◇評価 ○備考
1．多摩ニュータウンの写真を見せる		○クリティカル・シンキング	○パワーポイント

発問：多摩ニュータウンのできた頃と現在を比較して日本の課題を考えよう。			
2．多摩ニュータウン開発の経緯や，多摩ニュータウンの現在の問題ついて確認する ○ニュータウンの課題から，東京の課題を確認する。	○乱開発を防ぎ，当時の理想をもとに街作りが行われたことに触れる。 ○ニュータウンの過去と現在の違いを話し合う。	○コミュニケーション力 ○システムズ・シンキング ◇多様性・有限性 ○長期的思考力	○パワーポイント ○資料（多摩ニュータウン地域再生ガイドライン）
3．解決策をまとめ発表する 4．多摩ニュータウン地域再生ガイドラインを確認する	○グループで話し合う。 ガイドラインの6章を確認し，自分たちの考えと都の考えを比較する。	○協働的問題解決力 ○長期的思考力 ○コミュニケーション力	◇事実やデータに即した話し合いをする。 ○資料（多摩ニュータウン地域再生ガイドライン）
5．ワークシートを記入する	○理由を明らかにしながら自分の言葉でまとめさせる。	○システムズ・シンキング ◇連携性・責任性	◇話し合いを元に，自分の意見をまとめている。

(7) 成果と課題

　多摩ニュータウンの再生計画を立てた後に，生徒にアンケートをとった。住民の高齢化や求められる都市機能の変化などの問題を解決しなければいけないという意識が明確になっていた。また，ニュータウンで起きている問題が，奈良でも起きているのではないかということに気づき，自分たちの街の課題として捉える生徒もいた。しかし一方で，都市の再生計画というスケールの大きい話であるが故に，自分事として考えきれない生徒へのフォローも必要である。自分の住んでいる地域のニュータウンを例示し，その雰囲気や課題を身近なものとして捉えさせたり，「劇的ビフォーアフター」の団地リフォームの様子の一部を見ることで課題を明示したりし，理解を促すことも有効だと考える。

（中村基一）

⬤ 第3項　数学科

(1)　単元名：三平方の定理

大和和漢薬（『三光丸』）の薬包紙に潜む数理の探究[1]

(2)　単元の目標

①　知識及び技能に関わる目標

●三平方の定理の意味を理解し，二次方程式を使って証明できることを知る。

　薬包紙がなぜその形をしているのか（数理の姿）を解明する上で必要となる三平方の定理の意味を考える過程より，二次方程式を活用することのよさとその解のもつ意味について学ぶ。また，薬包紙を折る中に相似の考え方が活用できることに気づく。

②　思考力，判断力，表現力等に関わる目標

●薬包紙の三等分の背景に三平方の定理が関わっていることを読み取る。

　三光丸の薬包紙を実際に折ることから生じる疑問を追究する過程で出会う事象は，数学を活用した論理的考察や数量や図形などの性質の統合的・発展的考察の必要性を喚起する。また，発見した数理の姿の意味を数学的な表現を用いて簡潔・明瞭・的確に他者に伝える学習において，二次方程式を使って表現するよさを実感する。

③　学びに向かう力，人間性等に関わる目標

●事象を数学化する体験を通して，感得した数理の物語を他者に伝えることができる。

　三平方の定理は，数学的に表現・処理したりする技能を身に付ける義務教育9年間の集大成として位置づけられると同時に，生徒が自らの資質・能力の高まりを実感できる時間となる。生涯の様々な生活においても，数学的に考える資質・能力の必要性があることを理解する契機となる。

1　竹村景生（1998）「授業における物語性の探求」『奈良教育大学附属中学校研究集録』，28, 23-33.　も参照のこと。また，三光丸の折り方については，本書を拡大コピーをして活用して頂きたい。実際の薬包紙は，三光丸薬資料館で入手可能。

⑶ 単元について

① 教材観

　郷土奈良の薬（『三光丸』）の薬包紙に潜む数理を探究することを通して，六角形の薬包紙の背景に数学的根拠や歴史・文化的な根拠があることを発見する。薬包紙自体，今日ではあまり見かけることもなくなったが，なおも薬の包み方の基本であり続けている。経験を踏まえた合理性や機能性の追究が，薬包紙の形を決めていく。その歴史的な流れをたどることで，その形に行きついた意味や，1粒の丸薬にまつわる森羅万象のつながり，製丸の技術（真球は作れるか）など，大和売薬にまつわる人々の営みに出会うことが出来る。1枚の薬包紙に着目し，人文学的探究や数学を活用した思考体験が，多様で柔らかなパースペクティブとして子どもたちの思考に形成されると考える。

② 生徒観

　物事には表層だけからは知りえない普遍的な価値や智慧，真理の姿が隠れていたりする。培われた民衆知の背景に数学の視点をあて，積極的にその数理の解明に活用してみようという意欲を持った生徒像をイメージしている。

③ 指導観

　問題解決の過程を振り返って評価・改善しようとする態度，多様な考えを認め，よりよく問題解決しようとする態度を養う。

⑷ 単元の評価規準

知識・技能	思考力・判断力・表現力	主体的に学びに向かう態度
三平方の定理や，相似，2次方程式等の知識を統合し，数学的に表現・処理する技能を身に付けているか。	事象を既習の数学的知識を使って数学化したり，数学的にその意味を解釈することができるか。	数学を生活場面に生かそうと，問題発見・解決の過程を一層自立的に遂行しようとしているか。

⑸ ESD との関連

① 学習を通して主に養いたい ESD の視点

　1粒の丸薬に込められた人類の英知，薬包紙の形式美，配置薬という「先用

「後利」の心を通して，相互性や有限性を養う。

② 学習を通して主に養いたい ESD の資質・能力

事象の中にある社会・文化的背景を読み解ける，クリティカルな思考力。

③ 本学習で変容を促す ESD の価値観

手先を使った帰納法的な真理の追究など，文化的多様性を尊重する

④ 関連する SDGs の目標

目標4，質の高い教育をみんなに：課題解決への取り組みを通して SDGs の取り組みを論理的に捉える基礎を形作る。

(6) 単元展開の概要（全2時間）

数学と ESD の接点を求め，題材をローカルな文化形象（薬包紙の形）とした。実際に折ってみることで見えてくる数理の姿を展開図から探究することによって，文化への深い理解へと導いていく。三光丸の薬包紙は，六角形である

主な学習活動	学習への支援	◇ESD の視点 ○ESD の資質能力	◇評価 ○備考
1．課題の提示と把握			○薬包紙を配布する。
「三光丸」の薬包紙を見て，数学的に興味深いと思ったことを3つ以上書いてください。また，薬包紙を実際に折ってみて，この形になるようチャレンジしてみてください。			
2．三光丸を折る。 ⇒次頁の図参照	三光丸の歴史，文化史的意味の解説。図案の読み解きを試みる。	◇多様な見方	◇知識への関心
3．「問い」の発見 ・出来上がった薬包紙は，なぜ同じ大きさになるのだろうか？	始めpの折り幅を変えて折らせる。 **図3-3**の3等分に注目させる。	◇形の持つ合理性や意味への関心	◇思考・判断・表現
・数学的な説明に挑戦する。 ＊補足参照	**図3-4**を提供し，相似な図形に注目し，三平方の定理，二次方程式で解決を図る。	○ESD の価値観に根差した学びの文脈力の形成	◇主体的態度
4．まとめ 考え方を交流する。	**図3-4**をもとに説明させる。	○他者の考えへの傾聴。	

が，正方形の薬包紙を，「条件を変えて折ってみて
も何故か同じになるという不思議」を体験する。そ
の不思議に「なぜ？」を通して数学的に迫ってい
く。

(7) **成果と課題**

　社会的文脈の中に数学を読み解くだけでなく，そ
の ESD 的価値にまで深めることができた。しか
し，数理の表現は難しく，教師側からの視点の示唆が問題解決にあたって必要
となるところが課題として残った。

　補足；本稿では相似や三平方の定理から二次方程式を立てていく記述につい
ては，誌面の関係上紹介することが出来なかった。1時間で設定するときは，
「折り幅を変えても同じ形になる」というところだけにとどめ，あとはレポー
ト課題にすればよい。

(竹村景生)

	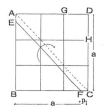	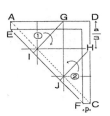	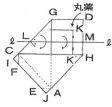
①薬包紙	②対角線ACを三等分：三等分の方法に着目	③ずらして折る。AE，CPとPの幅を変えて折ってみる。	④丸薬の入れやすさの工夫がわかるかな？

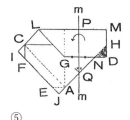	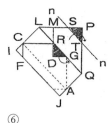	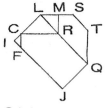
⑤	⑥	⑦完成！

図5-3 三光丸の折り方ガイド

◉ 第4項　理科

(1)　**単元名**：緑の石の成分は何か～孔雀石の成分を調べる学習（中学3年）

(2)　**単元の目標**

① 知識及び技能に関わる目標

　「緑の石」の成分を調べる実験を，既習事項を踏まえて計画・実施できる。

② 思考力，判断力，表現力等に関わる目標

　「緑の石」の成分を調べる実験について，論理的に計画を立案し実施することができる。また，実験結果から「緑の石」の成分を科学的に判断できる。

③ 学びに向かう力，人間性等に関わる目標

　「緑の石」の成分が何であるか進んで調べようとし，論理的に実験計画を立案するなど，科学的に探究しようとすることができる。

(3)　**単元について**

① 教材観　「緑の石」と称して扱うのは孔雀石（$CuCO_3 \cdot Cu(OH)_2$）である。本単元では，ただの「緑の石」に見えたものが実験によって分解され，構成する元素が特定されて化学物質として見えるようになる。いわゆる薬品庫から出てきた薬品について調べるのではなく，敢えて自然から得られた「緑の石」の成分を明らかにすることで，生徒の物質観（物質の見方）を大きく変容させたい。

　孔雀石は，粉末にして加熱すると，二酸化炭素が発生して黒色の酸化銅を生じる。さらに，その酸化銅を炭素粉末と混合して加熱すると，還元されて銅が得られる。また，孔雀石の粉末を塩酸に溶かすと二酸化炭素が発生し，その溶液は塩化銅水溶液になる。さらに，その塩化銅水溶液を電気分解すると銅が取り出せる。そのため，中学校で学習する気体の性質や分解，酸化還元反応，水溶液とイオンなどの知識や実験技能を動員することで成分を明らかにできる（例えば古賀・田中2006，岩手県立総合教育センター2012）。

② 生徒観　佐竹（2016, 2020）の事前調査から，生徒は，身の回りの物質が

全て原子・分子でできているとは十分に実感されていないことがわかった。また，理科で扱う化学物質以外の岩石や生物のような自然の事物は，化学物質として捉えられていない傾向が認められた。

③ 指導観　実験計画を立案する際には，これまでに生徒が行ってきた実験を想起させ，マインドマップを活用して既習事項の整理を行う。また，生徒は，塩酸に物質を入れると二酸化炭素が発生する反応のしくみを学習していない。そのため，はじめに石灰石や貝殻と塩酸の反応について学習する。「緑の石」の成分は，1つの実験で全てを明らかにできないため，実験結果に応じて追加の実験を考えさせる。

(4)　単元の評価規準

知識・技能	思考力・判断力・表現力	主体的に学習に取り組む態度
ア．既習の学習内容を踏まえて実験を計画・実行できる。	イ．論理的に実験計画を立案し，必要に応じて実験計画を修正できる。 ウ．実験結果から，「緑の石」の成分が何か判断し，他者に説明できる。	エ．「緑の石」の成分が何であるか進んで調べようとし，論理的に実験計画を立案するなど，科学的に探求しようとすることができる。

(5)　ESD との関連

① 学習を通して主に養いたい ESD の視点

● 有限性：実験で銅が生じる場面において，元の孔雀石の量に対して取り出せる銅が少量である気づきや，かつ熱分解や電気分解にかかるエネルギーに着目させることができる。

● 循環性：化学変化によって銅を取り出す場面において，硬貨などに使われる銅が，自然からもたらされたことを実感できる。

② 学習を通して主に養いたい ESD の資質・能力

● 協働的問題解決力：実験計画立案や，実験中に実験計画を修正する場面において，グループのメンバーで考えを出し合いながら問題を解決していく。

③ 本学習で変容を促す ESD の価値観

●天然資源の保全：生活の中で用いる銅は大量の天然鉱石と電気エネルギーか
　ら生産され，天然資源の浪費を防ぐ価値観を養うことにつながる。
④ 関連するSDGsの目標
　12．つくる責任　つかう責任：天然資源の有限性を実感することで，資源浪
費を防ぐ価値観を養い，よりよい消費者としての責任に気づくことができる。

(6)　**単元展開の概要**（全5時間）

主な学習活動	学習への支援	◇ESDの視点 ○ESDの資質能力	◇評価 ○備考
1．石灰石と貝殻の成分を調べる（1時間目） ・炭酸カルシウムを塩酸に入れた際に，二酸化炭素が発生する理由を説明する	実験方法はこちらから提示し，モデルを使って現象を説明させる		
2．実験計画を立てる（2，3時間目） 「緑の石」は何でできているのだろうか？ ・イオンの知識をマインドマップでまとめる ・グループで実験計画を立てる	・教科書や資料集，実験動画などを見せて想起させる	○協働的問題解決力	○実験計画は，フローチャートで計画させる ◇エ．論理的に実験計画を立案しているか
3．「緑の石」の成分を調べる（4時間目） ・実験計画に従って実験を行う ・結果を共有する	・実験の結果，何がわかって何がわからないか整理させ，わからないことについて追加の実験を考えさせる	○協働的問題解決力 ◇有限性・循環性	◇ア．実験計画通りに実験ができているか ◇イ．必要に応じて実験計画を修正しているか ◇ウ．実験結果を科学的に判断し，他者に説明しているか

4．まとめ（5時間目） ・結果を確認するための演示実験を行う	・必要に応じて追実験を演示し，残る疑問を解決する	◇有限性・循環性	○得られた銅の量や化学変化に用いたエネルギーなどに着目させる

(7) 成果と課題

　事後アンケートの結果，「一部の物質原子説→全ての物質原子説」（原子でできているものは限られていると考えていたが，全ての物質が原子でできているように考えるようになった）に変容した生徒が45％，「物質単純説→物質複雑説」（緑の石はただの石で，他に何か入っていると考えなかったが，様々な元素からできていることを知った）に変容した生徒が28％おり，ねらいとしていた物質観の変容を促したことが一定認められた。併せて，後のインタビューでは，「石以外の物質を構成する元素に対しても興味を持つようになった」というコメントもあり，本実践による変容が生徒の日常生活の文脈まで影響したことも伺えた（佐竹，2016，2020）。また，授業の中で資源の有限性・循環性にも言及できた生徒がいた。

　これらのことから，ESDの価値観を育む基盤の形成には一定の寄与ができたと考える。しかし，これらを行動化の次元に引き上げるためには，今日的な社会的問題でどのように価値観が生かされるのかについて検証する必要がある。

引用文献

岩手県立総合教育センター（2012）『中学校理科観察・実験書－学習指導要領改定に伴う中学校理科観察・実験指導資料－』pp.10-16。

古賀信吉・田中春彦（2006）「マラカイトの合成と化学実験教材への応用」『化学と教育』Vol.54，No.2，pp.102-105。

佐竹靖（2016）「中学校理科『化学変化と原子・分子』における生徒理解に基づいた授業改善の試み－量的分析とナラティヴの視点からみえる生徒の物質観の変容とその要因を手がかりに－」『奈良教育大学附属中学校研究紀要』Vol.45，pp.31-40。

佐竹靖（2020）「これからの自然科学に関する社会問題に対応する力を中学校理科でどう養っていくのか－身近な自然の見方や捉え方を変容させる授業を例に－」『理科の教育』Vol.69，No.810，pp.29-31。

（佐竹　靖）

◉ 第5項　音楽科

(1)　**題材名**：『奈良の大仏さん』をつくって，わらべうたについて考える

(2)　**題材の目標**

① 知識及び技能に関わる目標　わらべうたの構成音とフレーズを理解し，それを生かして表現するために課題に沿った音の選択や組み合わせなどの技能を身に付ける。

② 思考力，判断力，表現力等に関わる目標　選択した音や組み合わせてできるフレーズを知覚し，それらの働きが生み出す特質や雰囲気を感受しながら表現したいわらべうたのイメージをもち，どのように創作表現するかについて思いや意図をもつ。

③ 学びに向かう力，人間性等に関わる目標　創作活動を楽しみながら，わらべうたと生活との関わりや，音楽によって生活を明るく豊かなものにすることについての学習に主体的・協働的に取り組む。

(3)　**題材について**

① 教材観　奈良県の愛唱歌集に掲載されている『奈良の大仏さん』とは歌詞と旋律が少し異なるもう1つの『奈良の大仏さん』を教材とし，わらべうたの多様性や持続発展性について考えさせる。多様性のある『奈良の大仏さん』やわらべうたに触れることができると考える。

　今回扱う『奈良の大仏さん』は4小節×4フレーズで構成されており，わらべうたの中でも構造的でわかりやすい。そのため，その特徴を利用して曲をつくることは音楽の構造を理解する上で効果的である。

　また，奈良の歴史や文化的背景と関わらせて学ぶことにより，世界遺産や地域文化への理解を深められるとともに，郷土の伝統音楽は人々の身近な暮らしや地域の風土と関わって生み出された貴重な文化であり，今後も大切に継承していかなければならないことを実感させたい。

② 生徒観　幼い頃にわらべうたで遊んだ経験がある生徒は多い。また，奈良市

音声館でわらべうたについて学習している小学校もある。わらべうたについて，改めて全員で学習し，「わらべうたの今までとこれから」について考える。創作に関しては，歌唱や器楽演奏よりも学習経験は少ない。そのため，創作に対して消極的な生徒もみられる。歌うことは好きな生徒たちなので，自分たちがつくった作品を歌うことを通して，創作する楽しさや喜びを味わわせたい。

③ 指導観　４人×４グループに分かれ，グループで１フレーズを創作していく中で，１人ひとりが１小節を担当し，試行錯誤・意見交換を通して責任感と連帯感をもって主体的・対話的に取り組む力を育む。

　グループで創作した旋律をつなぎ合わせて出来た作品を全員で歌い，つくった旋律を評価し合うことで，歌いやすさや仕上がりのイメージなど，練り直しのポイントを考える。完成させた作品を通して達成感や，わらべうたの楽しさやよさを味わい，なぜ昔から受け継がれているのか，わらべうたを継承していくために，自分たちにはどのようなことができるのかを考えさせる。

⑷　題材の評価規準

知識・技能	思考力・判断力・表現力	主体的に学習に取り組む態度
わらべうたの構成音とフレーズを理解し，それを生かして表現するために課題に沿った音の選択や組み合わせなどの技能を身に付けている。	選択した音や組み合わせてできるフレーズを知覚し，それらの働きが生み出す特質や雰囲気を感受しながら表現したいわらべうたのイメージをもち，どのように創作表現するかについて思いや意図をもっている。	創作活動を楽しみながら，わらべうたと生活との関わりや，音楽によって生活を明るく豊かなものにすることについての学習に主体的・協働的に取り組んでいる。

⑸　ESD との関連

① 学習を通して主に養いたい ESD の視点

●多様性：よく知られている『奈良の大仏さん』ではない曲との比較

●責任性：わらべうたを伝承していくために考えること

② 学習を通して主に養いたい ESD の資質・能力

●他者と協力する力：グループで１フレーズを創作すること

●批判的に考える力：意見交換により作品を練り直すこと

③ 学習で変容を促す ESD の価値観

●人権・文化を尊重すること：なぜ，わらべうたが歌い継がれてきたかを考えること

●幸福感に敏感になり，それを大切にする：わらべうたで遊ぶことや創作活動によって，楽しみを感じること

④ 関連する SDGs の目標

●目標4：質の高い教育をみんなに

●目標17：パートナーシップで目標を達成しよう

(6)　題材展開の概要

全2時間

主な学習活動	学習への支援	◇ESD の視点 ○ESD の資質能力	◇評価 ○備考
1．・わらべうたについて知る。		○多様性	
なぜ，わらべうたは歌い継がれてきたのか？ どのように伝承していくのか？			
・グループごとに『奈良の大仏さん』を1フレーズ創作する。 ・創作した旋律をつなぎ合わせて1つの曲にする。	・旋律の構成音とフレーズを確認する。 ・創作はタブレットの鍵盤アプリを使用して行う。	◇他者と協力する力	◇創作の技能を身につける。 ◇主体的・協働的に取り組む。
2．・前時の作品を練り直し，完成する。 ・創作活動の感想文を書き，また，自分なりのわらべうたの伝承方法を考えて，発表し合う。	・前時の作品をプリントにして配布し，歌わせる。 ・感じたことや気づいたことを，自分の言葉でまとめさせる。	◇批判的に考える力 ○責任性	◇創作表現に意図をもつ。 ◇音楽によって生活を明るく豊かなものにしようとする学習に取り組む。

参考文献

宮下俊也（2018）『平成29年改訂　中学校教育課程実践講座　音楽』。

宮下俊也（2019）「21世紀を生きる人材育成を指向した ESD としての音楽科カリキュラム
　　と授業実践開発」平成27〜30年度科学研究費補助金基板研究（C）（課題番号15K04434）
　　研究成果報告書　課題研究『ESD としての音楽授業実践ガイドブック　－小学校・中学
　　校・高等学校・教員養成大学－』。

劉麟玉（2016）「『ESD を核とした教員養成の高度化（運営費交付金）』プロジェクト研究成
　　果報告書」平成27年度奈良教育大学『奈良県のわらべうた教材作成と授業実践プランの
　　開発　－ ESD としての音楽科教育を実現させるために－』。

（挽地夕姫）

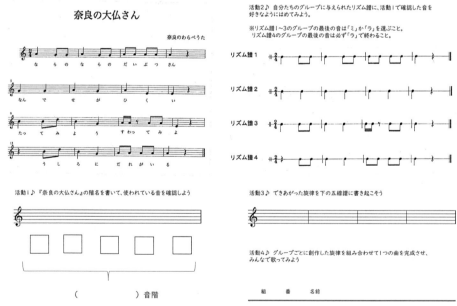

（資料1　ワークシート　わらべうた『奈良の大仏さん』のリズム型と構成音
を使って曲をつくろう）

◉ 第6項　美術科

(1)　**単元名**：It's a small world *1

(2)　**単元の目標**

① 知識・技能に関わる目標

陶土や釉薬の特徴や性質を理解し，楽焼の質感を生かして，自分の表現したいイメージから箱庭の世界を創造することができる。

② 思考力・判断力・表現力に関わる目標

楽焼独特の造形の美しさを感じ取り，自然物との調和について考えながら，豊かに発想し構想を練ることができる。

③ 主体的に学びに向かう態度に関わる目標

成型・釉薬掛け・焼成の陶芸の制作過程について興味を持ち，面白さを発見しながら制作に取り組むことができる。

(3)　**単元について**

① 教材観

本実践では，校内の環境から採集した自然物を用いて，楽焼を器に箱庭のような作品を完成させることとし，題材名は「It's a small world」とした。自作陶芸窯で楽焼の器を焼くことで，生徒は目の前で陶土が焼き物に変化する過程を目にする。日常の中で身近に使用する焼き物が土から作られている事を経験的に知り，さらに自分で作った器に自然物を入れて小さな世界をつくるという制作過程の中で，自分を取り巻く自然環境への理解や自分の価値観の再認識が行われる。この学びの過程は，ESD のもつ自然環境との関係性を認識し，「関わり」，「つながり」を尊重できる個人を育むことにつながっていくのではないかと考える。

② 児童・生徒観

本実践は附属中学校2学年4クラス（1クラス33名）を対象に行った。生徒らは，これまで表現の学習として絵画，版画，立体制作などを行ってきた。鑑

賞の学習では美術館見学や10分鑑賞（短時間の鑑賞の積み重ねによる鑑賞）を行っている。表現と鑑賞の経験を通して，美術と生活や社会との結びつきについて見方・考え方を深めている段階で，陶芸は初めて取り組む題材であった。

③ 指導観

　楽焼を制作する段階では，自作陶芸窯で焼成の様子を直に観察することで陶土や釉薬の変化を知り，陶芸の持つ造形的な特徴や素材の魅力に触れることができる。箱庭を制作する段階は，校内の自然物を採集し小さな世界を構築する活動を組み込むことで，身近な自然に改めて目を向けたり，環境について考えたりする時間となる。制作を通して生活に使われている製品（本題材では陶磁器）が，自分たちを取り巻く環境から作られていることや，自然物の色彩や手触り，匂いといった五感を豊かに刺激する存在を感じることができるような授業構築を行った。

(4)　単元の評価規準

知識・技能	思考力・判断力・表現力	主体的に学習に取り組む態度
陶土の性質や釉薬の変化など陶芸の特徴を理解し，意図に応じて工夫して表すことができる	自然物や楽焼の造形的な美しさ・特徴について考え，豊かに発想することによって，見方・感じ方を深めることができる	陶芸の制作過程に興味を持ち，生活の中に美術があることの豊かさを感じることができる

(5)　ESD との関連

① 学習を通して主に養いたい ESD の視点
- ●多様性：楽焼の器の成型・施釉の場面，自然物採集・箱庭制作の場面
- ●相互性：自作陶芸窯で楽焼を焼成する場面，自然物・箱庭制作の場面
- ●有限性：自然物採集・箱庭制作の場面，完成作品の鑑賞の場面

② 学習を通して主に養いたい ESD の資質・能力
- ●システムズ・シンキング：楽焼を焼成，箱庭創造，完成作品鑑賞の場面
- ●コミュニケーション力：楽焼を焼成，完成作品鑑賞の場面
- ●協働的問題解決力：楽焼を焼成，自然物採集・箱庭創造の場面

③ 学習で変容を促す ESD の価値観

　本実践では，自然環境・生態系の保全の尊重に関する価値観の変容が予想される。変容のきっかけとなるのは，作品の素材，陶芸（楽焼）の技法，箱庭を作ることの3点である。まず，素材となる土から焼き物ができあがっていることを知ることで，自分たちの生活が自然と深く関わっていることを実感することができる。また，楽焼の中に箱庭を作ることで，身近な自然環境に意識を向けたり，箱庭の世界を通して改めて自然について考えたりすることができるようになると思われる。

④ 関連する SDGs の目標

　本実践に関連する SDGs の目標は，15「陸の豊かさも守ろう」を中心に，17「パートナーシップで目標を達成しよう」及び13「気候変動に具体的な対策を」が関連する。自然物をテーマとすることで，生徒に身近な環境に対する視点を獲得させ，生物多様性や持続可能な環境への関わり方に対して考えを深めるものである。

(6) 単元展開の概要

　全6時間

主な学習活動	学習への支援	◇ESD の視点 ○ESD の資質能力	◇評価 ○備考
1．導入 窯に1回目の作品が入っている。		○システムズ・シンキング ◇相互性	◇陶芸窯の様子に関心を持っている
2．窯出しを行いながら，焼成工程を説明する。 ・窯内部を観察 ・還元焼成の仕組みを説明する ・貫入などを取り上げ，陶芸独特の表現であることを伝える。	1クラス8班〜9班（3〜4人／班） ・窯出し→還元バケツに入れる→冷却バケツに入れる→洗浄バケツに移す→洗浄を行う ・人数分繰り返す	○コミュニケーション力 ○システムズ・シンキング ○協働的問題解決能力 ◇相互性	◇焼成工程を観察し，ワークシートに気づきや疑問を記録する ◇自分の作品と友達の作品の観察スケッチを行う ◇協力して窯出し等の作業を行う ○ワークシート
窯の観察・作品の観察から疑問や気づきをあげる			

3．最終作品（箱庭）制作 ・グランドで自然物を採集，制作する	採集して良いものは，落ちている植物や石などの自然物。苔や雑草は生えている場所によっては採集してもいい。	○システムズ・シンキング ○協働的問題解決能力 ◇多様性　◇相互性 ◇有限性	◇楽焼の器の良さや美しさを生かすように考えて自然物を採集し制作する ◇リフレクションを繰り返し制作する
4．鑑賞する ・自分や友達の作品から，楽焼の良さと自然物との調和について考えさせる	自然や季節を美術作品に投影させてきた日本の文化について考えるよう促す	○システムズ・シンキング ○コミュニケーション力 ◇有限性	◇友達の作品の良さや美しさに気づく ◇楽焼の持つ造形的な魅力と自然物の調和を味わう

(7)　成果と課題

　本実践の最後に，項目1「植物とともに・どんな世界を感じる？」と項目2「『It's a small world』はこれからの自分にどんな影響を与えると思いますか？」というアンケートを行った。項目1では，多種多様な植生に気づき，その美しさや豊かさを感じる記述が見られた。これは，SDGsの目標15に関わるもので，自然の美しさを感じることで，それを守ることの必要性や重要性に気づくことができたと思われる。項目2では，小さな世界を見る自らを「傍観者」として位置づけ，外から世界を見ることで客観性を得た，などの回答があった。生徒は，本題材を通して，視野を大きく持つことを学び，社会が抱える課題に気づく能力を育むことができたのではないだろうか。美術科の教科ならではの見方・考え方を生かし，美しく豊かな世界を慈しむ心を育てることで，持続可能な社会へ自ら関わる人間を育成することが，今後の課題であると思う。

（長友紀子）

本項は，執筆者が奈良教育大学美術教育講座・原山健一准教授とともに行った下記の研究に基づき，ESDの視点から加筆・再構成したものである。原山健一・長友紀子（2019）「自然との関わりを取り入れた陶芸授業の開発－中学校美術科における深い学びを生む陶芸授業を目指して－」，奈良教育大学次世代教員養成センター紀要，第6号，pp.33-41。

◉ 第7項　保健体育科

(1)　**単元名**：体育理論「運動やスポーツが社会性の発達に及ぼす効果」

(2)　**単元の目標**

① 知識及び技能に関わる目標

　運動やスポーツは，身体の発達や体力の向上などの効果や，ストレスの解消などの心理的効果及びルールやマナーについて合意したり，適切な人間関係を築いたりするなどの社会性を高める効果が期待できることを理解すること。

② 思考力，判断力，表現力等に関わる目標

　運動やスポーツの意義や効果と学び方や安全な行い方について，自己の課題を発見し，よりよい解決に向けて思考し判断するとともに，他者に伝えること。

③ 学びに向かう力，人間性等に関わる目標

　運動やスポーツの意義や効果と学び方や安全な行い方についての学習に積極的に取り組むこと。

(3)　**単元について**

① 教材観

　自己の成長に必要な学びを得る教育プログラムであるPA（プロジェクト・アドベンチャー）は，学校教育をはじめ，カウンセリング，企業研修などの多様な領域への導入が展開されている。このPAによるペアやグループで行うゲームを授業で用いることにより，課題を解決するために，自然なかたちで助け合いや，コミュニケーションが行えるようにならないか，また，仲間とともに，運動やスポーツを行うことで，人と人を結びつけ社会生活に必要なコミュニケーション能力の向上や社会性の発達に役立たないか，と考えた。

　また，共同的に運動やスポーツを円滑に行うためには，仲間とのよりよい人間関係作りや話し合いなどが大切であることを座学だけではなく，実践を通じて理解させることはできないかと考え，教材を作成した。

② 児童・生徒観

　一般的に，かつての子どもたちは，遊びの中で人を助けたり，助けられたりとお互いに信頼関係を築いていったものであるが，近年の子どもたちを取り巻く環境は，自然体験の減少や核家族化，塾や習い事による多忙さなどで，仲間と共に過ごし遊ぶ時間が少ないのが現状であり，遊びの中でコミュニケーションや社会性が発達しにくくなっている。このようなことから，保健体育での運動やスポーツの場面が社会性を身につけるために，大変重要になってくると考えられる。

③ 指導観

　今回の単元では，目標としていることを，体験から身をもって学べるように工夫する必要がある。体育授業は技術や体力を身につけるだけが目的ではなく，技術の理論や方法，楽しくする習慣や仲間作りなどを身につけることも大切であり，今回の授業では，課題のゲームに対して体力・技術・チームワーク・作戦など高いレベルで発揮しないと社会性の必要性に気付かせるという目標が達成できないことも考えられるため，指導者の生徒へのアプローチも重要となる。

(4)　単元の評価規準

知識	思考力・判断力・表現力	主体的に学習に取り組む態度
○運動やスポーツが社会性を育むために大切であることについて理解している。 ○現代社会のさまざまな問題点を理解し，運動やスポーツの必要性を理解している。	○コミュニケーションなどの課題を発見し，解決するために工夫しようしている。 ○活動の中で，意見を言ったり，アドバイスをしたり，他者へ表現している。	○与えられた課題に積極的に取り組もうとしている。 ○運動やスポーツの必要性に関心をもち，生涯にわたって取り組もうとしている。

(5)　ESD との関連

① 学習を通して主に養いたい ESD の視点

● 連携性：他者と協力して取り組む。

●公平性：ルールやマナーを意識して他者のことを考えて取り組む。

●責任性：課題を達成するために，仲間の一員として取り組む。

② 学習を通して主に養いたいESDの資質・能力

●コミュニケーション力：他者の意見を尊重しながら，自分の意見を述べたり，励ましや賞賛などの声掛けができる力。

●長期的思考力：体育授業の中だけではなく，日常の社会生活の中でも大切なことだと考え，行動できる力。

●協働的問題解決力：他者と協力して課題解決する力。

③ 学習で変容を促すESDの価値観

●世代内の公正を意識すること。

●人権・文化を尊重すること。

④ 関連するSDGsの目標

●目標4 ：質の高い教育をみんなに。

●目標11：住み続けられるまちづくりを。

●目標16：平和と公正をすべての人に。

(6)　単元展開の概要

全2時間

主な学習活動	学習への支援	◇ESDの視点 ○ESDの資質能力	◇評価 ○備考
1．導入と課題の作成	・体育授業は技術や体力を身につけるだけでなく，理論や方法，仲間づくりなどが大切だということを指導する。	○長期的思考力	
2．課題解決ゲーム ・ブーメランリレー 　2人で手をつなぎ，空いている手でビーチボールをパスし，リレーする。 ・無人島脱出ゲーム 　マット（無人島）から，台車とロープと棒だ	・禁止事項などルールを徹底するように指導する。 ・話し合いの時間を設け，作戦を考えさせる。 ・自然な声かけや相談が行えるよう働	◇公平性 ◇連携性 ◇責任性 ○コミュニケーション力 ○協働的問題解決力	◇コミュニケーションなどの課題を発見し解決するために工夫している。 ◇意見やアドバイスを言っている。 ◇積極的に取り組んでいる。

けを使ってグループ全員が脱出する。	きかけを心がける。		
３．まとめ ・運動やスポーツが社会性の発達に及ぼす効果について学ぶ。	・運動やスポーツを行うためには社会性が必要であることを理解させる。 ・楽しく行うためにはルールとマナーが大切であることを理解させる。 ・賞賛や励ましなどのコミュニケーションの大切さに気付かせる。	◇公平性 ○長期的思考力 ○コミュニケーション力	◇運動やスポーツを行う必要性に関心を持っている。 ◇生涯にわたり学んだことを取り組もうとしている。

⑺ 成果と課題

　今回の実践の中で，課題達成のための様々なコミュニケーションをみることができた。そして課題達成をした時には仲間と喜びを共有することができ，達成感が得られ，コミュニケーションの大切さを再認識することができた。課題達成による社会性の発達を**図5-3**のような概念図にまとめてみた。このような成功体験による達成感が，よりいっそうコミュニケーションや社会性を発達させることにつながっていくのだろう。そこには達成型の課題が必ず必要で，できるだけ多くのコミュニケーションの場面が自然と出るように仕向けてやることが大切である。

　また，今回の実践では禁止事項などのルールを徹底するように指導した。事後の学習ではスポーツをするうえで，フェアプレイ精神やルールを守ることの大切さなども学習することができた。課題やルールを設定するときに，身につけさせたいことは何なのか，ということをしっかりと考え，課題の中に意識できるように設定することで生徒の理解度も変わってくるのではないかと今回の実践で認識できた。

（佐藤　朗）

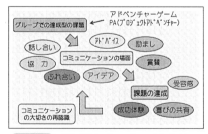

図5-3　課題達成による社会性の発達（著者作成）

● 第8項　技術科

⑴　**単元名**：情報の技術　〜情報技術を活用し，国際教育問題を学ぶ〜

⑵　**単元の目標**

① 知識及び技能に関わる目標　実践的・体験的な活動を通して，生活や社会で利用されている情報の技術についての基礎的な理解を図る。そして，それらに係る技能を身に付け，情報の技術と生活や社会，環境との関わりについての理解を深める。

② 思考力，判断力，表現力等に関わる目標　生活や社会の中から情報の技術に関わる問題を見いだし，課題を設定する。次に，その解決策を構想し，作品制作等を通じて解決策を具体化する。そして，その実践を評価・改善しながら，課題を解決する力を養う。

③ 学びに向かう力，人間性等に関わる目標　より良い生活や持続可能な社会の構築に向けて，適切かつ誠実に情報の技術を工夫し創造しようとする実践的な態度を育成する。

⑶　**単元について**

① 教材観　本実践は，途上国の教育を支援するため，日本ユネスコ協会連盟がESDとして行っている「世界寺子屋運動」を推進するリーフレットを，コンピュータを活用して制作する授業である。

　この授業を通して，子ども達は途上国における厳しい教育現状についての理解を深め，「情報活用能力」，「プレゼン能力」等の育成も図ることができる。

　この学習は，「情報の技術」とESDを融合させた教科横断型教育プログラムなので，総合学習として展開することも可能となっている。

　さらに学習内容は知識や技術の習得のみならず，グローバルな視点で持続可能かつ幸せな未来社会を創っていく力やその姿勢を育む構成にもなっている。

② 児童・生徒観　一般的に児童・生徒は，途上国には教育を十分に受けることができない問題が存在することを，漠然とではあるが知っている。ただし，

大事な問題であると認識しながらも，その詳細について学習した経験のある子どもは少ない。

　また，コンピュータを有効活用しながら「情報の技術」について深く学習した経験のある生徒も少ない。

　そのため子ども達には，ESDと「情報の技術」の学習内容を融合させた本教育プログラムを，非常に有益な学びとして捉える背景がある。

③　指導観　本実践ではコンピュータを活用しながら「情報の技術」の学習内容をより深めていく上で，ESDの内容を盛り込み，学習意欲や学ぶ目的意識をより高め，コンピュータを用いた作品制作の学習効果を向上させる工夫を加えている。

　本校では，カンボジア現地へ教員が取材に赴いて作成した自作教材を用いて，より効果的に学べる工夫も加えているが，一般的には，ユネスコから提供される教材やユネスコのホームページ上にある教材を有効活用するとよい。いずれにせよ，指導する教員が途上国の状況について詳しく事前学習しておくことが，学習効果をより高める上での大変重要なポイントになってくる。

(4)　単元の評価規準

知識・技能	思考力・判断力・表現力	主体的に学習に取り組む態度
コンピュータ等の情報端末を有効に活用しながら途上国の教育問題について深く学び，さらに問題解決に向けて，より実践的な技能や知識を身に付けている。	より良い作品を制作する上で，そのための手法を的確に判断し，更にどのような文言や表現方法を作品に盛り込むかについても深く思考することができる。	途上国における厳しい教育の現状を深く学び，その改善に向けた策を主体的に考案する。さらに積極的な学習活動や，問題解決に向けた行動を起こすことができる。

(5)　ESDとの関連

① 学習を通して主に養いたいESDの視点

●公平性：持続可能な社会の創出には，教育の公平性が不可欠である。

●連携性：途上国の支援には，国境を越えた連携や協力が重要である。

② 学習を通して主に養いたい ESD の資質・能力
● システムズシンキング：問題の解決に向けては，常にその要因の根幹にアプローチできるような資質・能力を養いたい。
● 協働的問題解決力：広い視野と柔軟な発想を持ち，多方面と積極的に協力しながら問題の解決に取り組めるような資質・能力を養いたい。
③ 学習で変容を促す ESD の価値観　持続可能な未来を創り上げていくためは，問題について学ぶだけに止まらず，問題解決に向けた具体的な行動を起こすことこそが最重要，という価値観への変容を促したい。そして，その根幹を支える教育の大切さにも気づかせ，学ぶ姿勢の変容も促したい。
④ 関連する SDGs の目標　「1．貧困をなくそう」「4．質の高い教育をみんなに」「10．人や国の不平等をなくそう」の3つの目標に関連している。さらに，問題改善に向けて，「今の自分にできることは何か」などの具体的な提案も考える学習が展開できる。

(6)　単元展開の概要

全5時間

主な学習活動	学習への支援	◇ESD・SDGs視点 ○ESD・SDGsの資質能力	◇評価 ○備考
1．知る 途上国の教育の厳しい現状について学ぶ。	学習効果を高める動画や資料の活用。	◇○持続可能な未来社会を創るため，問題を主体的に捉える力。	◇学んだ内容から大切な問題を見出すことができる。
2．調べる 途上国の教育の厳しい現状について詳しく調べてまとめる。	学習効率を上げるためのコンピュータ活用。協働学習のためのグループ編成。	○主体的に学ぶ力 ○共に学ぶ力 ○システムシンキング	◇協力して調べることができる。 ◇調査内容をまとめ，上手に発表できる。
3・4．リーフレット制作を行う。（2時間）	作品制作を効率よく進めるための資料などを提示。	○問題解決能力 ○情報活用能力	◇問題解決に適した発信力のあるリーフレットを，効率よく制作できる。
5．学習を通して学んだことをまとめ，発	コンピュータを用いた効果的なまとめ方	◇○SDGs の目標達成や問題解決に向	◇問題を主体的に捉え，解決に向けた

| 表し，問題改善に向けての行動化も図る。 | や発表方法の指導。 | けた具体的な案を考え，その案を実行に移していく力 | 具体的な提案ができ，実行できる。 |

(7) 成果と課題

　本実践の大きな成果の１つとしては，生徒達が高い意識を持ち，大変意欲的にリーフレット制作に取り組んでいることである。その結果，この教育プログラムに参加するユネスコスクールが集う全国リーフレットコンテストにおいて，本校の生徒は毎年のように入賞している。勿論，生徒達はコンテストの入賞を目的としているわけではないのだが，熱心に作品制作に励むので，自ずと情報活用能力も高いレベルまで向上する相乗効果が生まれている。

　さらに，この授業の影響で，途上国現地でより深く学びたいと希望する生徒が現れてきた。その生徒達は，高校に進学した際にユネスコ主催のカンボジアスタディツアーに応募し，高い選考倍率をも突破してカンボジアでの研修を積み，帰国後，ユネスコの様々な活動にも積極的にかかわり活躍している。このような生徒達の変容の事実からも明確になっている高い教育効果こそが，この教育プログラムの大きな魅力である。また，コロナ禍で海外研修が中止になってしまった時，この授業で学んだ生徒が，オンラインでのカンボジア研修をユネスコに提案し，なんと実現に漕ぎ着けた，という驚くべき成果も生まれている。まさに ESD の理念を体現させたような事例である。課題としては，この授業の実践ノウハウの共有を，より多くの学校で図っていくことが挙げられる。

引用文献

文部科学省（2018）『中学校学習指導要領解説　技術・家庭編』開隆堂出版。

（葉山泰三）

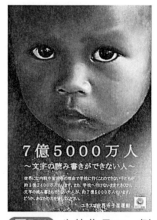

図5-4 生徒作品の一例

◉ 第9項　家庭科

(1)　**単元名**：食生活からエシカル消費を考える（2年生）

(2)　**単元の目標**

① 知識及び技能に関わる目標

●エシカル消費とは何かを理解する。

●食料品の買い物の際，エシカル消費の視点で商品を選ぶことができる。

② 思考力，判断力，表現力等に関わる目標

●意見交流を通じて食品の選択からエシカル消費について考えることができる。

③ 学びに向かう力，人間性等に関わる目標

●エシカル消費の意味や具体例を自分から調べる。

●企業のエシカル消費の取り組みを調べ，自分の考えをまとめる。

(3)　**単元について**

① 教材観

　エシカル消費は「倫理的消費」と訳される。私たちは，食事を調達する際，「自分が食べたいもの」「安く買える物」などを基準に選択しがちである。しかし，本来は，その自分の買い物は私たちがどの様な商品を支持したかを表明する「投票」であることを意識すべきであり，「買いものという投票を通じて，社会にとって望ましい選択をする」と考えるべきである（佐藤，2016：241）。子ども達には自身の生活を批判的に見させ，持続可能な生活を意識し，その中で自分らしい生活を見つけることを目標として，環境・社会への配慮や地域への配慮を視野に入れたエシカル消費の考え方を理解させたい。さらに，エシカル消費の視点から自分の食生活の現状について振り返らせ，「自分の消費行動を変えることが，世界を変えることにつながる」ということを実感させたい。

② 児童・生徒観

　子ども達の生活に，手間を省いた簡単にできることを求める場合がある。食生活面にも顕著に表れ，特に塾通いなどで多忙な者は，コンビニやファースト

フード等で手軽に調達することを求める。多忙さゆえにすぐにわかる利便性は意識するが，すぐにはわからない自分の「投票」が環境にあたえる影響や，低価格の背景で起こっていることが意識されていない。子ども達は，社会科で学習する「フェアトレード」や「地産地消」は認識しているが，それらを含む概念であるエシカル消費については認識していない。

③ 指導観

　子ども達が，エシカル消費を自分自身の問題である（自分ごと）と考えることができるように，レポート作成や企業へのインタビュー，仲間との話し合いを通して考えを深められるよう学習計画を組んだ。家庭科教員には，自分の生活を通して生活に対する考え方を伝えていくことが求められる。本授業においても教員自身の生活の検討とともに，自身の消費行動がたとえ小さな一歩であろうとも，世界を変える一歩となり得ることを子ども達と共に考えてゆく。

(4) 単元の評価規準

知識・技能	思考力・判断力・表現力	主体的に学習に取り組む態度
「エシカル消費」とそれに関わるキーワード（フェアトレード・オーガニック・地産地消など）を理解する。	「エシカル消費」の視点で食品選択の条件を考え，よりよいものを検討し，発表する。	自分の消費行動について，現在の生活だけで無く，地球環境の持続可能性なども考えて決定しようとする。

(5) ESDとの関連

① 学習を通して主に養いたいESDの視点

●有限性：地球環境には限界があり，資源は無尽蔵にあるわけでないので，持続可能性を考えた食品選択が必要であることを認識する。

●公平性：エシカル消費に取り組むことで先進国だけでなく，発展途上国の人々の生活を保障できることを認識する。

●責任性：エシカル消費の視点で商品を購入することでSDGsの目標が達成できる。

② 学習を通して主に養いたいESDの資質・能力

●クリティカル・シンキング：カレーライスの選択や「週末買い物に行こう」

の取り組みの中で，今までの消費行動を批判的に見つめ直すことができる。
● コミュニケーション力：エシカル消費について自ら調べた企業の取り組みについて発表して学習交流をする中で，自分の消費行動に生かすために必要なことを考える。
● 世代内の公正：エシカル消費のうち，フェアトレードや被災地支援・障害者支援の視点で商品を購入することが格差解消につながり，世代内の公正に資することを知る。
● つながりを尊重する態度：この学習全体を通して，自分の消費行動が地球規模の課題と密接なつながりを持つことを知る。
③ 本学習で変容を促す ESD の価値観
● 地域間の公平：エシカル消費のうち，フェアトレードや被災地支援・障害者支援が格差解消につながり，地域間の公平に資することを知る。
● 天然資源の保全：天然資源は有限であり，環境に配慮した消費活動は天然資源の保全に必須であるとする価値観を養うことにつながる。
④ 関連する SDGs の目標
　1 貧困をなくそう，12 つくる責任つかう責任，14 海の豊かさを守ろう，15 陸の豊かさを守ろうに関連している。

⑹　単元展開の概要

全 5 時間

主な学習活動	学習への支援	◇ ESD の視点 ○ ESD の資質能力	◇評価 ○備考
1．中学生も消費者だ（消費生活についての基本事項を知る）	自身も消費者であることを認識させ，契約・販売方法を示す		◇消費者として日々契約をしていることを認識する
2．エシカル消費とは（エシカル消費について調べたことを元に仲間とまとめる）	3 つの配慮（環境への配慮・地域への配慮・人々への配慮）に分類出来ることを確認する。	◇有限性。公平性，責任性 ○つながりを尊重する態度	◇エシカル消費を説明できるか
3．エシカル消費を考えた食生活（昼食の	3 つの配慮のうち，どの視点で選んだの	◇有限性，公平性，責任性	◇エシカル消費のキーワードを元に

カレーライスを仲間と考える）	か，理由と共に発表させる	◯コミュニケーション力，つながりを尊重する態度	話し合っているか
4．消費者の努力と企業の努力（「週末買い物に行ってみよう」レポート・「エシカル消費企業の取り組みを調べよう」レポートをもとに考える）	エシカル消費の視点で商品選択を考えさせ，より良い選択ができなかった場合も，理由を明らかにして仲間と共有させる	◇有限性，公平性，責任性 ◯クリティカル・シンキング，コミュニケーション力，つながりを尊重する態度	◇協力して取り組んでいるか ◇リーダーシップを発揮しているか
5．企業に求めたいことは（エシカル消費の考えを広げるために企業に求めたいことを考える）	仲間と話し合ったことをもとにエシカル消費を一般的なものとするために自分の考えをまとめさせる	◇有限性，公平性，責任性 ◯クリティカル・シンキング，つながりを尊重する態度	◇今までの学習を生かして，エシカル消費に対する自分の考えをまとめられているか

(7) 成果と課題

　エシカル消費の授業をするまで子ども達は，フェアトレードや地産地消などのキーワードを個別に認識していた。しかし，レポート課題や授業での話し合いを重ねる中で，それらのキーワードとエシカル消費との関わりを学び，エシカル消費に対する認識を深めることができた。

　子どもたちは，周囲の大人達がエシカル消費を認識していないことに疑問を感じ，周囲にこの考えを伝えていくことの重要性も認識するようになった。今後行動に移してゆくことが課題である。一方で，エシカル消費の視点で商品を選択し，購入することの重要性を認識していたが，中学生の立場では商品価格が壁となりを望ましい消費行動が妨げられることも課題である。

引用・参考文献
伊藤葉子編著（2018）『新版授業力 UP 家庭科の授業』日本標準。
佐藤文子他（2016）『新編　新しい技術・家庭　家庭分野　自立と共生を目指して』東京書籍。
末吉里花（2016）『はじめてのエシカル』山川出版社。
多々納道子・伊藤圭子編著（2018）『実践的指導力をつける家庭科教育法』大学教育出版。
鳥取県消費生活センター「【エシカル消費啓発テキスト】今まで知らなかった大切なことばエシカル」https://www.pref.tottori.lg.jp/secure/1019372/shiyoubettenntext.pdf

（中嶋たや）

◉ 第10項　英語科

⑴　**単元名**：「有名人を紹介しよう」「会話を広げよう」

ーー有名人になったつもりでQ&Aー

⑵　単元の目標

① 知識及び技能に関わる目標

● 人物紹介でよく使われる表現を理解し，使いこなすことができる。

● その場での即興的な英語のやりとりを成立させることができる。

● あいづちやつなぎ言葉を使って，会話を円滑に進めることができる。

② 思考力，判断力，表現力等に関わる目標

● 紹介する人物の特徴を捉えて英語で表現することができる。

● 相手の背景を考え，多面的な視点で物事を捉え，会話することができる。

③ 学びに向かう力，人間性等に関わる目標

● 周囲が興味を持つように，工夫しながら会話することができる。

● クイズを解きながら楽しく，積極的に情報を英語で引き出すことができる。

⑶　単元について

① 教材観

　NEW CROWN ENGLISH SERIES NEW EDITION 2「有名人を紹介しよう」は，生徒の好きな有名人のプロフィールを英語で紹介する活動を通して，既習の英語を使って書く能力，紹介文を発表する能力の育成を目指している。

　今回の単元計画では，クイズ形式のインタビュー活動を取り入れることで，ある一定の長さのある英語のやりとりを成立させる能力の育成を追加し，即興的で，双方向的な英語のやりとりを楽しく体験させることを目指している。

　また，有名人の例としてあげられているマララ・ユスフザイさんは，学習者と年齢が近く，話題の人物であることから親近感を持って学習することができ，彼女の勇気ある行動と強い信念から学ぶことが多い。パキスタンと日本の教育に関する考え方の違いは，発表や実際の会話の場においてもその人の生ま

れ育った地域の事情を知ることの大切さを教えてくれる。また，すべての人にとって大切な人権，多様性，公平性を理解させていく上でも有効な教材である。

② 生徒観

　この学級の生徒は，他の学級の生徒と比べて普段から英語の授業に積極的に取り組む生徒が多いが英語が苦手な生徒も一定数存在する。また，知的好奇心が旺盛で，自分の考えや意見を交流しあうことができる生徒でもある。英語が苦手な生徒のコミュニケーション能力を向上させ，英語でやりとりすることの楽しさを経験させることでコミュニケーション能力や意欲が高まる生徒だと考える。

③ 指導観

　即興性のある英語によるやりとりは，学習指導要領でも目標の1つだが，中学校段階の英語学習者にとっては，なかなか厳しいレベルにあると言える。少々失敗しても大丈夫と思える学習環境を活かし，まずは英語による簡単なアウトプットを増やし，英語を口にすることに慣れさせることが第一段階であると考える。また，学力差を縮めるためにやりとりに必要な応答のパターン練習や語彙力アップの取り組みが不可欠である。自分の英語が通じたという成功体験をさせるために，クイズ形式の英語のやりとりの場面を設定した。教師によるモデルをたくさん取り入れ，まねることから始められるように工夫した。また，教材の持つ多様性，公平性に着目させ，相手の文化的，歴史的背景を理解し，コミュニケーションをすることの大切さやすべての人に認められるべき権利についても考えさせたい。

(4)　単元の評価規準

知識・技能	思考力・判断力・表現力	主体的に学習に取り組む態度
・有名人に関する簡単なやりとりを英語で即興的に行うことができる。 ・つなぎ言葉を使って会話を続けることができる。	・有名人に関する英語のやりとりの中で自分の考えや気持ちを伝えることができる。	・相手の話す内容をよく聞き，その人の文化的，歴史的背景を理解した上で，主体的に会話をすることができる。

(5)　ESD との関連
① 学習を通して主に養いたい ESD の視点
　マララさんの発表から，自分とは違う文化や歴史を持った人がいることを理解し，多様性を理解しつつも，持続可能な社会を創造していくためには，一人ひとりが大切にされ，公平かつ等しく守られるべき権利があることを理解させる。
② 学習を通して主に養いたい ESD の資質・能力
　持続可能な社会を創造していくために，相互のコミュニケーションが不可欠である。中学校では，ESD を下支えする英語によるコミュニケーション能力を養うことを主眼とする。
③ 学習で変容を促す ESD の価値観
　人種，性別，出身地などに関係なく，すべての人の教育を受ける権利が守られるべきだと理解し，その実現に向けて自ら行動することの大切さに気づく。
④ 関連する SDGs の目標
　目標④質の高い教育をみんなに　　目標⑤ジェンダー平等を実現しよう

(6)　単元展開の概要
　全 5 時間

主な学習活動	学習への支援	◇ESD の視点 ○ESD の資質能力	◇評価 ○備考
1.「有名人を紹介しよう」の内容理解 発表方法を学習 マララさんの発表内容の根底にある考え方，価値観の違いや，公平性について考える。	英語を使いやすい雰囲気づくり パキスタンに関する情報提供 自分とマララさんを比較する場面の設定	 ◇多様性 ○クリティカルシンキング ◇公平性	◇積極的に英語を使うことができる。 ◇人物紹介の方法を理解し，使うことができる。 ◇様々な考え方があることを知り，大切なことは何かを考える。
2.「有名人を紹介しよう」発表内容に	よく使う Q&A のパターン練習	○コミュニケーション	よく使う Q&A を使いこなすことができる

関する Q&A づくり 相づち・つなぎ言葉の練習	教師によるモデル Q&A の提示		
3.「有名人を紹介しよう」原稿づくり①	教師によるモデル文の提示		◇モデル発表の中から使える表現をまねることができる。
4. 原稿づくり②,質問の予想と返答を考える 発表練習をする	教師による文章添削,アドバイス		◇内容や情報の出し方を工夫した原稿を書くことができる
5.「有名人になったつもりで Q&A」クイズ形式で英語のやりとり,発表	英語を使いやすい雰囲気づくり 教師によるモデル Q&A の提示	○コミュニケーション	◇積極的に英語のやりとりに参加する

⑺ 成果と課題

　成果としては,「英語でやりとりをすることが楽しい」と多くの生徒が感じてくれたことである。英語が苦手だと思っていた生徒の自己肯定感を高めることができたことが大きな収穫であった。また,英語が得意な生徒ほど,「まだまだ自分の英語表現能力は不十分だ。」と更に上を目指すきっかけとなった。

　課題としては,生徒が本当に伝えたいことがまだまだ伝えられていないという点である。教科書だけではなく,様々な方法で語彙力を増やし,表現力を伸ばしていくことが求められる。また,英語のやりとりと言っても,何かのテーマに関してディスカッションができたわけではない。やりとり内容の質的向上が次の大きな課題である。

参考文献
NEW CROWN ENGLISH SERIES NEW EDITION 2 (2016)「有名人を紹介しよう」三省堂。
文部科学省（2017）『中学校学習指導要領　外国語』。
大杉昭英（2017）『中学校学習指導要領　全文と改訂のピンポイント解説』明治図書。
奈良教育大学附属中学校（2018, 2019）『奈良教育大学附属中学校研究紀要』第46号, 47号。

（奥原　　牧）

◉ 第11項　道徳

⑴　**単元名**：「他者への許せなさについて考えよう　自粛警察」
　―主として集団や他者とのかかわりに関すること「公平，公正，社会正義」―

⑵　**単元の目標**
① 知識及び技能に関わる目標
　正義感をもとにした行き過ぎた社会問題を通して，公正公平，社会正義について理解する。
② 思考力，判断力，表現力等に関わる目標
　社会問題を多面的・多角的に捉えることを通して，自分の考え方，価値観を見直し深める。
③ 学びに向かう力，人間性等に関わる目標
　社会で発生している問題に目を向け，自分の考えや他者の考えを知ることで，差別や偏見のない社会の実現に努める態度を育む。

⑶　**単元について**
① 教材観
　本教材は生徒が，社会で発生する未解決の偏見や差別の問題を具体的に感じ，自ら向かい合うことをねらいとした道徳の実践である。題材として取り上げたのはコロナ禍の中において発生した**自粛警察**である。自分の考えや行動が正しいと考える状況において，違う行動や考えを持つ他者を否定してしまうことはあり得る。そしてその行動が他者の人権を侵害しかねない行き過ぎたものとなってしまうのはなぜか。どうすれば良いのかということを話し合い，考えることで自分の価値観を認識し，より良い社会の実現のために何ができるかを考えることが本教材の価値である。本教材を通して生徒は自分が社会の中で責任を持っていることを実感し，公平・公正な偏見，差別のない社会の実現に向けて何ができるかを考えるきっかけとなる。

② 児童・生徒観

　多くの生徒は社会のニュースを見ていてもそれが自らに関連する現実の問題として受け止めておらず，自分事として考えることができていない。また社会の出来事に対し興味関心の低い生徒も少なくない。これからの社会の担い手として社会問題や課題に目を向ける必要性を感じている一方で，それができていない現状である。

③ 指導観

　実際に報道されたニュースや新聞記事を読み解きながら，社会認識を深めるとともに批判的に考えることを通して自分の考え，価値観を見直し，社会問題に対する発言や行動の責任を感じさせる。また同世代との話し合いを通して，集団の中で協同してよりよい社会の在り方について考えさせる。

⑷　**単元の評価規準**　　※観点別評価を行わないため，割愛。

⑸　**ESD との関連**

① 学習を通して主に養いたい ESD の視点

●多様性：社会問題が発生したときに，発生する様々な考え方を認識する。

●責任性：より良い社会の実現に向け，個人の言動の責任の重さに気づく。

② 学習を通して主に養いたい ESD の資質・能力

●クリティカル・シンキング：計画性や思考を経ず，短絡的に行動してしまうことが社会の混乱や人権的な問題につながることの事象を通して，情報を的確に検討し，発展的な解決策を考える力。

●他者と協力する態度：多くの社会問題は個人の力で解決しがたいという現実を認識することで，他者と協同してよりよい社会，未来の実現を目指す態度。

③ 本学習で変容を促す ESD の価値観

●社会的寛容：多様な考えを受け入れ，持続可能な社会の在り方を探る。

④ 関連する SDGs の目標

　10．人や国の不平等をなくそう：正しい正義について考えることを通して偏見や差別の起こる構造を読み解き，考えることは人や国の平等性につながる。

⑹　単元展開の概要

全1時間

主な学習活動	学習への支援	◇ESDの視点 ○ESDの資質能力	◇評価 ○備考
1．課題を認識する			
コロナ禍でどんな問題が社会に起きていただろう？			
⑴　どのような問題が発生していたかを発表する。 ⑵　自粛警察について知っていることを発表する。	知っている事柄をできるだけ多くあげさせ，社会問題への関心を高めさせる。	○システムズ・シンキング ◇多様性	◇社会問題，課題へのへの興味関心を発表する。
どうして自粛警察は生まれたのだろう？			
2．社会の現状を知る，読み解く ⑴　関連する新聞やニュースを見る。 ⑵　自分で考えて意見を記述する。	関連するニュースや新聞を準備する。 ニュースをもとに疑問を考えながら自分の意見を持つようにさせる。	○システムズ・シンキング ○クリティカル・シンキング	◇社会問題，課題へのへの興味関心を持つ。 ◇理由をまとめながら自分の考え，意見を持つ。
3．話し合う ⑴　意見を交換しながらなぜ自粛警察が生まれたかを考える。	多面的，多角的な意見がでるようにする。	○クリティカル・シンキング ○コミュニケーション力	◇他者の意見を傾聴しながら自分の考えを整理する。
自粛警察の問題点はどこにあるのだろうか？			
⑵　自粛警察の問題点と解決方法について意見を記述する。 ⑶　意見を交換しながら，自分の行動の責任について考えてみる。		◇多様性，連携性，責任性	◇自分の考えを表現する。
4．ふり返る，まとめる社会の問題について自分がどれだけ認識していたか，どのような考えを持った	どのような行動をしていくべきだろうか？		
	・理由を明らかにしながら自分の言葉でまとめさせる	○システムズ・シンキング ○協働的問題解決力	◇意見，考えをまとめ述べることができている。

か，どのような行動をとっていくべきかをまとめ発表する。	◇公平性・連携性・責任性	

(7) 成果と課題

　本教材について生徒は「言葉は知っているが，何となくしか知らない」という状態であった。その中で「自粛警察がなぜ生まれるか」という問いで「自分だけが我慢するのはいやだ」「ストレスを人にぶつけることで解決したい」という意見が述べられた。生徒にとって他者を攻撃したくなる気持ちは十分に理解できるものであり，また「自分がしているときは気づかない」という意見も述べられた。自分たちの心理的な構造に触れつつその原因を客観視し，話し合うことは自己理解を行う上で重要であった。話し合いの中で自分が他者に自分の正義を強要した経験を喚起することで行き過ぎた正義という社会的な問題を自分事として受け入れることができた。学習者のふり返りには「感情で行動するだけじゃなく，どんな関係，社会をつくりたいかを考えて行動することが大切だと思う」とあった。同世代との話し合いを通して，自分たちの行動や価値観を客観視し見直すことが，社会的問題を自分事として捉えるきっかけとなった。社会的問題も元をたどると欲求や利益の問題であることを踏まえると，問題の根底にあるものを考え，自分の価値観と比較することは自分事として問題を捉えるきっかけとなると考えられる。

（若森達哉）

⦿ 第12項　総合的な学習の時間（地域学習）

⑴　**単元名**：「ミツバチから生き方を学ぶ—地域学習を通して—」

⑵　**単元の目標**

① 知識及び技能に関わる目標

　身近な生態系や自らを含む社会全体が抱える問題を知る中で，疑問に思ったことを，他者に質問したり，自身で調べたりする。

② 思考力，判断力，表現力等に関わる目標

　他者の意見を傾聴し，自身の意見と比較することで，新しい考えを導き出し，それを自分の言葉で表現する。

③ 学びに向かう力，人間性等に関わる目標

　身近な生態系と実生活を関連づけ，そこから生まれる素朴な疑問や葛藤を，具体的にまとめ，他者へ伝える。

⑶　**単元について**

① 教材観

　本教材は，地域学習を通して地域の指導者から学ぶ，総合的な学習の時間の学習教材である。現代社会において人は生産性を追求するあまり，自然環境や生態系の変化を生じさせている。本教材を通して生徒は，自然環境や生態系の変化が，自分たちの生活に直結していることを体感できるとともに，自分たちが大量生産・大量消費する生き方を変える必要があると気づかされる。

② 生徒観

　多くの生徒は知識として「自然は大切である」ということを知っているが，そのことが自分事としてとらえられていない。また，「自分1人だけ何かしても変わらない」「何をしたら良いかわからない」と，このままではいけないと思いながらも，具体的な行動に移せていない現状がある。

③ 指導観

　よって指導にあたっては，生徒を地域の指導者の価値観や信念に触れさせ，

自身の価値観との葛藤を生ませるとともに，より良いものは何か，クリティカル・シンキングできるようにする。また，同世代で問題を共有させることで，課題を生徒1人では手に追えない大きなものから，自分事として捉え直させる。

⑷ 単元の評価規準

知識・技能	思考力・判断力・表現力	主体的に学習に取り組む態度
身近な生態系や自らを含む社会全体が抱える問題を知る。 疑問点を，他者に質問したり，自身で調べたりすることができる。	他者の意見を傾聴し，自身の意見と比較することで，新しい考えを導き出し，それを自分の言葉でまとめることができる。	身近な生態系と実生活を関連づけ，そこから生まれる素朴な疑問や葛藤を，具体的に他者へ伝えることができる。

⑸ ESD との関連
① 学習を通して主に養いたい ESD の視点
- 有限性：1粒の米が如何に貴重かを体験し，大量生産・大量消費する社会に疑問を持つ。
- 公平性：生産性などを求めて，外来種（セイヨウミツバチ）を安易に導入することで，在来種（ニホンミツバチ）に危機的な状態を作り出していることに気づく。

② 学習を通して主に養いたい ESD の資質・能力
- クリティカル・シンキング：強い信念を持って活動しておられる講師の価値観に触れることで，生徒は自身の価値観との相違に直面し，葛藤を重ねながら，自分なりの答えを導いていく。

③ 本学習で変容を促す ESD の価値観
- 世代間の公正：社会の一員としての自覚と責任を持ち，環境・資源の保全を考えた消費生活を行う。

④ 関連する SDGs の目標
12. つくる責任つかう責任：生産性を重視した社会生活を継続する中で起き

た問題点に気づき，葛藤することで，新たな生活様式を模索，実行することにつながる。

⑹　単元展開の概要

全6時間

主な学習活動	学習への支援	◇ESDの視点 ○ESDの資質能力	◇評価 ○備考
1．課題を設定する （1時間）			
奈良県の特産物を出し合ってみよう。			
⑴　全員で黒板にマインドマップを作成する。 柿の葉寿司，奈良漬け，イチゴ，大和野菜，墨，木材など ⑵　意外だったもの，知らなかったものを発表し，共有する。 ハチミツ	・知っているものをできるだけ自由に書き出させる。	○システムズ・シンキング ○コミュニケーション力 ○進んで参加する態度 ◇多様性	◇マインドマップの作成に進んで参加する。
2．調べる（1時間）			
何故，奈良で養蜂業を営んでいるのだろう。			
⑴　奈良テレビのニュース映像や奈良県のHPなどを見せる。 ・養蜂は奈良が発祥と言われている。 ・ポリネーターとしての役割。 ⑵　疑問に思ったことを発表し，共有する。 ・何故養蜂をしているのか。 ・人間に危害を加えないのか。	・ミツバチやハチミツ，養蜂について個々で調べてきたことも発表させ，全体で共有させる。	○システムズ・シンキング ○コミュニケーション力 ◇多様性，相互性 ○クリティカル・シンキング	◇気づいたこと・疑問点を積極的に発表する。

3．人と出会う（野外活動）			
すべての生物が共存していくための考え方とはどのようなものだろう？			
講師とともに，奈良公園から春日山原始林に入り，能登川沿いを下って再度街に出るコースを散策する。 ・身の回りの自然の多様性を知る。 ・能登川の水を利用して田畑が作られていることを知る。 ・ニホンミツバチとセイヨウミツバチの関係と春日山原始林と外来種の関係の類似点を考える。 ・一粒の米が，どれだけの米を実らせるか，実際に数える。（ワークショップ）	・奈良市内でニホンミツバチの保護活動に取り組まれている地域の指導者に講師を依頼する。 ・活動終了後，活動を通して「気づいたこと」「変わったこと」「変わらなかったこと」を感想用紙に具体的に記入させる。	○長期的思考力 ○コミュニケーション力 ○クリティカル・シンキング ◇多様性・相互性・有限性・公平性・責任性	◇講師の話を傾聴し，進んで観察・質問を行う。 ◇班員と協力してワークショップに取り組む。
4．ふり返る，まとめる①（1時間）			
野外活動での気づき・学びをまとめよう。			
「気づいたこと」「変わったこと」「変わらなかったこと」「どんなものをどのように選択していくか」という4観点で意見を出し合い，班でまとめる。	・理由を明らかにしながら自分の言葉で語らせる。 ・リーダーが意見を聴取し，ホワイトボードにまとめるよう指示する。	○システムズ・シンキング ○クリティカル・シンキング ○協働的問題解決力 ◇連携性・責任性	◇考えを具体的に述べることができる。 ◇意見をまとめることができる。
5．ふり返る，まとめる②（1時間）			
自分たちの生き方に課題は無いだろうか？			
自分自身や自分が暮らす街のもつ課題は何かを具体的に出し合い，KJ法で模造紙にまとめる。	・できるだけ多く，具体的に，付箋に書かせる。	○システムズ・シンキング ◇多様性，相互性，公平性	◇他者の意見も踏まえ，具体的な案を考えることができる。

6．学びを発表する（学年集会）自分たちの学びを具体的に発表するとともに，他の学びをした生徒と学びを共有し，比較することで，自身の学びを深める。	・スライドに学んだことを具体的にまとめ，それをもとに学びの語り直しをさせる。	○システムズ・シンキング ○クリティカル・シンキング	◇他者の発表を傾聴し，自身の考えと比較する中で，新しい考えを導き出せる。

(7)　成果と仮題

　野外活動後，4 でまとめたホワイトボードには「人間の生産効率が悪くても生きていける」と「本当に生産効率が悪くてもいいのか」の両方の意見があり，生徒の葛藤が確認できた。また，「ニホンミツバチは本当にピンチか」「情報を疑うことは大切」という意見もあり，様々な葛藤と向き合う中で一方向の情報だけではいけないと，生徒が変容している事が確認できた。一方で，自分たちの具体的な問題と解決策を考えた 5 の模造紙では，抽象的な意見が多くなり，自分事として課題に迫りきる事ができなかった。これは，生徒の野外活動後に生じた生徒の葛藤が解決される前であったためだと考える。

　多くの生徒は，学年集会で自分たちの学びを語り直すとともに，他の学びをした生徒の意見を聞く事で，抱いていた葛藤がうまく噛み砕かれ（折り合いがつけられ）ようやく自分事として捉えられるようになった。野外活動での学びを自分事化させるためには，生徒の「葛藤」と同世代間での「学びの語り直し」が必要で，ESD・SDGs に迫る学びには不可欠だと考える。

参考文献
市橋由彬（2020）「1・2 年生合同『奈良めぐり』による子どもの変容—ESD・SDGs の価値観に迫る『総合的な学習の時間』の取り組みを目指して—」『奈良教育大学附属中学校研究紀要』第48集，pp.13-32。

（市橋由彬）

● 第13項　特別活動（生徒会活動）

(1)　単元名：生徒主体の平和創り

(2)　単元の目標

　異年齢の生徒同士で協力しあいながら，「平和」について多面的・多角的に迫る学びを通して地球市民としての生き方について考えを深め合い，自分事として社会を形成していく主権者としての態度を養う。

(3)　単元について

① 教材観　ノルウェーの平和研究者ヨハン・ガルトゥング（Johan Galtung）は「平和」を「"暴力"のない状態」そして「協力や平等，対話や平和の文化がある状態」と唱えている。ここでいう"暴力"とは単純な力による暴力だけでなく，飢餓・貧困・抑圧・不平等など構造的暴力も含めて，「能力が豊かに花開くことを阻む原因」のことを指している。わたしたちは現在，能力を発揮できる環境で生活ができているだろうか（世代内の公正）。また，これからの将来，能力を発揮できる社会を持続的に創っていくにはどうすればよいだろうか（世代間の公正）。本実践では，8つのテーマ別グループ（「教育」「人権」「環境」「いのち」「防災」「戦争・紛争」「憲法・法律」「国際関係」）を設定し，多様な視点で平和についてアプローチしていく。

② 児童・生徒観　沖縄修学旅行で広島，長崎，沖縄を訪れるなど，戦争についての学習から平和について考えることは多くの小中学校で実践されているが，先述したような広い意味での「平和」について考え学ぶ機会は，学校現場・家庭において，おそらく多くないと推察される。そこで，本実践では，生徒会リーダーが中心となって生徒主体の学校行事「平和のつどい」を企画・運営し，最終的に「平和宣言」として学びの成果をアウトプットまでつなげた事例を紹介する。

③ 指導観　生徒会リーダーが新聞記事を参考にしながら設定した，平和を考える8つのテーマ別グループ学習のうち，「憲法・法律グループ」では「平和

を創っていくために，憲法・法律は必要か。」という題で中学1・2年の生徒が話し合いを行い，その後，立憲主義（権力者の独裁政治を許さず，国民の権利・人権を権力者から守るために憲法が生まれた。）を学んだ上で，最終段階として「平和主義をつらぬく憲法の条文を自分たちでつくろう。」という課題に取り組んだ。他の7つのテーマ別グループでも工夫を重ねた平和についての学びが展開された。

(4)　単元の評価規準

知識・技能	思考力・判断力・表現力	主体的に学習に取り組む態度
生徒会本部や委員会など，異年齢により構成される自治的組織における活動の意義について理解している。	地球市民としての生き方について考えを深め，課題を見いだすとともに，解決のために話し合い，合意形成を図ることができる。	つながり（相互性）に気づき，世代内及び世代間の公正まで考え，自分事として社会を形成していく主権者としての態度を示すことができる。

(5)　ESD との関連

① 学習を通して主に養いたい ESD の視点

●相互性：多様な立場に立ち，地球市民的な視点でつながりを実感する。

●公平性：等しく能力を発揮できる社会を実現するための方策を考える。

② 学習を通して主に養いたい ESD の資質・能力

●クリティカル・シンキング：「当たり前」に対して，問いや課題意識を持つ。

●コミュニケーション力，協働的問題解決力：異年齢の生徒同士の話し合い。

③ 本学習で変容を促す ESD の価値観

●世代間，世代内の公正：社会をつくる主権者として，つながりを意識する。

●人権・文化・平和を尊重できる：主体的な行動につなげていく。

④ 関連する SDGs の目標

●16. 平和と公正をすべての人に：利他的に物事を捉えることができる。

(6)　単元展開の概要

主な学習活動	学習への支援	◇ESD の視点 ○ESD の資質能力	◇評価 ○備考
1.「平和」とは 2.「平和」を考えるテーマの設定	新聞記事から平和に関するキーワードを探す。	◇公平性 ○システムズ・シンキング	○生徒会組織の生徒リーダーが中心となってテーマを設

			定する。
3．【事前学習】 テーマ別グループ学習	8つのグループ 「教育」「憲法・法律」 「環境」「いのち」 「防災」「戦争・紛争」 「人権」「国際関係」	○クリティカル・シンキング ○コミュニケーション力 ○協働的問題解決力	○1・2年生徒が8つのグループに分かれて事前学習を行う。 ◇問題解決のために話し合いを行い，協力してまとめる。
4．「平和の集い」 （各グループからの報告とシンポジウム）	各グループで学んだことを全校生徒でシェアする。	◇相互性・公平性 ○システムズ・シンキング	◇他者の意見に耳を傾けるとともに，自分事化する。
5．【事後学習】 「平和宣言づくり」 （平和創りへの願いと誓い）	事後学習として，学びの成果を平和宣言という形で言葉を紡ぎ出す。	◇連携性・責任性 ○システムズ・シンキング	◇生徒会本部役員がリーダーシップを発揮して生徒意見を集約し，平和宣言を起草する。

⑺　成果と課題

　本実践は，生徒会が主体となって企画・運営する「平和の集い」という学校行事に向けて，テーマ別グループ担当の教員とともに生徒会組織の生徒リーダーが中心となって，協働的に学びを構築した取り組み実践である。「平和」についての学びは多様であり，それぞれが「いのち」という軸でつながっていること（連携性）を，全校生徒でシェアする場面（平和の集いにおけるシンポジウム）において共有できたことは成果として大きかった。いっぽう，課題としては本実践によってどこまで生徒が自分事化，行動化に結びつけることができたかという点がある。数値で測ることは容易でないため，事後学習として生徒会本部生徒が中心となって起草した「平和宣言」を読んでいただくことで，まずは，読者に判断を委ねたい。全校生徒から集めた言葉を「平和宣言」として紡ぎ出す作業は，1つひとつの言葉自体が持つ重みだけでなく，未来への希望や大きな責任を感じながらの作業であった。この誓いを胸に，誰にとっても平和を実感できる未来を子どもたちが切り拓いてくれることを願っている。

参考資料（生徒会が起草した「平和宣言」）

平和宣言

（前文）

　わたしたち一人ひとりは小さな存在です。しかし一人ひとりが尊重され，平和を願えば，やがてそれが大きな力となり，未来を変えられると確信しています。

　わたしたちには安心して学べる場があります。その学びを生かし，笑顔と夢であふれる世界を創るために，何ができるかを広い視野で考え，行動します。

（一）　いのちの重みは平等です。

　　　すべてのいのちとともに生きていくことを理解し，植物も動物も住みやすいくらしを創ります。

（一）　わたしたちは，しあわせに生きる権利を持っています。

　　　その権利を守るために，互いにつながり，支え合い，認め合う世の中を創ります。

（一）　わたしたちは，平和を築く一人であることを自覚します。

　　　そのために，自ら学び，真実を追い求める覚悟を持ちます。

　これまで附中で学んでこられた，たくさんの先輩方の平和への想いを受け継ぎ，わたしたちが望む未来を築きあげていくことを，ここに誓います。

奈良教育大学附属中学校　生徒一同

参考文献

佐渡友哲（2019）『SDGs 時代の平和学』法律文化社。

（吉田　寛）

◉ 第1項　知的障害・発達障害のある子どもの自治的活動（特活・自立活動）
　　　　　　―なかまとともに主体的にくらしを創る力を育てる ESD―

(1)　**単元名**：班長選挙について考えよう

(2)　**単元の目標**

① 知識及び技能に関わる目標

　縦割り班の班長選挙の手続きや意味を知り，理解する。

② 思考力・判断力・表現力等に関わる目標

　互いの意見を聴き合うなかで，班活動における班長や班員の役割，責任など
について気付き，考えをまとめたり発表したりする。

③ 学びに向かう力，人間性等に関わる目標

　よりよい学級生活のための班活動において自分のすべきことやなかまと一緒
に取り組む意義に気付き，主体的に参画しようとする。

(3)　**単元について**

① 教材観

　この単元における基本的なテーマは「持続可能な社会の創り手を育てる」で
ある。全学年を縦割りにした班での自治的な活動において，互いにそれぞれの
障害特性や理解や発達の凸凹を補い合いながら，学級のくらしについて全員が
自分ごととして取り組むことで社会の形成者，主権者となることをめざした
い。

② 児童・生徒観

　自分の得意が友だちの苦手である場合の納得やそれへの優しさを習得するた
めに，ぶつかり合いや話し合いなどの具体的な経験を経て前期を過ごした子ど
もたちが，様々な障害特性や発達段階にありながら，自分たちでわたしたちの
リーダーを選ぶ，大変重要な取り組みである。

10月の班長選挙を境にして，その先の1年間の学校・学級でのくらしをどう創るのか，3年生は後輩に託そうとし，2年生はそれを受け止め，担おう，3年生の卒業に向けて心を込めた具体的な取り組みをしようとする。そういった先輩の姿を見ながら1年生は「こうやって振り返りつつも来年のことを思いながら自分のこととして考えるのだ」ということを知る。

③　指導観

班活動について考える際に，例えば「みんなをまとめるには多数決がよい」と考える生徒も多い。活動内容や目標を考える話し合いにおいては，班長が主導することはあっても，多数決だけでは班員の困り感への寄り添いや配慮には届かないことへの気付きに導きたい。1，2年生は，これまでの学習や活動のなかで得た経験や知識などを総動員して，経験したことのない班長への立候補や5組全体のことを想うことについて3年生から学ぶ。まさに主体的で対話的な学びである。3年生は自身の経験や思いを伝える作業を通して，後輩に育ちの過程にあった自分を重ねながら振り返り伝わったかどうかを考える。経験が言語化され，共有されることにより学びは深まる。

(4)　単元の評価規準

知識・技能	思考力・判断力・表現力	主体的に学習に取り組む態度
班長選挙の意義や手続き，きまりについて理解し，それらを守って投票することができる。	班活動での具体的な経験を振り返りながら班長のしごとや班員の役割について気付きや考えをまとめたり発表したりすることができる。	よりよい学級生活をめざすことの意義や自分が参画することについて考えようとする。

(5)　ESD との関連

① 学習を通して主に養いたい ESD の視点

● 多様性：いろいろな立場や役割があって班活動が成立していることに気付く。

● 相互性：自分が班や学級集団のなかでつながり合っていることを実感する。

● 連携性：役割分担と協力することを具体的に経験しその意義に気付く。

●責任性：学習によって気付いた自分の役割を学校生活でやりとげようとする。

② 学習を通して主に養いたいESDの資質・能力

●クリティカル・シンキング：班長は元々素質があるのではなく努力をしていることに気付き，互いに思い合うことが重要であることに気付く。

●コミュニケーション力：意見を聴き合うことで気付いたことを自分の思考にくぐらせ，意見を再構築し，発表する。

●システムズ・シンキング：班長選挙の仕組みや班長会議，班活動について構造的に理解し，自分の役割や位置づけについて考えようとする。

●協働的問題解決力：よりよい学級づくりのために協力してさいごまでがんばろうとする。

③ 本学習で変容を促すESDの価値観

●多様性：色々な意見を尊重する

●責任性：集団の意思決定を評価する際に，自分事として考え責任転嫁しない

④ 関連するSDGsの目標

関連するSDGs17の目標，169のターゲットは次のように設定した。

ゴール4：質の高い教育をみんなに　特に4.5，4.7

すべての人々へ包摂的かつ公正な質の高い教育を提供し生涯学習の機会を促進する

ゴール16：平和と公正をすべての人に　特に16.7

持続可能な開発のための平和で包摂的な社会を促進し，すべての人々に司法へのアクセスを提供し，あらゆるレベルにおいて効果的で説明責任のある包摂的な制度を構築する

⑹　単元展開の概要

全5時間

主な学習活動	学習への支援	◇ESDの視点 ○ESDの資質能力	◇評価 ○備考
1．班長選挙の日程や手続きを知る。	ワークシートや掲示用短冊などで手続きを示す。	○システムズシンキング	
どんな人に班長になってほしいか。自分の役割は何か。			
2．班活動のなかで，班長のしごとや自分の役割について，意見を出し合い，聴き合い，考える。	事前に班長会議で聴き取った班長の気持ちをプリントにし，配付する。 班長の進行で班での自分の役割を振り返る。	◇多様性◇相互性 ◇連携性 ○コミュニケーション力 ○クリティカルシンキング	◇互いを尊重しながら聴き合う ◇自分ごととして考える
3．立候補者の意見発表と質疑，投票と開票，新班長の所信表明。	各担任も含め立候補者の意見発表の原稿作りに関わり，伝え方の支援をする。	○長期的思考力 ○コミュニケーション力	◇互いの意見を聴き合う ◇自分の役割について表明する
4．新しい班の体制のスタートにむけて考える。	理由を明らかにしながら自分の言葉でまとめさせる。	○システムズ・シンキング ○協働的問題解決力 ◇連携性・責任性	◇協力して取り組む ◇責任をもって取り組むことについて考える

⑺　成果と課題

　先輩の「班員への思い」を知った後輩の変容を紹介する。（→はさらなる聞き取り）

【班の活動の振り返りから（取り組み事前のワークシートより）】

● 3年生が卒業し，4月になり，もう上の学年に先輩がいなくて，見てくれる人がいなくて不安な感じがしていた。アドバイスしてくれる人がいなくなったけどがんばろうと思った。班のみんなは，整列とかそうじの時に協力してくれて助かっている。（3年班長）→まさかそんな不安があったとは知らなかった。いつもやさしくて，話をよくきいてくれる班長でよかった。（1，

２年班員）
●新入生歓迎会の時，両手を１，２年生とつないで「わたし，がんばらなくっちゃ」と思った。（３年副班長）→わたしは楽しいと思っただけだった。これをきいて，この班でよかったと思った。（１年班員）

【班長選挙立候補者意見発表原稿（取り組み後）】
●もし僕が班長になったら，わからないことがあったら教えてあげたり助けてあげたり，相談にのってあげてみんなで解決していきたいです。また班長として，班の人だけでなく，みんなに優しくしてあげたいです。またみんなの意見を一人ひとりに聞いて校外学習や宿泊学習は，みんなと協力して行きたいです。みんなの良いところをのばし，明るく楽しい班にしたいです。３年生を送る会で３年生を一生けん命明るく送りたいです。クリスマス会では，みんなが楽しめるようにしたいと思います。→「自信はないけど，今の班長の気持ちを考えて，次はぼくがやらないとあかんと思って，こう書きました。がんばってみたいと思う。」（本人の弁）

*　　　　　*　　　　　*

班長選挙の投票が終われば，２年生の学級では落選者も含めて最上級生となる次年度への実際の行動化にむけて動き出す。本学級では，自立活動を学級でも豊かに展開できるよう，特活と自立活動を合わせた教科「文化」という授業を設定している。単元間での有機的な連携や，様々な構成の集団による他の学習活動にも引き継がれるよう，よりきめ細やかな教育課程編成が今後も大きな課題であると考えている。主体的な社会の担い手を育てたい。

（大谷佳子）

◉ 第2項 知的障害のある中学生の音楽科

(1) **単元名**：「『歌を歌う』ことを通して，自分の思いを語ろう」
　　　　　　　―沖縄民話「わらしべ王子」の劇中歌を歌う―

(2) 単元の目標

① 知識及び技能に関わる目標

　「わらしべ王子」の話の筋を理解しながら，自分で満足のいく声を出して歌を歌うことができる。

② 思考力，判断力，表現力等に関わる目標

　歌に対する自分の思いを自覚し，それを表現する歌い方ができる。

③ 学びに向かう力，人間性等に関わる目標

　「文化のつどい」（文化祭）で全校生徒の前で劇を発表するための歌のとりくみであることをわかって，責任感を持ちつつ，楽しんで歌う。

(3) 単元について

① 教材観

　沖縄民話を基にした「わらしべ王子」（斎藤公子編集）の劇中歌である「美しいお話」「満月の夜に」「わが想い風になり」「わたしの歌はふるさとです」の4曲（丸山亜季　作曲）は，物語の神髄を語っていたり，登場人物が行動を起こすための原動力になっていたりする，重要な役目を果たす歌である。沖縄の歴史的背景が歌詞に織り込まれ，沖縄民謡の音使いやリズムを使って，30年近く学校現場で生徒たちの心をつかみ続けた歌を教材とすることで，質の高い音楽教育を生徒みんなが受けることができる。

② 生徒観

　附属中学校特別支援学級には，1〜3年の知的障害をもつ生徒たちが在籍する。生徒の学級集団としての力を高め，思春期を迎える中学生どうしがお互いを理解し合うことをめあてとして，学級全員でとりくむ行事等を行っている。このような本学級で学ぶ生徒たちは，人格の発達を育み，他人との関係性を認

識し「関わり」「つながり」を尊重できる個人を育む教育の中で育ち合っている。

③ 指導観

　音楽の授業では，これまで「なかまとともに歌う」ことを主にとりくんできた。今回とりくんだグループ唱は，「なかまの中でより少ない人数で歌う」ことである。それを可能にするには，斉唱の場合と同じく，なかま同士の信頼関係が成り立っているという基盤が必要になる。他人との「関わり」「つながり」を尊重できることが基礎となって他人の中で自分の歌や思いを表現することができる。

⑷　単元の評価基準

知識・技能	思考力・判断力・表現力	主体的に学習にとりくむ態度
話の筋を理解して歌うことができる。	歌に対する自分の思いを歌とことばで表現する。	劇を発表するため，責任感を持ちつつ，楽しんで歌う。

⑸　ESD との関連

① 学習を通して主に養いたい ESD の視点

● 多様性

　教材とした４曲の歌を歌う生徒たちに「この歌の中ですきなところはどこか」「なぜ，そこがすきなのか」「それぞれの歌を歌った時，どんな気持ちがするか」といった問いかけをすると，生徒たちは，「歌の旋律やピアノ伴奏（曲の音楽性）」「歌詞の持つ意味（歌の物語性）」「歌いやすさ（自分と歌との関係性）」など様々な方向から答える。歌を歌いながら「歌い始めたころと，何度も歌ったあとに気持ちの変化はあるか」「どういう場面で歌うことに自信を持つことができるか」というように，問いを深めていき，生徒たちが，「『歌を歌う』ことを通して，自分の思いを語れる」ようになる，そして，他人の思いを聞くことにより，考えの多様性を尊重する。

② 学習を通して主に養いたい ESD の資質・能力

● コミュニケーション力

　「関わり」「つながり」を尊重した個人の集まりの中で，歌うことを通して自分の思いを語ることが可能であれば，コミュニケーション力を養うことができると考えられる。

③　本学習で変容を促す ESD の価値観

●持続可能な開発に関する価値観（人間の尊重，多様性の尊重，非排他性）同じ歌を歌う他人が，自分とは違う思いを語ることを受け止める中で，人間の尊重，多様性の尊重，非排他性という資質，能力を養い，その能力が生徒たちの今後の人生を持続的に支えることとなると考えられる。

④　関連する SDGs の目標

●目標4　質の高い教育をみんなに

⑥　単元展開の概要

　全12時間

主な学習活動	学習への支援	◇ESD の視点 ○ESDの資質・能力	◇評価 ○備考
・「わらしべ王子」の物語を絵本を用いて知る。 ・物語に沿って，1曲ずつ歌を斉唱し，問いかけに自分のことばで答える。 （この歌の中で，すきなところ。なぜ，そこがすきなのか。そこをどう歌いたいか。歌ってみた気持ち。この歌を歌うと，どんな景色が思い浮かぶか。）	沖縄の歴史的背景や文化を言葉や視覚的情報を用いて伝える。思いをワークシートに書いてから，発表する。個々の生徒のボキャブラリーを大切にし，思いの伝わりにくいところは補助する。	◇持続可能な開発に関する価値観 ◇人格の発達	◇登場人物が持続可能な将来が実現できるような行動をとっていることに気づく。 ◇歌を歌いながら，歌に対する自分の思いを言語化することによって，歌に対して主体的に向き合い，考えを深める。
・歌を歌い込みながら，「グループ唱」に取り組みつつ，より深めた問いかけに答え，「自分の思い」を語る。	4曲の中から自分の歌いたい歌を主体的に選び，同じ歌を選んだ生徒同士で「グループ唱」をする。	◇人間の尊重 　多様性 　コミュニケーション力	◇歌うことを通して自分の思いを語り合う中で，自分の変容に気づく。

⑺　成果と課題

●授業後の生徒の変容（T 教員からの問い　　S　変容のあった生徒の答え）

T：１つの歌を何回も歌っていたら，思いがかわった人はいますか。

S1：「わが想い風になり」を初めて歌ったときは，自由きままな旅で行き先へ
　　の目的はないかなと思っていました。でも，小さい島にすんでいたたろ
　　うは，思い出のある場所，ふるさとにずっと行きたかったことがわかり
　　ました。一人ではむりなので，こみこと出会って，協力できると思った
　　と思いました。たろうのねがっていることは，ふるさとがいまどうなっ
　　ているか，人々が働かされていないこと，あれはてていないことだとわ
　　かりました。

T：少ない人数で歌う（グループ唱）とき，どんな場合だったら，みんなは，
　　自信をもって歌えますか。

S2：ぼくは，まわりがザワザワしていたり，いろいろな音が聞こえたりする
　　のが苦手で，歌うことはあまり好きではありませんでした。でも，この
　　ごろ歌が好きになりました。この間は，生まれて初めて，独唱ができま
　　した。まわりの人たちが，他人を認めて真剣に聞いてくれていると思う
　　と，自信を持って歌えるようになりました。

●成果と課題

　生徒たちは，歌に対する自分の思いを自覚し，それを表現する歌い方にとり
くむことにより，「歌う」ことに対して，自分のできる方法で行動できた。「歌
う」ことに生徒たちが生きる喜びを持ち，生活の質を高める持続可能な将来を
実現することができるよう，今後も授業研究を続けていきたい。

（小倉智子）

あとがき

　本書は，新型コロナウイルス感染拡大の真っただ中に執筆され，編集されました。これが世に出る頃には，きっと再び平穏な日々が戻ってくるだろうとの期待をもっていましたが，叶いそうにありません。

　この10年の間，我が国では東日本大震災があり，台風や豪雨などによる多くの自然災害に見舞われました。世界に目を転じても，紛争，テロ，貧困，異常気象といった，地球全体の平和を脅かす様々な問題が後を絶ちません。

　こうした今，全世界の人々は，あらためて「持続可能な社会」というもののかけがえのない尊さを実感していることと思います。そして，「SDGs」も，「ESD」も，「持続可能な社会づくりの担い手を育成する」ということも，単にその言葉や概念を理解するだけでなく，もはや，待ったなしで行動に移していかなければならない時が来ています。

　本書のすべての執筆者は，新しい時代を生きる子供たちの幸せを願い，心を込めて，「行動に移す」ための手掛かりや手立てを書き示してくださいました。その強い思いと内容を，これから教師を目指す皆さん，すでに教壇に立たれている先生方，そしてESDに取り組もうとするすべての教育関係者にお読みいただき，ESDの「テキスト」として活用されることを望みます。

　最後になりますが，この大変な中で玉稿をお寄せくださった皆様，企画から最後の編集まで力を尽くしてくださった編集委員の中澤静男准教授，竹内晋平教授，辻野亮准教授，河本大地准教授，そして，本書全体の編集や統括作業を担ってくださった高橋豪仁本学副学長（国際交流・地域連携担当）に心より感謝申し上げます。また，出版に関わって多大なご尽力をいただいた協同出版代表取締役社長小貫輝雄氏，関西支社長芳中昭夫氏，編集制作部諏訪内敬司氏，河田朋裕氏をはじめ，すべての社員の皆様に厚く御礼申し上げます。

令和3年3月

奈良教育大学理事・副学長　宮下俊也

河野晋也　　大分大学大学院教育学研究科教職開発専攻（教職大学院）専任講師

河本大地　　奈良教育大学准教授

小倉智子　　奈良教育大学附属中学校教諭

越野和之　　奈良教育大学教授

後藤　篤　　奈良教育大学特任講師

米田　猛　　奈良教育大学特任准教授

近藤　裕　　奈良教育大学教授

佐竹　靖　　奈良教育大学附属中学校教諭

佐藤　朗　　奈良教育大学附属中学校教諭

島　俊彦　　福岡県大牟田市立吉野小学校教諭

菅　万希子　国際ファッション専門職大学教授

鈴木克徳　　（特定非営利活動法人）持続可能な開発のための教育推進会議（ESD-J）理事、
　　　　　　日本 ESD 学会副会長

世良啓太　　奈良教育大学専任講師

高橋豪仁　　奈良教育大学教授

竹内晋平　　奈良教育大学教授

竹村景生　　奈良教育大学附属中学校教諭

辰巳喜美　　奈良教育大学附属中学校教諭

田渕五十生　奈良教育大学名誉教授

辻野　亮　　奈良教育大学准教授

中澤静男　　奈良教育大学准教授

中澤哲也　　奈良県平群町立平群北小学校教諭

中嶋たや　　奈良教育大学附属中学校教諭

長友恒人　　奈良教育大学名誉教授（前学長）

長友紀子　　奈良教育大学附属中学校教諭

中村基一　　奈良教育大学附属中学校教諭

橋崎頼子　　奈良教育大学准教授

葉山泰三　　奈良教育大学附属中学校教諭

原　明子　　東山つながりキッチン代表

挽地夕姫　　奈良教育大学附属中学校教諭

藤井智康　　奈良教育大学教授

前田康二　　奈良教育大学教授

松井　淳　　奈良教育大学教授

圓山裕史　　奈良市立飛鳥小学校教諭

箕作和彦　　奈良教育大学准教授

宮尾夏姫　　奈良教育大学特任准教授

宮下俊也　　奈良教育大学教授（理事・副学長）

村上睦美　　奈良教育大学准教授

森　伸宏　　奈良教育大学教授

森本弘一　　奈良教育大学教授

山岸公基　　奈良教育大学教授

山中矢展　　奈良教育大学特任講師

横山真貴子　奈良教育大学教授

吉田　寛　　奈良教育大学附属中学校教諭

劉　麟玉　　奈良教育大学教授

若森達哉　　奈良教育大学附属中学校教諭

渡辺伸一　　奈良教育大学教授

学校教育における SDGs・ESD の理論と実践

ISBN978-4-319-00343-3

令和 3 年 3 月 31 日　第 1 刷発行

編著者　奈良教育大学 ESD 書籍編集委員会 ©
発行者　小貫輝雄
発行所　協同出版株式会社
〒 101-0054　東京都千代田区神田錦町 2-5
　　　　　　　電話　03-3295-1341（営業）
　　　　　　　　　　03-3295-6291（編集）
　　　　　　　振替　00190-4-94061
　　印刷所　協同出版・POD 工場